岳麓書社

读名著　选岳麓

国家社会科学基金一般项目
“语言哲学视域中宋明儒学文本经典化架构研究”（19BZX049）
阶段性成果

孔子家语

黄敦兵 导读 注译

岳麓書社·长沙

前　言

作为儒学研究的重要典籍，《孔子家语》自王肃为其作注后，在传播中却也不乏质疑之声。历代学者，围绕着其编者、成书年代等问题各抒己见。近年来，《孔子家语》获得学界的重视，研究不断深入，被誉为“孔子研究第一书”。现在，似乎到了对学界的相关研究作一番总结的时候了。

一、《孔子家语》的主要内容

《孔子家语》（以下简称《家语》），又名《孔氏家语》《孔圣家语》。可惜《家语》原书早佚，最早见其著录于《汉书·艺文志》，而归入《六艺略》的《论语》类。汉晋之后，《隋书·经籍志》《旧唐书·经籍志》《新唐书·艺文志》《宋史·艺文志》等亦有《家语》著录。

关于《家语》全书卷目，《汉书·艺文志》著录为二十七卷，《隋书·经籍志》著录为二十一卷，唐宋以后著录为王肃《家语》十卷本。今本《家语》十卷，四十四篇，三国时期魏国王肃作注，附有王肃序和汉儒孔安国后序。

从所载内容看，《家语》记录了孔子及孔门弟子的思想言行。据《孔安国序》所言，该书与“《论语》《孝经》并时”，乃“当时公卿士大夫及七十二弟子之所咨访交相对问言语”。虽然《家语》“属文下辞，往往颇有浮说、烦而不要者”，但“凡所论辨流判较归，实自夫子本旨”。

书中所载内容，很多中国历史上重大的思想文化事件，比如孔子世系、从政、周游、入周考察、问礼老子、与国君问对、同弟子问答，有关礼乐制度、历史自然的论述，孔门七十二弟子事迹等，在展示先秦儒家整体形象、解读三代历史等方面，具有不可替代的价值。

二、《孔子家语》的真伪问题

当前《家语》的相关研究，主要围绕文本辨伪、史料价值与学术史定位等论域展开。以下就其主要方面，作一概览式回顾。本节先谈《家语》的辨伪问题。

《家语》真伪问题为学术界一大公案。三国魏时王肃注本十卷，因其称系得之于孔氏后人孔猛，遂使学界质疑其传本的可靠性。唐人颜师古注《汉书》时，便疑二十七卷本非王肃注本。

唐宋以来，《家语》渐被蒙以“伪书”之名，至清代考据学风盛行被斥为伪作。20世纪初，章太炎《国学概论》认《家语》为伪书。顾颉刚著《孔子研究讲义》一书，乃断定《家语》为王肃伪作，为“伪书之中尤其伪者”，因而“实无取信之价值”。直到20世纪末，还有不少出版物斥《家语》为“伪书”者，如《古今伪书考补证》①、《伪书通考》②、《中国伪书综考》③等。

迄今，围绕《家语》之疑古与辨伪，学界观点之歧出，主要有三：一、视《家语》为伪作；二、视《家语》为原作；三、《家语》之作、注、序宜分开择取。本节略对前两点作一疏释，第三点放在叙述《家语》史料价值时讨论。

第一，有意增损说。

传统社会的辨伪始于东汉，郑玄后学马昭以为《家语》系王肃“所

---

①文海出版社，1972年。

②上海书店出版社，1998年。

③黄山书社，1998年。

增加，非郑所见”。《隋书·经籍志》则直载“孔子家语二十一卷，王肃解”，又示与《汉志》所见不同。清人孙志祖著《家语疏证》，认为《家语》经王肃“以意增损”，实乃“作伪难郑，诬圣背经”。

唐人颜师古注《汉书》时，以为《汉志》著录的二十七卷本《孔子家语》“非今所有《家语》”。清人姚际恒在《古今伪书考》中支持颜师古的看法，说：“《唐志》有王肃注《家语》十卷，此即肃掇拾诸传记为之，托名孔安国作序，即师古所谓今之《家语》是也。”

清人姚际恒《古今伪书考》、范家相《家语证伪》、孙志祖《家语疏证》、陈鳣《家语疏证序》均认为《家语》是王肃“以意增损”的伪书，《四库全书总目提要》、皮锡瑞《经学历史》、崔述《洙泗考信录》、戴震等均认同。比如，崔述的《洙泗考信录》即认为“《家语》一书，本后人所伪撰。其文皆采之于他书，而增损改易以饰之”，“而世不察，以为孔氏遗书，亦已惑矣”。崔氏《古今尚书辨伪》亦云：“今所传《家语》亦肃之徒之所伪撰。”而清人王聘珍在《大戴礼记解诂序》中批评王肃篡改、伪造《家语》。

晚清时，皮锡瑞著《经学历史》，认为王肃有意“伪造”孔安国《尚书传》《论语注》《孝经注》《孔子家语》《孔丛子》等“五书”，“以相互证明”，且系“托于孔子及孔氏子孙，使其徒孔衍为之证”。

第二，杂抄诸书说。

南宋王柏著《家语考》，遍考源流，以为王肃杂取《左传》、《国语》、《荀》、《孟》、二戴《礼记》“混乱精粗，割裂前后，织而成之，托以安国之名”，并伪造《家语》孔序。四库馆臣所谓“割裂他书”，与王柏的说法如出一辙，他们的论证，均以《家语》袭取《大戴礼记》为中心。

顾颉刚认为王柏所言“割裂织成”说“绝对正确”，今本《家语》“大部分为编辑，小部分是创作”。他还说：“《孔子家语》不但是一部伪书，而且是一部杂凑书。”

清人范家相著《家语证伪》，将《家语》与群书逐条比对，发现“每事必有所出”，从而疑王肃杂抄群书。日本学者武内义雄《读家语杂识》以为，“今之《家语》，非全部伪撰，似尚存有古《家语》之文于其中焉”，“今之《家语》删去《荀子》及说礼之文，其余之材料，大体为古《家语》文，当是改篇次，加私家者”，从另一个角度支持上述《家语》之袭取、割裂他书的看法。

第三，部分伪造说。

此类看法，均认为王肃在《家语》流传过程的不诚信行为，或代作“孔序”，或伪造文本。南宋陈振孙《直斋书录解题》认为《家语》为孔子世孙孔猛“所传”，王肃从弟子孔猛处得此书，并为之作注，随行于世。明人何孟春认为《孔安国序》是王肃“代作”。

不少学者认为王肃之所以作伪，盖出于同郑玄进行学术争锋之考虑。清人陈鳣为《家语疏证》作序时，即认为王肃以孔安国之名作后序，并列举三条理由认定《家语》为伪书：一、“至于《家语》肃以前儒者绝不引及”；二、“其伪安国后序云以意增损，其言则已自供皇状然”；三、“夫叙孔子之书，而先言夺郑氏之学，则是傅会古说攻驳前儒可知矣”。清人沈钦韩著《汉书疏证》，认为是王肃部分伪造了《家语》。他说：“肃惟取婚姻、丧祭、郊禘、庙祧，与郑不同者羼入《家语》，以矫诬圣人，其它固已有之，未可竟谓肃所造也。”

三、《孔子家语》的史料价值

自东汉至20世纪初以顾颉刚为代表的疑古辨伪，学界主流均视《家语》为伪书，怀疑《家语》为王肃伪作。但是，《家语》究竟是否伪作？其史料价值如何？

历史上，学界对《家语》的史料价值评价，可谓疑信相参，因时因势而异。在怀疑主义学术传统中，我们亦常常听到肯定之声。学界亦不乏从思想脉络、历史流变、遣词用语等角度，来肯定《家语》的独特价值的主张。

宋代大儒朱熹《朱子语录》认为，《家语》为王肃的“编古录杂记”，“其书多疵，然非肃所作”，不过，“虽记得不纯，却是当时书”。元人马端临在《文献通考》中大量引用《王肃序》等，并撰《新刊标题句解〈孔子家语〉》，从史料学角度肯定了《家语》及其所附汉孔安国后序的价值，认《家语》为《论语》“别出”，“散在人间”后又有“好事者或各以意增损其言”，而孔安国“于是因诸公卿士大夫，私以人事募求其副，悉得之。乃以事类相次，撰集为四十四篇”。他引孔安国孙孔衍奏言，认为孔安国改孔壁藏书之“古文科斗”为“今文”，“读而训传其义”，且在“撰次”《家语》后，“会值巫蛊事起，遂各废不行于时”。

叶适《习学记言序目》指出，是书“汉初已流布人间，又经安国撰定”。叶適说：“《孔子家语》四十四篇，虽安国撰次，按后序，实孔氏诸弟子旧所集录，与《论语》《孝经》并时，取其正实而切事者别为《论语》，其余则都集录之，名曰《孔子家语》。”

南宋章如愚《群书考索》卷十认为，《家语》有“好事者或各以意增损其言，故使同是一事而辄异辞”，在汉代曾经有“与诸国事及七十二子辞妄相错杂”的历程；唐人颜师古所说“非今所有《家语》”，则是“以肃之所注者在可疑也”。南宋史绳祖《学斋占毕》认为，《家语》用词较古，不似伪作，是《大戴礼记》“杂取”于《家语》而非相反。南宋黄震《黄氏日抄》亦对作伪说持有异议，他说：“各篇中似尚有可疑之处，盖传闻异辞，述所传闻又异辞，其间记载之不同，亦无足怪。”

明人黄鲁曾注“明覆宋刊本”《家语》，他在《后序》中认为《家语》

不是王肃伪作，实与孔氏家学相关。他说：“孔氏独多述作，自《鲁论》《齐论》言之又有《孔子家语》，疑多鲤、伋所记并门人先后杂附之者，要之咸孔子之意也。”

清人陈士珂撰《孔子家语疏证》，质疑伪书说，根据有二：一是质疑颜师古“既未见安国旧本”，又“安知今本之非是乎”？二是“周末汉初诸子，其称述孔子之言，类多彼此互见，损益成文，甚至有问答之词，主名各别。如《南华》‘重言’之比，而溢美溢恶，时时有之，然其书并行，至于今不废，何独于是编而疑之也”？证明《家语》实乃渊源有自。

其他较著名者有：(1)《四库全书总目》认为《家语》“出于肃手无疑”，但亦肯定其价值道：“特其流传既久，且遗文轶事，往往多见于其中。故自唐以来，知其伪而不能废也。”(2)《四库全书简明目录》所论：“《家语》虽名见《汉志》，而书则久佚，今本盖即王肃所依托，以攻驳郑学。马昭诸儒已论之详矣。然肃虽作伪，实亦割裂诸书所载孔子逸事，缀辑成篇，大义微言，亦往往而在。”而晚清唐晏撰《两汉三国学案》，认为《孔丛子》与《家语》都是实有其书而并传“仲尼之意”。

四、《孔子家语》研究的新动向

近年来新材料的出土，引起了人们对《家语》辨伪问题的重新思考。《家语》意义彰显，端赖于与新出土文献的参互比照。运用“二重证据法”，利用考古资料，通过对文献的梳理和对勘，肯定《家语》为王肃所编撰，重新考察和分析《家语》的文献来源、成书年代和学术价值，亦是近二十年来学界研究的新动向之一。

首先，1973年在河北定县八角廊西汉墓出土了竹简《儒家者言》，1977年又在安徽阜阳双古堆西汉墓出土了篇题与《儒家者言》相应的简牍，二者内容均与今本《家语》相关。今人辨伪以主张“走出疑古时代”的李学勤为代表，李先生在1987年撰文中认为，“《家语》一书，王肃自序得自孔子二十二世孙孔猛，当为可信；又有源自孔安国的传说，这与汉魏时期的孔氏家学有关”，“今传本古文《尚书》《孔丛子》《家语》很可能陆续成于孔安国、孔僖、孔季彦、孔猛等孔氏学者之手，有着很长的编纂、改动、增补的过程”，“《儒家者言》也可称竹简本《家语》”[①]，认为汉墓出土的《儒家者言》简牍是《家语》原型。他还指出：“从简的发现看，早在汉初确已有《家语》的原型，《史记》世家、列传很可能参考过此书。刘向编集《说苑》，也收录了其中文字。王肃作解的今本《家语》，大约就是在简本的基础上经过几次编纂形成的。”[②]

其次，上海博物馆馆藏战国楚竹书中，被整理者取名为《民之父母》的文献，就与《家语》中的《论礼》相同，使《家语》最终告别“伪书”的“头衔”。庞朴认为，上博藏简《民之父母》篇的面世，“轰然打破”以前我们视《家语》为王肃杂抄自《礼记》等书而成伪作的“成见”。他说：“对照竹简，冷静地重读《孔子家语·论礼》和《礼记·孔子闲居》，不能不承认，它们确系孟子以前的遗物，绝非后人伪造所成。”[③]

再次，英藏《家语》敦煌写本73行的公布，也有利于相关研究的深入。写本与今本《孔子家语·郊问》和《孔子家语·五刑解》两篇在注文格式上，与同文书局、四库丛刊等版本完全相同。王重民认为，该本“民字不讳，殆为六朝写本”[④]。

杨朝明先生将《家语》看作“孔子文集”，视其价值高于作为“孔

①《竹简〈家语〉与汉魏孔氏家学》，《孔子研究》1987年第2期。

②《新发现简帛与汉初学术史的若干问题》，《烟台大学学报》1988年第1期。

③《话说“五至三无”》，《文史哲》2004年第1期。

④《敦煌古籍叙录》，中华书局，1979年，第149页。

子语录”的《论语》。[1]杨先生认为,《家语》是由孔子的孙子子思领编而成，完全可以称为“孔子研究第一书”“儒学第一书”，该书对于全面研究和准确把握早期儒学更有价值。[2]杨先生和宋立林兄的《孔子家语通解》,“在坚持学术性第一的原则下，充分考虑现状，对《家语》进行序说、分段、注释、翻译，适应更多的读者，以期有利于推动孔子、早期儒学和中国‘元典’文化的研究”。李学勤先生亲撰序言，希望“这部书问世以后，更多学者会来集中研究和讨论《家语》,《家语》的内容性质、成书过程、学术价值等等问题，都将逐次得到大家的共识”。

经过近几十年的研究，当今学术界大多认为《家语》不尽为王肃伪作，该书在研究孔子弟子方面，有比《史记·仲尼弟子列传》更明显的优势，而且还可以推进“孔老”及早期“儒道”关系、孔子的圣王观、礼乐思想等诸多议题的研究。已有证据说明《家语》早于《说苑》。有学者认为，在讨论颜回生卒年寿上，可以据《家语》纠正《史记》之讹。[3]王德成等认为，因其丰富的内容和独特的价值,《家语》的史料价值超过传统公认的孔子研究的任何资料。[4]

宁镇疆主持了2008年国家社科基金项目“《孔子家语》新证”、全国高校古委会项目“《孔子家语》研究”，在《家语》版本学、出土简牍研究上，发表过有影响的系列论文。他将阜阳双古堆一号木牍所

---

①《新出竹书与〈论语〉成书问题再认识》,《中国哲学史》2003年第3期。

②《出土文献与儒家学术研究》，台湾古籍出版社，2007年。

③王承略:《论〈孔子家语〉的真伪及其文献价值》,《烟台师范学院学报》2001年第3期。

④《光明日报》2008年2月16日。

见章题同今本《家语》做比较[1]。通过将八角廊汉简《儒家者言》与《家语》对应的十章的比较，他认为历史上关于《家语》一书的争论并没有因《儒家者言》的出土而全获解决，“出土文献再次证明《孔子家语》确实存在很多后人整理、重组的痕迹，这一点《孔子家语》比传世的其他文献都要来得明显。《儒家者言》最能证明的其实是《说苑》一类古书的价值，而非《孔子家语》。《儒家者言》的性质应该是介乎《说苑》与《孔子家语》之间，具有一定的过渡性”。虽然宁镇疆在解读这一发现时持有与李学勤不同的见解，但也未否认《儒家者言》与《家语》存在一定关联。[2]

其他代表性研究主要有：（1）李传军《〈孔子家语〉辨疑》[3]；（2）杨朝明的系列论文，如《〈礼记·孔子闲居〉与〈孔子家语〉》讨论了与《礼记·孔子闲居》内容相对应的《家语·论礼》篇，认为“《礼记》本于《家语》”，说明《家语》非王肃伪造之书；（3）胡平生《阜阳双古堆汉简与〈孔子家语〉》以阜阳双古堆汉简为切入点，认定《家语》非伪书。另外，复旦大学邬可晶2011年博士毕业论文《〈孔子家语〉成书时代和性质问题的再研究》（裘锡圭指导），主张慎重使用《孔子家语》中的资料，认为出土的文献资料和传世文献只能证明《孔子家语》中含有从各种古书辑集而来的材料，有一定的文献价值，但并不能揭示其中王肃等后人窜入内容的真伪与价值。

---

①《齐鲁学刊》2007年第3期。

②《八角廊汉简〈儒家者言〉与〈孔子家语〉相关章次疏证》，《古籍整理研究学刊》2004年第5期。

③《孔子研究》2004年第2期。

五、《孔子家语》的版本问题

《家语》版本情况相当复杂。据统计，1912年以前国内《家语》的传世版本约有120余种。其中，元代1种，明代60余种，清代60余种。各版本又可总分为两个大的系统：白文系统和注本系统。古籍善本有毛晋本、景宋本、太宰纯本、冈白驹本和明覆宋本，然而它们当中也有讹误，人们对于毛晋本、景宋本和明覆宋本还有一些错误的看法。以这些善本为基础，参考敦煌写本《家语》、唐宋类书中所引到的《家语》内容及四库本，即可整合一部相对完善的现代版本。

在《家语》译注等研究方面，较具参考价值的作品主要有：（1）1998年三秦出版社出版的张涛的《孔子家语译注》，其前言对《家语》的由来、流传和真伪分歧作了叙述，正文从诸本择善而从，注释标明出处、保留王肃注、重视陈士珂《孔子家语疏证》成果而时有删订，译文简洁通俗，附录补入三条佚文。（2）2009年齐鲁书社出版的杨朝明和宋立林的《孔子家语通解》，集注释、通解、论证于一体。（3）2009年中华书局出版的王国轩与王秀梅选译的《孔子家语》，增加了每篇的导读。（4）2012年上海三联书店出版的王盛元的《孔子家语译注》。（5）2003年中国文史出版社出版的《孔子家语》文白对照本。（6）1998年广西师范大学出版社出版的王德明的《孔子家语译注》等。

在完成了教育部课题“明清之际的士商互动与经济伦理的近代转型”（09YJCZH035）、湖北省社科基金项目“明清之际文学生态中的士商互动与社会转型研究”（2015137）、湖北省教育厅项目“儒商文化与现代和谐社会之建构”（2010Y071）等之后，2016年，我主持的湖北省教育厅重点项目“《孔子家语》整理与早期儒家政治哲学研究”

（16D078）又获立项。也正是在研读、译注《孔子家语》的过程中，二十年来我对中国古典学研究的兴趣日渐浓厚，我决意以《孔子家语》为窗口，观察中国古典研究的国学经典文本与“文本经典化”、语言与思想等问题。以此为契机，我成功申报了三项课题：（1）国家社会科学基金一般项目“语言哲学视域中宋明儒学文本经典化架构研究”（19BZX049）；（2）湖北省高等学校哲学社会科学研究重大项目、湖北省社科基金前期资助专项马克思主义中青年理论家项目“近代国学意识的兴起与红色基因的生成”（19ZD121）；（3）校级教研课题“国学经典新诠提升新时代大学生人文素养的路径研究”（2019J14）。同时，我还参加了国家社科重大项目“古籍保护学科建设与基础理论研究”（19ZDA343）的子课题。

由2016年课题推动完成的《孔子家语》的节译本，已由岳麓书社推出2018、2019、2021年三个版本，并取得了一定的影响。而今，2016年的课题和（3）均早已结项，其余三个课题正在全力推进中。某种意义上，这个《孔子家语》的全注全译本，便成为这几个课题的阶段性成果。同时，这个《孔子家语》全注全译本，也是本人向所在的校PI团队商务文化与翻译哲学、中国传统哲学与文化研究中心汇报的年度成果。

为读者提供一部完整的、带有现代语言特点的、符合当下大部分人阅读习惯的《孔子家语》全译全注本，是本人真诚的希望。本次对《孔子家语》做今注今译，在原来节译本基础之上，以明人黄鲁曾注“明覆宋刊本”为底本，参考了四库全书本、四部备要本、清人陈士珂所辑《孔子家语疏证》、杨朝明等先生的现代全译及选译本等，并做了一些择善而从的修改、调整和补充。每一篇前的导读，总论本篇主题思想，引导阅读。对原文中的疑难字词，进行了注音与释义，并用白话对全文进行了翻译。本书虽不做版本、文字的繁琐考证，但会在易生歧义之处加注辨明。注译借鉴了前人时贤的已有成果，在此深表谢忱！请恕未能一一注明。讹误之处，尚祈读者诸君不吝赐正！

桐柏黄敦兵（原名黄道强）

2021年4月于汉上淡生居

目　录

王肃序

郑氏学行五十载矣，自肃成童，始志于学，而学郑氏学矣。然寻文责实，考其上下，义理不安，违错者多，是以夺而易之。然世未明其款情，而谓其苟驳前师，以见异于前人。乃慨然而叹曰：岂好难哉？予不得已也。圣人之门，方壅不通；孔氏之路，枳棘充焉。岂得不开而辟之哉？若无由之者，亦非予之罪也。是以撰经礼，申明其义，及朝论制度，皆据所见而言。

孔子二十二世孙有孔猛者，家有其先人之书。昔相从学，顷还家，方取已来，与予所论，有若重规叠矩。昔仲尼曰："文王既殁，文不在兹乎？天之将丧斯文也，后死者不得与于斯文也！天之未丧斯文也，匡人其如予何！"言天丧斯文，故令己传斯文于天下。今或者天未欲乱斯文，故令从予学。而予从猛得斯论，以明相与孔氏之无违也。斯皆圣人实事之论，而恐其将绝，故特为解，以贻好事之君子。

《语》云："牢曰：'子云：吾不试，故艺。'"谈者不知为谁，多妄为之说。《孔子家语》：弟子有琴张，一名牢，字子开，亦字张，卫人也。宗鲁死，将往吊，孔子止焉。《春秋外传》曰："昔尧临民以五。"说者曰："尧五载一巡狩。"五载一巡狩，不得称"临民以五"也。经曰"五载一巡狩"，此乃说舜之文，非说尧。孔子说论五帝，各道其异事，于舜云"巡狩天下，五载一始”。则尧之巡狩年数未明。周十二岁一巡，宁可言周临民以十二乎？孔子曰：“尧以土德王天下，而色尚黄。”黄，土德；五，土之数。故曰“临民以五”，此其义也。

孔安国序

《孔子家语》者，皆当时公卿士大夫及七十二弟子之所咨访交相对问言语也。既而诸弟子各自记其所问焉，与《论语》《孝经》并时，弟子取其正实而切事者，别出为《论语》，其余则都集录之，名之曰《孔子家语》。

凡所论辨流判较归，实自夫子本旨也。属文下辞，往往颇有浮说、烦而不要者，亦犹七十二子各共叙述首尾，加之润色，其材或有优劣，故使之然也。孔子既没而微言绝，七十二弟子终而大义乖，六国之世，儒道分散，游说之士各以巧意而为枝叶，唯孟轲、荀卿守其所习。当秦昭王时，荀卿入秦，昭王从之问儒术，荀卿以孔子之语及诸国事七十二弟子之言凡百余篇与之，由此秦悉有焉。始皇之世，李斯焚书，而《孔子家语》与诸子同列，故不见灭。高祖克秦，悉敛得之。皆载于二尺竹简，多有古文字。及吕氏专汉，取归藏之。其后被诛亡，而《孔子家语》乃散在人间，好事者或各以意增损其言，故使同是一事而辄异辞。孝景皇帝末年，募求天下礼书，于时士大夫皆送官，得吕氏之所传《孔子家语》，而与诸国事及七十二子辞妄相错杂，不可得知，以付掌书，与《曲礼》众篇乱简合而藏之秘府。元封之时，吾仕京师，窃惧先人之典辞将遂泯灭，于是因诸公卿士大夫，私以人事募求其副，悉得之。乃以事类相次，撰集为四十四篇。又有《曾子问礼》一篇，自别属《曾子问》，故不复录。其诸弟子书所称引孔子之言者，本不存乎《家语》，亦以其已自有所传也，是以皆不取也。将来君子，不可不鉴。

王肃后序

孔安国，字子国，孔子十二世孙也。孔子生伯鱼。鱼生子思，名伋。伋常遭困于宋，作《中庸》之书四十七篇，以述圣祖之业。授弟子孟轲之徒数百人，年六十二而卒。子思生子上，曰白，年四十七而卒。自叔梁纥始出妻，及伯鱼亦出妻，至子思又出妻，故称孔氏三世出妻。

子上生子家，名傲，后名永，年四十五而卒。子家生子直，名槽，年四十六而卒。子直生子高，名穿，亦著儒家语十二篇，名曰《讕言》，年五十七而卒。子高生武，字子顺，名微，后名斌，为魏文王相，年五十七而卒。子武生子鱼，名鲋；及子襄，名腾；子文，名祔。子鱼后名甲。子襄以好经书博学，畏秦法峻急，乃壁藏其《家语》《孝经》《尚书》及《论语》于夫子之旧堂壁中。子鱼为陈王涉博士、太师，卒陈下。生元路，一字元生，名育，后名随。

子文生最，字子产。子产后从高祖，以左司马将军从韩信破楚于垓下，以功封蓼侯，年五十三而卒，谥曰夷侯。长子灭嗣，官至太常。次子襄，字子士，后名让，为孝惠皇帝博士，迁长沙王太傅，年五十七而卒。生季中，名员，年五十七而卒。生武及子国。

子国少学《诗》于申公，受《尚书》于伏生，长则博览经传，问无常师，年四十为谏议大夫，迁侍中博士。天汉后，鲁恭王坏夫子故宅，得壁中《诗》《书》，悉以归子国。子国乃考论古今文字，撰众师之义，为《古文论语训》十一篇、《孝经传》二篇、《尚书传》五十八篇，皆所得壁中科斗本也。又集录《孔氏家语》为四十四篇，既成，会值巫蛊事，寝不施行。

子国由博士为临淮太守，在官六年，以病免，年六十卒于家。其后，孝成皇帝诏光禄大夫刘向校定众书，都记录，名《古今文书论语别录》。子国孙衍为博士，上书辨之曰：

> 臣闻明王不掩人之功，大圣不遗人小善，所以能其明圣也。陛下发明诏，谘群儒，集天下书籍，无言不悉，命通才大夫校定其义，使遐载之文，以大著于今日。立言之士，垂于不朽，此则蹈明王之轨，遵大圣之风者也。虽唐帝之彧彧，周王之焕然，未若斯之极也。故述作之士，莫不乐测大伦焉。
>
> 臣祖故临淮太守安国，逮仕于孝武皇帝之世，以经学为名，以儒雅为官，赞明道义，见称前朝。时鲁恭王坏孔子故宅，得古文科斗《尚书》《孝经》《论语》，世人莫有能言者，安国为之今文，读而训传其义。又撰次《孔子家语》，既毕讫，会值巫蛊事起，遂各废不行于时。然其典雅正实，与世所传者，不可同日而论也。光禄大夫向，以为其时所未施之，故《尚书》则不记于《别录》，《论语》则不使名家也。臣窃惜之。且百家章句，无不毕记，况《孔子家语》古文正实而疑之哉！

又戴圣近世小儒，以《曲礼》不足，而乃取《孔子家语》杂乱者，及子思、孟轲、孙卿之书以裨益之，总名曰《礼记》。今尚见其已在《礼记》者，则便除《家语》之本篇，是为灭其原而存其末，不亦难乎！臣之愚，以为宜如此为例，皆记录别见，故敢冒昧以闻。

奏上，天子许之。未即论定而遇帝崩，向又病亡，遂不果立。

卷第一

相鲁第一

导读 本篇讲述了孔子的仕宦生涯，比传世文献《左传》《礼记·檀弓上》《史记·孔子世家》的相关记载还要详尽，这说明《孔子家语》有其独特的学术价值。

孔子做中都宰时，注重制定养生送死的礼仪，以砥砺风俗。施行一年后，人民的日常生活和生养死送都做到了有礼有节，社会风气为之一变，四方诸侯争相效法。施行两年后，孔子受到君王重用，鲁定公升其为司空。孔子管理土地，因地制宜，全面发展“大农业”；遵从君主葬制，使昭公墓与先王墓域合一。

由于政绩突出，德高望重，孔子很快升任为大司寇，取得上大夫地位，实现了由非贵族出身擢升到卿大夫的社会地位的飞跃。当时制定了法律，扶正了世风，竟没有奸诈犯法之民。

鲁定公十年(前500)，在齐国境内召开的夹谷之会上，孔子担任礼相(司仪，相当于现代的礼仪总指挥)，能以礼相待，指挥若定，因实行“有文事者必有武备，有武事者必有文备”而占尽风光。虽然提倡“裔不谋夏，夷不乱华，俘不干盟，兵不逼好”的华夷之辨显其狭隘，力斩侏儒又显悖仁德，但却从一个侧面反映了孔子执行礼法时的雷厉风行。

孔子还建议鲁定公隳毁权臣季孙、叔孙、孟孙不合礼法的都邑，加强了鲁国的君权。

原文

孔子初仕，为中都[1]宰[2]，制为养生送死之节：长幼异食[3]，强弱异任[4]，男女别涂，路无拾遗，器不雕伪[5]；为四寸之棺，五寸之椁，因丘陵为坟，不封[6]、不树[7]。行之一年，而西方之诸侯[8]则[9]焉。

译文

孔子刚做官时，担任中都邑的邑宰，制定了使老百姓生有所养、死得安葬的制度：根据年纪长幼提供不同的食物，根据能力大小分配不同的任务，男女走路各行一边，路上遗失的东西不会被人捡走而据为己有，器物不求浮华雕饰；装殓死人的棺木厚四寸、椁木厚五寸，依傍丘陵修墓而不筑高坟，不在墓地种植松柏。这样的制度施行一年后，各诸侯国纷纷效法。

注释　**1** 中都：鲁国小邑，在今山东汶上。　**2** 宰：卿大夫家臣或采邑长官。鲁定公九年（前501），孔子51岁，出任中都宰。　**3** 异食：周礼规定，年满五十者要吃专门准备的食物。　**4** 异任：力作之事，各从所任，不用弱。　**5** 雕伪：雕画伪饰。　**6** 不封：不聚土以起坟。　**7** 不树：不在坟周围种松柏。　**8** 西方之诸侯：鲁国在东，其他诸侯国在鲁国以西，故称。　**9** 则：效法。

定公[1]谓孔子曰："学子此法，以治鲁国何如？"孔子对曰："虽天下可乎，何但鲁国而已哉！"于是二年，定公以为司空[2]。乃别五土之性[3]，而物各得其所生之宜，咸得

鲁定公对孔子说："学习您这套方法来治理鲁国，您看怎么样？"孔子回答说："即使用来治理天下也是可以的，岂止是治理好鲁国呢！"这样实施了两年，定公任命孔子担任司空。孔子便根据土地的性质，将其分为山林、川泽、丘陵、平地、沼泽五类，各种作物都种植在适宜的环境里，都得以较好地生长。

厥所。

先时，季氏葬昭公[4]于墓道之南，孔子沟而合诸墓焉[5]。谓季桓子[6]曰：“贬君以彰己罪，非礼也。今合之，所以掩夫子之不臣[7]。”由司空为鲁大司寇[8]。设法而不用，无奸民。

先前，季平子把鲁昭公葬在鲁国先王陵寝的墓道南面，孔子做司空后，派人挖沟把昭王的陵墓与先王的陵墓圈连到一起。孔子对季桓子说：“令尊以此贬损君王却彰显了自己的罪行，这是不合礼制的行为。现在把陵墓合到一起，可以掩盖令尊曾经不守臣道的罪名。”之后，孔子又由司空升为鲁国的大司寇。虽然设立了法律，却派不上用场，因为没有奸诈顽劣之民了。

注释 **1** 定公：鲁国君王姬宋的谥号。 **2** 司空：又名“司工”，主管营建修筑工程，及郊祀扫除、乐器等。鲁定公时，孔子弟子孟懿子为司空，孔子任其下属，为小司空。 **3** 五土之性：山林、川泽、丘陵、坟衍、原隰的情况。坟衍，肥沃平旷之地。原隰，广平低湿之地。**4** 季氏葬昭公：鲁昭公二十五年（前517），昭公伐季平子失败，被逐，死于晋之乾侯。定公元年（前509）秋，权臣季平子葬昭公于鲁先君陵寝墓道之南，不与先君合葬，等于把鲁昭公逐出了君王的行列。 **5** 沟：挖沟。合诸墓：合入同一墓域。 **6** 季桓子：季平子之子季孙斯，平子死后当政。 **7** 不臣：不守臣属之道。 **8** 大司寇：六卿之一，主管刑狱。

定公与齐侯会于夹谷[1]，孔子摄相[2]事，曰：“臣闻有文事者必有武备，有武事者必有文备。

鲁定公和齐侯在齐国的夹谷举行盟会，孔子担任司仪，对鲁定公说：“我听说，举行和平会盟一定要有武力为后盾，军事行动也要以和平外交做准备。古代古者诸侯出疆，必具官以从，请具左右司马[3]。”定公从之。

的诸侯离开自己的国家，必须配备文武随从，请您带上左右司马。”定公听从了孔子的建议。

至会所，为坛位，土阶三等。以遇礼相见，揖让而登。献酢[4]既毕，齐使莱人以兵鼓噪，劫定公。孔子历阶[5]而进，以公[6]退，曰：“士，以兵之。吾两君为好，裔夷之俘敢以兵乱之！非齐君所以命诸侯也！裔不谋夏，夷不乱华，俘不干盟，兵不逼好。于神为不祥，于德为愆义，于人为失礼，君必不然。”齐侯心怍，麾[7]而避之。

到了会盟场所，筑起盟会的高台，土台设立三个台阶。双方以会遇之礼相见，谦让着登上高台。互相敬酒后，齐国派莱人军队擂鼓呼叫，威胁鲁定公。孔子快步登上台阶，保护鲁定公退避，说：“鲁国士兵，你们去攻打莱人。我们两国君王在这里举行友好会盟，远方夷狄的俘虏竟敢拿着武器扰乱！这绝不是齐君和天下诸侯友好邦交之道！远夷不得图谋华夏，蛮夷不得扰乱中国，俘虏不可扰乱会盟，武力不能逼迫友好。否则，就是对神明不敬，对道德悖逆，在为人上失礼。齐侯必然不会这么做。”齐侯听了，内心愧疚，指令莱人军队退下。

注释　**1** 齐侯：齐国君王。会：会盟。夹谷：夹谷山，在今山东济南莱芜区境内。　**2** 相：司仪，赞礼之人。　**3** 左右司马：掌管军事的正副官。　**4** 献酢（zuò）：主客互相揖让敬酒。　**5** 历阶：一步一级地快步登阶。古礼规定双脚登同一级台阶慢行。　**6** 以公：保护着定公。**7** 麾：指挥。

有顷，齐奏宫中之乐，俳优侏儒[1]戏于前。

过了一会儿，齐国演奏宫廷乐舞，歌舞艺人和矮人小丑在君王面前表演歌

孔子趋进，历阶而上，不尽一等[2]，曰："匹夫荧侮诸侯者，罪应诛。请右司马速刑焉！"于是斩侏儒，手足异处。齐侯惧，有惭色。

将盟，齐人加载书曰："齐师出境，而不以兵车三百乘从我者，有如此盟。"孔子使兹无还[3]对曰："而不返我汶阳之田，吾以供命者，亦如之。"

舞杂技，调笑嬉戏。孔子快步向前，登上台阶，站在第二阶上说："卑贱的人敢戏弄诸侯君王，罪当斩。请右司马赶紧对他们用刑！"于是斩杀了侏儒小丑，砍断手足。齐侯恐惧，面露愧色。

正盟誓时，齐国在盟书上加了一段话说："将来齐国出兵远征时，鲁国若不派三百辆兵车从征，就要按本盟约规定加以制裁。"孔子让鲁大夫兹无还回应道："若齐国不归还汶河以北的鲁国属地，却让鲁国派兵跟从的话，齐国也要按盟约规定接受处罚。"

注释　**1** 俳优：演舞蹈滑稽戏的艺人。侏儒：身材矮小的杂技艺人。**2** 不尽一等：没有登上最高台阶。　**3** 兹无还：人名，鲁国大夫。

齐侯将设享礼[1]，孔子谓梁丘据曰："齐鲁之故，吾子何不闻焉？事既成矣，而又享之，是勤[2]执事。且牺象[3]不出门，嘉乐[4]不野合[5]。享而既具，是弃礼；若其不具，是用秕稗也。用秕稗，君辱；弃礼，名恶。子盍图之？

齐侯准备设宴款待鲁定公，孔子对齐大夫梁丘据说："齐、鲁两国的传统礼节，阁下难道没听说过吗？会盟既已完成，贵国君王又要设宴款待我国君王，这岂不是徒然劳烦贵国群臣？何况牛形和象形的宫廷酒器，按规矩不能拿出宫门，而雅乐也不能在荒野演奏。假如宴席上配备了这些酒器，就是背弃礼仪；假如宴席间未配备，就如同舍弃五谷而用秕稗。宴席简陋有伤贵国君王的脸面，背弃礼法则贵国

夫享，所以昭德也。不昭，不如其已。”乃不果享。

齐侯归，责其群臣曰：“鲁以君子道辅其君，而子独以夷狄道教寡人，使得罪。”于是乃归所侵鲁之四邑[6]及汶阳之田。

就会招致恶名。您为何不慎重考虑呢？宴客，本为发扬君主的威德。如果不能发扬，不如干脆作罢。”于是齐国取消了这次宴会。

齐侯回到都城，责备群臣说：“鲁国臣子用君子之道辅佐他们的君王，而你们却用夷狄之道误导我，招来这些羞辱。”于是，齐国归还了以前侵占鲁国的四座城邑和汶河以北的土地。

注释　1 享礼：宴会礼仪。 2 勤：麻烦，劳烦。 3 牺象：牛形和象形的宫廷酒器。 4 嘉乐：宴享正礼，钟鼓之乐。 5 野合：不在宗庙、宫廷演奏。 6 四邑：郓（yùn）、讙（huān）、龟、阴，鲁国的四座城邑。

孔子言于定公曰：“家不藏甲[1]，邑无百雉[2]之城，古之制也。今三家[3]过制，请皆损之。”乃使季氏宰仲由[4]隳三都[5]。

叔孙辄[6]不得意于季氏[7]，因费宰[8]公山弗扰[9]率费人以袭鲁。孔子以公，与季孙、叔孙、孟孙入于季氏

孔子对鲁定公说：“卿大夫家中不能私藏兵器铠甲，封邑内不能建筑一百雉规模的都城，这是古代的礼制。如今季孙氏、叔孙氏、孟孙氏三家城邑都逾越了礼制，请您予以削减。”于是定公派季氏家臣仲由，减损季孙氏的都城费、叔孙氏的都城郈、孟孙氏的都城成的规模。

叔孙氏的庶子叔孙辄得不到叔孙氏的器重，便联合费城长官公山弗扰率领费人进攻鲁国都城曲阜。孔子保护着鲁定公，和季孙氏、叔孙氏、孟孙氏三大夫躲入

之宫[10],登武子之台[11]。费人攻之,及台侧,孔子命申句须、乐颀[12]勒[13]士众下伐之,费人北。遂隳三都之城。强公室,弱私家,尊君卑臣,政化大行。

季氏的住宅,登上武子台。费人进攻武子台,攻到台的一侧,孔子命令申句须、乐颀两位大夫统领士卒前去抵挡,费人败退。这样,终于削减了三座都邑的城池。这一行动,加强了鲁国君王的权力,削弱了大夫的势力,君王得到尊崇,臣子地位下降,政治教化措施得到执行。

注释 1 家:指卿大夫。甲:铠甲,借指武装。 2 雉(zhì):古代计算城墙面积的单位。城墙长一丈、高一丈称"堵",三堵为一雉。 3 三家:鲁国势力很大的三家权臣,即季孙氏、叔孙氏、孟孙氏。 4 仲由:字子路,孔子弟子,时任季孙氏家总管。 5 隳(huī):毁坏。三都:分别指季孙氏、叔孙氏、孟孙氏的都城费(今山东鱼台西南费亭)、郈(hòu。今山东东平东南)、成(今山东宁阳东北小汶河附近)三地。 6 叔孙辄:叔孙氏庶子。 7 季氏:当作"叔孙氏"。《左传·定公十二年》杜预注:"辄不得志于叔孙氏。" 8 费宰:费城长官。 9 公山弗扰:人名。 10 季氏之宫:季氏住宅。 11 武子之台:台名,在季氏宅内。 12 申句须、乐颀:鲁大夫。 13 勒:指挥。

初,鲁之贩羊有沈犹氏者,常朝饮其羊以诈市人[1]。有公慎氏者,妻淫不制。有慎溃氏,奢侈逾法。鲁之鬻六畜者,饰之以储价[2]。

及孔子之为政也,

从前,鲁国有个叫沈犹氏的羊贩子,经常在早上用水把羊灌饱,以此来增加羊的重量,欺骗买羊的人。有个叫公慎氏的人,他的妻子淫乱,也不加制止。有个叫慎溃氏的人,生活十分奢侈,超过了法令的规定。鲁国那些卖牲畜的人,常常把牲畜修整打扮起来,以卖高价。

则沈犹氏不敢朝饮其羊,公慎氏出其妻,慎溃氏越境而徙。三月,则鬻牛马者不储价,卖羊豚者不加饰。男女行者,别其涂,道不拾遗。男尚忠信,女尚贞顺。四方客至于邑,不求有司,皆如归焉。

等到孔子当了鲁国司寇,沈犹氏不敢给羊灌水了,公慎氏把妻子休掉了,慎溃氏迁到别国去了。为政三个月,贩卖牛马的人也不再漫天要价了,贩卖猪羊的人也不再对牲畜做手脚了。路上的男女行人,各走一边,丢在地上的东西也没人拾来据为己有。男子追求忠诚信用,女子崇尚贞节温顺。四方之客来到城里,不再请求官府帮助,就像回到家里一样。

注释 1 "朝饮其羊"诸事:《荀子·儒效》:"仲尼将为司寇,沈犹氏不敢朝饮其羊,公慎氏出其妻,慎溃氏逾境而徙,鲁之粥牛马者不豫贾,必蚤正以待之也。"另参《新序·杂事》。 2 储价:抬高价格。

始诛第二

导读 本篇记载了孔子仕途巅峰时期的政治作为,当时孔子"摄行相事"而代理季桓子执政,主张刑杀与教化并行。正文中一杀一放的两件历史事件,一严一宽,恰成鲜明对比,是我们了解儒家教化思想的重要范本。

第一,孔子在执政之始,严厉地诛杀了"乱政大夫"少正卯。但此事多为后世儒者所讳,或避而不谈,或断然否认,以为夫子过判而影响其圣人形象。译注者以为大可不必为圣人隐讳。似乎也可以由此加以引申,即儒家在执行法令时,也有雷厉风行、严惩不贷的一面。

第二,孔子宽大地赦免了陷入官司的父子二人,还诠释了儒家对法律与道德、法制与德治关系的看法。孔子主张教而后诛，先施教化，后加诛罚。如果不教而诛，则为暴虐行为。对百姓进行教化时，注重道德教育为先，通过表彰贤德，运用榜样的力量进行劝勉引导，迫不得已才动用刑威，施以严刑峻法。

原文

孔子为鲁司寇，摄[1]行相事，有喜色。仲由问曰："由闻君子祸至不惧，福至不喜。今夫子得位而喜，何也？"孔子曰："然，有是言也。不曰'乐以贵下人'乎？"

于是朝政[2]七日而诛乱政大夫少正卯[3]，戮之于两观[4]之下，尸[5]于朝三日。子贡进曰："夫少正卯，鲁之闻人也。今夫子为政而始诛之，或者为失乎？"

译文

孔子担任鲁国司寇，代理行使宰相的职务，面露喜色。弟子仲由问他："我听说君子祸患降临不恐惧，幸运来到也不欢喜。现在您得到高位而流露出欢喜的神色，这是为什么呢？"孔子回答说："对，确实有这样的说法。但不是有'显贵了却以谦恭待人为乐事'的说法吗？"

就这样，孔子执掌朝政七天就诛杀了扰乱朝政的大夫少正卯，诛杀于宫殿门外的两座高台下，还在朝廷暴尸三日。子贡向孔子进谏说："这个少正卯，是鲁国有名望之人。现在老师您执掌朝政首先就杀掉他，可能有些失策吧？"

注释 1 摄：代理。 2 朝政：执政。 3 少正卯：和孔子同时讲学的鲁大夫。 4 两观：宫殿门外的两座高台。 5 尸：陈列尸首。

孔子曰："居[1]，吾语汝以其故。天下有大恶者五，

孔子回答说："坐下来，我告诉你杀他的缘由。天下称得上大恶的有五

而窃盗不与焉。一曰心逆而险[2]，二曰行僻而坚[3]，三曰言伪而辩，四曰记丑[4]而博，五曰顺非而泽。此五者，有一于人，则不免君子之诛，而少正卯皆兼有之。其居处足以撮徒成党[5]，其谈说足以饰褒莹众，其强御足以反是独立[6]，此乃人之奸雄者也，不可以不除。夫殷汤诛尹谐，文王诛潘正[7]，周公诛管、蔡，太公诛华士[8]，管仲诛付乙，子产[9]诛史何[10]，是此七子皆异世而同诛者，以七子异世而同恶，故不可赦也。《诗》云：'忧心悄悄[11]，愠于群小[12]。'小人成群，斯足忧矣。"

种，其中不包括盗窃。一是通达事理却又心存险恶，二是行为怪僻而又坚定固执，三是言语虚伪却又能言善辩，四是掌握过多怪异的事，五是言论错误还要为之润色。人只要有这五恶之一，就免不了被正人君子诛杀，何况少正卯是五恶兼具。他身居高位就足以聚集势力结党营私，他的言论也足以伪饰自己迷惑众人，他积蓄的强大力量足以叛逆礼制成为异端，这就是人中的奸雄啊！不可不除掉。历史上，殷汤杀尹谐，文王杀潘正，周公杀管叔、蔡叔，姜太公杀华士，管仲杀付乙，子产杀史何，这七个人生于不同时代但都被诛杀，原因是七个人尽管所处时代不同，但同样具有恶行，所以不能赦免。《诗经》说：'忧心如焚，被群小所憎恶。'如果小人成群，那就足以令人担忧了。"

注释 1 居：坐下。 2 心逆而险：《荀子·宥坐》作"心达而险"，《说苑·指武》作"心辨而险"（一本作"心逆而险"），指通达古今事理却很凶险。 3 行僻而坚：行为邪僻而意志坚定。 4 丑：王肃注："丑谓非义。"《荀子》杨倞注："丑，谓怪异之事。" 5 撮徒成党：《荀子·宥坐》作"聚徒成群"。 6 强御足以反是独立：强暴有势力足以反对正道而独立成家。 7 文王诛潘正：《荀子·宥坐》"潘正"作"潘止"，

《说苑·指武》作太公诛“潘阯”。 **8** 华士：隐士，《韩非子》言其“耕而后食，凿井而饮”。 **9** 子产：公孙氏，名侨，字子产，郑国著名政治家。 **10** 史何：《荀子·宥坐》作“邓析、史付”，《说苑·指武》作“邓析”。 **11** 忧心悄悄：忧心忡忡。 **12** 愠：恼怒。

孔子为鲁大司寇[1]，有父子讼者，夫子同狴[2]执[3]之，三月不别[4]。其父请止，夫子赦之焉。

季孙[5]闻之，不悦，曰：“司寇欺余，曩告余曰：‘国家必先以孝。’余今戮一不孝以教民孝，不亦可乎？而又赦，何哉？”

冉有[6]以告孔子，子喟然叹曰：“呜呼！上失其道而杀其下，非理也。不教以孝而听其狱，是杀不辜。三军大败，不可斩也。狱犴[7]不治，不可刑也。何者？上教之不行，罪不在民故也。

孔子做鲁国的大司寇时，有父子二人来打官司，孔子把他们羁押在同一间牢房里，过了三个月也不判决。父亲请求撤回诉讼，孔子就将他们都放了。

季孙氏听到这件事，很不高兴，说：“司寇欺骗我，从前他曾对我说：‘治理国家一定要先实行孝道。’如今我要杀掉一个不孝的家伙来教导百姓遵行孝道，不也可以吗？司寇却又赦免了他们，这是为什么呢？”

孔子弟子冉有，时任季孙氏的家臣，把话转告了老师，孔子叹息说：“唉！身居上位不按道行事而滥杀百姓，这违背常理。不用孝道来教化百姓而随意判决官司，这是滥杀无辜。三军打了败仗，是不能用杀士卒来解决问题的。刑事案件不断发生，是不能用严酷的刑罚来制止的。为什么呢？统治者的教化没有起到作用，罪责不在百姓身上。

注释 **1** 大司寇：《荀子·宥坐》作“司寇”，当时鲁国司空孟孙兼司寇，孔子或为司空下的小司寇。 **2** 狴（bì）：狱牢。 **3** 执：监禁，关押。 4 别：判决。 5 季孙：鲁桓公子季友后裔，又称季孙氏，三卿之一，司徒兼冢宰。自鲁文公后，季孙行父、季孙宿等都是鲁国实权人物。 6 冉有（前522—前489）：孔子弟子冉求，字子有，时为季氏家臣。 7 狱犴（àn）：刑狱。

"夫慢令谨诛[1]，贼也；征敛无时，暴也；不试责成，虐也。政无此三者，然后刑可即也。《书》云：'义刑义杀[2]，勿庸以即汝心[3]，惟曰未有慎事。'言必教而后刑也，既陈道德以先服之。而犹不可，尚贤以劝之；又不可，即废之；又不可，而后以威惮之。若是三年，而百姓正矣。其有邪民不从化者，然后待之以刑，则民咸知罪矣。《诗》云：'天子是毗[4]，俾[5]民不迷。'是以威厉[6]而不试，刑错[7]而不用。今世则不然，乱其教，繁其刑，使民迷惑而陷焉，又从而制之，故刑弥繁而盗不胜也。夫

"法律松弛而刑杀严酷，是残忍行为；随意横征暴敛，是残暴行径；不加以教化而苛求百姓遵守礼法，是暴虐做法。只有施政中没有这三种弊病，才可以使用刑罚。《尚书·康诰》说：'刑杀要符合正义，不能随心所欲，断案要慎重，让百姓心悦诚服。'说的是先施教化后用刑罚，先陈说道理使百姓明白敬服。如果还不行，再以贤良的人为表率引导鼓励他们；还不行，才放弃种种说教；还不行，才可以用法令的威势震慑他们。这样实施三年，百姓就会走上正道。那些不从教化的顽劣之徒，对其就可以使用刑罚，这样一来，百姓就都知道什么是犯罪了。《诗经·小雅·节南山》说：'辅佐天子，使百姓不迷惑。'能做到这些，就不必用严刑峻法，刑法也可搁置不用了。当今之世却不是这样，教化紊乱，刑法繁多，使百姓感到迷惑，仿佛随时都会掉进陷阱，官吏又用繁多的刑律来控制约束，所以刑罚越繁盗贼越多。三尺高的门槛，

三尺之限[8],空车不能登者,何哉?峻故也。百仞之山,重载陟焉,何哉?陵迟故也。今世俗之陵迟久矣,虽有刑法,民能勿逾乎?”	即使空车也不能越过,为什么呢?那是因为门槛陡峭。一座百仞高的山,负载极重的车子也能登上去,为什么呢?那是因为山虽高而坡缓,车子就能慢慢登上去。如今社会风气已经败坏很久了,即使有严刑峻法,百姓能不违犯吗?”

注释 1 慢令谨诛:法令松弛,刑杀谨严。 2 义刑义杀:符合正义的刑杀。 3 勿庸以即汝心:庸,用。即,就。刑杀教化不求符合你的心意,而要符合正义。 4 毗:辅佐。 5 俾:使。 6 威厉:严酷的刑罚。 7 错:放置,搁置。 8 限:《荀子·宥坐》作“岸”,这里指险阻。

王言解第三

导读 本篇记载了孔子与弟子曾参有关王道的对话,反映了孔子的政治理想。“王言”二字,来自篇中孔子“吾以王言之”及曾子“敢问何谓王之言”句。由于本篇对话内容又见于《大戴礼记·主言》,所以清人王聘珍据此质疑最早为《孔子家语》作注的王肃,是“私定《孔子家语》,盗窃此篇,改作《王言》,俗儒反据肃书,改窜本经,亦作《王言》”,认为本篇应为《主言》而非《王言》。

孔子所提倡的“明王之道”,简称“王道”,主要由“内修七教”“外行三至”的主张来体现。所谓“七教”,即敬老以劝孝、尊齿以劝悌、乐施以促宽、亲贤以敦友、好德以劝诚、恶贪促不争、廉让促耻节。所谓“三至”,即“至礼不让”以促“天下治”,“至赏不费”以使“天下士悦”,“至乐无声”以成“天下民和”。孔子主张的“不劳不费”的“明王之道”“明王之治民”思想，代表了早期儒家“无为而治”的圣王政治理想。

原文

孔子闲居[1]，曾参[2]侍[3]。孔子曰：“参乎，今之君子，唯士与大夫之言可闻也。至于君子之言者，希也。於乎！吾以王言之，其不出户牖[4]而化天下。”曾子起，下席而对曰：“敢问何谓王之言？”孔子不应。曾子曰：“侍夫子之闲也难，是以敢问。”孔子又不应。曾子肃然而惧，抠衣[5]而退，负席[6]而立。

有顷，孔子叹息，顾[7]谓曾子曰：“参，汝可语明王之道与？”曾子曰：“非敢以为足也，请因所闻而学焉。”

译文

孔子在家闲居，弟子曾参在身边陪侍。孔子说：“曾参啊！当今身居高位的人，只能听到士和大夫的治理言论。至于那些在高位者的道德之言，就很少听到了。唉，我若把成就王业的道理讲给居高位的人听，他们足不出户就可以教化天下了。”曾参站起来，走下坐席问孔子：“请问老师，什么是成就王业的道理呢？”孔子不回答。曾参又说：“看到老师有空闲，我自己又不大明白，所以大胆向您请教。”孔子又不回答。曾参肃然生畏，提起衣襟退下去，背靠着墙站立旁边。

过了一会儿，孔子发出一声叹息，回头对曾参说：“曾参啊！可以对你谈古代明君治国之道吗？”曾参回答说：“我不敢认为自己知识足够了，希望能听您谈治国的道理，从中学习领会。”

注释　1 闲居：赋闲在家。　2 曾参：字子舆，春秋鲁人，孔子弟子。　3 侍：陪侍。　4 户牖：门窗。　5 抠衣：提起前襟。抠，用手挖。　6 负席：负，背靠着。席，或作“序”，指东西墙。　7 顾：回头。

子曰："居，吾语汝！夫道者，所以明德也。德者，所以尊道也。是以非德道不尊，非道德不明。虽有国之良马，不以其道服乘[1]之，不可以道里[2]。虽有博地众民，不以其道治之，不可以致霸王。是故，昔者明王内修七教[3]，外行三至[4]。七教修，然后可以守；三至行，然后可以征。明王之道，其守也，则必折冲[5]千里之外；其征也，则必还师衽席[6]之上。故曰内修七教而上不劳，外行三至而财不费。此之谓明王之道也。"

孔子说："你坐下来，我讲给你听。所谓道，是用来彰明德行的。德，是用来尊崇道义的。所以没有德行，道义不能被尊崇；没有道义，德行也无法发扬光大。即使有一国之内最好的马，如果不能按照正确的方法来驾驭，它就不会在道路上奔跑。一个国家即使有广阔的土地和众多的百姓，如果君王不用正确的方法来治理，也不可能成为霸主或成就王业。因此，古代圣明的君王在内实行'七教'，对外实行'三至'。做好'七教'，就可以守卫国家；做好'三至'，就可以征伐别国。圣明君王的治国之道，守卫国家，一定能击败千里之外的敌人；对外征伐，也一定能得胜还朝。因此说，在内实行'七教'，君王就不会因政事而烦劳；对外实行'三至'，就不至于劳民伤财。这就是所谓的古代明王的治国之道。"

注释 **1** 服乘：使用，指驾车或骑乘。 **2** 道里：行进在道路上。 **3** 七教：君王对内实行的敬老、尊齿、乐施、亲贤、好德、恶贪、廉让等七种教化。 **4** 三至：明王对外的"至礼不让""至赏不费""至乐无声"三种治理模式，以促成"天下治""天下士悦""天下民和"的大治局面。 **5** 折冲：打败敌人。冲，兵车。 **6** 衽（rèn）席：朝堂宴会所设立的坐席。

曾子曰:“不劳不费之谓明王,可得闻乎?”

孔子曰:“昔者帝舜左禹而右皋陶[1],不下席而天下治。夫如此,何上之劳乎?政之不平,君之患也;令之不行,臣之罪也。若乃十一而税,用民之力,岁不过三日,入山泽以其时而无征,关讥市鄽[2]皆不收赋,此则生财之路,而明王节之,何财之费乎?”

曾参问道:“不为政事烦劳、不劳民伤财叫作明君,其中的道理您可以讲给我听听吗?”

孔子说:“古时候,舜帝身边有两个得力大臣禹和皋陶,他不用走下坐席天下就治理好了。这样,君王还有什么烦劳呢?政局不安,是君王的大患;政令不能推行,是臣子的罪责。如果实行十分之一的税率,百姓服劳役一年不超过三天,让百姓按季节进入山林湖泊伐木渔猎而不滥征税,交易场所也不滥收赋税,这些都是生财之路,而圣明的君主节制田税,爱惜民力,怎么还会劳民伤财呢?”

注释 1 皋陶(gāo yáo):又作咎陶、咎繇,“上古四圣”之一,黄帝次子昌意的后裔,颛顼的第七个儿子。舜、禹时期任士师、大理官,负责氏族政权的刑罚、监狱、法治,被奉为中国司法鼻祖。 2 鄽(chán):同“廛”,集市中的旅舍,指市场。

曾子曰:“敢问何谓七教?”孔子曰:“上敬老则下益孝,上尊齿[1]则下益悌[2],上乐施则下益宽,上亲贤则下择友,上好德则下不隐[3],上恶贪则下

曾参问:“请问什么是七教呢?”孔子回答说:“居上位的人尊敬老人,那么下层百姓会更加遵行孝道;居上位的人尊敬比自己年长的人,百姓会更加敬爱兄长;居上位的人乐善好施,百姓会更加宽厚;居上位的人亲近贤人,百姓就会择良友而交;居上位的人尊重道德修养,百姓就不会隐藏错

耻争，上廉让则下耻节，此之谓七教。七教者，治民之本也。政教定，则本正也。凡上者，民之表[4]也，表正则何物不正？是故，人君先立仁于己，然后大夫忠而士信，民敦而俗璞，男悫[5]而女贞。六者，教之致也，布[6]诸天下四方而不怨，纳诸寻常之室而不塞。等[7]之以礼，立之以义，行之以顺，则民之弃恶如汤之灌雪焉。”

处；居上位的人憎恶贪婪的行为，百姓就会以争利为耻；居上位的人讲廉洁谦让，百姓就会以不讲气节德操为耻。这就是所说的七种教化。这‘七教’，是治理百姓的根本。政治教化的原则确定了，那治国理政的根本就是正确的。凡是身居上位的人，都是百姓的表率，表率正还有什么不正的呢？因此君王首先能做到仁，然后大夫就会做到忠于职守，士也就能做到讲信义，民心敦厚、民风淳朴，男人诚实忠厚、女子忠贞不贰。这六个方面，是教化达到的效果。这样的教化散布天下四方而不会产生怨恨情绪，用来治理普通家庭而不会觉得行不通。用礼仪划分尊卑等次，以道义立身处世，遵照礼法来行事，那么百姓放弃恶行就如同用热水浇灌积雪一样快了。”

注释　1 齿：年长的人。　2 悌：尊敬兄长。　3 隐：隐藏错处。或释为有德之人归隐。　4 表：表率。　5 悫（què）：诚实，忠厚。6 布：广布，推广实施。　7 等：划分等次。

曾子曰：“道则至矣，弟子不足以明之。”孔子曰：“参以为姑止[1]乎？又有焉。昔者明王之治民也，法必裂地

曾参又说：“这样的治国方法确实是最好的了，只是我还不是很明白。”孔子说：“你以为这些就够了吗？还有呢！古代圣明的君主治理百姓，制定法规，把土地分封下去，分别派官吏治理，这样，贤良

以封之，分属以理之，然后贤民无所隐[2]，暴民无所伏。使有司日省而时考之，进用贤良，退贬不肖[3]，则贤者悦而不肖者惧。哀鳏寡[4]，养孤独[5]，恤贫穷[6]，诱孝悌，选才能。此七者修，则四海之内无刑民矣。

的人不会被埋没，顽劣的恶人也无处隐藏。派主管官员经常到各地视察考核，进用贤良的人，罢免贬斥才能品德差的官吏。这样一来，贤良的人就会愉快，而才能品德差的官吏就会害怕。怜悯老而无妻或无夫的人，抚养幼年失父的孤儿和老年无子的人，体恤穷苦没有出路的人，诱导百姓孝敬父母尊重兄长，选拔有才能的人。一个国家做到这七个方面，那么天下也就没有触犯法律的百姓了。

注释　**1** 姑止：仅仅这些。　**2** 隐：埋没。　**3** 不肖：不称职，不能胜任。　**4** 鳏(guān)：老而无妻或丧妻的人。寡：年老无夫或丧夫的女子。　**5** 孤：幼而无父。独：老而无子。　**6** 贫：物质匮乏。穷：仕途不畅。

“上之亲下也，如手足之于腹心矣，下之亲上也，如幼子之于慈母矣。上下相亲如此，故令则从，施则行，民怀其德，近者悦服，远者来附，政之致也。夫布[1]指知寸，布手知尺，舒肘知寻[2]，斯不远之则也。周制，三百步为里，千步为井，三井而埒[3]，

“身居上位的人爱护百姓，如同手足爱护腹心，那么百姓爱戴居上位者，也如同幼儿对待慈母。上下能如此相亲，上面的命令百姓就会听从，有措施就能得以推行，百姓会感怀他的德政，身边的人会心悦诚服，远方的人会来归附，这真是政治所达到的最高境界。伸开手指可以觉知寸的长短，伸开手可以感知尺的长短，展开肘臂可以体知寻有多长，这是近在身边的准则。根据周代的制度，三百步为一里，一千步见方为一井，三井合为

埒三而矩，五十里而都，封百里而有国，乃为福积资求[4]焉，恤行者有亡。是以蛮夷诸夏[5]，虽衣冠不同，言语不合，莫不来宾。

一埒，三埒成为一矩，五十里的疆域可以建大城市，分封百里的土地可以建国都，这是为了日常生活积蓄生活资料，并为必要的出行做好储备工作。因此，中原各国与蛮夷小国，虽然穿戴不同，言语不同，没有不归附的。

注释 1 布：伸展开。 2 寻：度量单位，两臂伸开的长度为一寻。 3 埒（liè）：矮墙。 4 福积资求：《大戴礼记·主言》作“畜积衣裘”，积累生活资料。一本“求”作“裘”。 5 蛮夷：四方少数民族的贬称。古代贬称南方少数民族为“蛮”，贬称东方少数民族为“夷”。诸夏：周王室分封的诸国，泛指中原民族。

“故曰无市而民不乏，无刑而民不乱。田猎罩弋[1]，非以盈宫室也；征敛百姓，非以盈府库也。惨怛[2]以补不足，礼节以损有余。多信而寡貌，其礼可守，其言可覆[3]，其迹可履。如饥而食，如渴而饮。民之信之，如寒暑之必验。故视远若迩，非道迩也，见明德也。是故兵革不动而

“所以说，即使没有市场交易，百姓也不缺乏生活用品；没有严刑峻法，百姓也不会作乱。捕猎野兽鱼鳖，不是为了充盈宫室；征敛赋税，也不是为了充实国库。君王忧民，补给百姓，用礼节来防范淫逸奢靡。多树立诚信，少用些文饰，礼法就会得到遵守，君王的话就会得到遵从，君王的行为就会成为百姓的表率。君王和百姓的关系，就像饿了要吃饭，渴了要喝水一样。百姓信任君王，就像相信寒来暑往的规律一样。君王离百姓虽远，可觉得就像在身边一样，这不是距离近，而是四海之内都可看到圣明的德政。因此，不动用武力就有威

威，用利不施而亲，万民怀其惠。此之谓明王之守，折冲千里之外者也。”

慑之力，不必赏赐财物臣民自然亲附，天下百姓都感受到君王的恩惠。这就是所说的圣明君王守御国家、打败千里之外敌人的原因。”

注释 1 弋：以绳系箭而射。 2 惨怛（dá）：亦作“憯怛”，悲痛，忧伤，本处有同情义。 3 覆：遵从。

曾子曰：“敢问何谓三至？”孔子曰：“至礼不让，而天下治；至赏不费，而天下士悦；至乐无声，而天下民和。明王笃行三至，故天下之君可得而知，天下之士可得而臣，天下之民可得而用。”

曾子曰：“敢问此义何谓？”孔子曰：“古者明王必尽知天下良士之名，既知其名，又知其实，又知其数及其所在焉，然后因天下之爵以尊之，此之谓至礼不让而天下治。因天下之禄以富天下之士，此之谓至赏不费而天下之士

曾参又问：“请问什么是三至呢？”孔子回答说：“最高的礼节是不必互相谦让而使天下得到治理，最高的奖赏是不必破费财物而天下的士人都会喜悦，最美妙的音乐是没有声音而能使百姓和睦。贤明的君王努力做到这三种极致，天下的国君就都能知道他，天下的士人都愿意成为他的臣子，天下的百姓都希望为他所用。”

曾参问：“请问这是什么意思呢？”孔子回答说：“古代圣明的君王必定知道天下所有贤良士人的名字，既知道他们的名字，又知道他们的实际才能，还知道他们的人数以及他们所住的地方，然后把天下的爵位封给他们使他们得到尊崇，这就是‘最高的礼节是不必互相谦让而使天下得到治理’。用天下的禄位使天下的士人得到富贵，这就是‘最

悦。如此,则天下之明名誉兴焉,此之谓至乐无声而天下之民和。故曰:‘所谓天下之至仁者,能合天下之至亲也;所谓天下之至知者,能用天下之至和者也;所谓天下之至明者,能举天下之至贤者也。’此三者咸通,然后可以征。是故仁者莫大乎爱人,智者莫大乎知贤,贤政者莫大乎官能[1]。有土之君修此三者,则四海之内供命[2]而已矣。夫明王之所征,必道之所废者也。是故诛其君而改其政,吊其民而不夺其财。故明王之政,犹时雨之降,降至则民悦矣。是故行施弥博,得亲弥众,此之谓还师衽席之上。”

高的奖赏是不必破费财物而天下的士人都会喜悦’。如此,天下的人就会重视名誉,这就是‘最美妙的音乐是没有声音而能使百姓和睦’。所以说:‘天下最仁德的人,能聚合天下最亲的人;天下最明智的人,能任用天下最能使百姓和睦的人;天下最英明的人,能举荐天下最贤能的人。’这三方面都做到了,然后可以向外征伐。因此,仁爱的人最重要的是能够爱护人民,明智的人最重要的是能够知道贤人,贤明的执政者最重要的是能够合理选拔与任用贤能的官吏。拥有疆土的君王能做到这三点,那么天下的人就会听命于他。像这样的圣明君主所征伐的国家,必定是礼法废弛的国家。所以要诛灭那里的国君,改变那里的政教,抚慰那个国家的百姓而不掠夺他们的财物。因此,圣明君主的政治教化,就像及时雨,一旦降临,百姓就欢愉。所以,他的教化施行的范围越广博,得到亲附的百姓就越多,这就是‘军队出征能得胜还朝’的原因。”

注释 1 官能:使用贤能之士。 2 供命:听从号令。

大婚解第四

导读　本篇讨论“大婚”对国家政治生活的重大影响，反映了孔子的政治伦理思想。大婚，指天子、诸侯的婚姻大事。“婚”字，亦作“昏”，古代“婚”“昏”二字通。

在孔子和鲁哀公的对话中，孔子从人道合于天道的高度，肯定了“大婚”作为“万世之嗣”的意义。孔子认为，“仁人之事亲也如事天，事天如事亲”，“为政先乎礼”，遵礼是“政之本”。作为治理人民的“人道”，政事中最重要的是“爱人”；要做到“爱人”，最重要的是“治礼”；“治礼”中最重要的在于要做到“敬”，而“大婚”乃是“敬之至”。可见，“爱与敬”是“政之本”，而婚礼正是爱与敬的体现。仁政之施，礼治为先，遵从礼治，做到敬身、成亲、成身一体，“爱政”与“爱人”统一，人道与天道合一。仁政之仁，在爱在敬；仁政之“正”，在于三“正”，即夫妇别、男女亲、君臣信。

原文

孔子侍坐于哀公[1]。公曰：“敢问人道孰为大？”孔子愀然作色[2]而对曰：“君之及此言也，百姓之惠也，固[3]臣敢无辞而对。人道政为大。夫政者，正也。君为正，则百姓从而正矣。君之所为，百姓之所从。君不为正，百姓何所从乎？”

译文

孔子陪鲁哀公坐着说话。哀公问道：“请问治理百姓的措施中，什么最重要？”孔子的神色变得严肃起来，回答道：“您能问到这个问题，真是对百姓的恩惠呀，为臣确实不敢拒绝回答这个问题。在治理百姓的措施中，政事最重要。所谓政，就是正。君王行事公正，百姓就会跟着做得正了。君王的所作所为，是百姓的模范。君王做得不正，百姓何所适从？”

公曰："敢问为政如之何？"孔子对曰："夫妇别，男女亲[4]，君臣信[5]。三者正，则庶物[6]从之。"

公曰："寡人虽无能也，愿知所以行三者之道，可得闻乎？"孔子对曰："古之政，爱人为大；所以治爱人，礼为大；所以治礼，敬为大；敬之至矣，大婚[7]为大。大婚至矣，冕而亲迎。亲迎者，敬之也。是故君子兴敬为亲，舍敬则是遗亲也。弗亲弗敬，弗尊也。爱与敬，其政之本与！"

哀公问："请问如何治理政事呢？"孔子回答说："夫妇要有别，男女要相亲，君臣要讲信义。这三件事做好了，那么其他的事就可以做好了。"

哀公说："我虽然没有才能，但还是希望知道实行这三件事的方法，可以说给我听听吗？"孔子回答说："古人治理政事，爱人最为重要；要做到爱人，施行礼仪最重要；要施行礼仪，恭敬最为重要；最恭敬的事，以天子诸侯的婚姻最为重要。结婚的时候，天子诸侯要穿上冕服亲自去迎接。亲自迎接，是表示敬慕的感情。所以君子要用敬慕的感情和她相亲相爱，如果没有敬意，就是遗弃了相爱的感情。不亲不敬，双方就不能互相尊重。爱与敬，大概是治国的根本吧！"

注释　1 哀公：鲁定公之子，名蒋，又作"将"，在位二十七年。因为曾经外逃于越国，也称出公。　2 愀（qiǎo）然作色：神色变得严肃起来。　3 固：确实。　4 男女亲：《礼记·哀公问》《大戴礼记·哀公问于孔子》作"父子亲"。　5 君臣信：《礼记·哀公问》作"君臣严"，《大戴礼记·哀公问于孔子》作"君臣义"（一本作"君臣严"）。　6 庶物：普通事物。　7 大婚：帝王的婚姻。

公曰："寡人愿有言也，然冕[1]而亲迎，不已重

哀公说："我还想问问您，天子诸侯穿冕服亲自迎娶，是不是太隆重了？"

乎？”孔子愀然作色而对曰：“合二姓之好，以继先圣之后，以为天下宗庙社稷之主，君何谓已重焉？”

公曰：“寡人实固[2]，不固，安得闻此言乎？寡人欲问，不能为辞，请少进[3]。”孔子曰：“天地不合，万物不生。大婚，万世之嗣也，君何谓已重焉？”

孔子遂言曰：“内以治宗庙之礼，足以配天地之神[4]；出以治直言之礼，足以立上下之敬[5]。物耻则足以振之[6]，国耻则足以兴之[7]。故为政先乎礼，礼其政之本与？”

孔子脸色更加严肃地回答说：“促成两家的美好婚姻，以便延续祖宗的后嗣，使之成为天地、宗庙、社稷祭祀的主人，您怎么能说太隆重了呢？”

哀公说：“我这个人很浅陋，不浅陋，怎能听到您这番话呢？我想问，又找不到合适的言辞，请再给我讲一讲吧。”孔子说：“天地阴阳不交合，万物就不会生长。天子诸侯的婚姻，是延续万代社稷后嗣的大事，怎么能说太隆重了呢？”

孔子接着又说：“夫妇对内主持宗庙祭祀的礼仪，就足以与天地之神相配；对外掌管发布政教的号令，就能够树立上下相敬的风气。做事有愧于礼可以弥补，政事有愧于礼也可以振兴。所以治理政事先要有礼，礼不就是执政的根本吗？”

注释　1 冕：礼帽。　2 固：没有见识，哀公自谦之词。王肃注：“鄙陋。”　3 少进：略作进一步的阐述。少，同“稍”。　4 宗庙之礼，足以配天地之神：宗庙是仅次于天地的神，能和天地之神相配。王肃注：“言宗庙，天地神之次。”　5 出以治直言之礼，足以立上下之敬：王肃注：“夫妇正则始可以治正，言礼矣；身正然可以正人者也。”　6 物耻则足以振之：王肃注：“耻事不知礼，足以振救之。”　7 国耻则足以兴之：王肃注：“耻国不知，足以兴起者也。”

孔子遂言曰:"昔三代明王,必敬妻子也,盖有道焉。妻也者,亲之主也;子也者,亲之后也。敢不敬与?是故,君子无不敬。敬也者,敬身为大。身也者,亲之支也,敢不敬与?不敬其身,是伤其亲;伤其亲,是伤其本也;伤其本,则支从之而亡。三者,百姓之象[1]也。身以及身,子以及子,妃[2]以及妃,君以修此三者,则大化忾乎天下[3]矣,昔太王之道[4]也。如此,国家顺矣。"

孔子继续说:"从前夏商周三代明君主,治理政事必定敬重妻儿,这是有道理的。妻子是祭祀宗祧的主体,儿子是传宗接代的人,能不敬重吗?所以君子对妻儿没有不敬重的。敬这件事,敬重自身最为重要。自身,是双亲的后代,能够不敬重吗?不敬重自身,就是伤害了亲人的伦常;伤害了亲人的伦常,就是伤害了宗族的根本;伤害了宗族的根本,支属就要随之灭绝。这三点,应该成为百姓的表率。敬重自身从而敬重百姓之身,爱护自己的儿子从而也爱护百姓的儿子,庇护自己的妻子从而庇护百姓的妻子,君王能做到这三方面的敬重,就能把他的教化推广到天下了,这是从前太王实行的治国方法。能够这样,国家就安定了。"

注释　1 百姓之象:百姓会按照君王的做法去做。象,取法,效法。王肃注:"言百姓之所法而行。"　2 妃:泛指妻子。《说文》:"妃,匹也。"　3 大化忾(xì)乎天下:至善的教化通行于天下。王肃注:"忾,满。"　4 太王之道:太王,指商朝时周族的著名领袖古公亶父,周文王的祖父。王肃注:"太王出亦姜女,入亦姜女,国无鳏民。爱其身以及人之身,爱其子以及人之子,故曰太王之道。"

公曰:“敢问何谓敬身?”孔子对曰:“君子过言[1]则民作辞,过行则民作则。言不过辞,动不过则,百姓恭敬以从命。若是,则可谓能敬其身,敬其身则能成其亲矣。”

哀公问:“请问怎样才算是敬重自身呢?”孔子回答说:“君王言论有过失,百姓就跟着说错话;君王做错了事,百姓就跟着效法。君主不说错话,不做错事,百姓就会恭恭敬敬跟着做。如果能做到这点,就可以说能敬重自身了,也就能够成就其亲人了。”

公曰:“何谓成其亲?”孔子对曰:“君子者也,人之成[2]名也。百姓与名,谓之君子,则是成其亲为君而为其子也。”

哀公问:“什么是成就其亲人?”孔子回答道:“所谓君子,就是有名望的人。百姓送给他的名称,称作君子,就是称他的亲人为有名望的人,而他是有名望的人的儿子。”

孔子遂言曰:“爱政而不能爱人,则不能成其身;不能成其身,则不能安其土;不能安其土,则不能乐天[3];不能乐天,则不能成其身。”

孔子接着说:“只注重政治而不能爱护百姓,就不能成就自身;不能成就自身,就不能使自己的国家安定;不能使自己的国家安定,就不能无忧无虑;不能无忧无虑,就不能成就自身。”

注释 1 过言:言论有过失。 2 成:通“盛”。 3 乐天:乐于顺应天道。天,王肃注:“天道也。”

公曰:“敢问何能成身?”孔子对曰:“夫其行己不过乎物[1],谓之成身;不过乎物,合天道也。”

哀公问:“请问怎么做才能成就自身?”孔子回答说:“自己做事不逾越规律,就是成就自身;不逾越规律,就是合乎天道。”

公曰："君子何贵乎天道也？"孔子曰："贵其不已也。如日月东西相从而不已也，是天道也；不闭而能久[2]，是天道也；无为而物成，是天道也；已成而明之，是天道也。"

公曰："寡人且愚冥，幸烦子志之于心[3]也。"孔子蹴然[4]避席而对曰："仁人不过乎物，孝子不过乎亲。是故仁人之事亲也如事天，事天如事亲，此谓孝子成身。"

公曰："寡人既闻如此言也，无如后罪何[5]？"孔子对曰："君之及此言，是臣之福也。"

哀公问："请问君子为何这么尊重天道呢？"孔子回答说："尊重它是因为它不停顿地运行。就像太阳月亮每天东升西落一样，这就是天道；运行无阻而能长久，这也是天道；不见有所作为而万物自然发育成长，这也是天道；成就了自己，推己及人而使功业得到显扬，这也是天道。"

哀公说："我实在愚昧，有劳您费心了。"孔子恭敬地离开坐席回答说："仁人做事不能逾越事物的自然法则，孝子不能超越亲情的伦理。因此仁人侍奉父母就如同侍奉天一样，侍奉天就如同侍奉父母一样，这就是所说的孝子成就自身。"

哀公说："我已经听到了这些道理，恐怕以后还会有过失，怎么办呢？"孔子回答说："您能说出这样的话，就是臣下的福分啊！"

注释 1 行己不过乎物：一个人的行为处事不逾越事物发展的规律。 2 不闭而能久：王肃注："不闭常通而能久，言无极。" 3 幸烦子志之于心：有劳您费心。王肃注："欲烦孔子议识其心所能行也。" 4 蹴（cù）然：吃惊不安的样子。 5 无如后罪何：如果将来有了过错，那该怎么办呢？

儒行解第五

导读 本篇系孔子和鲁哀公的对话，主要讨论儒者应该具有什么样的道德行为，故以“儒行”名篇。孔子在卫国时，因弟子冉有向权臣季孙氏力荐“国有圣人”孔子，季孙氏又向鲁哀公推荐。孔子受邀回到鲁国。孔子与鲁哀公的对话，便从孔子的穿着开始，讨论儒者的服饰、德性，即所谓的“儒服”与“儒行”问题。

在孔子看来，服装不过入乡随俗，并不知道是不是儒服，君子靠的是自己的博学。哀公又问“儒行”，孔子就介绍了儒者自立、备预、近人情、刚毅、忧思、宽裕、举贤援能、特立独行、自守与交友等十几种道德操行。《说文解字》曾将“儒”释读为柔弱的“术士”。汉人郑玄释《儒行》篇名为：“以其记有道德者所行也。儒之言优也，柔也。能安人、能服人。又儒者，濡也，以先王之道能濡其身。”到了宋代，吕大临认为《儒行》篇之说，“多有矜大胜人之气，少雍容深厚之风”。细读本篇，可以真正体会儒家对“儒者”风范的把握，重新审视历代学者有关“儒行”“儒教”“儒术”概念的相关解读。

原文

孔子在卫[1]，冉求[2]言于季孙[3]曰：“国有圣人而不能用，欲以求治，是犹却步而欲求及前人，不可得已。今孔子在卫，卫将用之。己有才而以资邻国，难以言智也，请以重币[4]迎之。”

译文

孔子在卫国时，冉求对季孙氏说：“本国有圣人却不能用，这样想治理好国家，就像倒着走而又想赶上前面的人一样，是不可能的。如今孔子在卫国，卫国将要任用他。我们自己有人才却去帮助邻国，难以说是明智之举。请您用丰厚的聘礼把他请回来。”

季孙氏把冉求的建议禀告了鲁哀

季孙以告哀公，公从之。孔子既至，舍哀公馆焉。公自阼阶[5]，孔子宾阶，升堂立侍。公曰："夫子之服，其儒服与？"孔子对曰："丘少居鲁，衣逢掖之衣[6]；长居宋，冠章甫之冠。丘闻之，君子之学也博，其服以乡，丘未知其为儒服也。"

公，鲁哀公听从了这一建议。孔子回到鲁国，住进鲁哀公招待客人的馆舍里。哀公从大堂东面的台阶走上来迎接孔子，孔子从大堂西面的台阶上来觐见哀公，一起来到大堂，孔子站着陪哀公说话。鲁哀公问孔子说："先生穿的衣服，是儒者的服装吗？"孔子回答说："我小时候住在鲁国，穿的是宽袖的衣服；长大后住在宋国，戴的是殷代流行的黑布礼冠。我听说，君子学问要广博，穿衣服要随其乡俗，我不知道这是不是儒者的服装。"

注释　1 卫：周武王弟康叔封地，在今河北南部、河南北部一带。2 冉求：字子有，孔子弟子，时任季氏家臣。3 季孙：名肥，鲁国大夫，当时的权臣。4 重币：贵重的玉、帛、马匹等丰厚的礼物。5 阼（zuò）阶：东阶，与"宾阶"相应。古人相见，主人居东阶相迎，来宾自西阶而上。6 逢掖（yè）之衣：宽袖大衣。王肃注："深衣之褒大也。"

公曰："敢问儒行？"孔子曰："略言之，则不能终其物；悉数之，则留仆[1]未可以对。"

鲁哀公问："请问儒者的操行有哪些呢？"孔子回答说："粗略地讲，不能把儒者的操行讲完；如果详细地讲，需要花费较长时间，可能讲到侍御的人换班了，也难以讲完。"

哀公命席，孔子侍坐，曰："儒有席上之珍以待聘，夙夜强学以

鲁哀公命人摆设坐席，孔子陪坐在旁边，说："儒者如同席上的珍品等待君王享用，昼夜不停地勤奋学习等待别人来请教，

待问，怀忠信以待举，力行以待取。其自立有如此者。

“儒有衣冠中，动作慎，其大让如慢，小让如伪。大则如威，小则如愧。难进而易退，粥粥若无能也。其容貌有如此者。

“儒有居处齐难[2]，其起坐恭敬，言必诚信，行必忠正。道涂不争险易之利，冬夏不争阴阳之和。爱其死以有待也，养其身以有为也。其备预有如此者。

心怀忠信等待别人举荐，勉力做事等待别人录用。儒者自修立身就是这样的。

“儒者中有这样一类人，他们穿戴适宜，一举一动合乎法度，对大事推让好像很傲慢，对小事推让好像很虚伪。做大事时，神态庄重，像心怀畏惧；做小事时，从不轻慢，像内心愧疚。难于进取而易于退让，柔弱谦恭像是很无能的样子。儒者的容貌就是这样的。

“儒者中有这样一类人，他们起居庄重严肃，坐立行走恭敬，讲话必然诚信，行为必定忠实正直。路途上不与人争走好行的路，冬夏时不与人争坐冬暖夏凉的地方。不轻易赴死以等待值得牺牲生命的事情，保养身体以期待有所作为。儒者预先准备就是这样的。

注释 1 留仆：君王宴朝时，太仆长时间留下侍奉，以致疲倦。借指时间长。仆，太仆，国君身边的侍御者。 2 齐难：庄重严肃。王肃注：“齐庄可畏难也。”

“儒有不宝金玉而忠信以为宝，不祈土地而仁义以为土地，不求多积而多文以为富。难得而易禄也，易禄而难

“儒者中有这样一类人，他们宝贵的不是金玉而是忠信，不一心谋占土地而把仁义当作土地，不求积蓄很多财富而把满腹经纶作为财富。儒者难以得到却容易供养，容易供养却难以留住。

畜[1]也。非时不见，不亦难得乎？非义不合，不亦难畜乎？先劳而后禄，不亦易禄乎？其近人情有如此者。

不到适当的时候不会出现，不是很难得吗？不正义的事情就不合作，不是很难留住他们吗？先效力而后才要俸禄，不是很容易供养吗？儒者近乎人情就是这样的。

“儒有委之以财货而不贪，淹之以乐好而不淫，劫之以众而不惧，阻之以兵而不慑。见利不亏其义，见死不更其守。鸷虫攫搏不程其勇[2]，引重鼎不程其力。往者不悔，来者不豫。过言不再，流言不极[3]。不断其威，不习其谋。其特立有如此者。

“儒者中有这样一类人，他们对于别人委托的财货不会有贪心，身处玩乐之境而不过分沉溺，众人威逼也不害怕，武力威胁也不恐惧。见利不会忘义，死亡面前不改操守。遇到凶禽猛兽的攻击不度量自己的勇力而与之搏斗，推举重鼎不度量自己的力量能否胜任就尽力而为。对过去的事情不追悔，对未来的事情不疑虑。错话不重复，流言不追究。保持威严，不学习什么权谋。儒者的特立独行就是这样的。

“儒有可亲而不可劫，可近而不可迫，可杀而不可辱。其居处不过，其饮食不溽，其过失可微辩而不可面数也。其刚毅有如此者。

“儒者中有这样一类人，他们可以亲近而不可以胁迫，可以接近而不可以威逼，可以杀死而不可以侮辱。他们的居处之所不奢侈，他们的饮食不丰厚，他们的过失可以含蓄地提醒而不可以当面指责。儒者的刚强坚毅就是这样的。

注释　1 难畜：难以留住。畜，容留。　2 鸷（zhì）虫：凶鸟猛兽。攫搏：鸟兽之抓取、搏击。程：显示。　3 流言不极：即“不极流言”，对流言不追根问底。王肃注：“流言相毁，不穷极也。”

"儒有忠信以为甲胄，礼义以为干橹[1]，戴仁而行，抱义而处，虽有暴政，不更其所。其自立有如此者。

"儒有一亩之宫，环堵之室[2]，荜门圭窬[3]，蓬户瓮牖[4]。易衣而出，并日而食。上答之，不敢以疑；上不答之，不敢以谄。其为士有如此者。

"儒有今人以居，古人以稽[5]；今世行之，后世以为楷。若不逢世，上所不受，下所不推，谗谄之民有比党而危之者，身可危也，其志不可夺也。虽危起居，犹竟信其志，乃不忘百姓之病也。其忧思有如此者。

"儒有博学而不穷，笃行而不倦，幽居而不淫，上通而不困。

"儒者中有这样一类人，他们以忠信作为铠甲，以礼仪作为盾牌，持守仁德去行动，怀抱信义来居处，即使遇到暴政，也不改变操守。儒者的自立就是这样的。

"儒者中有这样一类人，他们有长宽各十步的宅院，居住着只有四面墙壁的房间，荆竹编的院门狭小如洞，用蓬草编成房门，用破瓮口作为窗框。外出时才换件遮体的衣服，两天才吃一天的粮食。君上采纳他的建议，不敢产生怀疑；君上不采纳他的建议，也不敢谄媚求进。儒者做官的原则就是这样的。

"儒者中有这样一类人，他们与今人一起居住，而以古人的道德标准要求自己；他们今世的行为，可以作为后世的楷模。如果生不逢时，上面没人援引，下面没人推荐，进谗谄媚的人又合伙来陷害他，只可危害他的身体，而不可剥夺他的志向。虽然能危害他的生活起居，最终他还要施展自己的志向抱负，因其始终不忘百姓的痛苦。儒者的忧思就是这样的。

"儒者中有这样一类人，他们知识广博而不停止追求，专意实行而不松懈倦怠，独处时不放纵自己，通达于上时不离道义。持守礼法，必以和为贵，悠然自得而合乎法礼必以和，优游[6]以法。慕贤而容众，毁方而瓦合。其宽裕有如此者。

度。仰慕贤人而容纳众人，有时像陶瓦一样可削减自己的棱角而依随众人。儒者的宽容大度就是这样的。

注释 1 干橹：盾。小盾为干，大盾为橹。 2 环堵之室：家徒四壁，指穷居；或指蜗居。王肃注："方丈曰堵，一堵言其小者也。" 3 荜（bì）门：荆条竹木编的门。圭窬（yú）：墙上的小门。 4 蓬户瓮牖：用蓬草编门，用破瓮口做窗户。 5 稽：同。 6 优游：平和自在。

"儒有内称不避亲，外举不避怨[1]。程功积事[2]，不求厚禄。推贤达能，不望其报。君得其志，民赖其德。苟利国家，不求富贵。其举贤援能有如此者。

"儒有澡身浴德，陈言而伏。静言而正之，而上下不知也。默而翘之[3]，又不急为也。不临深而为高，不加少而为多。世治不轻，世乱不沮[4]。同己不与，异己不非。其特立独行[5]有如此者。

"儒者举荐人才对内不避亲属，对外不避有仇怨的人。考核功业，积累政绩，不谋求更高的禄位。推荐贤能而进达于上，不祈望他们的报答。君王满足了用贤的愿望，百姓依仗他的仁德。只要有利于国家，不贪图个人的富贵。儒者的举贤荐能就是这样的。

"儒者中有这样一类人，他们洗涤身心，沐浴于道德之中，陈述自己的意见而谦恭地等待君王采纳。平静地纠正君王的过失，君上和臣下都难以觉察。默默地等待，不急于去做。不在地位低下的人面前显示自己高明，不把少的功劳夸大为多。社会安定时，群贤并处，不轻视自己；世道混乱时，也不沮丧。不和志向相同的人结党，也不诋毁和自己政见不同的人。儒者的特立独行就是这样的。

"儒者中有这样一类人，他们对上不做

“儒有上不臣天子，下不事诸侯。慎静尚宽，底厉[6]廉隅[7]，强毅[8]以与人。博学以知服。虽以分国，视之如锱铢[9]，弗肯臣仕。其规为有如此者。

“儒有合志同方，营道同术。并立则乐，相下不厌。久别则闻流言不信。义同而进，不同而退。其交有如此者。

天子的臣下，对下不侍奉诸侯。审慎安静而崇尚宽厚，磨砺自己端方正直的品格，待人接物刚强坚毅。广博地学习以便知道该怎么做。国君虽把土地分封给他，他也看作锱铢小事，不值一提，不肯轻易做别人的臣下和官吏。儒者规范自己的行为就是这样的。

“儒者中有这样一类人，他们交朋友，要志趣相投，道路一致，营求道艺，路数相同。地位相等都高兴，地位互有上下彼此也不厌弃。久不相见，听到对方的流言也绝不相信。志向相同就进一步交往，志向不同就退避疏远。儒者对待交朋友的态度就是这样的。

注释 1 内称不避亲，外举不避怨：唯才是举。举荐身边的人，即使是亲属也不故意回避；举荐外面的人，即使是有仇怨的也不有意避开。 2 程功积事：考核功业，积累实绩。 3 默而翘之：默默地翘首等待。 4 不沮：不沮丧。 5 特立独行：独特的立身行事，不苟同于流俗。 6 底厉：同“砥砺”，磨砺，磨炼。 7 廉隅：棱角。边为廉，角为隅。 8 强毅：刚强坚毅。 9 锱铢（zī zhū）：微小的东西。古代重量单位中，六铢为一锱，四锱为一两。王肃注：“视之轻如锱铢，八两为锱。”

“夫温良者，仁之本也；慎敬者，仁之地也；宽裕者，仁之作也；逊接者，仁之能也；礼节者，仁之貌也；言

“温和善良是仁的根本，谨慎恭敬是仁的基础，宽宏大量是仁的开始，谦逊辞让是仁的功能，礼节是仁的外在表现，言谈是仁的文雅形式，歌舞音

谈者，仁之文也；歌乐者，仁之和也；分散者，仁之施也。儒皆兼此而有之，犹且不敢言仁也。其尊让有如此者。

“儒有不陨获[1]于贫贱，不充诎[2]于富贵。不溷[3]君王，不累长上，不闵有司，故曰儒。今人之名儒也妄，常以儒相诟疾。”

哀公既得闻此言也，言加信，行加敬，曰：“终殁吾世，弗敢复以儒为戏矣！”

乐是仁的和谐，分散财物是仁的施与。儒者兼有这几种美德，还不敢说已经做到仁了。儒者的恭敬谦让就是这样的。

“儒者中有这样一类人，他们不因贫贱而灰心丧气，不因富贵而得意忘形。不玷辱君王，不拖累长上，不给有关官吏带来困扰，因此叫作儒。今天人们对儒这个名称的理解是虚妄不实的，经常将人称作儒来相互讥讽。”

鲁哀公听到这些话后，说话更加诚恳，行为更加恭敬，说：“我一辈子再也不敢拿儒者开玩笑了！”

注释 1 陨（yǔn）获：丧失志气。陨，丧失，坠落，毁坏。获，猎获，泛指收获。 2 充诎（qū）：自满而失去节制，得意忘形。王肃注：“充诎，踊跃参扰之貌。”《礼记·儒行》郑玄注：“充诎，喜失节之貌。” 3 溷（hùn）：粪溷，厕所，污浊，玷污。

问礼第六

导读 本篇主要记录了孔子与鲁哀公、弟子言偃的对话，讨论了礼的重要性，礼的起源、最初发展等，故以“问礼”名篇。

关于礼的作用，孔子认为，礼可“养生送死，以事鬼神”，礼在事天地之神、辨尊卑之位、别亲疏与万民同利等方面起着十分重大的作用。

现实中"明王"的"礼"治之所以行不通,主要原因在于有位者好利无厌、淫行荒怠、禁锢人民、虐杀刑诛,不能修明礼教。

关于礼的起源,孔子认为"礼初"则"始于饮食",与祭祀相关而带有明显的宗教意味。其中"致敬于鬼神"的说法,与《说文解字》所谓"礼(禮),履也,所以事神致福也"的界说,与王国维等以盛玉以奉神人的器物谓之"豊"、奉神人之酒醴谓之"醴"而以奉神人之事通谓之礼之类的看法,是一致的;与有些学者认为人类社会最初可能仅有祭礼的看法,也是一致的。

原文

哀公问于孔子曰:"大礼[1]何如?子之言礼,何其尊也?"孔子对曰:"丘也鄙人,不足以知大礼也。"

公曰:"吾子[2]言焉!"孔子曰:"丘闻之,民之所以生者,礼为大。非礼则无以节事天地之神焉[3],非礼则无以辨君臣、上下、长幼之位焉,非礼则无以别男女、父子、兄弟、婚姻、亲族疏数[4]之交焉。是故君子此之为尊敬,然后以其所能教顺百姓,不废其会节[5]。既有成事,而后治其文章黼黻[6],以别尊卑上下之等。

译文

鲁哀公向孔子请教说:"隆重的礼仪是什么样的?您为什么把礼说得那么重要呢?"孔子回答道:"我是个鄙陋的人,不足以了解隆重的礼节。"

鲁哀公说:"先生您还是说说吧!"孔子回答道:"我听说,在百姓赖以生活的诸多条件中,礼仪是最重要的。没有礼节就不能有节制地侍奉天地神灵,没有礼就无法区别君臣、上下、长幼的次序,没有礼就不能分别男女、父子、兄弟、夫妻、亲戚的亲疏远近。所以,在位者把礼看得非常重要,认识到这一点以后,用他所领会的礼来教化引导百姓,使他们懂得礼的细节及其界限。等到礼的教化收到成效后,再用纹饰器物和礼服来区别尊卑上下。

注释 1 大礼：隆重的礼仪。 2 吾子：我尊敬的先生。 3 非礼则无以节事天地之神焉：王肃注："祭以事天地之神，皆以礼为仪节。" 4 疏数：疏远和亲密。数，细密，亲密。《孟子·梁惠王上》："数罟不入洿池。"赵岐注："数罟，密网也；密细之网，所以捕小鱼鳖者也。"《论语·里仁》："朋友数，斯疏矣。"刘宝楠《论语正义》引吴嘉宾说："数者，昵之至于密焉者也。" 5 会节：礼的重要细节和界限。王肃注："会谓男女之会，节谓亲疏之节也。" 6 黼黻（fǔ fú）：古代礼服上绣的花纹，借指礼服。黼，古代礼服上绣的半黑半白的花纹。黻，古代礼服上绣的半青半黑的花纹。

"其顺之也，而后言其丧祭[1]之纪[2]，宗庙之序。品其牺牲[3]，设其豕腊，修其岁时，以敬其祭祀，别其亲疏，序其昭穆[4]，而后宗族会燕[5]。即安其居，以缀恩义。卑其宫室，节其服御[6]，车不雕玑，器不雕镂[7]，食不二味[8]，心不淫志，以与万民同利。古之明王行礼也如此。"

"百姓顺应礼的教化后，才谈得上丧葬祭祀的制度、宗庙祭祀的礼节。安排好祭祀用的牺牲的等级，布置好祭神祭祖用的干肉，每年按时举行祭礼，以表达对神灵、先祖的崇敬之心，区别血缘关系的亲疏，排定昭穆的次序，祭祀以后，亲属在一起饮宴。通过祭祀之礼，使宗族内外安居乐业，并使亲情恩义连绵不断。住低矮简陋的居室，节用服饰车马器物，车辆不加雕饰，器具不刻镂花纹，饮食节俭而不超过要求，内心没有过分的欲望，以便能同百姓共享利益。以前的贤明君主就是这样履行礼节的。"

注释 1 丧祭：葬后的祭礼。 2 纪：法度规矩。 3 牺牲：供祭祀用的牲畜。 4 昭穆：在宗庙或墓地用来分别宗族内部长幼、亲疏、远近的一种宗法制度。始祖居中，左昭右穆，即二世、四世、六世位于始祖左方称“昭”，三世、五世、七世位于右方称“穆”。 **5** 燕：通“宴”，宴饮。 **6** 节其服御：节省日常用度。服御，衣服车马之类。 **7** 雕镂：雕刻，刻镂。 **8** 二味：两道菜。

公曰：“今之君子，胡莫之行也？”孔子对曰：“今之君子，好利无厌，淫行[1]不倦，荒怠慢游[2]，固民是尽[3]。以遂其心，以怨其政，以忤其众，以伐[4]有道。求得当欲，不以其所；虐杀刑诛，不以其治。夫昔之用民者由前[5]，今之用民者由后[6]。是即今之君子莫能为礼也。”

鲁哀公问：“现在的有位者，怎么不这样做了呢？”孔子回答说：“现在的有位者，贪婪爱财没有满足的时候，放纵自己的行为不感到厌倦，放荡懒散而又态度傲慢，禁锢百姓无所不用其极。他们这样做，为的是满足自己的欲望，招致了百姓的怨恨，违背了众人的意志，损害了政治的清明。只求个人欲望得到满足而不择手段，残暴地虐待、杀戮人民，不设法使国家得到治理。以前的君主统治百姓是用前面说的办法，现在的君主统治百姓是用后面说的办法。这就是现在的君主不能修明礼教的原因。”

注释 **1** 淫行：行为放纵。 **2** 荒怠慢游：放荡懒散，态度傲慢。 **3** 固民是尽：禁锢百姓，无所不尽。《说文解字》：“固，四塞也。” **4** 伐：败坏，损伤。秦观《治势下》：“重被猛术，国本必伐。” **5** 由前：用上所言。 **6** 由后：用下所言。

言偃[1]问曰：“夫子之极言礼也，可得而闻乎？”孔子言：

言偃问孔子说：“老师您把礼说得极为重要，可以讲给我们听听吗？”孔子说：“我曾想了解夏代的礼制，因而前往杞国，但因

"我欲观夏道，是故之杞[2]，而不足征也，吾得《夏时》焉；我欲观殷道，是故之宋[3]，而不足征也，吾得《乾坤》焉。《乾坤》之义，《夏时》之等，吾以此观之。夫礼初也，始于饮食。太古之时，燔[4]黍擘豚[5]，污樽抔饮[6]，蒉桴土鼓[7]，犹可以致敬于鬼神。及其死也，升屋而号，曰：'高！某复。[8]然后饮腥苴熟，形体则降，魂气则上，是为天望而地藏也。故生者南向，死者北首，皆从其初也。

年代久远已无法考证了，我在那里只得到了他们的历书《夏时》；我曾想了解殷代的礼制，所以前往宋国，但也已无法考证了，我在那里只得到了他们的易书《乾坤》。易书《乾坤》谈阴阳变化的道理，历书《夏时》谈时令周转的顺序，我从中读出了礼制的作用与起源。所谓礼仪，最初产生于饮食活动之中。远古时代，人们只懂得把黍米用火烤熟，把猪肉剖开放到火上烧熟，掘地为坑当酒樽，以手捧酒而饮，用草编成的鼓槌敲击土制的鼓，仍可以用这种简陋的方式向鬼神表达敬意。到他们死的时候，活着的人登上屋顶，对着天空大声喊：'哎！某某你回来呀！'这样做了以后，再把生珠贝等放到死者的口中举行饭含之礼，然后再包些熟食下葬，尸体埋入地下，魂气则升上天空，所以招魂时仰望天空而尸体则埋入地下。南方属阳，所以生者以南为尊，面向南方；北方属阴，所以死者下葬时头朝北方。这都是遵从最初的做法。

注释　1 言偃：字子游，孔子弟子。　2 杞：夏禹后代所封的杞国，在今河南东部杞县一带。　3 宋：商汤后代所立的宋国，在今河南商丘一带。　4 燔（fán）：烤肉使熟。　5 擘（bò）：剖，分开。豚：小猪，亦泛指猪。　6 污樽抔饮：掘地为坑当酒樽，以手捧酒而饮。王肃注："凿地为樽以手饮之也。"樽，一作"尊"。桓宽《盐铁论·散不足》："古者污尊抔饮，盖无爵觞樽俎。"《礼记·礼运》："污尊而抔饮。"郑玄注："污尊，凿地为尊也。”孔颖达疏:“凿池污下而盛酒,故云‘污尊’。” 7 蒉(kuì)桴土鼓:用草编成的鼓槌敲击土制的鼓,传说为伊耆氏“致敬鬼神”所用。《礼记·明堂位》:“土鼓、蒉桴、苇籥,伊耆氏之乐也。” 8 高!某复:古人招魂时大声说:“哎!某某你回来呀!”高,高声召唤。

“昔之王者,未有宫室,冬则居营窟,夏则居橧巢;未有火化,食草木之实,鸟兽之肉,饮其血,茹其毛;未有丝麻,衣其羽皮。后圣有作,然后修火之利,范金合土,以为台榭、宫室、户牖;以炮以燔,以烹以炙,以为醴酪;治其丝麻,以为布帛。以养生送死,以事鬼神。

“故玄酒[1]在室,醴盏[2]在户,粢醍[3]在堂,澄酒在下。陈其牺牲,备其鼎俎,列其琴、瑟、管、磬、钟、鼓,以其祝嘏[4],以降其上神,与其先祖。以正君臣,以笃父子,以睦

“先前君王,没有宫室,冬天居住在地窟里,夏天居住在柴草搭成的住处或直接住在树上;当时还没有发明用火使食物变熟的技术,只能生吃草木的果实,生吃鸟兽的肉,喝它们的血,有时连毛一块吞下去;当时也没有丝织品和麻布,只能穿鸟羽和兽皮。后来有圣人出现,才开始知道利用火种,用模子浇铸金属器皿,调和泥土烧制砖瓦,用来建造台榭、宫室和门窗;又用火烧烤和烹煮食物,酿制甜味的酒和含酸味的浆醋;加工丝麻,织成麻布和丝绸。用这些东西来供养生者和安葬死者,并且用来祭祀鬼神。

“所以在祭祀时,要把清水放在地位最尊的室内北窗下,甜味的醴酒和白色混浊的盏酒放在室内靠近门户的地方,较清的浅红色的醍酒放在行礼的堂上,而最淡的澄酒则放在堂下。同时陈列祭祀的牺牲,备齐盛放煮熟牲体的铜鼎和几案,摆好琴、瑟、管、磬、钟、鼓,以迎接上神和先祖灵魂的降临。通过祭祀之礼,以端正君臣名分,增厚父子间的亲情,和睦兄弟间的情意,整齐尊卑上下

兄弟，以齐上下，夫妇有所，是谓承天之佑。

的次序，夫妇各自有其应处的位置，这就是所谓承受了上天的福佑。

注释 1 玄酒：祭祀时当酒用的清水。 2 醴盏：甜酒和白色的浊酒。 3 粢醍（zī tí）：浅红色的清酒。《礼记·礼运》："粢醍在堂，澄酒在下。"郑玄注："粢，读为齐，声之误也。"陈澔《集说》："粢醍，即《周礼》醍齐，酒成而红赤色也。" 4 祝嘏（gǔ）：祭祀时致祝祷之辞的人和传达神言的执事人。

"作其祝号[1]，玄酒以祭，荐其血毛，腥其俎，熟其肴。越席以坐，疏布以幂，衣其浣帛，醴盏以献，荐其燔炙。君与夫人交献，以嘉魂魄。然后退而合亨，体其犬豕牛羊，实其簠、簋、笾、豆[2]，铏羹[3]，祝以孝告，嘏以慈告，是为大祥。此礼之大成也。"

"主祭之人吟诵祝辞，用清水来祭祀，进献刚宰杀的牺牲的血和毛，接着献上几案上的生肉，再献上煮熟的鱼肉。踏着蒲席入座，端起用粗麻布覆盖的酒樽，穿着新织的绸衣，献上醴酒和盏酒，再献上烤肉。主人和主妇一前一后的交替进献，以使祖先的神灵得到欢悦。然后退下，将堂上撤下的牺牲祭品合在一起煮熟，将煮熟的狗、猪、牛、羊分开装入食器，将簠、簋盛满粮食，将笾、豆盛满果脯和肉酱，带菜肉汤则盛入铏中，祝辞人把主人的孝心告诉给先祖神灵，传达神言者则把先祖神灵的慈爱转达给主人，这样做才可以叫作大祥。祭礼到此就圆满结束了。"

注释 1 祝号：祝辞。《礼记·礼运》孔颖达疏："作其祝号者，谓造其鬼神及牲玉美号之辞，史祝称之以告鬼神，故云作其祝号。" 2 簠、簋、笾、豆：形状、材质不同的四种礼器。簠簋（fǔ guǐ），盛黍稷稻梁的方形礼器和圆形礼器。笾（biān）豆，祭祀及宴会时常用的礼器，竹制为笾，木制为豆。 3 铏（xíng）羹：用小鼎盛带汁的熟肉。铏，盛菜羹的小鼎，两耳三足，有盖。

五仪解第七

导读 本篇为孔子与鲁哀公的问答记录，在讨论治国选拔人才时提到五个等次的人，即所谓“五仪”，故以此名篇。他们所讨论的五个等次的人分别是：庸人、士人、君子、贤人、圣人。本篇反映的圣贤论、仁礼合治思想、中庸观、民本思想等，构成儒学研究的重要组成部分。对于鲁哀公自称“生于深宫之内，长于妇人之手，未尝知哀，未尝知忧，未尝知劳，未尝知惧，未尝知危”，而“不足以行五仪之教”的担心，孔子告诉他如何思哀、思忧、思劳、思惧等。其中不少相关论述，仍为研究早期儒学核心价值观念的重要资料，如“夫君者，舟也；庶人者，水也；水所以载舟，亦所以覆舟”，“使君朝廷有礼，上下和亲，天下百姓皆君之民”，“君子成人之善，不成人之恶”，“存亡祸福，皆己而已”，“灾妖不胜善政，寤梦不胜善行”，“智士仁人，将身有节，动静以义，喜怒以时，无害其性”，等等。

原文

哀公问于孔子曰：“寡人欲论鲁国之士，与之为治，敢问如何取之？”孔子对曰：“生今之世，志古之道；居今之俗，服古之服。舍此[1]

译文

鲁哀公向孔子问道：“我想评论一下鲁国的人才，选用他们来治理国家，请问怎么选拔人才呢？”孔子回答说：“生活在当今的时代，却倾慕古代的道德礼仪；据现在的习俗而生活，却穿着古代的儒服。有这样的行为而为非作歹的人，不是很少

而为非者，不亦鲜乎？”

曰：“然则章甫、絇履[2]、绅带、缙笏者，皆贤人也？”孔子曰：“不必然也。丘之所言，非此之谓也。夫端衣玄裳[3]，冕而乘轩者，则志不在于食荤；斩衰[4]菅菲[5]，杖[6]而歠[7]粥者，则志不在于酒肉。生今之世，志古之道；居今之俗，服古之服，谓此类也。”

见吗？”

哀公问：“那么戴着殷代的帽子，穿着鞋头上有装饰的鞋子，腰上系着大带子并把笏板插在带子里的人，都是贤人吗？”孔子说：“那倒不一定。我刚才说的话，并不是这个意思。那些穿着礼服，戴着礼帽，乘坐车子去行祭祀礼的人，他们的志向不在于食荤；穿着用粗麻布做的丧服，穿着草鞋，拄着丧杖喝粥来行丧礼的人，他们的志向也不在于酒肉。生活在当今的时代，却倾慕古代的道德礼仪；依现在的习俗生活，却穿着古代的儒服，我说的是这一类人。”

注释 1 舍此：处于这种境况。舍，读去声，处也。 2 絇（qú）履：有絇饰的鞋。《荀子·哀公》杨倞注曰：“王肃云：‘絇谓屦头有拘饰也。’郑康成云：‘絇之言拘也，以为行戒，状如刀衣，鼻在屦头。’” 3 端衣玄裳：穿礼服，着正装。端衣，祭祀时所穿的礼服。玄，黑红色。 4 斩衰（cuī）：亦作“斩缞”，“衰”通“缞”。古代五种丧服中最重的一种，用极粗麻布做成，不缝边。服制三年。子与未嫁女为父母、媳为公婆、承重孙为祖父母、妻妾为夫、先秦诸侯为天子、臣为君均服斩衰。 5 菅（jiān）菲：草鞋。《荀子·哀公》作“菅屦”。《仪礼·丧服》：“传曰：‘菅屦者，菅菲也。’”贾公彦疏：“周公时谓之屦，子夏时谓之菲。” 6 杖：丧棒。 7 歠（chuò）：喝。

公曰：“善哉！尽此而已乎？”孔子曰：“人有

哀公说：“您说得好啊！就仅仅是这些吗？”孔子回答道：“人分五个等级：

五仪[1]：有庸人，有士人，有君子，有贤人，有圣人。审此五者，则治道毕矣。”

公曰：“敢问何如斯可谓之庸人？”孔子曰：“所谓庸人者，心不存慎终之规，口不吐训格[2]之言，不择贤以托其身，不力行以自定。见小暗大，而不知所务；从物如流，不知其所执。此则庸人也。”

有庸人，有士人，有君子，有贤人，有圣人。分清这五类人，那治世的方法就都具备了。”

哀公问道：“请问什么样的人才叫作庸人？”孔子回答说：“所谓庸人，他们心中没有谨慎行事、善始善终的原则，口中说不出训导格正的话，不选择贤人善士作为自己的依靠，不努力行事使自己站稳脚跟。他们往往小事明白大事糊涂，不知自己在忙些什么；凡事随大流，不知自己所主张的是什么。这样的人就是庸人。”

注释　1 五仪：五个等次。　2 训格：训导格正。

公曰：“何谓士人？”孔子曰：“所谓士人者，心有所定，计有所守。虽不能尽道术[1]之本，必有率也；虽不能备百善之美，必有处也。是故知不务多，必审其所知；言不务多，必审其所谓；行不务多，必审其所由。智既知之，言既

哀公问道：“请问什么是士人？”孔子回答说：“所谓士人，他们心中有确定的原则，有明确的计划。他们即使不能尽到行道义治国家的本分，也一定有遵循的法则；即使不能集百善于一身，也一定有自己的操守。因此他们的知识不一定非常广博，但一定要审查自己具有的知识是否正确；话不一定说得很多，但一定要审查说得是否确当；路不一定走得很多，但一定要明白所走的路是不是正道。有足够

道之，行既由之，则若性命之形骸之不可易也。富贵不足以益，贫贱不足以损。此则士人也。”

公曰：“何谓君子？”孔子曰：“所谓君子者，言必忠信而心不怨，仁义在身而色无伐，思虑通明而辞不专。笃行信道，自强不息。油然[2]若将可越，而终不可及者。此则君子也。”

智慧知道相关事理，说出来加以引导，实行起来遵循事理，那么这些正确的原则就像性命对于形骸一样不可改变了。富贵不能对自己有所补益，贫贱不能对自己有所损害。这样的人就是士人。”

哀公问：“什么样的人是君子呢？”孔子回答说：“所谓君子，说出的话一定忠诚可信，而内心没有怨悔，虽然自己具备仁义的美德却没有自夸的表情，考虑问题明智通达而话语委婉不专横。忠诚地履行仁义之道，自强不息。他那从容的样子好像很容易超越，但终究不能达到他那样的境界。这样的人就是君子。”

注释　1 道术：行道义治国家的方法。　2 油然：从容安闲的样子。

公曰：“何谓贤人？”孔子曰：“所谓贤人者，德不逾闲，行中规绳[1]。言足以法于天下而不伤于身，道足以化于百姓而不伤于本。富则天下无宛财[2]，施则天下不病贫。此则贤者也。”

公曰：“何谓圣人？”

哀公问：“什么样的人称得上是贤人呢？”孔子回答说：“所谓贤人，他们的品德不逾越常规，行为符合礼法。他们的言论可以让天下人效法而不会招来灾祸，政治教化足以感化百姓而不会给自己带来伤害。他虽富有，天下人也不会不择手段地积聚财富；他一施恩，天下人都不再为贫穷发愁。这样的人就是贤人。”

哀公又问：“什么样的人称得上是圣

孔子曰："所谓圣人者，德合于天地，变通无方。穷万事之终始，协庶品之自然，敷其大道而遂成情性。明并日月，化行若神。下民不知其德，睹者不识其邻。此谓圣人也。"

人呢？"孔子回答说："所谓圣人，他的德行符合天地之道，处事灵活变通，能探究万事万物的来龙去脉，能调和万事万物的自然品性，能依照万事万物的自然规律来成就它们。和日月同辉，教化如神灵。下面的百姓不知道他的德行，看到他的人也不知道圣人就在他们身边。这样的人就是圣人。"

注释 1 规绳：指规范、法则。规，校正圆形的用具。绳，木工用的墨线。 2 宛财：积聚财物。王肃注："宛，积也。古字亦或作此，故或误不着草矣。"

公曰："善哉！非子之贤，则寡人不得闻此言也。虽然，寡人生于深宫之内，长于妇人之手，未尝知哀，未尝知忧，未尝知劳，未尝知惧，未尝知危，恐不足以行五仪之教。若何？"孔子对曰："如君之言，已知之矣，则丘亦无所闻焉。"

公曰："非吾子，寡人无以启其心。吾子言也！"孔子曰："君入庙，

哀公说："好啊！不是先生贤明，我就听不到这些言论了。虽然如此，但我从小生在深宫之内，由妇人抚养长大，不知道悲哀，不知道忧愁，不知道劳苦，不知道惧怕，不知道危险，恐不足以实行五仪之教。怎么办呢？"孔子回答说："从您的话中可以听出，您已经明白这些道理了，我也就没什么可对您说的了。"

哀公说："要不是您，我的心智就得不到启发。您还是再说说吧！"孔子说："您到庙中行祭祀之礼，从右边台阶走上去，抬头看到房上的椽子，低头看到筵席，祖先使用的器物都在，却看不到他们

如右[1],登自阼阶,仰视榱桷[2],俯察机筵[3],其器皆存,而不睹其人。君以此思哀,则哀可知矣。昧爽[4]夙兴[5],正其衣冠,平旦[6]视朝,虑其危难。一物失理,乱亡之端。君以此思忧,则忧可知矣。日出听政,至于中冥[7],诸侯子孙,往来为宾,行礼揖让,慎其威仪。君以此思劳,则劳亦可知矣。缅然[8]长思,出于四门,周章[9]远望,睹亡国之墟,必将有数焉。君以此思惧,则惧可知矣。夫君者,舟也;庶人者,水也;水所以载舟,亦所以覆舟。君以此思危,则危可知矣。君既明此五者,又少留意于五仪之事,则于政治何有失矣!"

的身影。您通过这种方式体会哀伤,那么您就可以知道哀伤是什么了。天还没亮就起床,衣帽穿戴整齐,清晨到朝堂听政,忧虑国家是否有危难。一件事处理不当,往往会成为国家混乱灭亡的开端。您通过这种方式来思考如何忧虑国事,那么您就知道什么是忧愁了。从日出就开始处理国家大事,直至午后,接待各国诸侯及子孙,还有宾客往来,行礼揖让,谨慎地按照礼法显示自己的威严仪态。您通过这个过程思考什么是辛劳,那么也就知道什么是辛劳了。缅怀远古,走出都门,周游浏览,向远眺望,查看已经灭亡国家的废墟,由此想到国家命运是有定数的。您通过这种方式思考惧怕,那么也就知道什么是惧怕了。如果君王是舟,百姓就是水,水可以载舟,也可以覆舟。您如果通过这种方式思考危险,那么也就知道什么是危险了。您明白这五个方面后,再稍稍留意于如何评定国家中的五种人,那么治理国家还会有什么失误呢?"

注释 1 如右:《荀子·哀公》作"而右",向右边走。 2 榱桷(cuī jué):房屋的椽子。 3 机筵:也作"几筵",筵席。 4 昧爽:黎明。 5 夙兴:

早起。《礼记·昏义》孙希旦《集解》："夙，早也，谓昏明日之早晨也。兴，起也。" 6 平旦：清晨。 7 中冥：午后。王肃注："中，日中；冥，昳中。" 8 缅然：悠思的样子。 9 周章：周游。

哀公问于孔子曰："请问取人之法。"孔子对曰："事任于官，无取捷捷[1]，无取钳钳[2]，无取哼哼[3]。捷捷，贪也；钳钳，乱也；哼哼，诞也。故弓调而后求劲焉，马服而后求良焉，士必悫而后求智能者焉。不悫而多能，譬之豺狼不可迩。"

鲁哀公问孔子："请问先生怎么用人呢？"孔子回答说："被派事的官吏，不能是贪婪的人，不能是胡言乱语的人，不能是能言善辩的人。贪婪的人贪得无厌，胡言乱语的人容易制造混乱，能言善辩的人常常怪诞不可信。所以说，使用弓箭，必须先调好弓弦才能要求弓箭射出去有力；驾驭马匹，必须先让它拉上车才能要求它的脚力好；用人也一样，选取官吏，必须先要求他诚实谨慎，然后才能要求他聪明能干。如果不忠厚却足智多谋，就像豺狼一样不可以接近。"

注释 1 捷捷：贪婪的样子。王肃注："捷捷而不已食，所以为贪也。" 2 钳钳：胡言乱语。王肃注："钳钳，妄对不谨诚。" 3 哼哼：能言善辩。王肃注："哼哼，多言。"

哀公问于孔子曰："寡人欲吾国小而能守，大则无攻，其道如何？"孔子对曰："使君朝廷有礼，上下和亲，天下百姓

哀公问孔子说："我想让我的国家虽小却能保住，大了就能攻打别国，该怎么办？"孔子回答说："这就需要您的朝廷之上讲究礼制，君臣上下相亲相敬，那么天下百姓就都成为您的子民了，谁还

皆君之民,将谁攻之?苟违此道,民畔如归,皆君之雠也,将与谁其守?"公曰:"善哉!"于是废山泽之禁[1],弛[2]关市之税[3],以惠百姓。

会来攻打您的国家呢?如果违背了这个治国之道,百姓都背叛您,都是您的仇人,您还和谁守卫国家?"哀公感叹道:"您说得真好!"于是就废除山林沼泽地区的禁令,减轻关卡市场的税收,让百姓得到实惠。

注释 1 山泽之禁:严禁百姓开采山泽中的出产。禁,禁令。 2 弛:放松,开放。 3 关市之税:工商业税负。关,关口。市,市场。

哀公问于孔子曰:"吾闻君子不博,有之乎?"孔子曰:"有之。"

公曰:"何为?"对曰:"为其有二乘[1]。"

公曰:"有二乘则何为不博?"子曰:"为其兼行恶道也。"

哀公惧焉。有间,复问曰:"若是乎,君子之恶恶道至甚也。"孔子曰:"君子之恶恶道不甚,则好善道亦不甚;好善道不甚,则百姓之亲上亦不甚。《诗》云:'未见君子,忧心惙惙。亦既见止,亦既觏止,我心

鲁哀公问孔子说:"我听说君子并不是知识很渊博,有这回事吗?"孔子说:"有这回事。"

哀公问:"为什么呢?"孔子回答道:"因为知识也有好坏之分。"

哀公说:"难道因为知识有善恶,就不可以都渊博一点吗?"孔子说:"因为知识也可以用来作恶。"

哀公很吃惊。过了一会儿,他又问:"您的意思是说,真正的君子应当是从内心非常厌恶恶行的吧?"孔子说:"如果君子没有从内心厌恶恶行,那么他也很难从内心喜好善行;不从内心喜好善行,那么百姓也就不会倾心亲附君子了。《诗经》上有首诗说:'不见君子啊,忧心忡忡。一见君子啊,

则说。’[2]《诗》之好善道甚也如此。”

公曰:“美哉!夫君子成人之善,不成人之恶。微吾子言焉,吾弗之闻也。”

其乐无穷。’《诗经》就是这样喜欢和赞扬那些追求善行善道的君子的。”

哀公说:“太好了!君子促成别人的善行,不促成他人的恶行。假如没有您来讲解,我是听不到这些道理的。”

注释 1 二乘:即“贰乘”,副车。此喻指正副、善恶两重性。 2《诗》:即《诗经·召南·草虫》。惙惙(chuò):愁苦的样子。止:代词“之”。觏(gòu):遇见。

哀公问于孔子曰:“夫国家之存亡祸福,信有天命,非唯人也?”孔子对曰:“存亡祸福皆己而已,天灾地妖不能加也。”

公曰:“善!吾子言之,岂有其事乎?”孔子曰:“昔者殷王帝辛[1]之世,有雀生大鸟于城隅焉,占之者曰:‘凡以小生大,则国家必王,而名必昌。’于是帝辛介雀之德[2],不修国政,亢暴[3]无极,朝臣莫救,外寇乃至,殷国以亡。此即以己逆天时,诡[4]福反为祸者也。

鲁哀公问孔子:“国家的存亡祸福,的确是由天命决定,而不是人力所能左右的吗?”孔子回答说:“国家的存亡祸福都是由人自己决定的,天灾地祸都不能改变国家的命运。”

哀公说:“很好!您说的话,有什么事实根据吗?”孔子说:“从前,在殷纣王时代,在国都的城墙边,有一只小鸟生出一只大鸟,占卜者说:‘凡是以小生大,国家必将成为霸主,声名必将大震。’于是,商纣王凭借小鸟生大鸟的好兆头,不好好治理国家,残暴至极,朝中大臣也无法挽救,结果招致外敌入侵,殷国因此灭亡。这就是个人肆意妄为违背天时,奇异的福兆反而变成灾祸的事例。

注释 1 帝辛：商纣王。 2 介雀之德：介，借助于。德，德行。此指小鸟生大鸟的好兆头。王肃注："介，助也，以雀之德为助也。" 3 亢暴：异常凶暴。 4 诡：奇异，怪异。

"又其先世殷王太戊[1]之时，道缺法圮[2]，以致夭蘖[3]，桑穀[4]生于朝，七日大拱[5]。占之者曰：'桑穀野木而不合生朝，意者国亡乎？'太戊恐骇，侧身[6]修行，思先王之政，明养民之道，三年之后，远方慕义，重译[7]至者，十有六国。此即以己逆天时，得祸为福者也。故天灾地妖，所以儆[8]人主者也；寤梦征怪[9]，所以儆人臣者也。灾妖不胜善政，寤梦不胜善行。能知此者，至治之极也，唯明王达此。"

公曰："寡人不鄙固[10]此，亦不得闻君子之教也。"

"另一个事例，就是在纣王的先祖商王太戊时代，道德缺失，法纪败坏，以致出现反常的树木，朝堂上长出的桑木和穀木，七天就长到两手合抱之粗。占卜者说：'桑、穀野木不应共同生长在朝堂上，难道国家要灭亡吗？'太戊非常恐惧，小心地修养自己的德行，学习先王治国理政的方法，探究养民的措施，三年之后，远方的国家思慕殷国的道义，偏远之国的使者经过辗转翻译来朝见的，有十六国之多。这就是以自己的谨身修治改变天时，祸兆反变为福的事例。所以说，天降灾异，地生怪兆，是上天用来警告君王的；显现梦境，应验怪异，是上天用来警诫臣子的。灾异怪兆胜不过良好的政治，梦兆也胜不过善良的行为。能明白这些道理，就是治国的最高境界，只有贤明的君王才能做到。"

鲁哀公说："我如果不是如此浅陋，也就不能听到您这样的教诲了。"

注释 1 太戊：商王，太庚子，因任用贤臣伊陟、巫咸等，使商朝复兴。 2 圮：毁坏。 3 夭蘖：反常生长的树木。 4 桑穀：桑树、榖树。榖，即楮。《尚书大传》卷二："武丁之时，桑穀俱生于朝，七日而大拱。"《史记·封禅书》："后八世，至帝太戊，有桑穀生于廷，一暮大拱，惧。" 5 大拱：长大到两手可以围抱。 6 侧身：小心谨慎。 7 重译：辗转翻译。指远方国家的使者。 8 儆：告诫，警告。 9 寤梦：如有所见梦境。征怪：应验怪异现象。 10 鄙固：鄙陋，不通达。

哀公问于孔子曰："智者寿乎？仁者寿乎？"孔子对曰："然！人有三死而非其命也，行己自取也。夫寝处不时，饮食不节，逸劳过度者，疾共杀之；居下位而上干[1]其君，嗜欲无厌而求不止者，刑共杀之；以少犯众，以弱侮强，忿怒不类，动不量力，兵共杀之。此三者，死非命[2]也，人自取之。若夫智士仁人，将身[3]有节，动静以义，喜怒以时，无害其性，虽得寿焉，不亦宜乎！"

鲁哀公向孔子请教说："是聪明有才智的人比较长寿，还是心地仁慈、厚道的人比较长寿呢？"孔子回答道："是这样的。人有三种死法，不是命中注定的，而是他们自取死路。第一，生活起居没有规律，饮食没有节制，无限度地放逸和过度疲劳的人，会遭受疾病而死亡；第二，身处下等地位却要以下犯上冒犯君王，贪得无厌不知满足的人，终会因触犯刑律而被叛死刑；第三，人少却去冒犯人多势众，自己弱小却去轻慢强大，愤怒时意气用事而不懂得克制自己，不自量力而不计后果地行动，这些人会在战乱中丢掉性命。像这三种情况，病杀、刑杀、兵杀，都是死于非命，也是咎由自取的。像那些智谋之人和仁德之人，立身行事遵从礼节，一举一动合乎道义，该高兴就高兴，该愤怒就愤怒，不伤害自己的本性，这样他们得享长寿，不也是合乎道理的吗？"

注释 **1** 干:干涉,冒犯。 **2** 死非命:因意外灾祸死亡。非命,非正命,不合天命。 **3** 将身:立身处事。

卷第二

致思第八

导读 本篇主要记载了孔子的仁德与仁政思想。因首章记载孔子“农山言志”时，命弟子们“于斯致思”，即在谈论志向方面多用心力，故以“致思”名篇。

本篇各章从不同生活场景，表达了孔子的德治思想、历史人物评论、人生哲理、尊贤重道思想等。第一章“农山言志”时，孔子肯定了颜回的“不伤财，不害民，不繁词”的德政理想。在与子贡讨论时，表达了“死者有知与无知，非今之急”的生死观。孔子对管仲善于变通，创下“一匡天下”之伟业，而许以“仁人之道”。孔子主张“以道导之”的治民之道。在德刑关系上，孔子主张德刑并重，先德、礼，后政、刑，以刑佐教，执行法度要公正无私，常思仁义宽恕之心，树立恩德，感化百姓，反对严刑暴法。这些思想，可与《论语》“为政以德”“有耻且格”等思想参看，也可与《孔子家语》的《执辔》篇“德法者，御民之本”，《刑政》篇“刑政相参”，《五刑解》篇“礼度”“五教”“法典”并用，“以申固之”等合观。

本篇还从细节方面显示了孔子对弟子的了解与宽容，他称扬曾子的“善安身”、子路的孝行，批评子夏“甚吝于财”、子贡赎鲁人而“辞而不取金”。另外，孔子对孔鲤“内学外饰”的家训，对程子的礼遇，以及对当权馈赠与行道之间关系的评价等，都从不同侧面反映了孔子的政治思想与伦理主张。

原文

孔子北游于农山，子路、子贡、颜渊侍侧。孔子四望，喟然而叹曰：“于斯致思，无所不至矣！二三子各言尔志，吾将择焉。”

子路进曰：“由愿得白羽[1]若月，赤羽若日，钟鼓之音上震于天，旌旗缤纷下蟠于地。由[2]当[3]一队而敌之，必也攘[4]地千里，搴旗[5]执馘[6]。唯由能之，使二子者从我焉。”夫子曰：“勇哉！”

译文

孔子向北游览到农山，子路、子贡、颜渊在身边陪着。孔子向四面望了望，不由得深深地感叹说：“在这里凝神思虑，什么想法都会出现啊！你们每个人都谈一下自己的志向吧，我将从中做出选择。”

子路走上前说：“我希望得到白色的指挥旗像月亮，红色的战旗像太阳，钟鼓的声音响彻云霄，缤纷的旌旗在地面盘旋舞动。我带领一队人马进攻敌人，必会夺取敌人千里之地，拔去敌人的旗帜，割下敌人的耳朵。这样的事只有我能做到，您就让子贡和颜渊跟着我吧！”孔子说：“多么勇敢啊！”

注释 1 羽：旗帜。 2 由：即仲由，字子路，又字季路，孔子弟子。 3 当：掌管，充任。 4 攘：夺取。 5 搴（qiān）旗：拔取敌人的军旗。 6 馘（guó）：战争中割取敌人的左耳，作为计功凭证。

子贡复进曰：“赐[1]愿使齐、楚合战于漭漾[2]之野，两垒相望，尘埃相接，挺刃交兵。赐着缟衣白冠[3]，陈说其间，推论利害，释

子贡也走上前说道：“我愿出使到齐国和楚国交战的广阔原野上，两军的营垒遥遥相望，战场上扬起的尘埃连成一片，双方士兵挥刀交战。我穿戴着白色衣帽，在两国之间劝说，论述

国之患。唯赐能之，使夫二子者从我焉。”夫子曰：“辩哉！”

颜回退而不对。孔子曰：“回，来，汝奚[4]独无愿乎？”颜回对曰：“文武之事，则二子者既言之矣，回何云焉？”孔子曰：“虽然，各言尔志也，小子言之。”

交战的利弊，解除国家的灾难。这样的事只有我能做得到，您就让他们俩跟着我吧！”孔子说：“多有辩才啊！”

颜回后退不说话。孔子说：“颜回，过来，为何只有你没有志向呢？”颜回回答说：“文武两方面的事，子路和子贡都已经说过了，我还能说什么呢？”孔子说：“即使这样，还是各人说说各人的志向，你也说吧。”

注释　1 赐：即端木赐，字子贡，孔子弟子。 2 漭漾：广大的样子。 3 缟（gǎo）衣白冠：白衣白帽。王肃注：“兵，凶事，故白冠服也。” 4 奚：为何，如何。

对曰：“回闻薰莸[1]不同器而藏，尧桀不共国而治，以其类异也。回愿得明王圣主辅相之，敷[2]其五教[3]，导之以礼乐，使民城郭不修，沟池不越，铸剑戟以为农器，放牛马于原薮[4]，室家无离旷[5]之思，千岁无战斗之患。则由无所施其勇，而赐无所用其辩矣。”夫子凛然曰：“美哉！德也。”

颜回回答说：“我听说薰草和莸草不能收藏在同一个容器中，尧和桀不能共同治理一个国家，因为他们不是同一类。我希望得到明王圣主来辅助他们，向人民宣传‘五教’，用礼乐来教导他们，使百姓不加固城墙，不逾越护城河，把剑、戟之类的武器改铸为农具，平原湖泽上放牧牛马，家家都没有离别相思之苦，千年没有战争之患。这样，子路就没有机会施展他的勇敢，子贡就没有机会运用他的辩才了。”孔子神情肃穆地说：“这种德行是多么美好啊！”

子路抗手[6]而对曰:“夫子何选焉?”孔子曰:“不伤财,不害民,不繁词,则颜氏之子有矣。”

子路举起手来问道:“老师您选择哪种呢?”孔子说:“不耗费财物,不伤害百姓,不费太多的言辞,只有颜回才有这个想法啊!”

注释 1 薰莸(xūn yóu):香草和臭草,比喻美丑、善恶或君子小人等。薰,即蕙草,有香味。莸,一种臭草。 2 敷:布,施。 3 五教:父义、母慈、兄友、弟恭、子孝五种德行。 4 原薮(sǒu):平原和湖泽。王肃注:“广平曰原,泽无水曰薮也。” 5 离旷:丈夫离家,妇人独处。 6 抗手:举手。

鲁有俭啬者,瓦鬲[1]煮食。食之,自谓其美,盛之土型[2],以进孔子。孔子受之而说,如受大牢[3]之馈。子路曰:“瓦甂[4],陋器也;煮食,薄膳也。夫子何喜之如此乎?”夫子曰:“夫好谏者思其君,食美者思其亲。吾非以馔具之为厚,以其食厚而我思焉!”

在鲁国,有一位非常节俭的人,做饭用的是瓦做的炊具。有一天,他尝了自己做的食物,觉得味道很美,便装到了一个盛羹的瓦器里,特意献给孔子尝尝。孔子接受以后,显得很高兴,就像接受了三牲的馈赠一样。子路问道:“阔口的瓦盆,是一种简陋的器皿,煮的食物也不过是很普通的东西,老师您为什么会高兴得这样啊?”孔子说:“善于进谏的人,他心中常会想到君王;吃到美味的人,心中总会想起父母。我并没有考虑馈赠食物的容器是否贵重,我只是考虑他吃到了好东西就想到了我啊!”

注释 1 瓦鬲(lì):三足的陶制炊具,形似鼎而无耳。 2 土型:亦作“土形”或“土硎”,盛汤羹的瓦器。 3 大牢:太牢,牛、羊、豕(猪)三牲全备的祭品。 4 瓦甂(biān):阔口的小瓦盆。

孔子之楚，而有渔者而献鱼焉，孔子不受。渔者曰："天暑市远，无所鬻也，思虑弃之粪壤，不如献之君子，故敢以进焉。"于是夫子再拜受之，使弟子扫地，将以享祭[1]。

门人曰："彼将弃之，而夫子以祭之，何也？"孔子曰："吾闻诸：惜其腐餸[2]，而欲以务施者，仁人之偶[3]也。恶有受仁人之馈而无祭者乎？"

孔子到了楚国，有一个打鱼人献给他一些鱼，孔子不肯接受。打鱼人说："天这么热，市集又远，已经无法卖了，我想如果扔到粪堆上，那还不如献给君子，所以我才敢冒昧地拿来送给您啊。"孔子听后，很恭敬地拜了两拜，接受了这些鱼，让弟子们把室内打扫干净，准备把它作为祭品供献给祖宗神灵。

孔子的弟子很奇怪，就问老师："打鱼人本来要扔掉这些鱼，而老师您却要用它来祭祀，这是为什么呢？"孔子说："我听说，爱惜食物，怕食物变质而把它送给别人的人，是仁人一类的人。如此，哪有接受了仁人的馈赠而不祭祀的呢？"

注释　1 享祭：祭祀。　2 餸（rèn）：同"饪"，熟食。　3 偶：同类。

季羔[1]为卫之士师[2]，刖[3]人之足。俄而卫有蒯聩[4]之乱，季羔逃之，走郭门[5]，刖者守门焉，谓季羔曰："彼有缺。"季羔曰："君子不逾。"又曰："彼有窦。"季羔曰："君子不隧。"又曰："于此有室。"季羔乃入焉。

季羔做卫国的最高司法长官，曾让手下的狱官砍了一个犯人的脚。不久后，卫国蒯聩作乱，季羔逃走，跑到了外城门，正好是那个被砍脚的人守门，他对季羔说："那里有个缺口，您逃吧。"季羔说："君子不翻墙。"守门人又说："那里有个地道。"季羔说："君子不钻。"守门人又说："这里有个密室。"季羔才进去。

注释 1 季羔：孔子的弟子高柴，字季羔，也叫子羔。 2 士师：掌断狱判刑之官。《周礼·秋官·士师》："士师之职，掌国之五禁之法，以左右刑罚：一曰宫禁，二曰官禁，三曰国禁，四曰野禁，五曰军禁。" 3 刖（yuè）：砍去脚的酷刑，亦称"剕"。 4 蒯聩（kuǎi kuì）：卫国第三十任国君，卫灵公之子卫后庄公，公元前480年至前478年在位。当初蒯聩做太子时，因刺杀南子失败，出逃他国，在其子辄被立为国君十余年后杀回夺位。当时，季羔和子路都在卫国做官。 5 郭门：外城的门。

既而追者罢，羔将去，谓刖者曰："吾不能亏主之法而亲刖子之足。今吾在难，此正子之报怨之时，而逃我者三，何故哉？"刖者曰："断足固我之罪，无可奈何。曩者君治臣以法令先人后臣，欲臣之免也，臣知之；狱决罪定，临当论刑，君愀然不乐，见君颜色，臣又知之。君岂私臣哉！天生君子，其道固然，此臣之所以说[1]君也。"

孔子闻之，曰："善哉为吏！其用法一也。思仁恕则树德，加严暴则树怨。公以行之，其子羔乎！"

随后追捕季羔的人找不到他就撤了，季羔将走，对守门人说："我当初不能违背王法，所以才砍了您的脚。现在我落难了，正是您报仇的好机会，而您却给我找了三次逃跑的机会，这是为什么呢？"守门人说："断足是我应得之罪，没什么可说的。以前，您是用法令治理大家，先行刑别人，然后才是我，本意是想免我的罪，我知道您提前对我做了警告；等我的案子判了，罪也定了，要行刑的时候，我看您没有喜色，看您的脸色非常严肃，我又知道了您的想法。您哪里是偏爱我呢？您这是君子本来就有的德行，这就是我敬佩您的原因。"

孔子听说了，说："好啊！作为一个官吏，用法一视同仁。心怀仁义宽恕之心就会树立恩德，用刑残酷就会与人结怨。公正执法，大概就是子羔这样的人吧！"

注释 1 说：读“悦”，欣赏，佩服。

孔子曰：“季孙之赐我粟千钟[1]，而交益亲；自南宫敬叔之乘我车[2]也，而道加行。故道虽贵，必有时而后重，有势而后行。微夫二子之贶[3]财，则丘之道殆将废矣。”

孔子说：“季孙氏送我千钟粮食，这使我和我的朋友之间的交往更加亲密了；自从南宫敬叔帮我得到乘坐的车子后，我的思想主张就可以更好地推行了。因此，思想主张虽然重要，必须在得到有利的时机后才能被看重，得到有利的条件后才能得以推行。假如没有两人送我财物，那么我的思想主张就可能要被废弃了。”

孔子曰：“王者有似乎春秋。文王以王季为父，以太任为母，以太姒为妃，以武王、周公为子，以太颠、闳夭为臣，其本美矣；武王正其身以正其国，正其国以正天下，伐无道，刑有罪，一动而天下正，其事成矣。春秋致其时，而万物皆及；王者致其道，而万民皆治。周公载己行化，而天下顺之，其诚至矣。”

孔子说：“王者的出世很像自然界的四季更替那样有其内在规律。比如文王有王季做父亲，有太任做母亲，有太姒做夫人，有武王、周公做儿子，有太颠、闳夭做大臣，所以他的根基是很好的；周武王先将自身修养好，然后使自己的国家得到了好的治理，再使天下得到了好的整治，以此来讨伐暴虐无道的国家，惩罚有罪的人，所以自身一行动天下就得到了治理，功业就得到成功。春夏秋冬按照正常的规律运转，那么万物就会正常生长；做君王的人遵循一定的道理来做事情，那么百姓便能得到有效的治理。周公以身作则来教化天下百姓，而天下百姓就都归顺了他，他的诚心应该是已经达到了最高境界。”

曾子[4]曰："入其国也，言信于群臣，而留可也；行忠于卿大夫，则仕可也；泽施于百姓，则富可也。"

孔子曰："参之言此，可谓善安身矣。"

曾子说："到一个国家，说话被群臣信任，就可以留住了；如果能被卿大夫认为自己行事忠诚，那就可以在这个国家做官了；如果自己的恩泽能惠施于百姓，那就可以发家致富了。"

孔子说："曾参说这样的话，可以算得上是善于立身了。"

注释 1 季孙之赐我粟千钟：鲁国大夫季孙氏，曾经一次性送给孔子师徒小米千钟。钟，古代容量单位，六斛四斗为一钟，通常十釜为一钟。 2 南宫敬叔：姬姓，名阅或说，一名缘，谥敬，是鲁国三桓之一孟僖子的儿子，孟懿子的弟弟。他曾随孔子到周朝王城洛邑向老聃问礼。王肃注："孔子欲见老聃而西观周，敬叔言于鲁君，给孔子车马，问礼于老子。孔子历观郊庙，自周而还，弟子四方来习也。" 3 贶（kuàng）：赠，赐。 4 曾子：即曾参。

子路为蒲宰，为水备，与民修沟洫[1]。以民之劳烦苦也，人与之一箪食、一壶浆。孔子闻之，使子贡止之。子路忿然不说，往见孔子曰："由也以暴雨将至，恐有水灾，故与民修沟洫以备之。而民多匮饿[2]者，是以箪[3]食壶浆[4]而与之。夫

子路做蒲邑的地方官时，为了防备大水，就率领蒲邑的民众修建沟渠。因为劳动烦重百姓辛苦，子路就发给每人一小筐饭食、一壶汤水。孔子听了这件事，就派子贡去阻止子路。子路有点生气，很不高兴，就去拜见孔子，说："我以为暴雨将要来了，担心有大水灾，所以就率领民众修理沟渠以做防备。但民众却因缺少粮食忍受饥饿，所以就发给他们每人一小筐饭食、一壶汤水。老师您让

子使赐止之，是夫子止由之行仁也。夫子以仁教，而禁其行，由不受也。”

孔子曰：“汝以民为饿也，何不白于君，发仓廪以赈之？而私以尔食馈之，是汝明君之无惠，而见己之德美。汝速已则可，不则汝之见罪必矣。”

子贡制止我，这是老师阻止我施行仁德。老师用仁德教育弟子而禁止弟子施行它，我没有办法接受。”

孔子说：“如果民众饥饿，你为何不向国君报告，请求开放粮仓的粮食救济他们呢？而你却私自用自己的食物救济民众，这是你想向民众表明国君没有恩惠，而显示自己的德行之美。你赶快停止这件事还可以，否则你将一定会被治罪的！”

注释 1 沟洫（xù）：田间水道，泛指农田水利。 2 匮饿：缺粮饥饿。 3 箪（dān）：小筐，盛饭的圆竹器。 4 浆：较稠的汤水。

子路问于孔子曰：“管仲[1]之为人如何？”子曰：“仁也。”

子路曰：“昔管仲说襄公，公不受，是不辩也；欲立公子纠而不能，是不智也；家残于齐，而无忧色，是不慈也；桎梏而居槛车，无惭心，是无愧也；事所射之君，是不贞也；召忽[2]死之，管仲不死，是不忠也。仁人

子路向孔子问道：“管仲的为人是怎么样的呢？”孔子说：“是一个有仁德的人。”

子路说：“过去管仲劝谏襄公，襄公不接受，这是管仲没有口才；想立公子纠为国君而没有能做到，这是他没有智谋；父母家人在齐国因罪被杀，却没有忧伤的神色，这是他没有慈爱的胸怀；戴着脚镣、手铐被关在囚车里，而没有羞惭的表情，这是没有耻恶之心；转而为臣侍奉他曾经想射杀的齐桓公，是不忠贞；召忽为公子纠而死，而管仲却没有为之而死，这是不忠

之道，固若是乎？”

孔子曰：“管仲说襄公，襄公不受，公之暗也；欲立子纠而不能，不遇时也；家残于齐而无忧色，是知权命也；桎梏而无惭心，自裁审也；事所射之君，通于变也；不死子纠，量轻重也。夫子纠未成君，而管仲未成臣，管仲仁才度义，管仲不死束缚而立功名，未可非也。召忽虽死，过与取仁，未足多也。”

心。做仁人的方法，难道真的是这样吗？”

孔子说：“管仲劝谏齐襄公，襄公没有接受，这是齐襄公的昏暗无道；想立公子纠而不能做到，这是没有遇到好的时机；父母家人在齐国因罪被杀，却没有忧伤的神色，这是懂得审度时命；戴着脚镣、手铐被关在囚车里，而没有羞惭的表情，这是因为自己裁断慎重；改事齐桓公，这是因为懂得及时变通；不为公子纠而死，这是会权衡生死的轻重。公子纠没有成为国君，管仲也就没有成为公子纠的臣，管仲的才智胜过了道德，他没有为道义所束缚而死，而是要建立功名，这是无可非议的。召忽虽然为公子纠而死，但为了追求仁德做得太过分了，并不值得称赞。”

注释 **1** 管仲：名夷吾，字仲，齐颍上（颍水之滨）人，曾辅佐齐桓公成为春秋时期第一个霸主。 **2** 召忽：春秋时齐国人，与管仲同事襄公之子公子纠。公子小白夺权后，派人追杀公子纠，退回鲁国的公子纠为鲁庄公所杀，召忽为尽人臣礼节，便自杀而亡。

孔子适齐，中路闻哭者之声，其音甚哀。孔子谓其仆[1]曰：“此哭哀则哀矣，然非丧者之哀也。”驱而前，少进，见有异人[2]

孔子到了齐国，途中听到有哭声，哭得十分悲哀。孔子对给他驾车的人说：“此哭声虽然悲哀，但不是家有丧事的悲哀。”车子继续向前走，没走多远，见到有个与常人不同的人，拿着镰刀，

焉，拥镰带素[3]，哭者不哀。

孔子下车，追而问曰："子何人也？"对曰："吾，丘吾子也。"

曰："子今非丧之所，奚哭之悲也？"丘吾子曰："吾有三失，晚而自觉，悔之何及！"

曰："三失可得闻乎？愿子告吾，无隐也。"丘吾子曰："吾少时好学，周遍天下，后还丧吾亲，是一失也；长事齐君，君骄奢失士，臣节不遂，是二失也；吾平生厚交，而今皆离绝，是三失也。夫树欲静而风不停，子欲养而亲不待。往而不来者年也，不可再见者亲也。请从此辞！"遂投水而死。

孔子曰："小子识之！斯足为戒矣。"自是弟子辞归养亲者十有三。

穿着孝服，哭声并不悲哀。

孔子下车，追上问道："你是何人？"那人回答说："我是丘吾子。"

孔子说："你现在不是在举办丧事的地方，为什么哭得这么悲伤呢？"丘吾子说："我有三个失去的东西，到了晚年才发觉，现在是后悔也来不及了！"

孔子说："我可以听听你的'三失'吗？请你不要隐瞒。"丘吾子说："我少年时非常爱学习，四处游学，后来回家时至亲已死，这是第一失；年长后，我为齐君工作，而君主骄傲奢侈，失去人心，我也不能保全为臣的节操，这是第二失；我平生的至交好友，现都四散分离，断绝了联络，这是第三失。树想要停下来不动但风不停，儿子想服侍父母而父母已离世。逝去就不再回来的是岁月，岁月带走而不可再见的是至亲。我也要从此辞别人世！"接着，他就跳水死了。

孔子说："你们要记住此事，这件事足可引以为戒。"此后，孔子弟子中告辞回家服侍父母的有十三人。

注释　1 仆：驾车的人。　2 异人：非同一般的人。　3 拥镰带素：拿着镰刀，穿着孝服。

孔子谓伯鱼[1]曰："鲤乎！吾闻可以与人终日不倦者，其惟学焉。其容体不足观也，其勇力不足惮也，其先祖不足称也，其族姓不足道也。终而有大名，以显闻四方，流声后裔者，岂非学者之效也？故君子不可以不学，其容不可以不饬[2]。不饬无类[3]，无类失亲，失亲不忠，不忠失礼，失礼不立。夫远而有光者，饬也；近而愈明者，学也。譬之污池，水潦[4]注焉，萑苇[5]生焉，虽或以观之，孰知其源乎？"

孔子对伯鱼说："鲤呀，我听说可以整天使人不知厌倦的，恐怕也只有学习吧！一个人容貌形体是不值得向人炫耀的，勇猛气力是不能让人害怕的，祖先是不值得向人称道的，宗族姓氏是不值得谈论的。最终可以使自己成名，扬名于四方，流芳于后世的，难道不是学习的功效吗？所以君子不能不学习，容貌不能不修饰。不修饰就会因为没有好的容貌举止而失礼，没有礼貌别人就不会亲近，失去了彼此的亲近就会失去忠信，没有忠信就导致礼仪缺失，礼仪一缺失，人也就无法立身。让人远看起来有光彩的，是修饰容貌的结果；让人靠近感到更加聪明睿智的，是学习的结果。这就好比一个污水池，有雨水流到里面，池中芦苇丛生，虽然偶尔有人来观看，可谁又知道它的源头在哪儿呢？"

注释 1 伯鱼：孔子儿子孔鲤，字伯鱼。 2 饬：修饰，打扮。 3 无类：没有礼貌。王肃注："类宜为貌，不在饬，故无貌，不得言不饬无类也。礼貌矜庄，然后亲爱可久，故曰无类失亲也。" 4 水潦（lǎo）：雨水。 5 萑苇（huán wěi）：两种芦类植物，蒹长成后为萑，葭长成后为苇。

子路见于孔子曰："负重涉远，不择

子路见到孔子，对他说："背着沉重的行李到远方去，累的时候就不能挑拣舒适

地而休；家贫亲老，不择禄[1]而仕。昔者由也事二亲之时，常食藜藿[2]之实，为亲负米百里之外。亲殁之后，南游于楚，从车百乘，积粟万钟，累茵[3]而坐，列鼎而食，愿欲食藜藿，为亲负米，不可复得也。枯鱼衔索[4]，几何不蠹；二亲之寿，忽若过隙[5]。”孔子曰：“由也事亲，可谓生事尽力，死事尽思者也。”

的地方休息；家里贫穷，双亲年迈，就不能随便挑选俸禄高的地方去做官。以前我侍奉双亲的时候，穷得经常吃藜菜藿叶这类粗劣的食物，曾经为了父母去百里之外背粮食回来。父母去世之后，我在南方的楚国游历，跟随我的车辆有上百乘，家里储备的粮食有上万钟，将好几层垫褥叠起来坐着，用尊贵的宝鼎排列开来吃饭。现在想要再去吃那些粗劣的饭菜，为父母背粮食，却永远不再可能。干鱼被穿在绳索上，它们还能撑持多长时间不被蠹虫吃掉呢？父母的寿命，如同白驹过隙一般匆匆而逝啊。”孔子说：“子路侍奉父母，可以说是生前侍奉则倾尽所有的能力，死后侍奉则是极尽哀思啊。”

注释　1 禄：古代官员的工资俸禄。　2 藜藿（lí huò）：泛指粗劣的饭菜。藜，灰条菜。藿，豆类植物的叶子。　3 累茵：多层垫褥。　4 枯鱼：干鱼。衔索：被穿在绳索之上。衔，含着。　5 忽若过隙：如同白驹过隙一样，转瞬即逝。与《庄子》“白驹过隙”之喻相类。

孔子之郯[1]，遭程子于涂，倾盖[2]而语终日，甚相亲。顾谓子路曰：“取束帛以赠先生。”子路屑然[3]对曰：“由闻之，

孔子到郯国去，在路上遇到了程子，便将车子停在一起谈话，一直到天黑，显得非常亲密。孔子回头对子路说：“取一束帛来送给先生。”子路不爽快地分辨说：“我听说，士人没有介绍人就互相见

士不中间见，女嫁无媒，君子不以交，礼也。”

面，女子没有媒妁之言就嫁人，君子是不跟这样的人交往的，这是礼所规定的。”

有间，又顾谓子路，子路又对如初。孔子曰：“由！《诗》[4]不云乎：‘有美一人，清扬宛兮。邂逅相遇，适我愿兮。’今程子，天下贤士也。于斯不赠，则终身弗能见也。小子行之！”

过了一会儿，孔子又回头让子路递礼，子路还是像刚才那样答复老师。孔子说：“仲由啊，《诗经》上不是说：‘有一个美女，眼波秀媚啊。不期而遇，正合我意啊。’今天偶遇的程先生，正是天下的贤达之士。在这个时候不送给他礼物，可能以后也很难再见到他了。你还是按我的话去做吧。”

注释　1 郯（tán）：古国名，在今山东郯城北。　2 倾盖：车上的伞盖靠在一起。　3 屑然：杂碎众多的样子。比喻磨蹭、不爽快而又强为之辞。　4《诗》：指《诗经·郑风·野有蔓草》。

孔子自卫反鲁，息驾[1]于河梁[2]而观焉。有悬水[3]三十仞[4]，圜流[5]九十里，鱼鳖不能道，鼋鼍[6]不能居。有一丈夫[7]，方将厉[8]之。孔子使人并涯[9]止之，曰：“此悬水三十仞，圜流九十里，鱼鳖、鼋鼍不能居也，意者难可济也。”丈夫不以措意，遂渡而出。

孔子从卫国返回鲁国，在大桥上停车休息，欣赏风景。有一道瀑布高达三十仞，旋转回流的水达九十里长，鱼鳖不能游走，鳄鱼不能停留。有一位壮年男子，正要从那里游过河。孔子派人走近河岸边加以阻止说：“这瀑布高三十仞，下面回旋的水流达九十里长，鱼、鳖、鳄鱼都不能停留，想来应该很难通过。”这名男子不以为然，便入水游渡，并成功游到对岸，从水里走出来。

孔子问之曰：“子巧

乎？有道术乎？所以能入而出者何也？”丈夫对曰：“始吾之入也，先以忠信；及吾之出也，又从以忠信。忠信措吾躯于波流，而吾不敢以用私，所以能入而复出也。”

孔子谓弟子曰：“二三子识之！水且犹可以忠信成身[10]亲之，而况于人乎？”

孔子问他，说：“你有特别的技巧吗？有高明的道术吗？能自如地出入于水中，是为什么呢？”这名男子说：“开始我游入水中的时候，心中首先便充满了忠信；等到我游出水中的时候，又是怀着忠信。忠信托着我的身躯在急水湍流中平稳前进，而我不敢怀着私心，所以能自如地出入于水中。”

孔子告诉弟子说：“你们记住，用忠信成就自身尚且可以用来亲近水，更何况以忠信待人呢？”

注释　1 息驾：停车。 2 河梁：河上的大桥。 3 悬水：瀑布。 4 仞：周尺八尺或七尺。周尺一尺约合今二十三厘米。 5 圜（huán）流：漩涡急流。 6 鼋鼍（yuán tuó）：大鳖，猪婆龙或鳄鱼。 7 丈夫：成年男子。 8 厉：不脱衣渡水。 9 并涯：走近岸边。 10 成身：修身。

孔子将行，雨而无盖[1]。门人曰：“商[2]也有之。”孔子曰：“商之为人也，甚吝于财。吾闻与人交，推其长者，违其短者，故能久也。”

孔子将要出行，雨下起来车子却没有伞盖。有弟子说：“卜商有伞盖。”孔子说：“卜商为人，非常吝惜钱财。但是，我听说与人交往，要推重他的长处，避开他的短处，这样交往才能长久。”

注释　1 盖：挡雨的雨具。这里大概指车上遮雨的伞盖。 2 商：即卜商，字子夏，孔子弟子。

楚王渡江，江中有物大如斗，圆而赤，直触王舟。舟人取之。王大怪之，遍问群臣，莫之能识。王使使[1]聘于鲁，问于孔子。子曰：“此所谓萍实者也，可剖而食之，吉祥也，唯霸者为能获焉。”

使者反。王遂食之，大美。久之，使来，以告鲁大夫。大夫因子游问曰：“夫子何以知其然乎？”曰：“吾昔之郑，过乎陈之野，闻童谣曰：‘楚王渡江得萍实，大如斗，赤如日，剖而食之甜如蜜。’此是楚王之应也，吾是以知之。”

楚王渡长江的时候，江中有个东西像斗那样大，圆状、红色，径直向王舟碰过来。船夫把它取上来。楚王觉得此物很奇怪，问遍了大臣，都不认识。楚王派使者访问鲁国时，就这件事向孔子请教。孔子说：“这就是所谓的萍草的果实，可以剖开而食，是吉祥物，只有称霸的国君才能获得。”

使者回到楚国告诉楚王。楚王于是将萍草的果实剖开吃了，味道非常鲜美。很久以后，楚国的使者又来鲁国访问，并把这件事情告诉了鲁国大夫。大夫通过子游请教孔子：“先生怎么知道是这样的呢？”孔子回答说：“我曾经到郑国去，经过陈国都城的郊外，听童谣说：‘楚王渡过长江得到萍草的果实，大得像斗一样，红得像太阳，剖开吃掉它甜得像蜜一样。’这次楚王的经历真的恰像是应验了这个童谣，所以我能知道这件事。”

注释　1 使使：派遣使者。

子贡问于孔子曰：“死者有知乎？将无[1]知乎？”子曰：“吾欲言死之有知，将恐

子贡问孔子说：“死去的人是有意识的，还是没有意识的呢？”孔子回答说：“我如果说人死了之后还有意识的话，那么恐怕孝子顺孙们就会忙着去考虑死后的问题，甚至会

孝子顺孙妨生以送死;吾欲言死之无知,将恐不孝之子弃其亲而不葬。赐不欲知死者有知与无知,非今之急,后自知之。"

忽略活着的人;而如果我说人死了之后就没有意识的话,那么恐怕不孝的人甚至会抛弃自己的亲人而不去安葬。所以,子贡你还是不要知道死后有意识还是无意识,现在不需要急于知道到底有没有,以后你自己自然会知道的。"

注释 1 将无:恐怕,别是,表疑问。

子贡问治民于孔子。子曰:"懔懔[1]焉!若持腐索[2]之捍马[3]。"

子贡曰:"何其畏也?"孔子曰:"夫通达之御[4],皆人也。以道导之,则吾畜也;不以道导之,则仇也。如之何其无畏也?"

子贡向孔子请教治民的方法。孔子说:"好比手握腐朽的缰绳驾驭奔马一样,怀着认真而忧惧的心情就可以了。"

子贡说:"何必那么害怕呢?"孔子说:"要知道,交通畅达的地方到处都是驾驭奔马的人和行人。如果遵守相关的规则来文明地驾驭马匹,这马就像我驯养的一样听话;不按照相关的规则驾驭马匹,这样马就会横冲直撞,像仇敌一样给我们造成生命危险。像这样的话,怎么可能不畏惧呢?"

注释 1 懔懔:谨慎而忧惧的样子。 2 腐索:腐朽的缰绳。《尚书·五子之歌》中有"腐索奔马"一说,指的是用腐朽的绳索驾驭奔跑的烈马。 3 捍马:驾驭马。 4 通达之御:在通达大道上驾车。

鲁国之法,赎人臣妾[1]于诸侯者,皆取金于

鲁国有一则法律,如果鲁国人从其他诸侯国赎回本国的臣和妾,就可以从

府。子贡赎之，辞而不取金。孔子闻之，曰："赐失之矣！夫圣人之举事[2]也，可以移风易俗，而教导可以施于百姓，非独适身之行也。今鲁国富者寡而贫者众，赎人受金则为不廉[3]，则何以相赎乎？自今以后，鲁人不复赎人于诸侯。"

官府取得金钱的补偿和奖励。子贡把鲁国人从外国赎回来，但放弃向国家领取金钱。孔子听到这件事，说："端木赐做得不对啊！圣人做事，可以改变风气和习俗，他的教导可以在百姓身上实施，不仅仅是适用于他自己的行为。如今鲁国富人少而穷人多，如果赎人得到金钱和奖励就算不廉洁，那么谁还赎人呢？从此以后，鲁国就没有人再去赎回在其他诸侯国落难的同胞了。"

注释 1 臣妾：本国臣子和妾妇们。此指在其他诸侯国落难为奴者。2 举事：做事。 3 廉：廉洁。

子路治蒲[1]，见于孔子曰："由愿受教于夫子。"子曰："蒲其何如？"对曰："邑多壮士，又难治也。"子曰："然。吾语尔，恭而敬，可以摄[2]勇；宽而正，可以怀强；爱而恕，可以容困；温而断，可以抑奸。如此而加之，则正不难矣。"

子路治理蒲邑，请求拜见孔子，说："我希望得到老师的指教。"孔子问他："蒲邑的情况怎样啊？"子路回答说："蒲邑有很多好勇斗狠的人，又很难治理。"孔子说："这样说来，我告诉你：态度谦恭，尊敬他人，就可以震慑住好勇斗狠的人；宽厚而又正直，可以安抚强人；怜爱而又宽恕，可以容纳困窘无出路的人；温和而又果断，可以压制奸邪的人。像这样多种方法并用，治理好蒲邑就不是困难的事情了。"

注释 1 蒲：卫国城邑，在今河南长垣境。 2 摄：通"慑"，震慑。

三恕第九

【导读】 本篇首章记载了孔子“君子有三恕”的思想，故以“三恕”名篇。君子讲的“三恕”，即君臣、父子、兄弟之间要讲恕道，要讲忠信、孝悌之道。

孔子还主张君子要三思，“少思其长”“老思其死”“有思其穷”，以勉力做到“务学”“务教”“务施”。此外，孔子对“身亦不穷，道亦不隐”之道的看法，对“持满有道”的忧患意识，对“君子所见大水必观”的“善化”之道，对“有所耻，有所鄙，有所殆”之观点，对弟子“智者”“仁者”讨论的评论与点醒，对于“父命”“君命”当“审其所从”而不惜做“争子”“争臣”的思想主张，以及他所执持的“国无道，隐之可也；国有道，则衮冕而执玉”的仕隐观等等，均有多方面的研讨意义。

【原文】

孔子曰：“君子有三恕[1]：有君不能事，有臣而求其使，非恕也；有亲不能孝，有子而求其报，非恕也；有兄不能敬，有弟而求其顺，非恕也。士能明于三恕之本，则可谓端身[2]矣。”

【译文】

孔子说：“君子有三恕：有君王而不能侍奉，有臣子却要役使，这不是恕；有父母不能孝敬，有儿子却要求他报恩，这也不是恕；有哥哥不能尊敬，有弟弟却要求他顺从，这也不是恕。读书人能明了这‘三恕’的根本意义，就可以算得上行为端正了。”

【注释】 1 恕：推己及人。 2 端身：正身，使自己行为端正。

孔子曰：“君子有三思，不可不察[1]也。少而

孔子说：“君子有三种思虑，是不能不深察的。小时候不爱学习，长大后就

不学，长无能也；老而不教[2]，死莫之思也；有而不施，穷莫之救也。故君子少思其长则务学，老思其死则务教，有思其穷则务施。”

没有技能；年老不教导子孙，死后就没人思念；富有时不愿施舍，穷困时就没人救济。所以君子年少时思虑长大以后的事就要努力学习，年老了思虑死后的事就要好好教导儿孙，富有时思虑穷困窘境就要致力于施舍。”

注释 1 察：察知。 2 教：指教育自己的子孙。

伯常骞[1]问于孔子曰：“骞固周国之贱吏也，不自以不肖，将北面以事[2]君子。敢问正道宜行，不容于世；隐道宜行，然亦不忍。今欲身亦不穷，道亦不隐，为之有道乎？”

孔子曰：“善哉，子之问也！自丘之闻，未有若吾子所问辩且说也。丘尝闻君子之言道矣，听者无察，则道不入；奇伟不稽[3]，则道不信。又尝闻君子之言事矣，制无度量，则

伯常骞问孔子说：“我本来是周国的一名低级小吏，但认为自己并不是没有能力，打算做您的弟子。现在要请教这样一个难题：想要按照正道处世，却不被世人容纳；想要按照隐道处世，然而自己又于心不忍。我现在想要既使自己不穷困，又不违反道，有办法可以做到吗？”

孔子说：“你的问题问得很好！在我所听到的言论中，还没有像你的问题这样既辩证而又有说服力的。我曾经听有德之人谈论道时说，人们如果不察知‘道’，那么‘道’就不能被接受；如果把‘道’解释得奇特而无法查核，那么人们就不会相信‘道’。我又曾经听有德之人谈论事情时说，如果制度没有一定的规范，那么事情是无法成就的；政见过于清楚明白，百

事不成；其政晓察，则民不保。又尝闻君子之言志矣，刚折不终，径易者则数伤，浩倨[4]者则不亲，就利者则无不敝。又尝闻养世之君子矣，从轻勿为先，从重勿为后，见像[5]而勿强，陈道而勿怫。此四者，丘之所闻也。”

姓也就不能安定。我又曾经听有德之人谈论志向时说，刚强的人不会得到好下场，平易近人的人容易被伤害，傲慢无礼的人没有人亲近，贪求利益的人没有不失败的。我还听说那些善于处世的有德之人，他们做容易的事的时候不和人争抢，做繁重的事情的时候不会躲在后面，碰到法令的时候不会用强力违背，自己宣扬‘道’且不会违背。以上所说的四个方面，都是我曾听说过的(，可以供你参考)。”

注释 **1** 伯常骞：春秋人物。《晏子春秋·杂下四》作“柏常骞”。《庄子·则阳》篇记载孔子向太史大弢、伯常骞、狶韦请教卫灵公的谥号。 **2** 北面以事：拜师。北面，即面北。事，俯首拜伏。 **3** 稽：考核，核查。 **4** 浩倨：傲慢无礼。《楚辞·九歌·河伯》“心飞扬兮浩荡”，王逸注曰：“志放貌也。” **5** 像：法令，法式，榜样。《楚辞·九章·橘颂》：“行比伯夷，置以为像兮。”

孔子观于鲁桓公[1]之庙，有欹[2]器焉。夫子问于守庙者，曰：“此谓何器？”对曰：“此盖为宥坐之器[3]。”

孔子曰：“吾闻宥坐之器，虚则欹，中[4]则正，满则覆。明君以为至诫，

孔子到鲁桓公的庙里去参观，在那里看到一件容易倾倒的器物。孔子就问守庙的人说：“这是什么器物啊？”守庙人回答说：“这是君王放在座位右边以示警诫的欹器。”

孔子说：“我听说君王放在座位右边的欹器，空虚时就倾斜，水不多不少时就端正，水满时就倒下。贤明的君王把它

故常置之于坐侧。”顾谓弟子曰：“试注水焉！”乃注之。水中则正，满则覆。夫子喟然叹曰：“呜呼！夫物恶有满而不覆哉？”

作为最高警诫，因此常常把它放在座位的旁边。”说完回头对弟子说：“试着往里面倒些水看看！”弟子把水灌进欹器，水不多不少时欹器就端正，水满时就倒下了。孔子感叹道：“唉！哪有东西太满了还不倒的呢？”

子路进曰：“敢问持满[5]有道乎？”子曰：“聪明睿智，守之以愚；功被天下，守之以让；勇力振世，守之以怯；富有四海，守之以谦。此所谓损之又损之之道也。”

子路走上前问道：“请问怎样才能保持最满而又恰好不倒下呢？”孔子说：“聪明睿智的人，可用愚朴来保持优势；功盖天下的人，可用谦让来保卫疆土；勇力震世的人，可用怯懦来保护既得利益；富有四海的人，可用谦卑来保守成业。这就是一再谦虚退让的方法。”

注释　**1** 鲁桓公：鲁惠公子，隐公弟，名轨，又作允。鲁隐公十一年（前712）即位，公元前694年在齐国被齐襄公派人杀害。　**2** 欹（qī）：倾斜。　**3** 宥（yòu）坐之器：古代国君放在座位右边以示警诫的器物，后来演化为座右铭。宥，同“右”。　**4** 中：水到一半，适中。　**5** 持满：不盈不满，保持优势地位。

孔子观于东流之水，子贡问曰：“君子所见大水必观焉，何也？”孔子对曰：“以其不息，且遍与诸生而不为也，夫水似乎

孔子观赏向东流去的河水。子贡问孔子说：“君子每逢看见浩大的流水，就一定要驻足观赏，这是为什么呢？”孔子回答说：“因为它永不停息，并且普遍地滋养万物而不居功，那水就像德一样；它向着低下的地方流动，弯弯曲曲，一定遵循那向下流动的

德;其流也,则卑下倨拘[1]必循其理,此似义;浩浩乎无屈尽[2]之期,此似道;流行赴百仞之溪而不惧,此似勇;至量[3]必平之,此似法;盛而不求概[4],此似正;绰约微达[5],此似察;发源必东,此似志;以出以入,万物就此化洁,此似善化[6]也。水之德有若此,是故君子见必观焉。"

规律,这就像义一样;它浩浩荡荡没有竭尽的时候,这就好像道一样;它流下百仞高的山谷,也无所畏惧,这好像人的勇敢一样;它注入量器时一定很平,好像世间的法度一样;它注满量器后不需要用刮板刮就会自然平整,就好像社会的公正一样;它虽然柔软舒缓,却可通达细微的地方,就好像人的明察一样;它一旦发源,即使千曲万折也一定向东流去,好像人的意志一样;把各种东西放在水里出来进去地淘洗,便渐趋鲜美洁净,这好像善于教化的过程一样。水有这些值得效法的德行,所以君子看见浩大的流水,总是要观赏它。"

注释　1 倨拘:亦作"倨佝""倨句",弯曲。微曲为"倨",甚曲为"句"。　2 屈尽:竭尽。　3 至量:注入量器。　4 概:古代用容器量东西时用来刮平所盛东西的木片。　5 绰约微达:意指水虽舒缓柔美,却可通达于细微之处。　6 善化:善于教化。

子贡观于鲁庙之北堂,出而问于孔子曰:"向也,赐观于太庙之堂,未既,辍,还瞻北盖[1],皆断[2]焉。彼将有说邪?匠之过也。"孔子曰:"太庙之堂,官

子贡参观了鲁国宗庙的北堂,出来后问孔子说:"刚才呀,我参观了太庙的北堂,还未看完,就停下来,回头再去观看那北门,发现它们都是用木板拼接而成的。那有什么讲究吗?是因为木匠过失而把木料弄断了罢。"孔子说:"建造太庙的时候,官吏挑选的都是技艺精良的工匠,工匠选择

致良工之匠，匠致良材，尽其工巧，盖贵久矣。尚有说也。”

最好的材料，而且极尽工巧，这是为了使太庙保持长久。因此，这扇门这么做恐怕是有特定原因的。”

注释 1 盖：门窗。 2 断：木板拼接形成的断纹。

孔子曰：“吾有所耻，有所鄙，有所殆。夫幼而不能强学，老而无以教，吾耻之；去其乡，事君而达，卒[1]遇故人，曾无旧言，吾鄙之；与小人处而不能亲贤，吾殆之。”

孔子说：“我有所羞耻，有所鄙视，有所担忧。年轻的时候不努力学习，到老的时候无法教导子孙，我为这种人感到羞耻；离开家乡，因侍奉君主而发达了，突然遇到老乡，没有忆旧的话，我为这种人心生鄙夷；有些人和小人混在一起，不愿亲近贤能的人，我为这些人感到担忧。”

注释 1 卒：同“猝”，突然。

子路见于孔子。孔子曰：“智者若何？仁者若何？”子路对曰：“智者使人知己，仁者使人爱己。”子曰：“可谓士矣。”

子路出，子贡入，问亦如之。子贡对曰：“智者知人，仁者爱人。”

子路拜见孔子。孔子问：“智者怎么样？仁者怎么样？”子路回答说：“智者使别人了解自己，仁者使别人爱自己。”孔子说：“你可以称为士了。”

子路出去了，子贡进来，孔子询问了同样的问题。子贡回答说：“智者了解他人，仁者热爱他人。”孔子曰：“你也可以称为士了。”

子贡出去了，颜回走进来，孔子又问

子曰："可谓士矣。"

子贡出，颜回入，问亦如之。对曰："智者自知，仁者自爱。"子曰："可谓士君子矣。"

子贡问于孔子曰："子从父命，孝乎；臣从君命，贞乎。奚疑焉？"孔子曰："鄙哉赐！汝不识也。昔者明王万乘之国，有争臣[1]七人，则主无过举[2]；千乘之国，有争臣五人，则社稷不危也；百乘之家，有争臣三人，则禄位[3]不替[4]。父有争子，不陷无礼；士有争友，不行不义。故子从父命，奚讵[5]为孝？臣从君命，奚讵为贞？夫能审其所从，之谓孝，之谓贞矣。"

了同样的问题。颜回回答说："智者有自知之明，仁者爱惜自己。"孔子说："你可以称为士中的君子了。"

子贡问孔子说："儿子服从父亲就是孝，臣下服从君上就是忠，这有什么可疑呢？"孔子说："端木赐，你真是知识短浅啊！这你就不懂了。以往，拥有万辆战车的贤明国君，有七个敢于坚持真理和国君争辩的大臣，国君就不至于有错误的举动；拥有千辆战车的国君，有五个敢于坚持真理和国君争辩的大臣，国家就可以避免危险；拥有百辆战车的大夫，有三个敢于坚持真理和大夫争辩的士人，他的俸禄官位就可以保住。做父亲的，有敢于坚持真理和自己争辩的儿子，就不会陷入无礼的事情中；作为士人，有敢于坚持真理和自己争辩的朋友，就不会做违背道义的事情。所以，儿子服从父亲，怎么就能够说是孝呢？臣下服从君上，怎么就能够说是忠呢？要能够分辨是非，懂得什么样的意见应当服从，才可以叫作孝，叫作忠。"

注释 **1** 争臣：即"诤臣"，敢于直言进谏的臣子。 **2** 过举：过当之举。 **3** 禄位：俸禄官位。《周礼·天官·大宰》："四曰禄位，以驭其士。"郑玄注："禄，若今月奉也；位，爵次也。" **4** 替：废除。 **5** 奚讵：岂，难道。亦作"奚距"，与"庸讵"意同。

子路盛服[1]见于孔子。子曰:“由!是倨倨[2]者何也?夫江始出于岷山,其源可以滥觞[3],及其至于江津[4],不舫舟[5],不避风,则不可以涉,非惟下流水多邪?今尔衣服既盛,颜色充盈[6],天下且孰肯以非告汝乎?”

子路趋而出,改服而入,盖自若也。子曰:“由志之!吾告汝!奋于言者华,奋于行者伐。夫色智而有能者,小人也。故君子知之曰知,言之要也;不能曰不能,行之至也。言要则智,行至则仁。既仁且智,恶不足哉?”

子路穿着华丽的衣服去拜见孔子。孔子教导他说:“仲由,你为什么这样飘飘然地穿着华丽的衣服呢?像那长江的水从岷山流出,它的源头水很小很浅,仅能浮起一只酒杯,但流至长江的渡口,如果不用两船并在一起,不避开大风,就无法渡过去,还不是因为长江的下游水多吗?如今你穿得这样讲究,神色如此高傲自满,天下的人还会有谁肯指出你的过错呢?”

子路听了,快步走出来,换上平时的衣服再进去,看上去很自在的样子。孔子说:“仲由,你要记住,我告诉你,喜欢夸夸其谈的人往往华而不实,喜欢不顾后果而行动的人往往自我夸耀。像那种神色上表现出什么都懂,什么都能的人,正是小人。因此作为一个君子,就要老老实实,懂得才说懂得,这就是讲话的总原则;不会做就不要逞能去做,这就是行动的最高原则。讲话抓住了总的原则就是智,行动不越出最高原则就是仁。能够做到仁又能够做到智,还有什么不满足呢?”

注释 1 盛服:穿戴很讲究。 2 倨倨:《说苑·杂言》作“襜襜”,《荀子·子道》作“裾裾”。傲然,飘飘然。 3 滥觞:浮起酒杯,比喻水的浅小。 4 江津:长江的渡口。 5 舫舟:即“方舟”,两船并在一起。 6 颜色充盈:神色高傲自满。

子路问于孔子曰："有人于此，披褐[1]而怀玉，何如？"子曰："国无道，隐之可也；国有道，则衮冕而执玉[2]。"

子路问孔子说："现在有个人，穿得很普通朴素，却空怀圣人的智慧，该怎么办呢？"孔子说："如果国家无道，社会动荡不安，那么这个人隐居起来是可以的；如果国家有道，政治清明，那就出来做官，穿上官服，戴着官帽，拿着玉笏上朝了。"

注释 1 披褐：穿着粗布衣或短衣。 2 衮（gǔn）冕而执玉：穿着官服，戴着官帽，双手执玉，以用于王侯。比喻做官。衮冕，帝王与上公的礼服和礼冠。执玉，手捧玉器。古代以不同形制之玉圭区别爵位。

好生第十

导读 本篇首章为孔子和鲁哀公的对话，一开头哀公问舜帝冠冕，一如《儒行解》篇先问"儒服"之细枝末节之事，孔子却希望他能问大事，因此讲到舜"好生而恶杀"，"授贤而替不肖"。故本篇以"好生"名篇。

本篇启开的新论域，主要在于孔子与"六经"之关系。本篇所载"孔子尝自筮其卦"且述《贲》卦的卦象，说明孔子与《周易》的密切关系。本篇六处载有孔子引《诗》、论《诗》，说明孔子与《诗经》的密切关系。本篇"孔子读史"而赞扬"楚复陈"，说明孔子与《春秋》的密切关系。孔子所言"君子以心导耳目"的心性论，可与子思之学、新出楚简《性自命出》《五行》等篇结合起来综合考论。

另外，本篇中孔子赞颂"忠以为质，仁以为卫"的古君子之道，慎重刑狱，重视祭礼，赞扬"不令而从，不教而听"的文王之道，以及他的"君子有三患""小辩害义，小言破道"之议等等，均为值得重视的早期儒家政治主张与伦理教化思想。

原文

鲁哀公问于孔子曰："昔者舜冠何冠乎？"孔子不对。公曰："寡人有问于子，而子无言，何也？"对曰："以[1]君之问不先其大者，故方思所以为对。"

公曰："其大何乎？"孔子曰："舜之为君也，其政好生而恶杀，其任授贤而替[2]不肖。德若天地而静虚[3]，化若四时而变物[4]。是以四海承风[5]，畅于异类[6]，凤翔麟至，鸟兽驯德。无他，好生故也。君舍此道而冠冕是问，是以缓对。"

译文

鲁哀公问孔子说："从前舜戴的是什么帽子啊？"孔子没有回答。鲁哀公又说："我有问题问您，您却不说话，这是为什么呢？"孔子回答说："因为您问问题不先问重要的，所以我正在思考怎样回答。"

鲁哀公说："重要的问题是什么呢？"孔子说："舜作为君主，他的政治主张是爱惜生命而厌恶杀戮，他用人的原则是以有才能的人替换无才能的人。他的仁德像天地一样广大而又清净无欲，他的教化像四季一样无声无息地生养万物。所以，四海之内都接受了他的教化，甚至遍及动植物之类，凤凰飞来，麒麟跑来，鸟兽都被他的仁德所感化。这没有别的原因，就是因为他爱惜生灵的缘故。您不问这些治国之道而问他戴什么帽子，所以我才迟迟不做回答。"

注释 1 以：因为。 2 替：废弃，更换。 3 静虚：清净无欲。 4 变物：使万物变化。 5 承风：接受教化。 6 异类：与人不同类的动植物等。或称"异族"，而指少数民族。

孔子读史，至楚复[1]陈，喟然叹曰："贤哉楚

孔子读史书，读到楚国恢复陈国的时候，深深地感叹道："楚王真是贤明啊！

王！轻千乘[2]之国，而重一言之信。匪申叔[3]之信，不能达其义；匪庄王之贤，不能受其训[4]。”

宁可放弃千乘之国，也要重视一句话的承诺。如果不是申叔时的忠信，那就不能使其明晓道理；如果不是楚庄王这样贤明的人，那也不能听进这样的直言忠谏。”

注释 1 复：恢复。 2 乘（shèng）：古代以四马一车为一乘。千乘之国，指一个拥有千辆战车军事实力的国家。 3 申叔：即申叔时，春秋楚庄王时的楚国公族。鲁成公十六年（前 575）晋厉公将伐郑，楚庄王之子楚共王，救郑，过申地时问申叔时，申叔时指出“德、刑、详、义、礼、信，战之器也”，以为“今楚内弃其民，而外绝其好，渎齐盟，而食话言，奸时以动，而疲民以逞，民不知信，进退罪也。人恤所底，其谁致死？” 4 训：劝告。楚庄王擅于纳谏，也擅于识才用才，在征战的同时吸纳贤臣进言，及时纠正错误，可谓霸亦有方。

孔子尝自筮[1]，其卦得《贲》焉，愀然有不平之状。子张[2]进曰：“师闻卜者得《贲》卦，吉也；而夫子之色有不平，何也？”孔子对曰：“以其离邪！在《周易》，山下有火谓之《贲》，非正色之卦也。夫质也，黑白宜正焉，今得《贲》，非吾兆也。吾闻丹漆不文，

孔子常常自己占卦，有一次占得《贲》卦，脸色变得很难看，显示出不高兴的样子。弟子子张上前问道：“我听说占卜得《贲》卦，十分吉利。而老师您面带不高兴的神色，这是为什么呢？”孔子回答说：“因为它离谱啊！在《周易》中，山下有火叫《贲》卦，这不是颜色纯正的好卦象。从质地说，黑就是黑，白就是白，色应该纯正，我现在占得《贲》卦，不是我的好兆头。我听说一件好东西涂了朱红色以后，就不必再绘花纹；已经是一块好白玉，也就不用再加以雕刻。为什么这样说呢？因为质地已

白玉不雕，何也？质有余，不受饰故也。”

经够好的东西，便不可过分让它再接受修饰了。”

注释 1 筮（shì）：用蓍草占卦。 2 子张：复姓颛孙，名师，字子张，陈国（今河南淮阳）人。孔门弟子。

孔子曰：“吾于《甘棠》[1]，见宗庙之敬也甚矣。思其人，必爱其树；尊其人，必敬其位，道也。”

孔子说：“我从《甘棠》篇中，可以读出人们在宗庙祭祀时礼唱《诗经》时的崇敬之心。诗中表达了人们对召伯的纪念，人们爱戴召伯，连带也爱护他曾于其下歇息的甘棠树，而不肯砍伐；尊敬召伯其人，连他所游历的处所也一同尊敬，这自是常理。”

注释 1《甘棠》：《诗经·国风·召南》中有《甘棠》篇。司马迁《史记·燕召公世家》载：“召公巡行乡邑，有棠树，决狱政事其下，自侯伯至庶人各得其所，无失职者。召公卒，而民人思召公之政，怀棠树不敢伐，歌咏之，作《甘棠》之诗。”召（shào）公奭，周文王长庶子，与周公分陕而治，巡行陕间乡里，舍于甘棠。召公的德政教化，被誉为“甘棠遗爱”。

子路戎服[1]见于孔子，拔剑而舞之，曰：“古之君子，固以剑而自卫乎？”孔子曰：“古之君子，忠以为质，仁以为卫，不出环堵之室，而知

有一天，子路身着戎装，前来拜见孔子，并拔起剑舞了起来，问：“老师啊，古代的君子，也是用剑来自卫的吧？”孔子答道：“古代的君子，以忠诚作为自己的本质，以仁爱作为自己的护卫，虽然不出窄小的屋子，却能知道千里之外的大事。有

千里之外。有不善，则以忠化之；侵暴[2]，则以仁固之。何待剑乎？”子路曰：“由乃今闻此言，请摄齐[3]以受教。”

不善的人，就用忠信来感化他；对于暴乱侵扰的人，则用仁义来使他们安定。这样，又何须持剑使用武力呢？”子路感慨道：“我今天才听到这样的话，我愿从今以后，至诚恭敬地接受您的教诲！”

注释 1 戎服：军装。 2 侵暴：暴乱侵扰。 3 摄齐（zī）：提起衣摆，谨防踩着跌倒，以示恭敬有礼。《论语·乡党》：“摄齐升堂，鞠躬如也。”朱熹《集注》：“摄，抠也。齐，衣下缝也。礼，将升堂，两手抠衣，使去地尺，恐蹶之而倾跌失容也。”

楚王出游，亡弓[1]，左右请求之。王曰：“止。楚王失弓，楚人得之，又何求之？”孔子闻之：“惜乎其不大也！不曰人遗弓、人得之而已，何必楚也！”

楚王打猎时丢失了一张弓，身旁的人请求去寻找。楚王说：“算了，楚王丢失了弓，捡得弓的人不过是楚国的臣民，何必去寻找弓呢？”孔子听说这事后，说：“可惜的是，楚王的心胸还不够宽广！不如说‘人失弓，人得之’算了，何必计较是不是楚国人得到弓呢？”

注释 1 弓：王肃注：“弓，乌嗥之良弓。”乌嗥良弓，传说曾为黄帝所用。乌嗥（háo），一作“乌号”。《淮南子·原道训》：“射者扞乌号之弓，弯棋卫之箭。”高诱注：“乌号，桑柘，其材坚劲，乌峙其上，及其将飞，枝必桡下，劲能复巢，乌随之，乌不敢飞，号呼其上。伐其枝以为弓，因曰乌号之弓也。一说黄帝铸鼎于荆山鼎湖，得道而仙，乘龙而上，其臣援弓射龙，欲下黄帝，不能也。乌，於也；号，呼也。于是抱弓而号。因名其弓为乌号之弓也。”

孔子为鲁司寇，断狱讼[1]，皆进众议者而问之，曰："子以为奚若[2]？某以为何若？"皆曰云云如是，然后夫子曰："当从某子，几是。"

孔子做鲁国司寇的时候，每一件案子，都非常慎重地处理，总是和他的下属及同事们一起认真地讨论案情，还问大伙儿说："您认为该怎么办？您认为该怎么办？"都说"这样办""那样办"，这样议论之后，孔子说："应当遵从某人的意见，他的看法基本正确。"

注释 **1** 狱讼：讼案。《周礼·地官·大司徒》："凡万民之不服教而有狱讼者，与有地治者听而断之，其附于刑者归于士。"郑玄注："争罪曰狱，争财曰讼。"贾公彦疏："狱讼相对，故狱为争罪，讼为争财。若狱讼不相对，则争财亦为狱。" **2** 奚若：何如，怎么办。

孔子问漆雕凭[1]曰："子事臧文仲、武仲[2]，及孺子容[3]，此三大夫孰贤？"对曰："臧氏家有守龟[4]焉，名曰蔡。文仲三年而为一兆，武仲三年而为二兆，孺子容三年而为三兆，凭从此之见。若问三人之贤与不贤，所未敢识也。"孔子曰："君子哉，漆雕氏之子！其言人之美也，隐而显；言人之过也，微而著。智

孔子问漆雕凭说："你侍奉臧文仲、臧武仲、孺子容，三个大夫哪个更贤明些？"漆雕凭答道："臧氏家有占卜用的龟甲，叫'蔡'。文仲主事时，三年占卜一次；武仲主事时，三年占卜两次；孺子容主事时，三年占卜三次。我只是看见了他们遇有什么大事不能定夺时，就会用'蔡'来占卜决疑。要说三个大夫贤或不贤，我本人就不清楚了。"孔子说："漆雕氏之子真是个君子啊！他谈别人的优点，表面隐晦但实质彰显；他批评别人的过失，话语含蓄但意思明确。他说话有智慧是别人所赶不上的，他说话明

而不能及，明而不能见。孰克如此？”

白却不让人直接看出他的观点。谁能这样呢？”

注释 **1** 漆雕凭：孔门七十二贤之一，春秋末蔡国（今河南上蔡）人。 **2** 臧文仲：姬姓，臧氏，名辰，谥文。鲁国的世袭司寇，前后历经庄、闵、僖、文四代，辅政四十余年，多次出使齐国。虽然孔子多次称颂臧文仲，但总体评价不高，说他不“智”不“仁”，是“窃位者”。武仲：鲁国大夫臧氏，名纥，谥武，又称臧孙、臧纥、臧孙纥，臧文仲之孙，臧宣叔之子。被立为臧氏的继承人，曾任司寇。但“孟孙恶臧孙，季孙爱之”（《左传·襄公二十三年》），终不能见容于鲁国，先逃到邾国，后又逃到齐国。 **3** 孺子容：鲁国大夫名，经历不详。 **4** 守龟：古代天子诸侯占卜用的龟甲，因有专人掌守，故称“守龟”。

鲁公索氏[1]将祭，而亡其牲[2]。孔子闻之，曰：“公索氏不及二年将亡。”后一年而亡。门人问曰：“昔公索氏亡其祭牲，而夫子知其将亡，何也？”孔子曰：“夫祭者，孝子所以自尽于其亲。将祭而亡其牲，则其余所亡者多矣。若此而不亡者，未之有也。”

鲁国的公索氏将要祭祀，却丢失了供祭祀用的牺牲。孔子听说了这件事，便说：“公索氏不到两年，就一定会灭亡。”过了一年，公索氏真的灭亡了。弟子问孔子说：“从前公索氏丢失了祭牲，老师就知道他一定会灭亡，这是为什么呢？”孔子回答道：“祭祀，这是孝顺的子孙向父母及祖先尽孝心的方式。将要祭祀却将祭祀用的牲畜丢失了，可见在其他方面丢失的必定也很多。像这样而不灭亡的，从来没有过。”

注释 **1** 公索氏：鲁国贵族。 **2** 牲：祭祀时用的三牲。

虞、芮[1]二国争田而讼，连年不决，乃相谓曰："西伯[2]，仁人也，盍[3]往质[4]之。"入其境，则耕者让畔，行者让路。入其邑，男女异路，斑白[5]不提挈[6]。入其朝，士让为大夫，大夫让为卿。虞、芮之君曰："嘻！吾侪[7]小人也，不可以入君子之朝。"遂自相与而退，咸以所争之田为闲田矣。孔子曰："以此观之，文王之道，其不可加焉。不令而从，不教而听，至矣哉！"

虞国和芮国为了争田而打官司，打了几年也没结果，两国的国君就相互说："西伯侯是一位仁人，我们何不到他那里让他给判定一下呢？"他们进入西伯侯的领地后，看到耕田的人互相谦让田地的边界，走路的人互相让路。进入城邑后，看到男女分道而行，老年人没有提着重东西的。进入西伯的朝廷后，士谦让着让别人做大夫，大夫谦让着让他人做卿。虞国和芮国的国君说："唉！相比较而言我们这类人真是小人啊！是不可以进入西伯这样的君子之国的。"于是，他们就一起远远地走开回去了，都把所争的那块田作为闲田处理了。孔子说："从这件事看来，文王的治国之道，恐怕谁也不能超过了。不下命令大家就服从，不用教导大家就听从，这是治国之道的最高境界啊！"

注释 1 虞、芮：春秋时两个小诸侯国，分别在今山西平陆、芮城。 2 西伯：周文王，曾被封为西伯侯。 3 盍：何不。 4 质：判定。《仪礼·士冠礼》"质明行事"注："质，正也。"《广雅》："问也，定也。" 5 斑白：头发黑白相杂，指老年人。 6 提挈（qiè）：用手提物。 7 吾侪（chái）：我等，我辈。

曾子曰："狎[1]甚则相简[2]，庄甚则不亲。是故

曾子说："亲昵过分就相互怠慢，庄重过分就没有亲切感。因此，君子的亲

君子之狎足以交欢[3]，其庄足以成礼。”孔子闻斯言也，曰：“二三子志之，孰为参也不知礼也？”

昵到足以快乐交往的程度就行，君子的庄重到足以成礼的程度即可。”孔子听说了曾子的这些话，说：“学生们记住他说的话，谁说曾参不懂得礼呢？”

注释 **1** 狎：亲近而不庄重。 **2** 简：简慢，怠慢。 **3** 交欢：与人结交而取得对方的欢心。

哀公问曰：“绅[1]委章甫[2]，有益于仁乎？”孔子作色而对曰：“君胡然焉！衰麻苴杖[3]者，志不存乎乐，非耳弗闻，服使然也；黼黻衮冕者，容不亵慢，非性矜庄，服使然也；介胄执戈者，无退惴之气，非体纯猛，服使然也。且臣闻之，好肆不守折，而长者不为市。窃夫其有益与无益，君子所以知。”

鲁哀公问孔子说：“束宽大的腰带、戴周代式样的黑色丝绸礼帽或商代式样的成人礼帽，有益于仁吗？”孔子惊恐不安地回答说：“您怎么这样问呢？穿着丧服、撑着孝棍的人不听音乐，并不是耳朵不能听见，而是身穿丧服使他这样的；穿着祭祀或朝廷礼服的人，脸上没有轻慢的神色，不是他本性庄重严肃，而是身穿祭服或朝服使他这样的；戴甲持戈的人，没有退缩怯懦之气，不是身体勇猛，而是身穿的服饰使他这样。而且我听说过这样的话，善于经商的人不使所守资财折耗，德高望重的长者不去市场做生意谋利。束腰带、戴礼帽是有益于仁还是无益于仁，您大概知道了吧。”

注释 **1** 绅：古代士大夫束在腰间、一头垂下的大带子。有身份的人才束绅。 **2** 委：周代上朝时所戴的一种礼帽，用黑色的丝织物制成。章甫：商代的一种礼帽，行冠礼以后才戴的缁布冠，用来表明（“章”）成年男子（“甫”）的身份。 **3** 苴杖：哭丧棒，用粗劣的竹子做成。

孔子谓子路曰："见长者而不尽其辞，虽有风雨，吾不能入其门矣。故君子以其所能敬人，小人反是。"

孔子对子路说："如果遇到德高望重的贤人，却不去尽心竭力地称誉护持，那么即使遇到狂风暴雨的天气，我也不会到这种人的家中去躲避风雨。所以，君子一定要竭尽所能来尊敬贤德之人，小人的态度则恰恰相反。"

孔子谓子路曰："君子以心导耳目，立义以为勇；小人以耳目导心，不愻[1]以为勇。故曰：退之而不怨，先之斯可从已。"

孔子对子路说："君子用心来引导耳朵和眼睛，把树立道义当作勇敢；小人则用耳朵和眼睛引导内心，把不顺从当作勇敢。所以说，别人轻视自己而不要怨恨他，别人重视自己，就可以跟着他学习了。"

注释 1 愻（xùn）：驯顺。

孔子曰："君子有三患：未之闻，患不得闻；既得闻之，患弗得学；既得学之，患弗能行。君子有五耻：有其德而无其言，君子耻之；有其言而以无其行，君子耻之；既得之而又失之，君子耻之；地有余而民不足，君子耻之；众寡均[1]而人功倍己焉，君子耻之。"

孔子说："君子所担忧的情况有三种：自己没有听说过的知识或道理，担心不能听到；已经听说了，担心不能学到手；已经学到了，又担心不能实行。君子感到可耻的情景有五种：有仁德却不能说出仁德之言，君子感到可耻；有仁德之言却不去践行仁德，君子感到可耻；得到仁德之后，却又失去了，君子感到可耻；土地广袤，但是百姓却不多，君子感到可耻；众人所得相对平均，而别人的功劳却比自己多一倍，君子感到可耻。"

注释 1 众寡均：众人所得相对平均。

鲁人有独处室者，邻之嫠妇[1]亦独处一室。夜，暴风雨至，嫠妇室坏，趋而托焉。鲁人闭户而不纳。嫠妇自牖与之言："子何不仁而不纳我乎？"鲁人曰："吾闻男女不六十不同居。今子幼，吾亦幼，是以不敢纳尔也。"妇人曰："子何不如柳下惠[2]然？妪不逮门[3]之女，国人不称其乱。"鲁人曰："柳下惠则可，吾固不可。吾将以吾之不可，学柳下惠之可。"

孔子闻之，曰："善哉！欲学柳下惠者，未有似于此者。期于至善，而不袭其为，可谓智乎！"

有一位鲁国男子，独自居住在一间房子里，他的邻居，是个寡妇，也单独住在一间房子里。一天夜里，来了暴风雨，狂风四起，寡妇的房子被风雨破坏了。寡妇赶紧快步跑到这位男子居住的地方，请求男子给她提供一个栖身之所，以躲避暴雨。但鲁国男子并没有开门接纳她。寡妇在窗户外向他责问道："您为何这般不仁慈，不肯接纳我呢？"鲁国男子回答说："我听说男女之间不到六十岁，是不可以同居一室的。现在，您还年轻，我也正年轻，所以，我不敢接纳您啊！"妇人说："您怎么不学柳下惠那样呢？他虽然爱抚无家可归的女子，但是因没有发生违德之事，国人并没有说他乱德啊。"鲁国男子答道："柳下惠他可以那样做，但是我却不能那样做。我将用我不能做到的，学习柳下惠已经做到的。"

当孔子听到了此事之后，说："好啊！想要学习柳下惠的人，没有能像他学得这么像的。期望能够达到最高的境界，而不盲从柳下惠的行迹，可以说是非常有智慧的！"

注释 1 嫠（lí）妇：寡妇。 2 柳下惠：姬姓，展氏，名获，字禽，又字季。私谥惠，食邑于柳下，故称。鲁孝公之子公子展的后裔。鲁僖公时为士师，能以直道事君，修德习礼，洁身自好，有"坐怀不乱"之誉。 3 不逮门：无家可归。逮，到，及。

孔子曰："小辩[1]害义，小言[2]破道。《关雎》兴于鸟，而君子美之，取其雄雌之有别；《鹿鸣》兴于兽，而君子大之，取其得食而相呼。若以鸟兽之名嫌之，固不可行也。"

孔子说："巧言论辩妨害义，不合大道的言论损害道。《关雎》由鸟起兴而君子称赞不已，赞赏的就是其中雄雌关雎有所分别；《鹿鸣》由兽起兴，而君子发扬光大它，赞美的是诗中写的鹿得到吃的就呼朋引伴一起分享。假如因为有鸟兽存在而有嫌弃之心，这当然是不行的。"

注释 1 小辩：巧言论辩。《荀子》杨倞注："小辩，谓辩说小事。" 2 小言：不合大道的言论。

孔子谓子路曰："君子而强气[1]，则不得其死；小人而强气，则刑戮[2]荐臻[3]。《豳》诗曰：'殆天之未阴雨，彻彼桑土，绸缪牖户。今汝下民，或敢侮予？'"

孔子对子路说："君子如果桀骜不驯，意气用事，就会不得善终；小人如果桀骜不驯，固执傲慢，就会接连不断惹来杀身之祸。《诗经·豳风·鸱鸮》说：'趁着天气还晴好，赶快去寻桑树根，回来筑牢我的巢。如今你们树下人，有谁敢来欺负我？'"

注释 1 强气：桀骜不驯，意气用事。 2 刑戮：受刑，被处死。 3 荐臻：屡次降临。

孔子曰："能治国家之如此，虽欲侮之，岂可得乎？周自后稷，积行累功，以有爵土，公刘重之以仁。及至大王亶父[1]，敦以德让，其树根置本，备豫远矣。初，大王都豳，翟人[2]侵之。事之以皮币，不得免焉；事之以珠玉，不得免焉。于是属耆老[3]而告：'之所欲，吾土地。吾闻之，君子不以所养而害人。二三子何患乎无君？'遂独与大姜去之，逾梁山，邑于岐山之下。豳人曰：'仁人之君，不可失也。'从之如归市焉。天之与周，民之去殷，久矣。若此而不能天下，未之有也。武庚[4]恶能侮？《郑》诗曰：'执辔如组[5]，两骖[6]如舞。'"

孔子说："能像这首诗写的一样治理国家，即使别的国家想要侵犯，那怎么可能呢？周代自从后稷积累德行，有了土地和爵位，公刘继续修养仁德，到了太王亶父的时候，忠厚地实行仁德礼让，树立治国之本，为后世打好了基础。起初太王居住在豳地，狄人入侵。太王送给他们毛皮和货币，不能免于侵犯；送给他们珍珠玉石，仍然不能免于侵犯。于是太王就嘱咐老人们说：'狄人想要的，是我们的土地。我听说，君子不因为养人的土地而害人。你们不用担忧没有君主。'于是他和夫人太姜离开了，越过梁山，在岐山下面建立都邑。豳地的人说：'那是仁义的国君，我们不能失去他。'于是跟随太王的人像赶往市场的人一样多。上天要把天下让给周，人民内心叛离殷商已经很久了。像周这样还不能得到天下的，那是不可能的事情。武庚怎么能危害周朝呢？《诗经·郑风·大叔于田》说：'手握缰绳如丝带，车旁两马像跳舞。'"

注释　**1** 大王亶父：轩辕黄帝第十五世孙、周文王的祖父，后被追尊为周太王。亦作"周大王""古公亶父"，"大"通"太"。　**2** 翟人：

北方少数民族。翟，通“狄”。 3 耆老：年老有地位的人。 4 武庚：商纣之子。周灭商后，武庚被周武王封侯，留驻商都朝歌以统领殷商遗民部众。 5 组：丝织的宽带。 6 骖（cān）：驾车时位于两侧的马。

孔子曰：“为此诗者，其知政乎？夫为组者，总纰[1]于此，成文于彼。言其动于近，行于远也。执此法以御民，岂不化乎？《竿旄》之忠告，至矣哉！”

孔子说：“作这首诗的人，大概是懂得政治的吧？像那编制大丝带的人，在这里镶边，却在别的方面形成了花纹。这说的是他在本地编织，编织好了以后流传到远方。用这种方法治理人民，人们难道不会被教化吗？《诗经·鄘风·竿旄》招揽贤淑的忠告，是言近指远的最好表现了！”

注释 1 纰（pí）：在衣冠或旗帜上镶边。

卷第三

观周第十一

导读 “观周”即言孔子到东周洛邑拜访。孔子适周，是要“观先王之遗制，考礼乐之所极”。本篇记载了孔子在周朝的考察经历，他问礼于老聃，访乐于苌弘，历郊社之所，考明堂之则，察庙朝之度。

孔子适周“问礼于老聃”，曾是儒道两家争论的一个焦点。本篇虽对“问礼”之事未曾细述，但记录了老聃的临别赠言，记录了后稷之庙金人“三缄其口”而谈及的“道于今难行”的话题，似乎呈现了孔子向“博古知今”的老聃求教的诚心。

原文

孔子谓南宫敬叔[1]曰：“吾闻老聃博古知今，通礼乐之原，明道德之归，则吾师也，今将往矣。”对曰：“谨受命。”

遂言于鲁君曰：“臣受先臣之命云：‘孔子，圣人之后也，灭于宋。其祖弗父何[2]，始有国而授厉公。及正考父[3]佐戴、武、宣，三命兹益恭。

译文

孔子对南宫敬叔说：“我听说老子博古通今，通晓礼乐的起源，明白道德的归属，那是可以求教的老师啊，现在我要到他那里去。”南宫敬叔回答说：“我遵从您的意愿。”

于是南宫敬叔对鲁国君王说：“我接受先父的嘱咐说：‘孔子，那是圣人的后代，他的先祖在宋国消亡了。他的祖先弗父何，最初拥有宋国，却给了弟弟厉公。到了正考父时，辅佐宋戴公、武公、宣公三个国君，三次任命，他一次比一次恭敬。

故其鼎铭[4]曰："一命而偻，再命而伛，三命而俯。[5]循墙而走，亦莫余敢侮。饘[6]于是，粥于是，以糊其口。"其恭俭也若此。'臧孙纥[7]有言：'圣人之后，若不当世，则必有明君而达者焉。孔子少而好礼，其将在矣。'属臣曰：'汝必师之。'今孔子将适周，观先王之遗制，考礼乐之所极，斯大业也！君盍以乘资之？臣请与往。"

因此他家鼎上刻的铭文说："第一次任命，他弯着腰；第二次任命，他弯着身子；第三次任命，他俯下身子。他沿着墙根走，也没有人敢欺侮他。他在这个鼎里煮稠粥，煮稀粥，用来糊口。"他的恭敬节俭到了这种地步。'臧孙纥曾说过这样的话：'圣人的后代，如果不能执掌天下，那么必定有圣明的君主使他显达。孔子从小就喜好礼仪，他大概就是这个人吧。'我父亲又嘱咐我说：'你一定要拜他为师。'现在孔子将要到周国去，观看先王遗留的制度，考察礼乐所达到的高度，这是大事业啊！您何不提供车子资助他呢？我请求和他一起去。"

注释 1 南宫敬叔：鲁国南宫氏，原姓仲孙，名说，谥敬，孟僖子之子。公元前518年，孟僖子临终之前，让南宫敬叔与其兄孟懿子拜孔子为师。本篇记载了孔子带南宫敬叔到周朝王城洛邑向老聃问礼的经过。 2 弗父何：宋湣公共长子，孔父嘉之高祖，厉公兄，孔子先祖。王肃注："弗父何，缗公世子，厉公兄也。让国以授厉公。《春秋传》曰：'以有宋而授厉公宜。'" 3 正考父：孔子的祖先，孔父嘉之父，弗父何的曾孙，曾辅佐宋戴公、武公、宣公。 4 鼎铭：君命铭臣下功德于其宗庙之鼎。 5 偻：弯下腰。伛：弯着身子。俯：俯下身子。王肃注："伛恭于偻，俯恭于伛。" 6 饘（zhān）：稠粥。 7 臧孙纥：鲁大夫臧武仲，弗父何之后，为人有远见。

公曰："诺。"与孔子车一乘，马二匹，竖子侍御。敬叔与俱，至周，问礼于老聃，访乐于苌弘[1]，历郊社[2]之所，考明堂[3]之则，察庙朝[4]之度，于是喟然曰："吾乃今知周公之圣，与周之所以王也。"

及去周，老子送之，曰："吾闻富贵者送人以财，仁者送人以言。吾虽不能富贵，而窃仁者之号，请送子以言乎：凡当今之士，聪明深察而近于死者，好讥议人者也；博辩闳达[5]而危其身，好发人之恶者也。无以有己为人子者，无以恶己为人臣者。"

孔子曰："敬奉教。"自周反鲁，道弥尊矣。远方弟子之进，盖三千焉。

鲁君说："好。"送给孔子一辆车，两匹马，派一个人侍候他给他驾车。南宫敬叔和孔子一起到了周国，孔子向老子询问礼，向苌弘询问乐，走遍了祭祀天地之所，考察明堂的规则，察看宗庙朝堂的制度，于是感叹地说："我现在才知道周公的圣明，以及周朝称王天下的原因了。"

到离开周室时，老子去送他，说："我听说富贵者拿财物送人，仁者用至理名言送人。我虽然不能富贵，但私下用一下仁者的称号，请让我送你几句话吧！凡是当今的士人，因聪明深察而危及生命的，都是因为他们喜欢讥讽议论别人；因知识广博喜好辩论而危及生命的，都是因为他们喜好揭发别人的隐私。为人子女，不要只想着自己；作为人臣，不要厌倦懈怠。"

孔子说："我一定遵循您的教诲。"从周室返回鲁国，孔子的道更加受人尊崇了。从远方前来拜师学习的，大约有三千人。

注释　1 苌弘：字叔，又称苌叔。周朝大夫。传说死后三年，其心化为红玉，其血化为碧玉。　2 郊社：祭天地。　3 明堂：帝王举行朝会、祭祀、庆赏、选士、养老、教学等宣明政教大典的地方。 4 庙朝：宗庙和朝廷。 5 博辩闳达：渊博善辩，宽宏通达。

孔子观乎明堂，睹四门墉[1]，有尧舜之容，桀纣之象，而各有善恶之状，兴废之诫焉。又有周公相成王，抱之负斧扆[2]南面以朝诸侯之图焉。

孔子徘徊而望之，谓从者曰："此周之[3]所以盛也！夫明镜所以察形，往古[4]者所以知今。人主不务袭迹[5]于其所以安存，而忽怠[6]所以危亡，是犹未有以异于却走而欲求及前人也，岂不惑哉！"

孔子参观明堂，看到四门的墙上有尧舜桀纣的画像，画出了每个人善恶的容貌，并有关于国家兴亡的告诫之语。还有周公辅佐成王，抱着成王背对着屏风面朝南接受诸侯朝见的画像。

孔子走来走去地观看着，对跟从他的人说："这是周朝兴盛的原因啊！明亮的镜子可以用来观察形貌，古代的事情可以用来了解现在。君主不致力于使国家沿着安定发展的路走，反而忽视国家危亡的原因，这就和倒着跑却想追赶上向前跑的人没有什么不同，难道这不糊涂吗？"

注释 1 墉（yōng）：城墙，高墙。 2 斧扆（yǐ）：亦作"斧依"，古代帝王所用的状如屏风、绣斧形图案的八尺高器物。 3 周之：四库本、备要本作"周公"。 4 往古：古昔，古代的事。 5 袭迹：沿袭，取法。 6 忽怠：忽略轻视。

孔子观周，遂入太祖后稷[1]之庙。庙堂右阶之前，有金人焉，三缄[2]

孔子在周国观览，进入周太祖后稷的庙内。庙堂右边台阶前有铜铸的人像，嘴被封了三层，像的背后还刻着铭

其口，而铭其背曰："古之慎言人也，戒之哉！无多言，多言多败；无多事，多事多患。安乐必戒，无所行悔。勿谓何伤，其祸将长；勿谓何害，其祸将大；勿谓不闻，神将伺[3]人。焰焰[4]不灭，炎炎[5]若何？涓涓[6]不壅[7]，终为江河；绵绵不绝，或成网罗[8]；毫末不札[9]，将寻斧柯[10]。诚能慎之，福之根也。口是何伤？祸之门也。

文："这是古代说话谨慎的人。警戒啊！不要多言，多言多败；不要多事，多事多患。安乐时一定要警戒，不要做后悔的事。不要以为话多不会有什么伤害，祸患是长远的；不要以为话多没什么害处，祸患将是很大的；不要认为别人听不到，神在监视着你。初起的火苗不扑灭，变成熊熊大火怎么办？涓涓细流不堵塞，终将汇集成江河；长长的线不弄断，将有可能结成网；细小的枝条不剪掉，将来要除掉就得用斧砍。真能谨慎对待，那是福的根源。口能造成什么伤害？那是祸患的大门。

注释　1 后稷：姬姓，名弃，黄帝后裔，帝喾之子，周朝王族的先祖，被尊为农耕业始祖。尧时举为"农士"，负责农耕事务；舜时命为"后稷"，负责"播时百谷"；曾与禹一起"躬稼而有天下"。传说其母姜嫄，因感野外巨人足迹而生下后稷。后，执掌。　2 缄（jiān）：封，闭。　3 伺：监视。　4 焰焰：火苗初起貌。　5 炎炎：指火炽盛貌。　6 涓涓：细小的水流。　7 壅：堵塞。　8 网罗：捕鸟兽的网。　9 毫末：细小的树枝。《说文》："末，木之穷也。"札：拔除。　10 寻：用。柯：斧柄。

"强梁者[1]不得其死，好胜者必遇其敌。盗憎主人，民怨其上。君子知

"强横凶暴的人不得好死，争强好胜的人必定会遇到对手。盗贼憎恨物主，百姓怨恨长官。君子知道天下的事不可

天下之不可上也，故下之；知众人之不可先也，故后之。温恭慎德，使人慕之；执雌持下，人莫逾之。人皆趋彼，我独守此；人皆或之[2]，我独不徙。内藏我智，不示人技；我虽尊高，人弗我害。谁能于此？江海虽左，长于百川，以其卑也。[3]天道无亲，而能下人。戒之哉！”

事事争上，所以宁愿居下；知道不可居于众人之先，所以宁愿在后。温和谦恭谨慎修德，会使人仰慕；固守柔弱持守卑下，没人能够超越。人人都奔向那里，我独自守在这里；人人都摇摆不定，我独自守住自己的操守。把我的智慧隐藏起来，不向别人炫耀技艺；我虽然尊贵高尚，人们也不会害我。有谁能做到这样呢？江海虽然处于下游，却能容纳百川，因为它地势低下。上天对谁都没有亲疏之分，却能谦下待人。要以此为戒啊！”

孔子既读斯文也，顾谓弟子曰：“小子[4]识之，此言实而中，情而信。《诗》曰：‘战战兢兢，如临深渊，如履薄冰。’行身如此，岂以口过患哉？”

孔子读完这篇铭文，回头对弟子们说：“你们要记住啊！这些话内涵充实而中肯，合乎真实而可信。《诗经·小雅·小旻》中说：‘战战兢兢，如临深渊，如履薄冰。’像这样立身行事，难道还担心说错话招来祸患吗？”

注释 1 强梁者：强横凶暴的人。 2 或之：摇摆不定。王肃注：“或之，东西转移之貌。” 3 “江海虽左”句：左，指处于下游。王肃注：“水阴长右，江海虽在于其左，而能为百川长，以其能下。” 4 小子：原作“小人”，据四库本、备要本改。

孔子见老聃而问焉，曰：“甚矣！道之于今难行也！吾比执道[1]，而今

孔子见老子，向他请教说：“严重啊！今天推行道实在是太难了！我近来拿着治国之道，献给当世各国君主，

委质[2]以求当世之君,而弗受也。道于今难行也!”老子曰:“夫说者流于辩,听者乱于辞。知此二者,则道不可以忘也。”

请求实行,没人能接受。今天推行道实在是太难了!”老子答道:“说话的人如果流于辩论,听闻的人就会混乱于言辞。知道了说者与听者之间的这种关系,你持守的道就不会被人忘记了。”

注释 1 吾比执道:我近来拿着治国正道。比,近来。 2 委质:亦作“委挚”“委贽”,呈献礼物。

弟子行第十二

导读 本篇为孔子弟子子贡与卫国将军文子的对话,因文中有子贡对孔门数位弟子的操行所做的评价,故以“弟子行”名篇。子贡的评价,源自日常交往与感受,显示了更强的可亲感与真实性。相关记载,可参读《大戴礼记·卫将军文子》。

原文

卫将军文子[1]问于子贡曰:“吾闻孔子之施教也,先之以《诗》《书》,而道之以孝悌,说之以仁义,观之以礼乐,然后成之以文德。盖入室升堂者,七十有余人,其孰为贤?”子贡对以不知。

译文

卫国的将军文子问子贡说:“我听说孔子教育弟子,先教他们读《诗经》和《尚书》,然后用孝顺父母尊敬兄长的道理教导他们,用仁义理论让他们心悦诚服,通过观看礼乐提升他们,然后用仁义礼乐的政治教化来成就他们。这些弟子中,学问进入高深境界的大概有七十多人,他们之中谁更贤明呢?”子贡回答说不知道。

注释 1 文子：卫国公卿，名弥牟。

文子曰："以吾子常与学，贤者也，不知，何谓？[1]"子贡对曰："贤人无妄[2]，知贤即难。故君子之言曰：'智莫难于知人。'是以难对也。"

文子说："因为您常和他们一起学，也是位贤者，却说不知道，这是为什么呢？"子贡回答说："贤能的人没有妄言妄行，知道谁贤能那就更困难了，所以君子说：'最难的智慧莫过于认识别人。'因此难以回答你的问题。"

文子曰："若夫知贤，莫不难。今吾子亲游焉，是以敢问。"子贡曰："夫子之门人，盖有三千就[3]焉，赐有逮及[4]焉，未逮及焉，故不得遍知以告也。"

文子说："对于了解贤人，没有不困难的。因为您本人现在孔子门下求学，所以敢冒昧问您。"子贡说："老师的门下，大概有三千人就学。有些是与我接触过的，有些没有接触，所以不能清楚地了解全部情况来告诉你。"

注释 1 不知何谓：四库本、同文本作"何为不知"。 2 无妄：没有妄言妄行。 3 三千就：《大戴礼记·卫将军文子》无"千"字，作"三就"，指孔门弟子所得成就有上、中、下三等。 4 逮及：联络，交往，接触。

文子曰："吾子所及者，请问[1]其行。"子贡对曰："能夙兴夜寐，讽诵崇礼，行不贰过，夫称言不苟[2]。——是颜回[3]之行也。孔子说之以《诗》

文子说："就您所交往的这些人，我想问问他们的品行。"子贡回答说："能够起早贪黑，背诵经书，崇尚礼仪，不再次犯已经犯过的错误，引经据典很认真的，这是颜渊的品行。孔子用《诗经》的话来形容颜渊说：'如果遇到君王宠爱，

曰:'媚兹一人,应侯慎德。''永言孝思,孝思惟则。'[4]若逢有德之君,世受显命,不失厥名。以御于天子,则王者之相也。

就能成就他的德业。''永远恭敬尽孝道,孝道足以为法则。'如果颜渊遇到有德的君王,就会世代享受帝王给予的美誉,不会失去他的美名。如果被君王任用,就会成为君王的辅佐者。

注释 **1** 问:四库本、同文本作"闻"。 **2** 称言不苟:王肃注:"举言典法不苟且也。"称,称引。 **3** 颜回(前521—前490):春秋末鲁国人,名回,字子渊,亦称颜渊。孔子最得意的弟子,七十二贤之首。明嘉靖九年(1530)始尊为"复圣"。 **4**《诗》:指《诗经·大雅·下武》。王肃注:"一人,天子也。应,当也。侯,惟也。言颜渊之德足以媚爱天子,当于其心惟慎德。""言能长是孝道,足以为法则也。"慎德:一作"顺德"。

"在贫如客[1],使其臣如借[2],不迁怒,不深怨,不录旧罪。——是冉雍[3]之行也。孔子论其材曰:'有土之君子也,有众使也,有刑用也,然后称怒焉。'[4]孔子告之以《诗》[5]曰:'靡[6]不有初,鲜克有终。'匹夫之怒,唯以亡其身。[7]

"身处贫困而能矜持庄重,役使臣仆如同借用他们的力量一般客气,不把怒气转移到别人身上,不深深地怨恨别人,不记恨别人过去的罪过,这是冉雍的品行。孔子评论他的才能说:'拥有土地的君子,有百姓可以役使,有刑罚可以施用,而后可以迁怒。'孔子用《诗经》的话告诉他说:'万事都有开端,但很少有善始善终的。'普通人发怒,只会伤害自己的身体。

注释 **1** 在贫如客:王肃注:"言不以贫累志,矜庄如为客也。" **2** 使其臣如借：王肃注：“言不有其臣，如借使之也。” 3 冉雍（前522年—？）：字仲弓，小孔子二十九岁，孔门十哲之一。以德行著称，孔子曾赞他可以做南面王。 4 “孔子论”句：王肃注：“言有土地之君，有众足使，有刑足用，然后可以称怒。冉雍非有土之君，故使其臣如借而不加怒也。” 5《诗》：指《诗经·大雅·荡》。 6 靡：没有。 7 “匹夫之怒”句：王肃注：“因说不怒之义，遂及匹夫以怒亡身。”

“不畏强御，不侮矜[1]寡，其言循性[2]，其都以富[3]，材任治戎[4]。——是仲由[5]之行也。孔子和之以文，说之以《诗》曰：‘受小拱大拱，而为下国骏庞，荷天子之龙。’‘不戁不悚。’‘敷奏其勇。’[6]强乎武哉，文不胜其质！

“不害怕强暴，不欺辱鳏寡，说话遵循本性，相貌富贵闲雅，才能足堪带兵打仗，这是子路的品行。孔子用文辞来赞美他，用《诗经》中的话来称赞他说：‘小法大法承天受，仁义笃厚为君主，然后承受上天宠。’‘从不担心和惶恐。’‘陈述神勇奏战功。’真是刚强威武啊！他的文采掩饰不了他的朴实。

注释 1 矜（guān）：古通“鳏”，老而无妻。 2 循性：王肃注：“循其性也，而言不诬其情。” 3 其都以富：身居富贵，举止闲雅。都，雍容闲雅，从容不迫。 4 材任治戎：有堪任领兵打仗的才能。 5 仲由：字子路，又字季路，鲁国卞（今山东泗水东南）人，孔门十哲之一。为人勇武，擅长“政事”。 6《诗》：指《诗经·商颂·长发》。此指承受上天之意，为诸侯国护法。拱：法。骏庞：《诗经》原作“骏厖（máng）”，笃厚。王肃注：“骏，大也；庞，厚也。”《诗经》毛传：“骏，大；厖，厚。”孔颖达疏：“言为下国大厚，谓成其志性，使大纯厚也。” 不戁（nǎn）不悚，敷奏其勇：王肃注：“戁，恐。悚，惧。敷，陈。奏，荐。”

“恭老恤幼，不忘宾旅[1]，好学博艺，省物而勤[2]也。——是冉求[3]之行也。孔子因而语之曰：‘好学则智，恤孤则惠，恭则近礼，勤则有继。尧舜笃恭，以王天下。’其称之也，曰：‘宜为国老[4]。’

“尊敬长辈，同情幼小，不忘漂泊在外的旅人，喜好学习，博综群艺，体察万物而又勤劳，这是冉求的品行。孔子因此对他说：‘好学就会智慧，同情孤寡就是仁爱，恭敬就能接近礼义，勤劳就会有收获。尧舜忠诚谦恭，所以能统有天下。’孔子很称赞他，说：‘他应当成为国家助宣德教的重臣。’

注释 **1** 宾旅：王肃注：“宾旅，谓寄客也。” **2** 省物而勤：省，省察，体察。王肃注：“省录诸事而能勤也。” **3** 冉求：字子有，通称冉有，孔门十哲之一。以“政事”见称，擅长理财，曾担任季氏宰臣。 **4** 国老：王肃注：“国老，助宣德教。”

“齐庄[1]而能肃，志通而好礼，摈相[2]两君之事，笃雅有节。——是公西赤[3]之行也。子曰：‘礼经三百，可勉能也；威仪三千，则难也。’[4]公西赤问曰：‘何谓也？’子曰：‘貌以傧礼，礼以傧辞，是谓难焉。[5]众人闻之，以为成也。[6]’孔子语人曰：‘当宾客之事，则达矣。’[7]谓门人曰：

“整齐庄重而又态度严肃，志向通达而又喜好礼仪，在两国国君相会时出任傧相，忠诚雅正而又遵守礼节，这是公西赤的品行。孔子说：‘礼经三百篇，可以通过努力学习来了解；三千项威严的礼仪细节，实施起来就非常困难。’公西赤问：‘为什么这样说呢？’孔子说：‘作傧相接待宾客，要根据容貌向不同人行礼，要根据不同的礼节要求来致辞，所以说很困难。众人听到傧相的致辞，才会认为仪式就完成了。’孔子对大家说：‘如果是接待宾客这件事，他已经做到了。’孔子又

'二三子之欲学宾客之礼者,其于赤也。'

对弟子们说:'你们如果想学习接待宾客礼仪,就向公西赤学习吧。'

注释 1 齐庄:四库本、同文本作"斋庄",恭敬。齐(zhāi),通"斋"。 2 摈相:四库本、同文本作"傧相"。《周礼》郑玄注:"出接宾曰摈,入赞礼曰相。"摈,同"傧"。 3 公西赤(前509—?):姓公西,名赤,字子华,亦称公西华,孔子弟子。长于祭祀之礼、宾客之礼,善于交际。 4 "子曰"句:王肃注:"礼经三百,可勉学而能知。""能躬行三千之威仪则难可为,而公西赤能躬行之。"《礼记·礼器》:"经礼三百,曲礼三千。"郑康成注:"经礼谓《周礼》,曲礼即《仪礼》。"《中庸》:"礼仪三百,威仪三千。"孔颖达疏:"礼仪三百即《周礼》,威仪三千者,即《仪礼》。" 5 "貌以傧礼"句:王肃注:"言所以为者,当观容貌而傧相其礼,度其礼而傧相其辞,度事制宜,故难也。" 6 "众人"句:王肃注:"众人闻公西赤能行三千之威仪,故以为成也。"杨朝明等《孔子家语通解》亦同此,释作:"众人听孔子这么说,认为公西赤已经有所成就了。"今据上下文,以为二者解释尚显突兀,当作孔子所说内容为宜,参译文。 7 "孔子"句:王肃注:"孔子曰当宾客之事则达,未尽达于治国之本体也。"

"满而不盈,实而如虚,过之如不及,先王难之。博无不学,其貌恭,其德敦;其言于人也,无所不信;其骄大人也,常以浩浩[1],是以眉寿[2]。——是曾参[3]之行也。孔子曰:'孝,德之

"完满却不自我满足,渊博却如同虚空,超过却如同赶不上,古代的君王也难以做到。知识广博无所不学,他的外表恭敬,德行敦厚;他对任何人说话,没有不真实的;他傲视富贵,志向浩大,胸襟坦荡,因此他长寿。这是曾参的品行。孔子说:'孝是德行的起始,

始也；悌，德之序也[4]；信，德之厚也；忠，德之正也。参，中夫四德者也。'以此称之。

悌是德行的前进，信是德行的加深，忠是德行的准则。曾参，他一人集中了这四种品德。'孔子就是用这样的话来称赞他的。

注释 1 浩浩：浩大，坦荡。王肃注："浩然志大，骄大貌也。" 2 眉寿：长眉毛，长寿。王肃注："不慕富贵，安静虚无，所以为之富贵。" 3 曾参（前505—前435）：字子舆，世称"曾子"，尊为"宗圣"。以"孝道"著称。 4 悌，德之序也：王肃注："悌以敬长，是德之次序也。"

"美功不伐[1]，贵位不善[2]，不侮不佚，不傲无告[3]。——是颛孙师[4]之行也。孔子言之曰：'其不伐，则犹可能也；其不弊百姓[5]，则仁也。'《诗》云：'恺悌君子，民之父母。'[6]夫子以其仁为大。

"有大功不夸耀，处高位不欣喜，不贪功慕势而轻慢放荡，不在贫苦无告者面前炫耀，这是颛孙师的品行。孔子这样评价他：'他的不夸耀，别人还可能做到，他在贫苦无告者面前不炫耀，则是仁德的表现。'《诗经》说：'平易和乐真君子，百姓父母好心肠。'先生最看重他的仁德。

"学之深，送迎必敬，上交下接若截焉。——是卜商[7]之行也。孔子说之以《诗》曰：'式夷式已，无小人殆。'[8]若商也，其可谓不险矣。[9]

"学习能够深入其义，送迎宾客必定恭敬，和上下级交往界限分明，这是卜商的品行。孔子用《诗经》的话评价他说：'平和公正来处事，小人伤害自远离。'像卜商这样，可以说不至于有危险了。

注释 1 伐：自夸。 2 善：欣喜。《大戴礼记·卫将军文子》孔广森补注："善，自喜也。"《左传·襄公三十一年》："其所善者，吾则行之；其所恶者，吾则改之。" 3 不傲无告：傲，欺凌。王肃注："鳏寡孤独，此四者，天民之穷而无告者也。子张之行，不傲此四者。" 4 颛孙师（前503—？）：名师，字子张。主张"士见危致命，见得思义，祭思敬，丧思哀"。 5 不弊百姓：弊，蒙蔽，欺凌。王肃注："不弊愚百姓，即所谓不傲之也。" 6《诗》：指《诗经·大雅·泂酌》。恺悌：和颜悦色，易于接近。王肃注："恺，乐。悌，易也。乐以强教之，易以说安之。民皆有是父之尊，母之亲也。" 7 卜（bǔ）商（前507—？）：字子夏，卫人，与子游同列孔门十哲之"文学"科。曾为魏文侯师。 8《诗》：指《诗经·小雅·节南山》。王肃注："式，用；夷，平也。言用平则已也。殆，危也，无以小人至于危也。"大意即以平和、公平的态度处人处事，不要向小人靠拢。 9 若商也，其可谓不险矣：王肃注："险，危也。言子夏常厉以断之，近小人斯不危。"

"贵之不喜，贱之不怒；苟利于民矣，廉于行己；其事上也，以佑其下。[1]——是澹台灭明[2]之行也。孔子曰：'独贵独富，君子耻之，夫也中之矣。'

"先成其虑，及事而用之，故动则不妄。——是言偃[3]之行也。孔子曰：'欲能则学，欲知则问，欲善则详[4]，欲给则豫[5]。

"高贵时不欣喜，贫贱了也不恼怒；假如对百姓有利，他宁愿行为俭约；他侍奉君王，是为了帮助下面的百姓。这是澹台灭明的品行。孔子说：'独自一个人富贵，君子认为是可耻的，澹台灭明就是这样的人。'

"先考虑好计划，等到有事时就照计划行动，所以也就不会轻举妄动，这是言偃的品行。孔子说：'想要有才能就要学习，想要掌握知识就要问别人，想要把事情做好就要仔细审慎，想要富足就要预先储备。按照这个原则行事，言偃是

当是而行，偃也得之矣。’

“独居思仁，公言仁义[6]，其于《诗》也，则一日三复‘白圭之玷’[7]。——是宫縚[8]之行也。孔子信其能仁，以为异士。

做到了。’

“个人独处时想着仁义，做官时讲话讲的是仁义，读《诗经》时，一天多次重复‘白圭之玷，尚可磨也。斯言之玷，不可为也’的话，这是宫縚的品行。孔子相信他能行仁义，认为他是与众不同的人。

注释 1 其事上也，以佑其下：王肃注：“言所以事上，乃欲佑助其下也。” 2 澹（tán）台灭明：鲁国武城（今山东费县西南）人，复姓澹台，字子羽，比孔子小三十九岁。长相丑陋，但品行端正。自创一套教学管理制度，对儒学南传有一定贡献。东汉明帝永平十五年（72）祀孔子及七十二贤，位列其中。 3 言偃（前506—前443）：常熟人，字子游，又称叔氏。孔子七十二贤弟子中唯一的南方人，被尊崇为“南方夫子”。孔门十哲之一，以“文学”著称。 4 欲善则详：王肃注：“欲善其事，当详慎也。” 5 欲给则豫：给，丰足，充裕。《淮南子·本经训》：“衣食有余，家给人足。”豫，事先准备。王肃注：“事欲给而不碍，则莫若于豫。” 6 仁义：四库本、同文本《大戴礼记》作“言义”。 7《诗》：指《诗经·大雅·抑》。圭：古代行礼时用的玉器。玷：白玉上的斑点。 8 宫縚（tāo）：孔子弟子南宫縚，又称南宫适，鲁国（今山东）人。

“自见孔子，出入于户，未尝越礼[1]；往来过之，足不履影；[2]启蛰不杀[3]，方长不折[4]；执亲之丧，未尝见齿。——是高柴[5]之行也。孔子曰：‘柴于亲

“自从见到孔子，进出门户，从没有违反礼节；从门口过往时，脚也不会踩到别人的影子；不杀蛰伏刚醒的虫子，不攀折正在生长的草木；为双亲守丧，不开口言笑。这是高柴的品行。孔子说：‘高柴为亲人守丧的诚心，是一般人难

丧，则难能也；启蛰不杀，则顺人道；方长不折，则恕仁也。成汤恭而以恕，是以日跻[6]。'

"凡此诸子，赐之所亲睹者也。吾子有命而讯赐，赐也固，不足以知贤。"

文子曰："吾闻之也，国有道则贤人兴焉，中人用焉[7]，乃百姓归之。若吾子之论，既富茂[8]矣，壹[9]诸侯之相也。抑[10]世未有明君，所以不遇也。"

以做到的；春天不杀蛰伏刚醒的虫子，是遵从做人的道理；不折断正在生长的草木，是推己及物的仁爱。成汤谦恭而又能推己及人，因此威望天天升高。'

"以上这几个人，是我亲眼目睹的。您向我询问，要求我回答，只是我本来愚钝，无法知道谁是贤人。"

文子说："我听说，国家按正道行事，那么贤人就会兴起来，中庸的人就会被任用，于是百姓也会纷纷归附。像您刚才所品评的，已经可见人才济济了，他们都可以做诸侯的辅佐啊。噫，因为世上没有明君，所以没有得到任用啊。"

注释　1 礼：四库本、同文本作"履"，《大戴礼记》作"屦"。　2 "往来"句：王肃注："言其往来常迹，故迹不履影也。"　3 启蛰不杀：王肃注："春分当发，蛰虫启户咸出，于此时不杀生也。"　4 方长不折：王肃注："春夏生长养时，草木不折。"　5 高柴：齐国人，字子羔，又称子皋、子高、季高、季皋、季子皋。高柴比孔子小三十岁，身高不满五尺，为人憨直忠厚，是孔门弟子中从政次数最多、时间最长的一个。　6 跻（jī）：升。四库本、同文本作"跻"。　7 中人用焉：王肃注："中庸之人，为时用也。"　8 富茂：丰富，指人才济济。　9 壹：皆。　10 抑：发语词，古同"噫"。

子贡既与卫将军文子言，适鲁见孔子曰："卫将军文子问二三子之于赐，不壹而三[1]焉，赐也辞不获命，以所见者对矣。未知中否，请以告。"孔子曰："言之乎。"子贡以其辞状告孔子。

子闻而笑曰："赐，汝次焉人矣[2]。"子贡对曰："赐也何敢知人，此以赐之所睹也。"

子贡和卫将军文子谈过之后，当他到了鲁国，见到孔子，便说："卫将军文子向我问起师兄弟的情况，并且是再三地探问，我推辞不掉，就把我所见到的告诉了他。不知道是否合适，请让我告诉您吧。"孔子说："说说吧。"子贡把和文子对话的情况告诉了孔子。

孔子听后笑着说："赐啊，你已经懂得人的高下次序了。"子贡回答说："我怎敢说知人，这是我亲眼看见的啊。"

注释 1 不壹而三：不止一次，再三请求。 2 次焉人矣：次，次序。焉，四库本、备要本、同文本作"为"。王肃注："言为知人之次。"

孔子曰："然。吾亦语汝耳之所未闻，目之所未见者，岂思之所不至，智之所未及哉！"子贡曰："赐愿得闻之。"

孔子曰："不克不忌[1]，不念旧怨。——盖伯夷、叔齐[2]之行也。思天而敬人，服义而行信，孝于父母，恭于兄弟，从善而教不道。——

孔子说："是这样的。我也告诉你一些你没听到、没看到的事，这些恐怕是你思虑不到、智力未达的吧！"子贡说："我很愿意听。"

孔子说："不苛刻不忌妒，不计较过去的仇恨，这大概是伯夷、叔齐的品行。敬思天道而且尊敬他人，循义而动又讲究信用，孝敬父母，友爱兄弟，从善如流又教导不按正道而行的人，这大概是赵文子的品行。

盖赵文子[3]之行也。其事君也，不敢爱其死，然亦不敢忘其身；谋其身不遗其友，君陈[4]则进而用之，不陈则行而退。——盖随武子[5]之行也。其为人之渊源[6]也，多闻而难诞[7]，内植[8]足以没其世。国家有道，其言足以治；无道，其默足以生。——盖铜鞮伯华[9]之行也。外宽而内正，自极于隐括[10]之中，直己而不直人，汲汲于仁，以善自终。——盖蘧伯玉[11]之行也。

他侍奉君王，不敢苟且偷生，然而也不敢轻易死于非义；谋求自己的发展，也不忘记朋友；君王任用时他就努力去做，不用则离开而退隐。这大概是随武子的品行。他为人思虑深邃，见闻广博难以被欺骗，内在修养足以终身受用。国家按正道治理，他的言论足以用来治国；国家不按正道治理，他的沉默足以用来保存自己。这大概是铜鞮伯华的品行。外表宽容而且内心正直，能自己矫正自己的行为，自己正直而不强求别人也正直，努力地追求仁义，终身行善。这大概是蘧伯玉的品行。

注释 1 不克不忌：克，苛刻；忌，嫉妒。 2 伯夷、叔齐：商末孤竹君二子，相互推让君位不就，奔周，因武王伐纣，二人叩马谏阻。武王灭商后，他们耻食周粟，采薇而食，饿死于首阳山。“首阳之饿”被视为遗民高节。 3 赵文子（前 598？—前 541）：春秋晋国大夫赵武，赵盾之孙、赵朔之子。晋悼公之相，有知人之明，世人尊称赵孟。 4 君陈：君主信任。王肃注：“陈谓陈列于君，为君之使用也。” 5 随武子（约前 660—前 583）：春秋晋国大夫士会，祁姓，士氏，字季。因封于随，称随会，人称随武子；封于范，又称范会，人称范武子。任执政时，专务教化，使晋国之盗皆逃于秦。 6 渊源：思虑深邃。 7 诞：欺诈。 8 内植：内在修养。植，关键，插门的横木，有所持守。《说文》：“植，户植也。” 9 铜鞮（dī）伯华：春秋时晋国大夫羊舌赤，字伯华。铜鞮，一作铜鞮，羊舌赤封地，后为复姓。 **10** 隐括：又作“隐栝”，矫正邪曲的器具。《韩非子·难势》陈奇猷《集释》引太田方曰：“揉曲曰隐，正方曰栝。” **11** 蘧（qú）伯玉：春秋卫国大夫蘧瑗，字伯玉，谥成子，孔子挚友。他体恤民生，主张“弗治之治”的德治，寿逾百岁。封“先贤”，奉祀于孔庙东庑第一位。

“孝恭慈仁，允德图义[1]，约货去怨[2]，轻财不匮。——盖柳下惠之行也。其言曰：‘君虽不量于其身，臣不可以不忠于其君。是故君择臣而任之，臣亦择君而事之。有道顺命，无道衡命[3]。’——盖晏平仲[4]之行也。蹈忠而行信，终日言不在尤之内。国无道，处贱不闷[5]，贫而能乐。——盖老莱子[6]之行也。易行[7]以俟天命，居下不援[8]其上。其亲观[9]于四方也，不忘其亲，不尽其乐。以不能则学，不为己终身之忧。——盖介子山[10]之行也。”

“孝敬谦恭，慈善仁爱，涵养德行，图谋道义，少聚财货以消除怨恨，轻视财物又不缺少必要的物资。这大概是柳下惠的品行。他说：‘君主虽然不能度量臣子的能力，但是臣子不能不忠于君主。因此君主选择臣子而任用，臣子也选择君主来侍奉。君主按正道而行就听从他的命令，不按正道而行就隐居不仕。’这大概是晏平仲的品行。行动忠实诚信，即使整天说话，也不会出错。国家混乱，身处低位而不愁闷，生活贫困而能保持快乐。这大概是老莱子的品行。修养德行以等待机遇，身处低位却不攀附高枝。四处游观时，不忘记父母；想到父母，不尽兴就赶快归来。因为才能不足就去学习，才不致造成终身的遗憾。这大概是介子山的品行。”

注释 **1** 允德图义：涵养德行，图谋道义。允德，修德。 **2** 约货去怨：

王肃注："夫利，怨之所聚，故约省其货，以远去其怨。" **3** 无道衡命：王肃注："衡，横也。谓不受其命之隐居者也。" **4** 晏平仲：春秋齐国卿相晏婴，字仲，谥平，尊称晏子。 **5** 闷：忧闷。 **6** 老莱子（约前599—约前479）：春秋晚期楚国思想家。孔子曾应楚昭王之邀到楚国，向老莱子请教怎样辅助国君。 **7** 易行：修养德行。王肃注："易，治。" **8** 居下不援其上：援，攀附援引。王肃注："虽在下位，不攀援其上以求进。" **9** 亲观：陈本、《大戴礼记》无"亲"字。**10** 介子山：介休绵山，传说为烧死介子推之山。春秋晋国贤臣介子推，又名介之推，有"割股奉君"，隐居"不言禄"之美名，后人尊为介子。

子贡曰："敢问夫子之所知者，盖尽于此而已乎？"孔子曰："何谓其然？亦略举耳目之所及而矣。昔晋平公[1]问祁奚[2]曰：'羊舌大夫，晋之良大夫也，其行如何？'祁奚辞以不知。公曰：'吾闻子少长乎其所，今子掩之，何也？'祁奚对曰：'其少也恭而顺，心有耻而不使其过宿；其为大夫，悉善而谦其端；其为舆尉[3]也，信而好直其功。至于其为容也，温良而好礼，博闻而时出其志。'公曰：'曩者问子，子

子贡问："我冒昧地问老师，您所知道的，大概就是这些了吗？"孔子说："怎么能这样说呢？我只是大略举出耳闻目睹的罢了。从前，晋平公问祁奚：'羊舌大夫是晋国的优秀大夫，他的品行怎么样？'祁奚推辞说不知道。晋平公说：'我听说您从小在他家长大，您现在掩饰着不愿说，是为什么呢？'祁奚回答说：'他年轻时，谦恭而和顺，心里觉得有让自己羞耻的事不会留到第二天来改正；他担任大夫之后，凡事皆出于善心而又谦虚正直；他升任舆尉后，能够讲信用而不隐瞒功绩。至于他的外表，温和善良而喜好礼节，广博地听取（别人的意见）而时出己见。'晋平公说：'刚才我问您，您

奚曰不知也？’祁奚曰：‘每位改变，未知所止，是以不敢得知也。’此又羊舌大夫之行也。”

子贡跪曰：“请退而记之。”

怎么说不知道呢？’祁奚说：‘他的职位经常改变，不知他现在做什么官，所以不敢说知道。’这又是羊舌大夫的品行。”

子贡向孔子行跪礼，说：“请让我回去记下您的话。”

注释 1 晋平公：晋悼公之子，姬姓，晋氏，名彪，在位22年。 2 祁奚（前620—前545）：晋国大夫，字黄羊。公忠体国，急公好义，四朝元老，在位约六十年，食邑于祁。晋悼公（或说晋平公）曾令祁黄羊举贤，祁黄羊先后推荐仇人解狐和儿子祁午，此即“内举不避亲，外举不避仇”。 3 舆尉：春秋武官，主持征役。《左传·襄公三十年》孔颖达疏引服虔曰：“舆尉，军尉，主发众使民。”

贤君第十三

导读 本篇由孔子与鲁哀公、齐景公、卫灵公、宋国国君等几位君主，及孔子与子贡、颜渊、子路等数名弟子的问答组成，主要讨论了贤君、贤臣的标准，也探讨了如何治国理政以避免乱亡、获得大治的政治思想。因开篇为鲁哀公“当今之君，孰为最贤”之问，故以“贤君”名篇。

在孔子看来，贤君应该知人善用，克己修身，尊贤重才，评判君主的贤明与否，当看其“朝廷行事”，不能论其“私家之际”；贤臣则是那些善于推荐高于自己的人，“进贤者”当贤于“用力者”。本篇还集中表述了孔子“崇道贵德”“恭敬忠信”的政治哲学思想，他主张“政在节财”，认为“使民富且寿”为“政之急”，为政当“省力役，薄赋敛……敦礼教，远罪疾”;外交上“邻国相亲”“悦近而来远”;对内则“君惠臣忠”“不杀无辜,无释罪人”“士益之禄”“尊天敬鬼”“崇道贵德”“任能黜否”,处处显示了孔子的重贤重才的人才观、惠民爱民的仁政治理思想。

原文

哀公问于孔子曰:“当今之君,孰为最贤?”孔子对曰:“丘未之见也,抑有卫灵公乎?”

公曰:“吾闻其闺门之内无别[1],而子次之贤,何也?”孔子曰:“臣语其朝廷行事,不论其私家之际[2]也。”

公曰:“其事何如?”孔子对曰:“灵公之弟曰公子渠牟,其智足以治千乘,其信足以守之。灵公爱而任之。又有士曰林国者,见贤必进之,而退与分其禄,是以灵公无游放之士[3]。灵公贤而尊之。又有士曰庆足者,卫国有大事,则必起而治之;国无事,则退而容贤[4]。灵

译文

鲁哀公问孔子:“当今的君主,谁最贤明啊?”孔子回答说:“我还没有看到最贤明的君主,或许是卫灵公吧!”

哀公说:“我听说他家庭之内男女长幼没有分别,而你把他说成贤人,为什么呢?”孔子说:“我是说他在朝廷所做的事,而不论他家庭内部的事情。”

哀公问:“朝廷的事怎么样呢?”孔子回答说:“卫灵公的弟弟公子渠牟,他的智慧足以治理拥有千辆兵车的大国,他的诚信足以守卫这个国家。灵公喜欢他并委以重任。又有个叫林国的士人,发现贤能的人必定推荐,如果那人辞了官,林国还要把自己的俸禄拿出来与他分用,因此在灵公的国家没有放任游荡的士人。灵公认为林国是贤士而很尊敬他。又有个叫庆足的士人,卫国有大事,就必定被起用来处理政务;国家无事,就辞去官职而让其他的贤人被容纳。卫灵公喜欢而且非常尊敬他。还有个大夫叫

公悦而敬之。又有大夫史䲡，以道去卫。而灵公郊舍[5]三日，琴瑟不御[6]，必待史䲡[7]之入，而后敢入。臣以此取之，虽次之贤，不亦可乎？”

史䲡，因为自己的政治主张不能实行而离开卫国。卫灵公在郊外住了三天，不弹奏琴瑟，一定要等到史䲡回国，而后他才敢回去。我根据这些情况来选取卫灵公，即使把他放在贤人的地位，不也可以吗？”

注释 1 闺门之内无别：家庭之内男女无别。 2 私家之际：私人家庭之间。 3 游放之士：游荡放纵的人。指没被任用的读书人。 4 退而容贤：自己退位，把位置让给贤能的人。王肃注：“言其所以退者欲以容贤于朝。” 5 郊舍：在郊外住宿，表示敬意。 6 不御：不弹奏、吹奏。 7 史䲡（qiū）：也称史鱼，卫国大夫，字子鱼。

子贡问于孔子曰：“今之人臣，孰为贤？”子曰：“吾未识也。往者齐有鲍叔[1]，郑有子皮[2]，则贤者矣。”

子贡曰：“齐无管仲，郑无子产？”子曰：“赐，汝徒知其一，未知其二也。汝闻用力为贤乎？进贤为贤乎？”

子贡曰：“进贤贤哉。”子曰：“然。吾闻鲍叔达管仲，子皮达子产，未闻二子之达贤己之才者也。”

子贡问孔子：“当今的大臣，谁是贤能的人呢？”孔子说：“我不知道。从前，齐国有鲍叔，郑国有子皮，他们都是贤人。”

子贡说：“齐国不是有管仲，郑国不是有子产吗？”孔子说：“端木赐啊，你只知其一，不知其二。你听说是努力做事的人贤能呢，还是能举荐贤人的人贤能呢？”

子贡说：“能举荐贤人的人贤能。”孔子说：“这就对了。我听说鲍叔牙举荐管仲而使他显达，子皮举荐子产而使他显达，却没有听说管仲和子产举荐比自己更贤能的人而使其显达。”

注释 1 鲍叔：春秋时齐国大夫鲍叔牙。曾推荐好友管仲为齐国的相。2 子皮：春秋时郑国大夫，姓罕，名虎。曾推荐子产做郑国的相。

哀公问于孔子曰："寡人闻忘之甚者，徙而忘其妻，有诸？"孔子对曰："此犹未甚者也，甚者乃忘其身。"

公曰："可得而闻乎？"孔子曰："昔者夏桀贵为天子，富有四海，忘其圣祖之道，坏其典法，废其世祀，荒于淫乐，耽湎于酒。佞臣[1]谄谀，窥导其心；忠士折口[2]，逃罪不言。天下诛桀而有其国，此谓忘其身之甚矣。"

哀公问孔子说："我听说，有很健忘的人，在搬迁的时候竟忘了带走自己的妻子，真有这种事吗？"孔子回答道："这还不算是很健忘的，还有更健忘的人，连他自身也忘了。"

哀公问："先生您能说给寡人听听吗？"孔子于是答道："从前，夏桀贵为天子，坐拥天下，却遗弃了他的圣祖夏禹的为政之道，破坏了祖先的典章制度，废弃了世代相继的祭祀礼仪，过度地荒淫享乐，沉迷于酒色之中。阿谀的奸臣，便暗中窥察他心中的欲望，逢迎他的嗜好，使他更为堕落；忠臣直士，为逃避无端的刑戮迫害，闭口不敢劝谏。于是天下的人起而诛杀了他，夏朝也因此灭亡，这正是连他本身都忘失了所造成的极端例子。"

注释 1 佞臣：奸邪谄媚之臣。 2 折口：闭口不言。王肃注："折口，杜口。"

颜渊将西游于宋，问于孔子曰："何以为身[1]？"子曰："恭、敬、忠、信而已矣。恭

颜渊将要西行游学于宋国，临行前，向孔子求教说："我应该用什么立身处世呢？"孔子说："注意做到恭、敬、忠、信，就可以了。为人谦恭，就能远离祸患；对人尊敬，别人就

则远于患，敬则人爱之，忠则和于众，信则人任之。勤斯四者，可以政国[2]，岂特一身者哉！故夫不比于数[3]而比于疏，不亦远乎？不修其中而修外者，不亦反乎？虑不先定，临事而谋，不亦晚乎？”

会喜爱你；对人忠实，别人就会与你和睦相处；待人诚信，别人就会信任你。努力做到了恭、敬、忠、信四点，就可以把国家治理好，哪里只是有利于自己一人而已呢？所以在立身处世时不靠拢应该亲近的人，却靠拢应该疏淡的人，这样做，不就离自己追求的目标越来越远了吗？不修养自己的心性，使心性纯良，却只顾修饰自己的外表，追求外在的华美，不是搞反了、弄颠倒了吗？做事情不先考虑成熟，事到临头才开始谋划，那不就晚了吗？”

注释 **1** 为身：立身处世。 **2** 政国：治理国家。政，通“正”。**3** 比于数：比，亲近。数，密集。

孔子读《诗》，于《正月》六章，惕然如惧，曰：“彼不达之君子，岂不殆哉！从上依世则道废，违上离俗则身危。时不兴善，己独由之，则曰非妖即妄也。故贤也既不遇天，恐不终其命焉。桀杀龙逄[1]，纣杀比干[2]，皆是类也。《诗》曰：‘谓天盖高，不敢不局。谓地盖

孔子读《诗经》，读到《诗经·小雅·正月》六章时，一副提心吊胆很恐惧的样子，说：“那些不得志的君子，岂不是太危险了吗？顺从君主附和世俗，那么道就要废弃；违背君主远离世俗，那么自身就有危险。当时的时代不宣扬善行，自己偏要追求善，就会有人说这不是反常就是不合法。所以贤人既不能遭逢天时，又害怕不能终养天年。夏桀杀害关龙逄，商纣杀害比干，都是这一类的事情。《诗经》上说：‘都说天很高，不敢不弯腰。都

厚,不敢不蹐。'[3] 此言上下畏罪,无所自容也。"

说地很厚,不敢不蹑脚。'这是说对上对下都害怕得罪,唯恐失去自己的容身之地。"

注释 1 龙逢:夏朝贤人关龙逢,因夏桀为酒池糟丘直谏,被桀囚禁杀害。 2 比干:商纣王的叔伯父,官为少师,因直谏被剖心而死。 3《诗》:指《诗经·小雅·正月》,是诗披露了周幽王昏庸无道,导致国破家亡。盖:通"盍",何等。蹐(jí):后脚紧跟着前脚小步地走。王肃注:"此《正月》六章之辞也。局,曲也。言天至高,已不敢不曲身危行,恐上干忌讳也。蹐,累足也。言地至厚,已不敢不累足,恐陷累在位之罗网。"

子路问于孔子曰:"贤君治国,所先者何?"孔子曰:"在于尊贤而贱不肖。"

子路曰:"由闻晋中行氏[1] 尊贤而贱不肖矣,其亡何也?"孔子曰:"中行氏尊贤而不能用,贱不肖而不能去。贤者知其不用而怨之,不肖者知其必已贱而雠之。怨雠并存于国,邻敌构兵[2] 于郊,中行氏虽欲无亡,岂可得乎?"

子路问孔子说:"贤明的君主治理国家,首先要做的是什么呢?"孔子说:"在于重用才德兼美的人,而把不才的放在卑下的位置。"

子路说:"我听说晋国的中行氏,尊重才德兼美的人,鄙弃不才的人,他为什么会败亡呢?"孔子说:"中行氏尊重才德兼美的人,却不能加以重用;鄙弃不才的人,却又不解除他的职务。才德兼美者知道他不会重用自己,因而埋怨他;不才者知道他一定鄙弃自己,因而仇恨他。埋怨他和仇恨他的在他的封邑内同时并存,而邻近的敌国又交战于外,中行氏虽不想败亡,难道办得到吗?"

注释　**1** 中行（háng）氏：晋文公称霸，设三军三行，荀林父为晋文公中行将，自此荀姓产生了新支系中行氏。　**2** 构兵：交战。

孔子闲处，喟然而叹曰："向使铜鞮伯华无死，则天下其有定矣！"子路曰："由愿闻其人也。"

子曰："其幼也，敏而好学；其壮也，有勇而不屈；其老也，有道而能下人。有此三者，以定天下也，何难乎哉？"子路曰："幼而好学，壮而有勇，则可也；若夫有道下人，又谁下哉？"

子曰："由，不知！吾闻以众攻寡，无不克也；以贵下贱，无不得也。昔者周公居冢宰[1]之尊，制天下之政，而犹下白屋[2]之士，日见百七十人，斯岂以无道也？欲得士之用也。恶有道[3]而无下天下君子哉？"

孔子闲居在家时，有一天感叹道："如果铜鞮伯华还没有死，天下大概就可安定了。"子路说："我希望知道他是什么样的人。"

孔子说："他小时候聪敏好学；壮年时英勇不屈；老年时涵养高深，却能态度谦下，亲近别人。拥有了这三种品质，用以安定天下，有什么为难的呢？"子路说："小时候聪敏好学，壮年时英勇不屈，这也罢了；可涵养有道而谦恭待人，又是亲近哪些人呢？"

孔子说："仲由啊，这你就不知道了！我听说，以多数人攻打少数人，没有不胜利的；以尊贵的身份去亲近不如自己的人，没有不得到他们尊重的。过去周公旦以冢宰摄政时，还礼贤下士，每天接见贫寒之士一百七十人，难道能说他不是涵养有道的人吗？这是因为他希望得到贤士而为自己所用啊！怎么能说涵养有道就不必谦恭地对待天下君子呢？"

注释 1 冢宰：即太宰，六卿之首。《尚书·周官》："冢宰掌邦治，统百官，均四海。" 2 白屋：王肃注："草屋也。" 3 恶有道：四库本、同文本作"恶有有道"。

齐景公来适鲁，舍于公馆，使晏婴迎孔子。孔子至，景公问政焉。孔子答曰："政在节财。"

公悦，又问曰："秦穆公[1]国小处僻而霸，何也？"孔子曰："其国虽小，其志大；处虽僻，而其政中。其举也果，其谋也和，法无私而令不愉[2]。首拔五羖[3]，爵之大夫，与语三日而授之以政。此取之，虽王可，其霸少矣。"

景公曰："善哉！"

齐景公来到鲁国，下榻在客馆，派晏婴去迎接孔子。孔子到了，齐景公向他询问政事。孔子回答说："治理国家在于节省财力。"

齐景公很高兴，又问道："秦穆公时秦是个很小的国家，地处偏僻而能成就霸业，这是什么原因呢？"孔子说："他的国家领土虽小，志向却很大；位置虽然偏僻，但政治举措却正确。他行动果断，策划事情的时候尽量征求大家的意见，执法没有偏私，政令不会苟且。秦穆公首先提拔百里奚，授给他爵位，封他为上大夫，和他谈了三天话，就把政事交给他去处理。能这样做，即使称王也是可以的，称霸还算少了。"

齐景公说："讲得很好啊！"

注释 1 秦穆公：春秋时秦国国君，亦作秦缪公，姓嬴，名任好，公元前659年至前621年在位。 2 愉：王肃注："愉，宜为偷。偷，苟且也。" 3 五羖（gǔ）：指春秋虞国大夫百里奚。晋献公灭虞后被俘，晋献公的姐姐嫁秦穆公，百里奚被当作陪嫁家奴送到秦国。后百里奚逃到宛，为楚人所获，秦穆公用五张黑色公羊皮赎回，被委任为上大夫。羖，黑色公羊。

哀公问政于孔子，孔子对曰："政之急者，莫大乎使民富且寿也。"

公曰："为之奈何？"孔子曰："省力役，薄赋敛，则民富矣；敦礼教[1]，远罪疾，则民寿矣。"

公曰："寡人欲行夫子之言，恐吾国贫矣。"孔子曰："《诗》[2]云：'恺悌君子，民之父母。'未有子富而父母贫者也。"

鲁哀公问孔子如何治理国家。孔子说："治理国家最急迫的事情，就是要让老百姓生活富足，健康长寿。"

鲁哀公说："怎样才能做到这一点呢？"孔子说："少派劳役，减轻赋税，那么老百姓就会富足；敦行礼乐教化，让老百姓远离犯罪与疾病，百姓就会长寿。"

鲁哀公说："我想照您的话去做，又担心我的国家因此会变得贫困。"孔子说："《诗经》上说：'和乐平易的好君子，如同百姓的父母。'没有孩子富足而父母却贫穷的现象啊。"

注释　1 敦礼教：督促实行礼乐教化。《礼记·经解》："恭俭庄敬，礼教也。"清代学者凌廷堪说："上古圣王所以治民者，后世圣贤之所以教民者，一礼字而已。"　2《诗》：指《诗经·大雅·泂酌》。

卫灵公问于孔子曰："有语寡人曰：'有国家者，计之于庙堂之上，则政治矣。'何如？"孔子曰："其可也。爱人者，则人爱之；恶人者，则人恶之；知得之己者，则知得之人。所谓'不出环堵之室而知天下'者，知及己[1]之谓也。"

卫灵公问孔子说："有人告诉我说：'作为国家的统治者，在朝廷上策划国家大事，国家就能得到治理。'您认为这种说法怎么样？"孔子说："这么说是可以的。爱别人的人，别人也爱他；憎恨别人的人，别人也憎恨他；懂得从自己这里得到的，也就懂得从别人那里也得到。所谓的'不出家门却知道天下的事情'，其实也就是推己及人的意思。"

注释 1 及己：亦作“反己”，反求诸己，反省自己。

孔子见宋君，君问孔子曰：“吾欲使长有国而列都得之[1]，吾欲使民无惑，吾欲使士竭力，吾欲使日月当时，吾欲使圣人自来，吾欲使官府治理，为之奈何？”孔子对曰：“千乘之君，问丘者多矣，而未有若主君[2]之问问之悉也！然主君所欲者，尽可得也。丘闻之，邻国相亲，则长有国；君惠臣忠，则列都得之；不杀无辜，无释罪人，则民不惑；士益之禄，则皆竭力；尊天敬鬼，则日月当时；崇道贵德，则圣人自来；任能黜否[3]，则官府治理。”

宋君曰：“善哉！岂不然乎？寡人不佞[4]，不足以致之也。”孔子曰：“此事非难，唯欲行之云耳。”

孔子拜见宋国国君，国君问孔子说：“我想使国家长期共存而且使各地城邑保有不失，我想让老百姓没有困惑，我想让士人都尽力，我想让日月正常运行，我想让圣人不请自到，我想让官府得到很好的治理，如何才能做到这些呢？”孔子回答说：“很多大诸侯国的国君问我，却都没有像您这样，问得如此全面！不过，您想得到的东西都可以得到。我听说，邻近的国家互相友好就能长期共存；国君仁爱，臣子尽忠，那么众多的城邑就都能保有；不杀无罪的人，不释放有罪的人，那么老百姓就不会困惑；增加士人的俸禄，那么他们都会尽力为您服务；尊奉天道，敬事鬼神，那么日月就会按时运行；崇尚道，尊敬德，那么圣人就会自己前来归附；任用贤能之才，罢免无能之辈，那么官府就能得到很好的治理。”

宋君说：“说得好啊！哪里不是这样呢！可我不才，恐怕不能做到这种程度啊。”孔子说：“这些事情做起来并不难，只要想做就可以做到。”

注释 1 列都得之：王肃注："国之列都皆得其道。" 2 主君：对一国君主的尊称。 3 黜否（pǐ）：罢斥佞邪小人。 4 不佞：不才。

辩政第十四

导读 本篇记述了孔子针对子贡的发问，辩察"政之所欲"，故以"辩政"名篇。

由开头的"子贡问"章可以看出，孔子回答问题"各因其事"，齐君、鲁君、叶公均为"问政"，孔子对病发药，答以崇尚节俭、以民为本，知晓臣下、君臣同欲，悦近来远、天下大同，等等。"忠臣之谏"章举出劝谏君主的五种方式，即委婉地进谏、迂腐鲁莽地进谏、心平气和地进谏、直接进谏、以婉言隐语进谏，而孔子主张"度主而行之"的讽谏，所以他赞扬令尹子西对楚王进谏的方式，代表了儒家得君行道的政治智慧。孔子赞扬子产的惠民与博学，晏子的忠君与恭敏，显示了孔子的仁学视野。另外，孔子主张贤人辅政，认为"贤者"是"百福之宗，神明之主"，还提出"治官莫若平，临财莫如廉"，地方治理中要做到"恭敬以信""忠信而宽""明察以断"等，这些都是儒家政治哲学思想的核心内容。

原文

子贡问于孔子曰："昔者齐君问政于夫子，夫子曰：'政在节财。'鲁君问政于夫子，子曰：'政在谕臣[1]。'叶公[2]问政于

译文

子贡问孔子说："从前齐国国君向您询问如何治理国家，您说治理国家在于节省财力。鲁国国君向您询问如何治理国家，您说在于了解大臣。叶公向您询问如何治理国家，您说治理国家在

夫子，夫子曰：'政在悦近而来远。'三者之问，一也，而夫子应之不同，然政在异端[3]乎？"

孔子曰："各因其事也。齐君为国，奢乎台榭，淫于苑囿[4]，五官伎乐[5]，不解于时，一旦而赐人以千乘之家者三，故曰政在节财。鲁君有臣三人[6]，内比周[7]以愚其君，外距[8]诸侯之宾，以蔽其明，故曰政在谕臣。夫荆之地广而都狭，民有离心，莫安其居，故曰政在悦近而来远。此三者所以为政殊矣。《诗》云：'丧乱蔑资，曾不惠我师。'[9]此伤奢侈不节以为乱者也。又曰：'匪其止共，惟王之邛。'[10]此伤奸臣蔽主以为乱也。又曰：'乱离瘼矣，奚其适归？'[11]此伤离散以为乱者也。察此三者，政之所欲，岂同乎哉！"

于使近处的人高兴，使远处的人前来依附。三个人的问题是一样的，而您的回答却不同，然而治国有不同的方法吗？"

孔子说："我是针对不同情况所做的不同回答。齐国国君治理国家，建造很多楼台水榭，修筑很多园林宫殿，声色享乐，无时无刻，有时一天就赏赐三个家族各一千辆战车，所以说为政在于节财。鲁国国君有三个大臣，在朝廷内相互勾结愚弄君王，在朝廷外排斥诸侯国的宾客，遮盖他们明察的目光，所以说为政在于了解大臣。楚国国土广阔而都城狭小，百姓想离开那里，不安心在那里居住，所以说为政在于让近处的人高兴，让远方的人来依附。这三个国家的情况不同，所以施政方针也不同。《诗经》上说：'天下大敌民财尽，竟无一人顾百姓。'这是哀叹奢侈浪费不节约资财而导致国家动乱啊。又说：'小人不恭顺，王政大弊病。'这是哀叹奸臣蒙蔽君王而导致国家动乱啊。又说：'兵荒马乱心忧苦，何处才是我归宿。'这是哀叹百姓四处离散而导致国家动乱啊。明察这三种情况，治理国家该抓什么，难道能相同吗？"

注释 1 谕臣：了解大臣。 2 叶（shè）公：楚国叶地长官沈诸梁，字子高。 3 异端：不同方面。 4 苑囿（yòu）：宫室园林。 5 五官伎乐：声色享乐。伎，歌女。 6 有臣三人：鲁国权臣孟孙、叔孙、季孙三家。 7 比周：勾结。 8 距：通“拒”，抗拒。 9《诗》：指《诗经·大雅·板》。王肃注：“蔑，无也。资，财也。师，众也。夫为亡乱之政，重赋厚敛，民无资财，曾莫肯爱我众。” 10 “匪其止共”句：引自《诗经·小雅·巧言》。共（gōng），通“恭”。王肃注：“止，止息也。邛，病也。谗人不共所止息，故惟王之病。” 11 “乱离瘼矣”句：引自《诗经·小雅·四月》。王肃注：“离，忧也。瘼，病也。言离散以成忧，忆祸乱于斯，归于祸乱者也。”

孔子曰：“忠臣之谏君，有五义[1]焉：一曰谲谏[2]，二曰戆谏[3]，三曰降谏[4]，四曰直谏，五曰风谏[5]。唯度主而行之，吾从其风谏乎。”

孔子说：“忠臣规劝君主，有五种方法：一是委婉而郑重地规劝，二是刚直而鲁莽地规劝，三是低声下气地规劝，四是直截痛快地规劝，五是用婉言隐语来规劝。应该揣度君主的心意以施行相应的方式，我愿意采用婉言隐语的方法来规劝啊。”

注释 1 五义：五种方法。 2 谲谏：直接指出问题而委婉地规劝。王肃注：“正其事以谲谏其君。” 3 戆谏：刚直地规劝。王肃注：“戆谏，无文饰也。” 4 降谏：低声下气地规劝。王肃注：“卑降其体所以谏也。” 5 风谏：风，通“讽”。《说苑·正谏》作“讽谏”，意为以婉言隐语规劝。王肃注：“风谏，依违远罪避害者也。”

子曰：“夫道，不可不贵也。中行文子倍道失义

孔子说：“那大道啊，是不能不尊崇的。中行文子背弃道义，因此丢失

以亡其国，而能礼贤以活其身。[1]圣人转祸为福，此谓是与？”

了封地，但由于能够礼贤下士，从而保全了性命。圣人能够转祸为福，说的就是这种情况吧？”

注释 1 “中行文子”句：王肃注：“此说倍道失义，不宜说得道之意。而云礼贤，不与上相次配。又文子无礼贤之事。中行文子得罪于晋，出亡至边。从者曰：‘谓此啬夫者，君子也。’故休马待骏者。文子曰：‘吾好音，子遗吾琴；好佩，子遗吾玉。是以不振吾过，自容于我者也。吾恐其以我求容也。’遂不入车。人闻文子之所言，执而不杀之。孔子闻之，曰：‘文子倍道失义以亡其国，然得之由活其身，而能礼贤以为宜，以然后得也。’”

楚王将游荆台[1]，司马子祺谏，王怒之。令尹子西[2]贺于殿下，谏曰：“今荆台之观，不可失也。”王喜，拊子西之背曰：“与子共乐之矣。”

子西步马十里，引辔而止曰：“臣愿言有道，王肯听之乎？”王曰：“子其言之。”

子西曰：“臣闻为人臣而忠其君者，爵禄不足以赏也；谀其君者，刑罚不足以诛也。夫子祺者，忠臣

楚王想去荆台游玩，司马子祺上谏阻止，楚王非常恼怒。令尹子西在大殿下面附和道：“现在是到荆台观赏的最佳时机，不能错过啊！”楚王非常高兴，摸着子西的背说：“我要你一起去，享受游玩的快乐吧！”

子西骑着马遛了大约十里路，拉住马缰停止了前进，说：“臣我有话想说，大王愿意听吗？”楚王说：“您说吧。”

子西说：“我听说，做人臣的忠于他的君主的人，爵位俸禄不足以表现对他的赏赐；阿谀奉承他的君主的人，各种刑罚都不足以表现对他的诛杀。

也，而臣者，谀臣也，愿主赏忠而诛谀焉。”王曰：“我今听司马之谏，是独能禁我耳，若后世游之可也？”

子西曰：“禁后世易耳。大王万岁[3]之后，起山陵[4]于荆台之上，则子孙必不忍游于父祖之墓以为欢乐也。”王曰：“善。”乃还。

孔子闻之，曰：“至哉，子西之谏也！入之于千里之上，抑之于百世之后者也。”

子祺，他是忠臣，而我是阿谀奉承的人。希望大王赏赐忠臣子祺，而诛灭阿谀的我。”楚王说：“我现在听了司马子祺的进谏，只能阻止我一个人，如果后辈还要游玩，那怎么办呢？”

子西说：“阻止后辈很容易。大王你归西之后，就在荆台的上面建一个山陵，那么子孙后辈必定不忍心在前辈的墓陵上游玩作乐啊！”楚王说：“好！”于是就回去了。

孔子听说这件事之后说：“子西的进谏真是巧妙至极！阻止了高高在上的圣上，又阻止了百世之后人们的奢侈游乐。”

注释 1 荆台：在今湖北江陵。 2 子西：楚国执政官，楚平王庶长子。 3 万岁：去世。 4 山陵：帝王或皇后的坟墓。

子贡问于孔子曰：“夫子之于子产、晏子，可为至矣。敢问二大夫之所为目[1]，夫子之所以与之者。”孔子曰：“夫子产于民为惠主，于学为博物。晏子于君为忠臣，

子贡请教孔子说：“您对于子产、晏子的评价，可以说是最高的了。我冒昧地请教您，两位大夫的所作所为，突出的是什么，您为什么这样称赞他们？”孔子说：“子产对百姓来说，是一位仁慈施惠的治理者，从学识来看又博学多识。晏子对君主来说，是忠臣，而且行为恭敬勤

于[2]行为恭敏。故吾皆以兄事之，而加爱敬。”

勉。因此，我把他们都当作兄长来看待，并加以爱戴与敬重。”

注释 1 目：要目，要点。 2 于：一本作“而”。

齐有一足之鸟，飞集于宫朝，下止于殿前，舒翅而跳。齐侯大怪之，使使聘鲁问孔子。孔子曰：“此鸟名曰商羊，水祥[1]也。昔童儿有屈其一脚，振讯[2]两眉而跳且谣曰：‘天将大雨，商羊[3]鼓舞。’今齐有之，其应至矣。急告民趋治沟渠，修堤防，将有大水为灾。”

顷之，大霖雨[4]，水溢泛诸国，伤害民人，唯齐有备不败。景公曰：“圣人之言，信而有征矣！”

齐国飞来了只有一条腿的鸟，它们翔集到宫室，又飞到宫殿前停下来，张开翅膀欢快跳跃。齐国的国君感到非常奇怪，便派人出使到鲁国，向孔子请教。孔子说：“这种鸟叫商羊，是大水将要来的预兆。从前有小孩子弯起一只脚，抖动两眉，边跳边唱歌谣道：‘天降大雨，商羊起舞。’现在齐国出现这种鸟，说明歌谣要应验了。应当尽快告诉民众，赶紧修理沟渠，修筑堤坝，因为将要有大水到来为灾了。”

不久，大雨连绵，洪水泛滥，淹没了各诸侯国，很多百姓深受其害，只有齐国提前做好了准备，没有造成什么损害。齐景公说道：“圣人说的话，真实可信并且经得起考验！”

注释 1 祥：预兆。 2 振讯：抖动。 3 商羊：传说中的鸟名，大雨前常屈一足起舞。王充《论衡·变动》：“商羊者，知雨之物也；天且雨，屈其一足起舞矣。” 4 霖雨：连绵大雨。

孔子谓宓子贱[1]曰："子治单父[2]，众悦。子何施而得之也？子语丘所以为之者。"对曰："不齐之治也，父恤其子，其子恤诸孤，而哀丧纪。"

孔子曰："善！小节也，小民附矣，犹未足也。"曰："不齐所父事者三人，所兄事者五人，所友事者十一人。"

孔子曰："父事三人，可以教孝矣；兄事五人，可以教悌矣；友事十一人，可以举善矣。中节也，中人附矣，犹未足也。"曰："此地民有贤于不齐者五人，不齐事之而禀度[3]焉，皆教不齐之道。"

孔子叹曰："其大者乃于此乎有矣。昔尧舜听天下，务求贤以自辅。夫贤者，百福之宗也，神明之主也，惜乎不齐之以所治者小也。"

孔子对宓子贱说："您治理单父这个地方，百姓很高兴。您是采用什么方法而做到的呢？您告诉我都采用了什么办法。"宓子贱回答说："我治理的办法是，像父亲那样体恤百姓的儿子，像顾惜自己儿子那样照顾孤儿，而且以哀痛的心情办好丧事。"

孔子说："好！这只是小的礼节，小民就依附了，恐怕这做得还不够。"宓子贱说："我像对待父亲那样侍奉的有三个人，像兄长那样侍奉的有五个人，像朋友那样交往的有十一个人。"

孔子说："像父亲那样侍奉三个人，可以教百姓孝道；像兄长那样侍奉五个人，可以教百姓敬爱兄长；像朋友那样交往十一个人，可以提倡友善。这只是中等的礼节，中等的人就会依附了，恐怕这做得还是不够。"宓子贱说："在单父这个地方，比我贤能的有五个人，我侍奉他们并向他们请教，他们都教我治理之道。"

孔子感叹地说："治理好单父的大道理就在这里了。从前尧舜治理天下，一定要访求贤人来辅助自己。那些贤人，是百福的根源，是神明的主宰啊！可惜你治理的地方太小了啊！"

注释 1 宓（fú）子贱：名不齐，字子贱，鲁国人，孔子弟子。 2 单父（shàn fǔ）：鲁国都邑，在今山东单县南。 3 禀度：受教。

子贡为信阳宰，将行，辞于孔子。孔子曰："勤之慎之，奉天子之时[1]，无夺无伐，无暴无盗。"子贡曰："赐也，少而事君子，岂以盗为累[2]哉？"

孔子曰："汝未之详也。夫以贤代贤，是谓之夺；以不肖代贤，是谓之伐；缓令急诛，是谓之暴；取善自与，是谓之盗。盗非窃财之谓也。吾闻之，知为吏者，奉法以利民；不知为吏者，枉法以侵民，此怨之所由也。治官莫若平，临财莫如廉。廉、平之守，不可改也。匿人之善，斯谓蔽贤；扬人之恶，斯为小人。内不相训，而外相谤，非亲睦也。言人之善，若己有之；言人之

子贡去做信阳的长官，临行前，向孔子辞别。孔子说："做事要勤恳谨慎，尊奉天子颁行的历法，按季节指导农业生产，不要夺取，不要攻伐，不要残暴，不要盗窃。"子贡说："我呀，从小就向君子学习，难道还能犯偷盗的过失吗？"

孔子说："你知道的还不详尽啊。用贤人去取代贤人，这就叫作'夺'；用不才的人去取代有才的，这就叫作'伐'；政令宽松而诛杀峻急，这就叫作'暴'；夺取美好的东西归自己，这就叫作'盗'。盗，不是一般所谓的盗窃财物。我听说，善于做官的，遵循法令办事，使百姓得到好处；不善做官的，歪曲法令办事，使百姓受到侵害，这是怨怒产生的根源啊。整顿官风，没有比公平更好；面对财货，没有比廉洁更好。清廉和公平的操守，怎么也不能变易啊。隐藏别人的好处，这就是埋没人才；揭发别人的丑行，这是小人所为。不是在内部互相规劝，而是在外面互相诽谤，便不可能亲昵而和睦地相处。说人家的优点，就像我自己的优点一样；说人家的缺

恶，若己受之。故君子无所不慎焉。”

点，好像自己被别人指出缺点一样。所以，君子时时处处没有不戒慎恐惧的啊。”

注释 1 天子之时：天子颁行的历法。 2 累：过失。

子路治蒲[1]三年，孔子过之。入其境，曰：“善哉由也！恭敬以信矣。”入其邑，曰：“善哉由也！忠信而宽矣。”至庭，曰：“善哉由也！明察以断矣。”

子路治理蒲邑三年后，孔子路过那里。走到子路管辖地界时，孔子说：“子路做得真不错！他做到了恭敬谨慎而又有信用了。”走到城中时，孔子又说：“子路做得真好！他做到了忠信而宽厚了。”走进子路的官署时，孔子又说：“子路做得真好啊！他做到了明察而又有决断。”

子贡执辔而问曰：“夫子未见由之政，而三称其善，其善可得闻乎？”孔子曰：“吾见其政矣。入其境，田畴尽易，草莱[2]甚辟，沟洫深治，此其恭敬以信，故其民尽力也。入其邑，墙屋完固，树木甚茂，此其忠信以宽，故其民不偷也。至其庭，庭甚清闲，诸下用命，此其言明察以断，故其

子贡手握着缰绳，问孔子说：“老师您还没有看到子路的政策与成效，然而却三次称赞他做得好，他做得好的地方，可以说给我听听吗？”夫子说：“我已看到了他的政绩了。进入蒲地境内，看到耕地都整理好了，荒地大都开辟了，沟渠也挖得很深，这是因为他为政恭敬诚信，所以百姓才会尽力去做啊。走到城中时，看到城墙和屋宇都完整坚固，树木长得很茂盛，这是因为他的政令忠信而宽厚，所以百姓才不苟且马虎啊。走进他的官署，看到那里清静闲暇，下面办事的人都很效力，都服从命令，这是因为他明察一切，而又非常果断，所以

政不扰[3]也。以此观之,虽三称其善,庸尽其美矣。”	他处理政事毫不纷扰啊。从这些方面来看,即使我连续三次称赞他做得好,又怎能将他的好说尽呢?”

注释 1 蒲:春秋卫地,在今河南长垣。 2 草莱:荒地。 3 扰:纷扰,烦劳。

卷第四

六本第十五

导读　本篇谈君子立身行事的六大根本，即立身、丧纪、战阵、治政、居国、生财六个方面的根本要求，故以“六本”名篇。

所谓“六本”，指孝为立身之本、哀为丧纪之本、勇为战阵之本、农为治政之本、立嗣为居国之本、惜民力为生财之本。孔子既重视立身处世中的君子之道，那他就会主张宽容争臣、争子、争弟、争友，谨记“良药苦于口而利于病，忠言逆于耳而利于行”的训导。孔子根据“天之以善，必报其德”的格言，推断“祸亦如之”，故有周釐王庙的火灾，将“天殃”与民间帝王“变文武之制”而尚“奢侈”的行为之间的关系，进行了正确的预测。这种密窥天人之际的思维方式，启开了“天人感应”的政治伦理批判模式，也对民间帝王起到了一定的警示作用。另外，本篇中记述的孔子对“先王制礼”的认知，他重视“志诚感之，通于金石”的真情，主张“君子慎其所从”，主张礼让而“慎其初”，提倡“损其自多，以虚受人”“调其盈虚，不令自满”的损益之道，等等，都显示了孔子较深切的礼治思想、人生哲学与现实关怀。

原文

孔子曰：“行己[1]有六本焉，然后为君子也。立身有义矣，而孝为本；丧纪有礼矣，而哀为本；战阵有列矣，而勇为本；

译文

孔子说：“一个人的立身行事，要先遵循六个根本准则，然后才能成为君子。立身有仁义，孝道是根本；举办丧事有礼节，哀痛是根本；交战布阵有行列，勇敢是根本；处理政务有法则，农业是根本；

治政有理矣，而农为本；居国有道矣，而嗣[2]为本；生财有时矣，而力为本。置本不固，无务农桑；亲戚不悦，无务外交；事不终始，无务多业；记闻而言，无务多说；比近不安，无务求远。是故反本修迩[3]，君子之道也。”

掌管天下有原则，选定继位人是根本；创造财富有时机，肯下力气是根本。根本不巩固，就不能很好地从事农桑；不能让亲戚高兴，就不要进行人事交往；做事不能有始有终，就不要经营多种产业；道听途说的话，就不要多说；不能让近处安定，就不要去安定远方。因此返回到事物的根本，从近处做起，是君子遵循的途径。”

注释 **1** 行己：立身处世。 **2** 嗣：子孙，这里指选定继位之君。 **3** 反本修迩：返回到事物的根本，从近处做起。

孔子曰：“良药苦于口而利于病，忠言逆于耳而利于行。汤武以谔谔[1]而昌，桀纣以唯唯[2]而亡。君无争[3]臣，父无争子，兄无争弟，士无争友，无其过者，未之有也。故曰：‘君失之，臣得之；父失之，子得之；兄失之，弟得之；己失之，友得之。’是以国无危亡之兆，家无悖乱

孔子说：“良药吃起来苦但有利于治愈疾病，忠言听起来不顺耳却有利于行事。商汤和周武王因为能听取进谏的直言而使国家昌盛，夏桀和商纣因为只听随声附和的话而国破身亡。君王没有直言敢谏的大臣，父亲没有直言敢谏的儿子，兄长没有直言敢劝的弟弟，士人没有直言敢劝的朋友，要想不犯错误是不可能的。所以说：‘君王有失误，臣子来补救；父亲有失误，儿子来补救；哥哥有失误，弟弟来补救；自己有失误，朋友来补救。’这样，国家就没有灭亡的危险，家庭就没有悖逆

之恶，父子兄弟无失，而交友无绝也。”

的坏事，父子兄弟之间就不会失和，朋友也不会断绝来往。”

注释 1 谔谔：直言进谏的样子。 2 唯唯：恭敬顺从的应答声。3 争（zhèng）：通“诤”，直言劝谏。

孔子见齐景公，公悦焉，请置廪丘之邑以为养。孔子辞而不受，入谓弟子曰：“吾闻君子当功受赏[1]。今吾言于齐君，君未之有行，而赐吾邑，其不知丘亦甚矣。”于是遂行。

孔子拜见齐景公，景公很高兴，赠与廪丘邑，以此作为孔子供养之地。孔子拒绝了，没有接受赠地，回到住处，对弟子说：“我听说，君子应当有功劳而受到奖赏。时下我游说齐国君王，国君并没有按我的劝导行事，却赐给我廪丘邑，这说明他也是太不了解我了。”于是辞别景公离去。

注释 1 当功受赏：因功得到奖赏。

孔子在齐，舍于外馆[1]，景公造焉。宾主之辞既接，而左右白曰：“周使适至，言先王庙灾。”景公复问：“灾何王之庙也？”孔子曰：“此必釐王[2]之庙。”

公曰：“何以知之？”孔子曰：“《诗》云：‘皇皇上天，其命不忒。天之以善，

孔子在齐国，住在旅馆里，齐景公到旅馆来看他。宾主互致问候以后，景公身边的人就报告说：“周王室的使者刚到，说先王的宗庙遭了火灾。”景公追问：“哪个君王的宗庙被烧了？”孔子说：“这一定是釐王的宗庙。”

景公问：“怎么知道的呢？”孔子说：“《诗经》说：‘伟大至善的上天，它的命令不会有差错。上天降下的好

必报其德。'[3]祸亦如之。夫釐王变文武之制，而作玄黄华丽之饰，宫室崇峻，舆马奢侈，而弗可振[4]也。故天殃所宜加其庙焉。以是占[5]之为然。"

事，回报他人的美德。'灾祸也是如此。釐王改变了文王和武王的制度，而且制作色彩华丽的装饰，宫室高耸，车马奢侈，而无可救药。所以上天把灾祸降在他的庙上。我以此作了这样的推测。"

公曰："天何不殃其身，而加罚其庙也？"孔子曰："盖以文、武故也。若殃其身，则文、武之嗣，无乃殄[6]乎？故当殃其庙以彰其过。"

景公说："上天为什么不降祸到他的身上，而要惩罚他的宗庙呢？"孔子说："大概是因为文王和武王的缘故吧。如果降到他身上，文王和武王的后代不是就灭绝了吗？所以降灾到他的庙上来彰显他的过错。"

俄顷，左右报曰："所灾者，釐王庙也。"景公惊起，再拜曰："善哉！圣人之智，过人远矣。"

过了一小会儿，景公身边的人又来报告说："受灾的是釐王的宗庙。"景公吃惊地站起来，再次向孔子行礼说："好啊！圣人的智慧，超过一般人太多了。"

注释 1 外馆：客馆。 2 釐（xī）王：亦作僖王，东周君王，周庄王之子，名胡齐。 3 "《诗》云"句：王肃注："此逸诗也。皇皇，美貌也。忒，差也。" 4 振：救。 5 占：预测，推测。 6 殄：断绝，灭绝。

子夏三年之丧毕，见于孔子。子曰："与之琴，使之弦[1]。"侃侃[2]而乐，作而曰："先王制礼，

子夏守完三年的丧礼，前来拜见孔子。孔子说："给他一把琴，让他弹。"子夏边弹边唱，神情和乐得很，唱完站起来说："先王制作的礼乐，我不敢不达到它

不敢不及。”子曰:“君子也!”

啊。”孔子说:“真是一个有道德修养的人啊!”

闵子[3]三年之丧毕,见于孔子。子曰:“与之琴,使之弦。”切切而悲,作而曰:“先王制礼,弗敢过也。”子曰:“君子也!”

闵子骞守完三年丧礼,也来拜见孔子。孔子说:“给他一把琴,让他弹。”闵子骞边弹边唱,悲伤得很,唱完站起来说:“先王制作的礼乐,我不敢超越它啊。”孔子称赞他说:“真是一个有道德修养的人啊!”

子贡曰:“闵子哀未尽,夫子曰:‘君子也。’子夏哀已尽,又曰:‘君子也。’二者殊情,而俱曰君子,赐也惑,敢问之。”孔子曰:“闵子哀未忘,能断之以礼;子夏哀已尽,能引之及礼。虽均之君子,不亦可乎?”

子贡听了疑惑不解,向孔子请教说:“闵子骞的哀思还没有完,老师您说他是‘有道德修养的人’;子夏的哀思已尽,您也说他是‘有道德修养的人’。两人的感情不同,而您却都称赞他们有道德修养,学生疑惑,请问是什么缘故?”孔子说:“闵子骞没有忘记悲哀,可他能按照礼制来截断哀思;子夏的哀思已尽,但他能够按照礼制的规定来引导孝思。即使都称之为有道德修养的人,不也是可以的吗?”

注释 1 弦:弹奏。 2 侃侃:和乐貌。《论语·乡党》:“朝,与下大夫言,侃侃如也。” 3 闵子:闵子骞,孔子弟子,以德行著称。

孔子曰:“无体之礼[1],敬也;无服之丧,哀也;无声之乐,欢也。

孔子说:“礼节即使没有依照程式,也还有真正的恭敬之心;丧事即使没有穿丧服,也还有真正的悲哀之情;音乐即使没有

不言而信,不动而威,不施而仁,志。夫钟之音,怒而击之则武,忧而击之则悲。其志变者,声亦随之,故至诚感之,通于金石,而况人乎?”

声音,也还有真正的欢乐之意。不说话就有信用,不行动就有威严,不施与就有仁爱,这是心志使然。钟的声音,发怒时敲击则高亢威武,忧伤时敲击则低沉悲凉。心志改变了,声音也随之改变。所以心志真诚有所触动时,和乐器都能相通,何况是人呢?”

注释 1 无体之礼:《礼记·孔子闲居》:“孔子曰:‘无声之乐,无体之礼,无服之丧,此之谓三无。’”孔颖达疏:“非有升降揖让之礼,故为无体之礼也。”体,仪式。

孔子见罗雀者,所得皆黄口[1]小雀。夫子问之曰:“大雀独不得,何也?”罗者曰:“大雀善惊而难得,黄口贪食而易得。黄口从大雀,则不得;大雀从黄口,亦不得。”

孔子顾谓弟子曰:“善惊以远害,利食而忘患,自其心矣。而独以所从为祸福,故君子慎其所从。以长者之虑,则有全身之阶;随

孔子看见捉鸟的人,捉到的都是黄嘴的小鸟。孔子问他:“大鸟却捕不到,这是为什么呢?”捕鸟人说:“大鸟警觉,所以难以捕捉到;小鸟贪吃,所以容易捕捉到。如果小鸟跟从大鸟,(因为大鸟会带领小鸟及时逃离危险)就捕捉不到了;如果大鸟跟从小鸟,(因为大鸟会叫转小鸟及时逃离危险)也捕捉不到的。”

孔子回过头对弟子们说:“机变警觉(的大鸟)能远离祸害,喜欢贪食(的小鸟)就容易忘记祸患,这是出自它们的本性啊。跟从不同的人就会有不同的祸福,所以君子要谨慎选择自己跟从的人。借助年长者的谋虑,就会有保全性命的途径;

小者之戆[2],而有危亡之败也。”

依从年轻人的愚蠢和鲁莽,就会面临危险死亡的祸患。”

注释 1 黄口:雏鸟的嘴,多嫩黄色。 2 戆(gàng):傻,愣,鲁莽。

孔子读《易》,至于《损》《益》,喟然而叹。子夏避席[1],问曰:“夫子何叹焉?”孔子曰:“夫自损者必有益之,自益者必有决之[2],吾是以叹也。”

子夏曰:“然则学者不可以益乎?”子曰:“非道益之谓也。道弥益而身弥损。夫学者损其自多,以虚受人,故能成其满。博哉!天道成而必变。凡持满而能久者,未尝有也。故曰:‘自贤者,天下之善言不得闻于耳矣。’昔尧治天下之位,犹允[3]恭以持之,克让以接下,是以千岁而益盛,迄今而逾彰。夏桀、昆吾[4],自满而无极,亢意而不节,斩刈黎民,如

孔子读《易经》,读到《损》《益》两卦时,喟然长叹。子夏起身,问道:“老师您为何长叹?”孔子说:“自己谦虚的人一定有所得,自己骄傲的人一定受到损失,我因此叹息。”

子夏说:“那么求学的人不可以求增益吗?”孔子说:“我并不是说道艺的增益。道艺愈增进,自己越会感觉不足。学者减损自满之心,以谦虚之心接受别人的教诲,才能让自己收获满满。天道真是广博啊!它完成后一定变化。骄傲自满而能够长久存在的,那是不曾有过的啊。所以说:‘认为自己是贤人的人,天下那些美好的话就听不进耳朵了。’过去尧帝处于治理天下的地位,还能诚信恭敬地待人,克己谦让地对待臣下,所以千百年来名声日盛,到如今而越发美德彰显。夏桀、昆吾自满到极点,恣意妄为而不加节制,斩杀老百姓像割除草芥一样,天下人讨伐他,就像

草芥焉，天下讨之，如诛匹夫，是以千载而恶著，迄今而不灭。观此，如行，则让长，不疾先；如在舆，遇三人则下之，遇二人则式[5]之。调其盈虚，不令自满，所以能久也。”

子夏曰：“商请志之，而终身奉行焉。”

诛杀独夫民贼一样，所以千百年后他们的罪恶越发昭著，到如今也不能消失。看到这些，如果走在路上，就要尊让长者，而不着急抢先；如果乘车，遇到三个人就主动下来，遇到两个人就扶住车厢前面的横木站着。调节好盈虚的尺度，不让自己自满，就能长久于世。”

子夏说：“我请求把这些教诲记下来，并终身奉行。”

注释 1 避席：古人席地而坐，避席即离坐而起，以示敬意。 2 自益者必有决之：王肃注：“《易·损》卦次得《益》，《益》次《夬》。夬，决也。损而不已必益，故受之以《益》；益而不已必决，故受之以《夬》。”决，通“缺”。 3 允：王肃注：“允，信也。” 4 昆吾：夏商之间部落名，已姓，初封于濮阳（今河南濮阳西南），夏时迁于旧许（今河南许昌），后为商汤所灭。 5 式：通“轼”，用手扶住车厢前面的横木，以示敬意。

子路问于孔子曰：“请释古之道而行由之意，可乎？”子曰：“不可。昔东夷之子，慕诸夏之礼，有女而寡，为内私婿[1]，终身不嫁。嫁则不嫁矣，亦非贞节之义也。苍梧娆[2]娶妻而美，让与其兄。让则让矣，然

子路问孔子说：“让我们抛弃掉古代的礼制，而按我的意志行事，可以吗？”孔子说：“不可。从前东夷的人，羡慕中原的伦理制度，有一个女人死了丈夫，便给她引进一个非正式婚配的夫婿，终身没有再嫁。嫁是没有再嫁了，但也不符合贞节的本义了。苍梧有一个人，娶了一个貌美的妻子，后来让给了他的哥哥。谦让是谦让了，却是不合礼的谦让。办

非礼之让也。不慎其初，而悔其后，何嗟及矣[3]。今汝欲舍古之道，行子之意，庸知子意不以是为非，以非为是乎？后虽欲悔，难哉！”

什么事，在开始的时候不谨慎，事后又后悔，叹气又有什么用呢？如今你想抛弃古代的礼制，照你的想法去干，怎么知道你不是拿正确的当作错误的，拿错误的作为正确的呢？到了后来即使想反悔，也很难了啊！”

注释 1 内私婿：内，通“纳”。私婿，女子夫死后再非正式招夫婚配。 2 苍梧娆：或作“苍梧绕”，或认为与史书中的“壮古佬”“牂柯佬”等相同，均指古老的苍梧国。其国人即壮族先民之一。 3 何嗟及矣：王肃注：“言事至而后悔，吁嗟又何及矣。”

曾子耘瓜，误斩其根。曾皙[1]怒，建大杖以击其背。曾子仆地而不知人久之。有顷，乃苏，欣然而起，进于曾皙曰：“向也，参得罪于大人，大人用力教参，得无疾乎？”退而就房，援琴而歌，欲令曾皙而闻之，知其体康也。

孔子闻之而怒，告门弟子曰：“参来，勿内！”曾参自以为无罪，使人请于孔子。

子曰：“汝不闻乎？昔

曾子修整瓜地，不小心锄断了瓜苗的根。曾皙大怒，举起大木棍击打他的背。曾子倒地不省人事许久。过了好长时间，曾子才醒过来，高高兴兴地爬起来，向曾皙进言：“刚才儿子得罪了父亲大人，父亲用尽力气教训儿子，该不会累病了吧？”然后退下来回到房里，拉起琴弦唱起了歌，想要让曾皙听到，知道他身体安然无恙。

孔子听说了这件事后很生气，告诉门下弟子：“曾参如果来了，不要让他进来！”曾参自以为没有过错，托人向孔子请教。

孔子说：“你没听说吗？从前，瞽瞍

瞽瞍有子曰舜。舜之事瞽瞍，欲使之，未尝不在于侧；索而杀之，未尝可得。小棰则待过，大杖则逃走。故瞽瞍不犯不父之罪，而舜不失烝烝[2]之孝。今参事父，委身以待暴怒，殪[3]而不避。既身死而陷父于不义，其不孝孰大焉！汝非天子之民也？杀天子之民，其罪奚若？"曾参闻之，曰："参罪大矣！"遂造孔子而谢过。

有一个儿子叫舜。舜侍候瞽瞍，想要使唤他，未尝不在身边；找他并想杀了他，却从未得手。父亲用小棍打他，他就等着受过挨打；用大木棍打他，他就逃走。所以，瞽瞍没有犯下不行父道的过错，而舜也没有失去淳厚的孝道。如今曾参侍候父亲，放弃身体来等着被父亲暴打，朝死里打也不躲一下。被打死之后就会陷他父亲于不义之地，有哪种不孝比这个更严重呢？你不是天子的百姓吗？杀了天子的百姓，这应该承担什么罪行呢？"曾参听说了这些话，说："我的罪过大啊！"于是前往孔子那里当面谢罪。

注释 1 曾皙：字子皙，"宗圣"曾子（即曾参）之父，孔子早期弟子。2 烝烝：德业淳厚的样子。 3 殪（yì）：死。

荆公子行年[1]十五，而摄荆相事。孔子闻之，使人往观其为政焉。使者反，曰："视其朝，清净而少事；其堂上有五老焉，其廊下有二十壮士焉。"孔子曰："合二十五人之智，以治天下，其固免矣，况荆乎？"

楚国有一公子，十五岁就代理楚国宰相事务。孔子听说这件事情后，叫人前往观察他理政的情况。派去的人回来说："看他的大堂，清静少事；厅堂上有五位老人，屋廊下有二十位壮士。"孔子说："集合二十五人的智慧来治理天下，本来就能免于灾患了，何况仅仅是用来治理一个楚国呢？"

注释 1 行年：经历的年岁，当时年龄。

子夏问于孔子曰："颜回之为人奚若？"子曰："回之信贤于丘。"

曰："子贡之为人奚若？"子曰："赐之敏贤于丘。"

曰："子路之为人奚若？"子曰："由之勇贤于丘。"

曰："子张之为人奚若？"子曰："师之庄贤于丘。"

子夏避席而问曰："然则四子何为事先生？"子曰："居！吾语汝。夫回能信而不能反[1]，赐能敏而不能诎[2]，由能勇而不能怯，师能庄而不能同[3]。兼四子者之有，以易吾弗与[4]也，此其所以事吾而弗贰也。"

子夏问孔子说："颜回的为人怎么样？"孔子说："颜回在诚信方面比我强。"

子夏问："子贡的为人怎么样？"孔子说："端木赐在机敏聪慧方面比我强。"

子夏问："子路的为人怎么样？"孔子说："仲由在勇敢方面比我强。"

子夏问："子张的为人怎么样？"孔子说："颛孙师在庄重方面比我强。"

子夏离开坐席，问道："既然他们都比您强，那么他们四个人怎么都愿意拜您为师呢？"孔子说："坐下来，我告诉你。颜回诚信却不善于灵活变通，端木赐机敏聪慧却不能委屈自己，仲由勇敢却不知退避示弱，颛孙师庄重却不合群。兼有了他们四个的优点，又除去了我所不能赞同的他们的缺点，这就是他们都愿意拜我为师而又忠贞不贰的原因。"

注释 1 能信而不能反：王肃注："反，谓反信也。君子言不必信，唯义所在耳。" 2 能敏而不能诎：诎，屈服。王肃注："言人虽辨敏，亦宜有屈折时也。” 3 能庄而不能同：王肃注：“言人虽矜庄，亦当有和同时也。” 4 与：赞许。

孔子游于泰山，见荣声期[1]，行乎郕[2]之野，鹿裘带索，鼓琴而歌。孔子问曰：“先生所以为乐者何也？”期对曰：“吾乐甚多，而至者三：天生万物，唯人为贵，吾既得为人，是一乐也；男女之别，男尊女卑，故人以男为贵，吾既得为男，是二乐也；人生有不见日月[3]，不免襁褓者，吾既以行年九十五矣，是三乐也。贫者，士之常；死者，人之终。处常得终，当何忧哉？”

孔子曰：“善哉！能自宽者也。”

孔子游历泰山时，遇到了荣声期，见荣声期正行走在郕的郊外，披着鹿皮做的衣服，以绳索为衣带，边弹琴边唱歌。孔子问道：“先生为何这般快乐呢？”荣声期回答道：“我的快乐很多，最突出的有三条：天生万物，以人为最宝贵，我已经做了人，这是第一乐；人分男女，世俗又以为男尊女卑，我已经做了男子，这是第二乐；有的人胎死腹中，有的人在襁褓中便夭折了，而我已经活到了九十五岁，这是第三乐。贫穷，那是读书人的本分；死亡，那是人生的归宿。我安守读书人本分，坦然面对人生归宿，还有什么忧愁的呢？”

孔子称赞他说：“好啊！真是一位能自我宽慰的人！”

注释 1 荣声期：王肃注：“声，宜为启，或曰荣益期也。” 2 郕（chéng）：周文王第五子郕叔武封地，在今河南范县。 3 不见日月：指胎死腹中。

孔子曰：“回有君子之道四焉：强[1]于行义，弱于

孔子说：“颜回有君子的四种品德：实行道义时很坚定，接受劝谏时很

受谏，怵于待禄[2]，慎于治身。史鳝有君子[3]之道三焉：不仕而敬上，不祀而敬鬼，直己而曲人。”

曾子侍，曰：“参昔者常闻夫子三言，而未之能行也。夫子见人之一善，而忘其百非[4]，是夫子之易事也；见人之有善，若己有之，是夫子之不争也；闻善必躬行之，然后导之，是夫子之能劳也。学夫子之三言，而未能行，以自知终不及二子者也。”

柔顺，得到官禄时很戒惧，修养自身时很谨慎。史鳝具有君子的三种品德：不做官也尊敬身居上位的人，不祭祀也敬奉鬼神，自身正直却婉曲待人。”

曾参正在一旁陪侍，便说：“我以前曾听您说过三句话，却没有依言去做。老师发现别人的一处优点就忘记他所有的缺点，因此您容易与人相处；看见别人有优点，像是自己也有了一样，所以您不与人争名夺利；听到善行一定亲身践行，之后教导别人，因此您能够吃苦耐劳。学习您的三句话，却不能照着去做，所以自己知道最终赶不上颜回和史鳝。”

注释　1 强：尽力去做。　2 怵于待禄：王肃注：“怵，怵惕也。待，宜为得也。”　3 君子：一本作“男子”。　4 百非：很多缺点。

孔子曰：“吾死之后，则商[1]也日益，赐[2]也日损。”

曾子曰：“何谓也？”子曰：“商也好与贤己者处，赐也好说不若己者。不知其子，视其父；不知

孔子说：“我死后，卜商会一天天长进，端木赐会一天天后退。”

曾参说：“为什么？”孔子说：“卜商好跟比自己贤能的人相处，端木赐喜欢谈论不如自己的人。不了解儿子，看他的父亲如何；不了解某人，看他的朋友如何；不了解国君，看他任用的臣下如

其人，视其友；不知其君，视其所使[3]；不知其地，视其草木。故曰：与善人居，如入芝兰之室，久而不闻其香，即与之化矣；与不善人居，如入鲍鱼[4]之肆，久而不闻其臭，亦与之化矣。丹[5]之所藏者赤，漆之所藏者黑。是以君子必慎其所与处者焉。”

何；不了解某块土地，看地面上草木的生长情况怎样。所以说，和好人在一起，就像进入了置放芝兰的房间，时间久了就闻不到它的香味，这是被它同化了；和坏人在一起，就像进入了咸鱼铺，时间久了就闻不到它的臭味，这也是被它同化了。用来保藏丹砂的容器是红色的，用来保藏漆的容器是黑色的。因此，君子一定要谨慎地注意和自己一起相处的人。”

注释 1 商：卜商，字子夏。 2 赐：端木赐，字子贡。 3 所使：所使用的人。 4 鲍鱼：咸鱼，其气味腥臭。 5 丹：朱砂。

曾子从孔子之齐，齐景公以下卿之礼聘曾子，曾子固辞。将行，晏子送之，曰：“吾闻之，君子遗人以财，不若善言。今夫兰本[1]三年，湛[2]之以鹿醢[3]，既成，啖[4]之，则易之匹马。非兰之本性也，所以湛者美矣，愿子详其所湛者。夫君子居必择处，游必择方，仕必择君。择君

曾子跟从孔子到齐国，齐景公用对待下卿的礼节聘请曾子，曾子执意推辞。将要离开时，晏婴送他，说：“我听说，君子赠人以钱财，不如赠人以好话。假使有生长了三年的兰草根，用鹿汤浸泡，泡好后，味道好的可以换一匹马。这不是兰草本身有这么好的味道，而是浸泡它的鹿汤鲜美，请你弄明白鹿汤的作用。君子居住一定要选择处所，交游一定要选择品类，做官一定要选择国君。选择国君是为了做官，

所以求仕，择方所以修道。迁风移俗，嗜欲移性，可不慎乎？”

孔子闻之，曰：“晏子之言，君子哉！依贤者，固不困；依富者，固不穷。马蚿[5]斩足而复行，何也？以其辅之者众。”

选择品类是为了修养德行。那些变更风气、移风易俗的人，十分喜好转移本性，能不谨慎吗？”

孔子听到后，说：“晏子的话，真是君子之言啊！依靠贤人，当然不会困顿；依靠富人，当然不会贫穷。马蚿被砍断了脚，还能继续爬行，为什么？这是因为辅助它爬行的脚多。”

注释　1 今：若，假设。兰本：兰草的根。　2 湛：浸渍。　3 鹿酳（yìn）：用鹿肉做的肉汤。酳，四库本、同文本作“醢”。醢（hǎi），用肉、鱼等制成的酱。　4 啖：吃。　5 马蚿（xián）：即“马陆”，一种节肢动物，有很多对腿。

孔子曰：“以富贵而下人，何人不尊？以富贵而爱人，何人不亲？发言不逆[1]，可谓知言矣；言而众向[2]之，可谓知时矣。是故以富而能富人者，欲贫不可得也；以贵而能贵人者，欲贱不可得也；以达而能达人者，欲穷不可得也。”

孔子说：“身处富贵却又谦让待人，又有什么人不尊敬他呢？身处富贵而又仁爱他人，又有什么人不亲近他呢？说话不忤逆众人意愿，可算是懂得讲话了；说出话来大家都响应，可算是懂得时机了。所以，自己富有，又能让人富有的人，想贫穷也不可能啊！自己有地位而且还让别人也有地位，想低贱也不可能啊！自己通达，而且能让别人也通达的，要想困顿也不可能啊！”

注释　1 逆：违抗。　2 向：响应。

孔子曰："中人[1]之情也，有余则侈，不足则俭，无禁则淫，无度则逸，从欲则败。是故鞭扑之子，不从父之教；刑戮之民，不从君之令。此言疾之难忍，急之难行也。故君子不急断，不急制。使饮食有量，衣食有节，宫室有度，畜积有数，车器有限，所以防乱之原也。夫度量不可不明[2]，是中人所由之令。"

孔子说："一般人的情况是：财物有余就会奢侈浪费，不够才会节省，没有禁令就会过度行动，没有限度就会放纵，随心所欲就会败亡。所以，被鞭挞的儿子不会听从父亲的教育，被刑律惩罚的老百姓不会听从君主的命令。这是说，行动过快就会让人难以忍受，操之过急就会难以实行。所以君子不急于决断，不急于作规定。使饮食有限量，穿衣有礼制，住房有规定，积蓄有定数，车辆器用有限制，这就是防止祸乱的根本方法。像那法令禁止，不能不明确，这是一般人都要遵守的教令。"

注释　**1** 中人：普通人。　**2** 不可不明：原脱误为"不可明"，据四库本、陈本、燕山本改。

孔子曰："巧而好度必攻[1]，勇而好问必胜，智而好谋必成。以愚者反之。是以非其人，告之弗听；非其地，树之弗生。得其人，如聚砂而雨之[2]；非其人，如会聋而鼓之。夫处

孔子说："精巧而且喜欢度量的人一定坚定，勇敢而且好问的人一定胜利，睿智而且喜好谋划的人一定成功。愚蠢的人正好相反。因此，不是合适的人，告诉他也不会听从；不是合适的地，种上树也不会生长。遇上合适的人，就像堆起沙子，雨浇上去便立即被吸收；不是合适的人，就像遇到聋子，敲鼓也没有用。所以呀，处于重要地位

重擅宠，专事妒贤，愚者之情也。位高则危，任重则崩，可立而待。”

独自受宠，会专门干嫉贤妒能的事情，这是愚者的常情。地位过高就危险，任务过重就会崩塌，这些都是马上可以看到后果的。”

注释 1 巧而好度必攻：度，揣测。攻，坚。 2 如聚砂而雨之：王肃注：“言立入也。”

孔子曰：“舟非水不行，水入舟则没。君非民不治，民犯上则倾。是故君子不可不严也，小人不可不整一也。”

孔子说：“船没有水就不会行驶，水进了船，船就会沉没。君主远离了老百姓就治理不好国家，百姓犯上作乱，国家就会灭亡。所以君子的思想不能不严谨，小人的思想不能不统一。”

齐高庭问于孔子曰：“庭不旷山，不直地，[1]衣穰而提贽[2]，精气[3]以问事君子之道，愿夫子告之。”孔子曰：“贞以干之[4]，敬以辅之，施仁无倦。见君子则举之，见小人则退之。去汝恶心，而忠与之。效其行，修其礼，千里之外，亲如兄弟。行不效，礼不修，则对门不汝通矣。夫终日言不遗己之忧，终日行

齐国人高庭来问孔子：“我爬过高山，不远千里而来，穿着蒿草做的衣服，拿着见面礼，真诚地前来向您请教侍奉君子的方法，希望您能告诉我。”孔子说：“守持正道去做，恭敬地去辅佐，实行仁德而不知疲倦。看到君子就加以举荐，见到小人就加以摒退。去掉邪恶的念头，真心地与人交往。如果学习好的品行，修明礼教，那么即使相距千里之遥，别人也会同你亲如兄弟。如果不学习好的品行，不能修明礼教，那么即使对门居住，别人也不会同你交往。所以呀，整天说话而不给自己留下隐忧，整天做事而不

不遗己之患，唯智者能之。故自修者，必恐惧以除患，恭俭以避难者也。终身为善，一言则败之，可不慎乎？”

给自己留下祸患，只有聪明的人才能做得到。因此，注重自我修养的人，一定会小心谨慎地消除祸患，恭敬节俭地避免灾难。一辈子做好事，因为说错一句话就败坏了自己，能不谨慎吗？”

注释 1 庭不旷山，不直地：王肃注：“庭，高庭，名也。旷，隔也。不以山为隔，逾山而来。直，宜为植。不根于地而远来也。” 2 衣穰而提贽：王肃注：“穰，蒿草衣。提，持。贽，所以执为礼也。” 3 精气：精诚，真诚。 4 贞以干之：守持正道去做。王肃注：“贞正以为干植。”《周易·乾·文言》：“文言曰：‘贞者，事之干也……贞固足以干事。’”孔颖达疏：“言君子能坚固贞正，令物得成，使事皆干济，此法天之贞也。”高亨注：“贞固，正而坚，即坚持正道。干是动词，主持，主办。”

辩物第十六

导读 本篇主要记载了孔子对各种精怪、遗物以及天文地理等现象的辨析、剖判，故以“辩物”（一作“辨物”）名篇。

本篇中的孔子博学多识，能据史实推断吴伐越时在会稽所获的一节“巨骨”来自被禹所杀的防风氏；能从陈惠公庭上死隼身上的箭，判别为“肃慎氏贡楛矢”；能由阳虎出逃而知“祸败所终，非一世可知”。他博古好学，向郯子学习古代官制，感慨“天子失官，学在四夷”。孔子的天命观中，可清晰看到殷周之际人文精神的涌动。孔子虽然由鲁国司铎官署的火灾断定为“桓、僖之亲尽”，“又功德不足以存其庙，而鲁不毁，是以天灾加之”，由麒麟“出非其时而见害”而“涕泣沾襟”；但他已经不限于从天谴角度观察“天人之际”，而将周历十二月（夏历十月）的蝗灾看作是“再失闰”的原因所致。

另外，孔子主张尊崇“天下共主”的西周封建制，“九夷百蛮”应“无忘职业”前来朝贡，他斥责吴国囚禁谨守诸侯国相见之礼的子服景伯实为“夷德”。子贡认为礼是“生死存亡之体”，并由邾隐公朝见宗主国鲁国时的失礼之举，推断国君存亡，对此，孔子只能表示无奈，说子贡的“不幸而言中”实为“多言”罢了。

原文

季桓子穿井，获如土缶[1]，其中有羊焉，使使问于孔子曰：“吾穿井于费[2]，而于井中得一狗，何也？”孔子曰：“丘之所闻者，羊也。丘闻之：木石之怪，夔、魍魉；水之怪，龙、罔象；土之怪，羵羊[3]也。”

译文

鲁国大夫季桓子家中挖井，得到一个像瓦罐一样的东西，里面有一只外形似羊的动物，派人去请教孔子说：“我在费地挖井时，在井中得到一条狗，这是怎么一回事呢？”孔子回答说：“据我所知，得到的应该是羊。我听说：山林中的精怪，叫夔，叫魍魉；水中的精怪，叫龙，叫罔象；土中的精怪，叫羵羊。”

注释 1 土缶：一本作“玉缶”。缶，口小腹大的罐状容器。 2 费（bì）：季孙氏封邑，在今山东费县东北。 3 羵（fén）羊：传说中的土中雌雄不分的怪羊。

吴伐越，隳会稽，获巨骨一节，专车[1]焉。吴子[2]使来聘于鲁，且问之孔子，命使者曰：“无以

吴国攻打越国，摧毁了越王勾践在会稽山上的营垒，获得一节很大的骨骼，要用一辆车专门装它。吴王派使者到鲁国问候鲁君，顺便请教孔子大骨骼的事，

吾命也。”宾既将事，乃发币于大夫，及孔子，孔子爵之。

既彻俎而燕[3]，客执骨而问曰：“敢问骨何如为大？”孔子曰：“丘闻之，昔禹致群臣于会稽之山，防风后至，禹杀而戮之，其骨专车焉，此为大矣。”

并且告诫说：“不要说这是我的命令。”使者问候完鲁君后，就向大夫们分送礼币，送到孔子面前时，孔子饮酒回敬了他。

当撤去礼器开始宴饮时，吴国使者拿着桌上吃剩下来的骨头问孔子道：“请问什么骨头最大？”孔子说：“我听说，从前大禹召集群臣到会稽山，防风氏违命后到，大禹杀了他，陈尸示众，他的骨骼一节要用一辆车装，这可算是最大的骨头了啊。”

注释 1 专车：载满一车。 2 吴子：吴王夫差。 3 彻俎而燕：彻，撤去，撤除。俎，放祭品的方形盘。燕，通“宴”。

客曰：“敢问谁守为神？”孔子曰：“山川之灵，足以纪纲天下[1]者，其守为神[2]。诸侯，社稷之守为公侯[3]，山川之祀者为诸侯，皆属于王[4]。”

客曰：“防风何守？”孔子曰：“汪芒[5]氏之君，守封嵎[6]山者，为漆姓。在虞、夏、商为汪芒氏，于周为长翟氏[7]，今曰大人。”

有客曰：“人长之极

吴国使者问：“请问掌管什么才算得上神灵？”孔子说：“山川的精灵，能够兴云降雨以利天下，所以它的守护者可以称得上神。诸侯中，只守社稷而不祭山川的是公侯，祭祀山川的是诸侯，他们都隶属于天子。”

吴国使者问：“防风氏掌管的是什么呢？”孔子说：“防风氏是古代汪芒氏的首领，掌管封山和嵎山，姓漆。在虞、夏、商时叫汪芒氏，到了周代时改称长翟氏，现在称大人。”

吴国使者又问：“最高的人有多高

几何？”孔子曰：“焦侥氏[8]长三尺，短之至也。长者不过十，数之极也。”

呢？”孔子答道：“焦侥氏的人身高只有三尺，这是最矮的。身材高大的不过十倍于他，这是身高的最大极限了。”

注释 1 足以纪纲天下：王肃注：“谓名山大川能兴云致雨以利天下也。” 2 其守为神：王肃注：“守山川之祀者为神。” 3 诸侯，社稷之守为公侯：王肃注：“但守社稷，无山川之祀者，直为公侯而已。” 4 皆属于王：王肃注：“神与公侯之属也。” 5 汪芒：国名。 6 封嵎（yú）：亦作“封隅”，指封山和嵎山，均在今浙江德清莫干山附近。 7 长翟氏：亦作“长瞿氏”“长狄氏”。 8 焦侥（yáo）氏：亦作“僬侥氏”，相传为西南蛮人的一支，古代传说中的矮人。《说文·人部》：“南方有焦侥，人长三尺，短之极。”

孔子在陈，陈惠公[1]宾之于上馆。时有隼集陈侯之庭而死，楛矢[2]贯之，石砮[3]，其长尺有咫。

惠公使人持隼如孔子馆而问焉。孔子曰：“隼之来远矣！此肃慎氏[4]之矢。昔武王克商，通道于九夷百蛮[5]，使各以其方贿[6]来贡，而无忘职业。于是肃慎氏贡楛矢石砮，其长尺有咫。先王欲昭其令德之致远物也，以示

孔子在陈国时，陈惠公安排他住在上等馆舍。当时有一只隼鸟停在陈惠公的厅堂上，旋即死去，射穿它的箭的杆是楛木制成，箭头是石头的，长度有一尺八寸。

陈惠公让人拿着死鸟，到孔子的馆舍询问它的来历。孔子说：“隼鸟飞来的地方离这很远啊！这是肃慎氏的箭。从前周武王攻克商朝，打通了通向各少数民族的道路，让他们以各自的特产来进贡，以此提醒他们不要忘记自己的职分。于是肃慎氏进贡了楛木箭杆、石制箭镞的箭，长有一尺八寸。武王欲显示他的

后人，使永鉴焉，故铭其栝[7]曰‘肃慎氏贡楛矢’，以分大姬。配胡公[8]，而封诸陈。古者分同姓以珍玉，所以展亲亲也；分异姓以远方之职贡[9]，所以无忘服也。故分陈以肃慎氏贡焉。君若使有司求诸故府，其可得也。”

美德能使远方来进贡，以此来昭示后人，永远作为借鉴，所以在箭杆的末端刻着‘肃慎氏贡楛矢’几个字，把它赏给他的女儿大姬。大姬嫁给胡公，封在陈地。古代把珍玉分给同姓，是为了表示亲属的亲密关系；把远方的贡物分给异姓，是为了让他们不忘记臣服。所以把肃慎氏的贡物分给陈国。您如果派官员到从前的府库中去找，就可以找到这类箭。”

公使人求，得之金椟[10]，如之。

陈惠公派人去找，从铜柜中找到了箭，果然和孔子说的一样。

注释 1 陈惠公：陈哀公之孙，名吴，谥惠，在位二十八年。 2 楛（hù）矢：楛木做的箭杆。楛，荆类植物，茎可制箭杆。 3 砮（nǔ）：石制的箭镞。 4 肃慎氏：古代北方少数民族。 5 九夷百蛮：王肃注：“九夷，东方九种。百蛮，夷狄百种。” 6 方贿：各地进贡的财物土产。 7 栝（guā）：箭末扣弦处。 8 胡公：虞舜的后代。 9 职贡：藩属或外国按时向朝廷进献的贡品。 10 金椟：收藏文献的铜柜。

郯子[1]朝鲁，鲁人问曰：“少昊[2]氏以鸟名官，何也？”对曰：“吾祖也，我知之。昔黄帝以云纪官，故为云师而云名，炎帝以火，共工以水，大昊[3]

郯国的君主郯子朝见鲁国，鲁卿叔孙婼（昭子）就请教郯子说：“少昊氏用鸟来命名职官，是什么原因呢？”郯子回答说：“他是我的先祖，我自然知道其中缘由。先前黄帝时，因出现云瑞而用云来纪事，并用云命名职官；炎帝神农氏时因出现火瑞而用火来纪事，并用火命名职官；共工氏时因出

以龙，其义一也。我高祖少昊挚之立也，凤鸟适至，是以纪之于鸟，故为鸟师而鸟名。自颛顼氏以来，不能纪远，乃纪于近，为民师而命以民事，则不能故也。”

孔子闻之，遂见郯子而学焉。既而告人曰：“吾闻之，‘天子失官，学在四夷’，犹信。”

现水瑞而用水来纪事，并用水命名职官；太昊伏羲氏时因出现龙瑞，所以用龙来纪事，并用龙命名职官。意思都是一样的。我的远祖少昊挚立国时，恰好有凤鸟飞来，所以用鸟来纪事，并用鸟命名职官。自从颛顼以来，不能记述远古的事情，就从近古开始记述，做百姓的长官而用百姓的事情来命名，那已经是不能照过去那样（根据出现的祥瑞）办理了。”

孔子听说后，主动跑去拜见郯子并向他请益。事后，孔子告诉别人说：“我听说，‘天子缺失了前代官职制度，应该向边远的地方学习’，还真是这样啊。”

注释　**1** 郯（tán）子：郯国（在今山东郯城北）国君，为少吴氏之后。孔子专门拜见郯子，向他请教上古官名。　**2** 少昊：亦作“少皓”“少皞”，东夷部落首领，己姓，名挚。　**3** 大（tài）昊：包牺氏，风姓，东夷部落首领。

邾隐公[1]朝于鲁，子贡观焉。邾子执玉高，其容仰；定公受玉卑，其容俯。

子贡曰：“以礼观之，二君者将有死亡焉。夫礼，生死存亡之体。将左

邾隐公前来鲁国朝见，子贡观看了朝见礼仪。邾隐公高高地举起玉，脸向上仰。鲁定公谦卑地接受了玉，脸向下俯。

子贡说：“用礼来看待这件事，两位国君都快要死亡或逃亡了。礼制，那是生死存亡的根本。折旋揖让，进退俯仰，

右、周旋，进退、俯仰，于是乎取之；朝、祀、丧、戎，于是乎观之。今正月相朝，而皆不度[2]，心以[3]亡矣。嘉事不体[4]，何以能久？高仰，骄也；卑俯，替也。骄近乱，替[5]近疾。君为主，其先亡乎！”

夏五月，公薨。又邾子出奔。孔子曰：“赐不幸而言中，是赐多言。”

都要选取礼制的相应规定。朝会、祭礼、丧事、征战，也要从礼制角度来观察。如今在正月里朝见，而都不合法度，两位国君的心里已经不存在礼制了。朝会不符合礼制，哪里能够长久？高和仰，这是骄傲。低和俯，这是衰颓。骄恣接近动乱，衰颓接近疾病。君王是国家的主人，恐怕会先死去吧！”

夏季五月，鲁定公死。邾隐公也出奔他国。孔子说：“这些被端木赐不幸而说中了，这是他端木赐多嘴了。”

注释 **1** 邾隐公：邾国国君，名益，曹姓。邾，周武王时所封，后为鲁国附庸，在今山东邹城。 **2** 不度：不合法度。 **3** 以：通“已”。 **4** 嘉事不体：王肃注：“朝聘，亦嘉事也。不体，不得其体。” **5** 替：颓废，衰败。

孔子在陈，陈侯就之，燕游焉。行路之人云：“鲁司铎[1]灾，及宗庙。”以告孔子。子曰：“所及者，其桓、僖之庙。”

陈侯曰：“何以知之？”子曰：“礼，‘祖有功，而宗有德，故不毁其庙焉’。今桓、僖之亲尽

孔子在陈国时，陈侯陪同他在宫外漫游。路上的行人说：“鲁国宗庙司铎官舍失火，宗庙被烧毁。”陈侯将此事告诉了孔子。孔子说：“这烧毁的宗庙，恐怕是桓公庙和僖公庙。”

陈侯问：“先生怎么知道？”孔子说：“从礼制上讲，‘祖有功，宗有德，故不毁其庙焉’。如今鲁桓公和鲁僖公已下传超过五世，宗亲关系已达尽头，加上他们

矣[2]，又功德不足以存其庙，而鲁不毁，是以天灾加之。”

的后代既无功又无德，无法维系桓公和僖公宗庙的存在，如今鲁国没主动毁掉它们，因此加以天灾来烧毁。”

三日，鲁使至。问焉，则桓、僖也。陈侯谓子贡曰：“吾乃今知圣人之可贵。”对曰：“君之知之，可矣，未若专[3]其道而行其化之善也。”

三天后，鲁国使者到陈国来。问他这事，火灾殃及的果然是桓公、僖公的宗庙。陈侯对子贡说：“我今天才知道圣人可贵。”子贡回答：“您今天知圣人可贵，可以了，但不如委以重任，让先生行道化民更为好些。”

注释 1 司铎：宫城中的官署。 2 今桓、僖之亲尽矣：古代祭必于庙，鲁国为诸侯之国，“诸侯五庙”，即二昭二穆，与太祖之庙合而为五。桓公为哀公八世祖，僖公为哀公六世祖，已出五代。 3 专：专任，专司。

阳虎[1]既奔齐，自齐奔晋，适赵氏。孔子闻之，谓子路曰：“赵氏其世有乱乎！”子路曰：“权不在焉，岂不为乱？”

阳虎从鲁国叛逃到齐国，又从齐国逃到晋国，投到了晋国执政卿赵简子门下。孔子听到了这件事，对子路说：“赵简子的后世大概要有混乱了！”子路说：“晋国的大权不在国君手中，怎能不乱呢？”

孔子曰：“非汝所知。夫阳虎亲富而不亲仁，有宠于季孙，又将杀之，不克而奔，求容于齐。齐人囚之，乃亡归晋。是齐、鲁二国，已去

孔子说：“不是你想的那么简单。阳虎只攀附富贵而不会去亲近仁人君子，他原来受到鲁国季孙氏的宠信，却要去杀害季孙氏，败露不胜后，逃奔到齐国。齐国要囚禁他，又逃到晋国。现在齐、鲁两国，已经除去祸患。但赵简子贪图小

其疾。赵简子[2]好利而多信，必溺其说而从其谋，祸败所终，非一世可知也。"

利，并且轻信于人，一定会被阳虎的言论所迷惑，听从他的计谋，最终会给晋国和赵简子带来祸乱和失败，这不是一代人可以看清的。"

注释 1 阳虎：字货，鲁国权臣季孙氏家臣。欲去季桓子未遂，据阳关以叛，为鲁所攻，遂出奔齐。 2 赵简子：赵鞅，赵武之孙，晋国执政卿。

季康子[1]问于孔子曰："今周十二月，夏之十月，而犹有螽[2]，何也？"孔子对曰："丘闻之，火伏而后蛰者毕[3]。今火犹西流[4]，司历过也。"

季康子曰："所失者几月也？"孔子曰："于夏十月，火既没矣。今火见，再失闰[5]也。"

季康子问孔子说："现在按周历是十二月了，按夏历是十月，可是还有蝗灾，为什么呢？"孔子说："我听说，大火星隐去后，昆虫都蛰伏了。但现在大火星尚流经西方天空（还不到蝗虫蛰伏之时），这很可能是历官出错了。"

季康子问："历官错了几个月呢？"孔子说："按夏历十月，大火星应该隐没不见了。现在火星还能看见，一定是历官两次未置闰月的结果。"

注释 1 季康子：鲁哀公正卿季孙肥，谥号康。 2 螽（zhōng）：蝗灾。3 火伏而后蛰者毕：大火星隐没后，天气转凉，昆虫全部蛰伏了。王肃注："火，大火，心星也。蛰，蛰虫也。" 4 西流：在西方天空划过。5 再失闰：两次未设置闰月。

吴王夫差将与哀公见晋侯。[1]子服景伯[2]对使者曰："王合诸侯，则伯率侯牧以见于王；伯合诸侯，则侯率子男以见于伯。今诸侯会，而君与寡君见晋君，则晋成为伯矣。且执事以伯召诸侯，而以侯终之，何利之有焉？"吴人乃止。既而悔之，遂囚景伯。

伯谓太宰嚭[3]曰："鲁将以十月上辛，有事于上帝、先王，季辛而毕。何也，世有职焉，自襄已来，未之改也。若其不会，祝宗[4]将曰：'吴实然。'"嚭言于夫差，归之。

子贡闻之，见于孔子曰："子服氏之子拙于说矣，以实获囚，以诈得免。"孔子曰："吴子为夷德，可欺而不可以实。是听者之蔽，非说者之拙也。"

吴王夫差要和鲁哀公去见晋定公。子服景伯对使者说："天子会合诸侯，那么伯爵就率领各诸侯进见天子；伯爵要会合诸侯，那么侯爵就率领子爵、男爵晋见伯爵。现在诸侯会见，而贵国国君与敝国国君去见晋国国君，那么晋国国君就成为伯爵了。况且，贵国国君以伯爵的身份召集诸侯，而以侯爵的身份结束，这有什么好处呢？"吴国人于是作罢。事过不久又后悔了，便囚禁了景伯。

景伯对吴国太宰嚭说："鲁国将要在十月的第一个辛日祭祀上帝和先王，最后一个辛日完毕。我子服何家，世世代代都在祭祀中担任一定的职务，从鲁襄公以来没有改变过。如果这次我不参加祭祀，祝宗将会在祷告中说'是吴国囚禁了他，导致他无法参加'。"太宰嚭告诉了吴王，于是就放回了景伯。

子贡听到这件事后，谒见孔子说："子服景伯真是不会说话，因为说实话让人给关起来了，又因说假话而被放了。"孔子说："吴国国君是蛮夷的德行，对他只能予以欺骗而不要实话实说。那是听话人的毛病，不是说话人说话拙劣。"

注释 1 “吴王夫差”句：王肃注：“吴子、鲁哀公十二年（前483）与晋侯会于黄池。”晋侯，晋定公，名午。据《左传》，黄池之会当为哀公十三年（前482）。 2 子服景伯：姬姓，孟孙氏庶支，名何，谥号为景，鲁国世袭大夫。 3 太宰嚭（pǐ）：伯氏，名嚭，字子馀，吴王夫差宠臣。 4 祝宗：祭祀时主持祝告的人。

叔孙氏之车士，曰子钼[1]商，采薪于大野，获麟焉，折其前左足，载以归。叔孙以为不祥，弃之于郭外，使人告孔子曰：“有麇[2]而角者何也？”孔子往观之，曰：“麟也。胡为来哉？胡为来哉？”反袂拭面，涕泣沾衿。叔孙闻之，然后取之。

子贡问曰：“夫子何泣尔？”孔子曰：“麟之至，为明王也。出非其时而见害，吾是以伤焉。”

叔孙氏一个叫子钼商的车夫，在大野砍柴，抓获了一只麒麟，弄折了麒麟的前左足，用车拉了回来。叔孙氏认为不吉利，就扔到了城郭外，派人告诉孔子说：“有一只长着角的獐子，却是什么动物？”孔子就亲自去看了看，说：“这是麒麟呀。它怎么就来了？它怎么就来了？”孔子哭着用衣袖擦脸，泪水沾满了衣襟。叔孙氏听到后，又把麒麟拉了回来。

子贡问道：“老师您为什么哭呢？”孔子说：“麒麟的出现，是明王出现的喜瑞。现在它出现的不是时候，并且受到了伤害，我因此才伤心呀。”

注释 1 子钼（chú）商：王肃注：“子，姓也。”或说姓子钼，名商。 2 麇（jūn）：獐子。

哀公问政第十七

【导读】 本篇记载了孔子对施政原则和鬼神观念的看法，因首章以“哀公问政于孔子”为首，故以“哀公问政”名篇。

本篇表达了孔子的德政思想，“为政在于得人”，“其人存，则其政举；其人亡，则其政息”，还细述了孔子关于五达道、三达德、治国九经、诚、择善固执、教以慈睦敬爱之道等方面的思想主张。本篇所述的孔子的鬼神观，认为“气者，神之盛也。众生必死，死必归土，此谓鬼；魂气归天，此谓神”，主张“合鬼与神而享之，教之至也”的神道设教。

【原文】

哀公[1]问政于孔子。孔子对曰：“文武之政，布在方策[2]。其人存，则其政举；其人亡，则其政息。天道敏生，人道敏政，地道敏树。夫政者，犹蒲卢[3]也，待化以成，故为政在于得人。取人以身，修道以仁。仁者，人也，亲亲为大；义者，宜也，尊贤为大。亲亲之杀[4]，尊贤之等，礼所以生也。礼者，政之本也，是以君子不

【译文】

鲁哀公向孔子请教治国方略。孔子回答说：“周文王、周武王的治国方略，记载在木板和简册上。像周文王、周武王这样的贤人在世，他们的治国举措就能施行；他们去世，他们的治国举措就不能施行了。天之道就是迅速地化生万物，人之道就是勤敏地处理政事，地之道就是让树木迅速生长。政治啊，就像蒲苇，得到雨露滋润化育就能很快成功，所以治理国家的关键在于得到人才。选取人才在于修养自身，修养道德要以仁为本。仁，就是人与人相互亲爱，而爱自己的亲人是最大的仁；义，就是事事做得适宜，而尊重贤人是最大的义。爱亲人要分亲疏，尊重贤人

可以不修身。思修身，不可以不事亲；思事亲，不可以不知人；思知人，不可以不知天。天下之达道有五，其所以行之者三。曰君臣也，父子也，夫妇也，昆弟也，朋友也，五者，天下之达道[5]。智、仁、勇三者，天下之达德也。所以行之者，一也。或生而知之，或学而知之，或困而知之，及其知之，一也。或安而行之，或利而行之，或勉强而行之，及其成功，一也。"

要有等级，这就产生了礼。礼，是为政之本，因此君子不可以不加强自身修养。想要修身，便不能不侍奉父母；要侍奉父母，便不能不了解人；要了解人，便不能不了解天行之道。天下共通的人伦大道有五条，用来实行这五条人伦大道的德行有三种。君臣之道，父子之道，夫妇之道，兄弟之道，朋友之道，这五条是天下共通的人伦大道。智、仁、勇三种品德，是天下共行的美德。实行这些大道与美德的方法，是诚实专一。有的人天生就知道，有的人通过学习才知道，有的人经历了困苦才知道，最终都知道了这些道理，这是一样的。有的人心安理得地去做，有的人为了名利去做，有的人被迫勉强去做，最终成功了，都是一样的。"

注释　1 哀公：鲁哀公，姓姬，名蒋，谥哀。　2 布在方策：记载在木板和竹简上。方，书写用的木板。策，竹简。　3 蒲卢：德化政治。王肃注："蒲卢，蜾螺（一本作蠃）也，谓土蜂也。取螟蛉而化之，以为子。为政化百姓，亦如之者也。"《尔雅》曰："蜾蠃，蒲卢。"《诗》云："螟蛉有子，蜾蠃负之。"蒲卢，取桑虫之子以为己子。朱熹《中庸集注》："蒲卢，沈括以为蒲苇是也。"　4 杀（shài）：减少，降等。　5 达道：天下古今共同遵守的道理。

公曰："子之言美矣，至矣！寡人实固，不足以

哀公说："您说得太好了，达到极点了！但我实在鄙陋，不足以做到这

成之也。”孔子曰：“好学近乎智，力行近乎仁，知耻近乎勇。知斯三者，则知所以修身；知所以修身，则知所以治人；知所以治人，则能成天下国家者矣。”

公曰：“政其尽此而已乎？”孔子曰：“凡为天下国家有九经[1]，曰：修身也，尊贤也，亲亲也，敬大臣也，体群臣也，子庶民[2]也，来百工也，柔远人[3]也，怀诸侯也。夫修身则道立，尊贤则不惑，亲亲则诸父[4]兄弟不怨，敬大臣则不眩[5]，体群臣则士之报礼重，子庶民则百姓劝[6]，来百工则财用足，柔远人则四方归之，怀诸侯则天下畏之。”

些。”孔子说：“喜欢学习的人近于有智慧，努力实行的人近于有仁心，知道耻辱的人近于有勇气。知道了这三者，就知道如何修身；知道了如何修身，就知道如何管理人；知道如何管理人，就能完成治理国家的大事了。”

哀公问：“治国之道就只有这些吗？”孔子说：“凡是治理天下国家有九条原则，那就是：修养自身，尊重贤人，亲爱亲人，敬重大臣，体恤群臣，爱民如子，招纳工匠，怀柔远民，安抚诸侯。修养自身，就能确立正道；尊重贤人，就不会困惑；亲爱亲人，叔伯兄弟就不会怨恨；敬重大臣，遇事就不会迷惑；体恤群臣，士人的回报之礼就会更加厚重；爱民如子，百姓就会努力工作；招纳百工，财物就会充足；怀柔远民，四方之人就会归顺；安抚诸侯，天下人就会敬畏。”

注释 1 经：原则，常道。 2 子庶民：以平民百姓为子。 3 柔远人：安抚、优待边远地方的人。 4 诸父：指父辈的族人，如叔伯等。 5 眩：眼花，迷乱。 6 劝：勤勉。

公曰：“为之奈何？”孔子曰：“齐洁盛

哀公问：“该怎么做才可以呢？”孔子说：“斋戒静心，穿着庄重的礼服，不符合

服[1],非礼不动,所以修身也。去谗远色,贱财而贵德,所以尊贤也。爵其能[2],重其禄,同其好恶,所以笃亲亲也。官盛任使[3],所以敬大臣也。忠信重禄,所以劝士也。时使薄敛,所以子百姓也。日省月考[4],既廪称事[5],所以来百工也。送往迎来,嘉善而矜不能,所以绥远人也。继绝世,举废邦[6],治乱持危,朝聘以时,厚往而薄来,所以怀诸侯也。治天下国家有九经,其所以行之者,一也。凡事豫则立,不豫则废。言前定则不跲[7],事前定则不困,行前定则不疚,道前定则不穷。在下位不获于上,民弗可得而治矣。获于上有道,不信于友,不获于上矣。信

礼仪的事坚决不做,这就是修养自身的方法。消除谗佞,疏远女色,看轻财物而重视德行,这就是尊重贤人的方法。给有才能的人加官进爵,给予他们丰厚的俸禄,与他们爱憎一致,这就是让亲人更加亲爱的方法。多为大臣设置属官,足供他们任用指使,这就是劝勉大臣的方法。真心诚意地任用,给予丰厚的俸禄,这就是奖劝士人的方法。劳役不误农时,减少赋税,这就是爱民如子的方法。每天省察,每月考核,付给的工钱粮米与工作业绩相称,这就是奖劝百工的方法。来时欢迎,去时欢送,嘉奖善行,怜惜弱者,这就是优待边远地区百姓的方法。延续已经绝嗣的世家,复兴已经被废亡的邦国,治理祸乱,扶持危局,让诸侯按时朝聘,赠送丰厚而纳贡菲薄,这就是安抚诸侯的方法。治理天下国家有九大方法,实行这些方法的原则只有一个。任何事情,事先有准备就会成功,无准备就会失败。说话先有准备,语言就会顺畅;做事先有准备,就不会出现困窘;行动先有准备,就不会愧疚;道路预先选定,就不会阻碍不通。身处下位的人得不到身处上位的人的信任,就不可能治理好百姓。得到上司的信任是有规则的,不能取信于朋友,就得不

于友有道，不顺于亲[8]，不信于友矣。顺于亲有道，反诸身不诚，不顺于亲矣。诚身有道，不明于善，不诚于身矣。诚者，天之至道也；诚之[9]者，人之道也。夫诚，弗勉而中，不思而得，从容中道[10]，圣人之所以体定[11]也；诚之者，择善而固执之者也。”

到上司的信任。取信于朋友是有规则的，不孝顺父母，就得不到朋友的信任。孝顺父母是有规则的，反省自己不真诚，就不能真正孝顺父母。使自己真诚是有规则的，不明白什么是善，就不能使自己内心真诚。内心真诚，是上天的最高准则；追求真诚，按照诚的要求去实现诚，是为人处世的原则。如果有诚心，不用勉强就能行为合理，不用思考就能领悟体会，从从容容就能符合中庸之道，这是圣人之所以心性平静的原因；追求真诚的人，就是要选择好善的目标并执着追求的人。”

注释 **1** 齐（zhāi）洁盛服：斋戒静心，服饰庄肃。齐，通“斋”。**2** 爵其能：给有能力的人加官晋爵。 **3** 官盛任使：官吏很多，听凭差遣。王肃注：“盛其官，委任使之也。” **4** 日省月考：每天省察，每月考核。**5** 既廪称事：百工的工钱粮米与工作实绩相称。既（xì）廪，同“饩廪”，日常所需粟米等物。 **6** 举废邦：复兴已经没落的邦国。 **7** 跲（jiá）：绊倒。《礼记·中庸》：“言前定，则不跲。”孔颖达疏：“将欲发言，能豫前思定，然后出口，则言得流行，不有踬蹶也。” **8** 不顺于亲：不听从父母的教导。 **9** 诚之：按诚去做。 **10** 从容中道：安闲舒缓，不慌不忙，行动合道。 **11** 体定：心性贞静。

公曰：“子之教寡人备矣，敢问行之所始？”孔子曰：“立爱[1]

哀公说：“您教给我的方法已经很完备了，请问从什么地方开始做起呢？”孔子说：“树立仁爱从爱父母开始，这是为了教导百

自亲始，教民睦也；立敬自长始，教民顺也。教之慈睦，而民贵有亲；教以敬，而民贵用命。民既孝于亲，又顺以听命，措诸天下无所不可。”

公曰：“寡人既得闻此言也，惧不能果行[2]而获罪咎。”

姓和睦；树立恭敬从尊敬长辈开始，这是为了教导百姓顺从。教导百姓慈爱和睦，百姓就会认为亲人是最宝贵的；教导百姓恭敬，百姓就会认为服从命令是最重要的。百姓既能孝顺父母，又能听从命令，把这种教化方法扩大开来治理天下，就没有办不到的事情。”

鲁哀公说：“我既然已听到了这些教导，很害怕不能果断地推行，从而招致罪过和埋怨。”

注释 1 立爱：树立仁爱。 2 果行：果断践行。

宰我问于孔子曰：“吾闻鬼神之名，而不知所谓，敢问焉。”孔子曰：“人生有气有魂。气者，神之盛也。众生必死，死必归土，此谓鬼；魂气归天，此谓神。合鬼与神而享之，教之至也。[1]骨肉弊于下，化为野土，其气扬于上，此神之著也。圣人因物之精，制为之极[2]，明命鬼神，以为民之则，

宰我请教孔子说：“我听人们讲鬼、神，却不知道到底是什么，想请老师讲一讲。”孔子说：“人生来就有气有魂。气，就是人充盈的生命力。人有生必有死，死后就化归于土，这就叫‘鬼’；人的魂气归升于天，这就叫‘神’。将鬼和神合起来进行祭祀，这是教化的极致。骨肉腐烂埋在地下，化作野外泥土，而气却升扬到天上，这便为神所附着。所以圣人顺应万物的实情，规定它为最高地位，明确命名为‘鬼神’，以此作为万民信奉的准则，还感觉不够全面，就又专门建了房

而犹以是为未足也，故筑为宫室，设为宗、祧[3]，春、秋祭祀，以别亲疏，教民反古复始，不敢忘其所由生也。众之服自此，故听且速焉。教以二端[4]，二端既立，报以二礼：建设朝事，燔燎膻芗[5]，所以报气也；荐黍稷，修肺、肝，加以郁鬯[6]，所以报魄也。此教民修本、反始、崇爱，上下用情，礼之至也。君子反古复始，不忘其所由生。是以致其敬，发其情，竭力从事，不敢不自尽也，此之谓大教。昔者，文王之祭也，事死如事生，思死而不欲生，忌日则必哀，称讳则如见亲，祀之忠也。思之深，如见亲之所爱。祭欲见亲之颜色者，其唯文王与！《诗》[7]云：'明发不寐，有怀二人。'则文王之谓与！祭之明日，明发

屋，设立了宗庙和远祖庙，在春秋两季祭祀，以此区分亲疏关系，教导人们要追祭祖先，不能忘记自己是从哪里来的。大家从此都信服了，非常慎重和迅速地听从。教以气、魄的由来，报之以敬神敬鬼二礼。安排朝会事宜，焚烧牛脂牛膏，发出阵阵香气，用以报'气'；敬献黍稷，敬献肺肝，摆上美酒，用以报'魄'。这样教导百姓培养根本，回归本原，崇尚仁爱，上下尊卑都重情相亲，这就是礼最好的表现。君子反古复始，不忘产生的由来，所以献敬意，表真情，努力办事，不敢不竭尽心力。这就是大教化呀。以前周文王进行祭祀时，敬事死者如同侍奉生人，思念死者就好像痛不欲生，每逢祖先的忌日一定很悲哀，在祖庙称祖先的名讳，就像见到祖先一样，祭祀时的表现可称得上是忠诚了。祭祀时深切思念祖先，就像看到祖先喜欢的东西在面前。祭祀时能想着先人音容笑貌的，大概只有周文王了吧！《诗经》上说：'直到天亮还睡不着，只是因为思念双亲。'讲的就是周文王的事吧！祭祀的第二天，天亮了还睡不着，一直思念死去的双亲，这是由于对双亲心怀诚敬，祭祀之后又思念不

不寐，有怀二人，敬而致之，又从而思之。祭之日，乐与哀半，飨之必乐，已至必哀[8]，孝子之情也。文王为能得之矣。”

已。祭祀的日子，喜悦和哀伤参半，享祭亡亲自然喜悦，又想到不知亡亲是否享用，祭祀完了亡亲神灵还要离开，就又陷入哀伤，这是孝子的感受。文王就是这样真切感受的。”

注释 1 “合鬼与神”句：王肃注：“合神鬼而事之者，孝道之至。孝者，教之所由生也。” 2 制为之极：王肃注：“极，中。制为中法。” 3 宗、祧（tiāo）：王肃注：“宗，宗庙也。祧，远庙也。天子特有二祧，诸侯谓始祖为祧也。” 4 二端：王肃注：“二端，气与魄也。” 5 燔（fán）燎膻芗：古代祭祀时烧牛羊脂散发的气味。孙希旦《礼记集解》：“膻芗，牛羊肠间脂也。羊膏曰膻，牛膏曰芗。” 6 郁鬯（chàng）：香酒。王肃注：“郁，香草。鬯，樽也。” 7《诗》：指《诗经·小雅·小宛》。8 已至必哀：王肃注：“已至，谓祭事以毕。不知亲飨否，故哀。”

卷第五

颜回第十八

导读　本篇记载了颜回的言行，而开篇即有“鲁定公问于颜回”，故以“颜回”名篇。

在回答鲁定公之问时，颜回以御马比喻治理国家，认为御马“不穷其马力”，那么治民也要做到“不穷其民力”。本篇中的颜回“善于识音”，闻哭而知哭者内心的复杂感情。颜回勤学好问，向孔子请教君子与小人之别，请教朋友交谊之道，由此还可推知他的“不违，如愚”、重视德性修养的一面。

原文

鲁定公问于颜回曰：“子亦闻东野毕[1]之善御乎？”对曰：“善则善矣，虽然，其马将必佚[2]。”定公色不悦，谓左右曰：“君子固有诬[3]人也。”颜回退。

后三日，牧来诉之曰：“东野毕之马佚，两骖[4]曳，两服入于厩。”公闻之，越席而起，促驾召颜回。回至，公曰：“前日寡人问吾

译文

鲁定公问颜回：“您也听说过东野毕善于驾车的事吗？”颜回回答说：“他确实善于驾车，尽管如此，他的马必定会逃逸。”鲁定公听了后露出不高兴的神色，对身边的人说：“君子中竟然也有诬陷人的人。”颜回退下。

过了三天，马官来报告说：“东野毕的马逃逸了，两匹骖马逃脱了，只有中间的两匹服马回到了马棚。”鲁定公听了，离开坐席站起来，催促驾车的人召颜回入朝。颜回来到后，鲁定公问：

子以东野毕之御，而子曰‘善则善矣，其马将佚’，不识吾子奚以知之？”颜回对曰：“以政知之。昔者帝舜巧于使民，造父[5]巧于使马。舜不穷其民力，造父不穷其马力，是以舜无佚民，造父无佚马。今东野毕之御也，升马执辔，衔体正矣；步骤驰骋[6]，朝礼毕[7]矣；历险致远，马力尽矣，然而犹乃求马不已。臣以此知之。”

公曰：“善！诚若吾子之言也。吾子之言，其义大矣！愿少进乎。”颜回曰：“臣闻之：鸟穷则啄，兽穷则攫，人穷则诈，马穷则佚。自古及今，未有穷其下而能无危者也。”

公悦，遂以告孔子。孔子对曰：“夫其所以为颜回者，此之类也，岂足多哉？”

“前天我问您东野毕驾车的事，而您说：‘他确实善于驾车，但他的马一定会逃逸。’我不明白您是怎样知道的？”颜回说：“我是根据为政之道推知的。从前，舜帝善于役使百姓，造父善于驾驭马。舜帝不用尽民力，造父不用尽马力，因此舜帝时代没有逃亡的百姓，造父没有逃逸的马。现在东野毕驾车，蹬马上车，拉紧缰绳，上好马嚼子；时而慢跑时而快跑，步法已经调理完成；经历险峻之地和长途奔跑，马的力气已经耗尽，然而还让马不停地奔跑。我因此知道马会逃逸。”

鲁定公说：“说得好！的确如你说的那样。您的这些话，意义很大啊！希望能进一步地讲一讲。”颜回说：“我听说，鸟急了会啄人，兽急了会抓人，人走投无路则会诈骗，马筋疲力尽则会逃走。从古至今，没有使手下人陷入困窘而他自己没有危险的。”

鲁定公听了很高兴，于是把此事告诉了孔子。孔子对他说：“他所以是颜回，就因为常有这一类的表现，不足以过分地称赞啊！”

注释 1 东野毕：春秋时善于驾车的人，也作东野稷。 2 佚：走失，逃逸。 3 诬：欺骗。《荀子·哀公》作“谗”，指背后说人坏话。 4 骖（cān）：古代驾车用四匹马，位于两旁的马称“骖”，居中的两马称“服”。 5 造父：周穆王时一位善于驾车的人。被封于赵城，后代遂以赵为氏。 6 步骤驰骋：步骤，缓行疾走。驰骋，纵马疾驰。 7 朝礼毕：指马的步法已调理完毕。王肃注：“马步骤驰骋，尽礼之仪也。”

孔子在卫，昧旦晨兴[1]，颜回侍侧，闻哭者之声甚哀。子曰：“回！汝知此何所哭乎？”对曰：“回以此哭声，非但为死者而已，又有生离别者也。”

子曰：“何以知之？”对曰：“回闻桓山之鸟，生四子焉。羽翼既成，将分于四海，其母悲鸣而送之。哀声有似于此，谓其往而不返也。回窃以音类知之。”

孔子使人问哭者，果曰：“父死家贫，卖子以葬，与之长决[2]。”子曰：“回也，善于识音矣！”

孔子在卫国，有一天天不亮就起来了，颜回在旁边陪侍，听到远处传来哭声，哭声非常悲哀。孔子问：“颜回啊，你知道这是为什么而哭吗？”颜回回答说：“弟子我认为从哭声听，这不但是替死人哭的，还有生离死别的伤心事。”

孔子问：“你凭什么这么说？”颜回回答：“弟子听说桓山有一种鸟，生了四只小鸟。小鸟羽翼丰满后，将飞往四面八方，小鸟的母亲凄楚地鸣叫着送别它们。它那凄楚的哀啼声和刚才听到的哭声非常相似，都是因为亲人将要分别可能再不相见了。因此弟子以声音来判断是这样的。”

孔子让人去问了悲哭的人，他果然说：“我的父亲死了，家庭很贫穷，只好卖了儿子来安葬死去的父亲，现在要和儿子永远分别了。”孔子说：“颜回呀，还真是很懂得识别声音呢！”

注释 1 昧旦晨兴：天不亮就起来。昧旦，天将明未明，破晓时分。2 决：通“诀”，诀别。

颜回问于孔子曰：“成人[1]之行若何？”子曰：“达于情性[2]之理，通于物类之变，知幽明[3]之故，睹游气[4]之原，若此可谓成人矣。既能成人，而又加之以仁义礼乐，成人之行也。若乃穷神[5]知礼[6]，德之盛也。”

颜回向孔子请教：“完美的人的德行，是怎样的呢？”孔子说：“通达人类本性的原理，通晓万物变化的原因，了解无形和有形物象的缘故，洞察风云变幻的根源，如果能有这样的能力，就可以说是比较完美的人了。既然能够做完美的人，再加上仁义礼乐的教化，这就是完美的人的德行。至于穷究阴阳变化之道，推知万事万物变化之理，也就达到了德行的极致。”

注释 1 成人：完美无缺的人。《管子·枢言》：“既智且仁，是谓成人。” 2 情性：本性。 3 幽明：有形与无形的事物。《易·系辞上》王弼注：“幽明，有形无形之象。” 4 游气：浮动的云气。 5 神：奇妙莫测。《易·系辞上》：“阴阳不测之谓神。” 6 知礼：探知事物变化的规律。礼，“化”之讹。或释“礼”为“理”。

颜回问于孔子曰：“臧文仲[1]、武仲[2]孰贤？”孔子曰：“武仲贤哉！”

颜回曰：“武仲世称圣人，而身不免于罪，是智不足称也；好言兵讨，而挫锐于邾，是智不

颜回向孔子请教说：“臧文仲和臧武仲谁更加贤良呢？”孔子说：“是臧武仲更贤良啊！”

颜回说：“臧武仲世人都称他是圣人，但他本人还是不免于获罪，这说明他的智慧不值得称赞；他喜欢谈论兵法征战，却被邾国打败，挫伤了锐气，这说明他

足名也。夫文仲，其身虽殁，而言不朽，恶有未贤？”孔子曰：“身殁言立，所以为文仲也。然犹有不仁者三，不智者三，是则不及武仲也。”

回曰：“可得闻乎？”孔子曰：“下展禽[3]，置六关[4]，妾织蒲[5]，三不仁。设虚器[6]，纵逆祀[7]，祠海鸟[8]，三不智。武仲在齐，齐将有祸，不受其田，以避其难，[9]是智之难也。夫臧武仲之智，而不容于鲁，抑有由焉，作而不顺，施而不恕[10]也夫。《夏书》曰：‘念兹在兹，顺事恕施。’[11]”

的智慧不值得颂扬。可那臧文仲呢，他虽然已经身死，但他的言论还一直流传着，哪里有不贤呢？”孔子说：“他身死而言论不朽，所以谥号叫‘文仲’。但是，他不仁爱的事情有三件，不聪明的事情有三件，这些可说明他不如武仲贤良。”

颜回问：“可以说给我听吗？”孔子说：“使展禽居于下位，设立六个关卡，让小老婆织苇席贩卖，这是三件不仁爱的事情。为卜龟设置豪华处所，纵容不合顺序的祭祀，祭祀海鸟，这是三件不聪明的事情。再说臧武仲到齐国后，预感齐国将有祸乱，不接受齐庄公赠他的田地，以免受到牵连而遭难，这是他的明智难得啊。凭着臧武仲这样的智慧，还不能被鲁国容纳，也是有原因的，他没有顺从事理，实施政策时不合乎仁爱之道。《夏书》里说：‘想到这一点，心思就在这一点，顺从事理，施行仁爱之道。’”

注释　**1** 臧文仲：春秋时鲁大夫臧孙氏，臧哀伯次子，姬姓，臧氏，名辰，谥文。世袭司寇。臧文仲博学广知而不拘常礼，曾废除关卡以利经商，历仕鲁庄公、闵公、僖公、文公四君。　**2** 武仲：臧文仲之孙臧孙纥，又称臧孙、臧纥，谥武。封邑在防。矮小多智，料事多中，时称“圣人”。**3** 展禽：展氏，名获，字禽，史称柳下惠。王肃注：“展禽，柳下惠。知其贤而使在下位，不与立于朝也。”　**4** 置六关：王肃注：“六关，关名。鲁本无此关，文仲置之以税行者，故为不仁。《传》曰‘废六关’，非也。” **5** 妾织蒲：王肃注：“《传》曰织蒲。蒲，席也。言文仲为国为家，在于贪利也。” **6** 设虚器：为卜龟设置豪华处所。王肃注：“居蔡。蔡，天子之守龟，非文仲所有，故曰‘虚器’也。” **7** 纵逆祀：王肃注：“夏父弗忌为宗人，跻僖公于闵公之上，文仲纵而不禁也。” **8** 祠海鸟：王肃注：“海鸟止于鲁东门之上，文仲不知，而令国人祠之。是不知也。” **9** 不受其田，以避其难：王肃注：“武仲奔齐，齐庄公将与之田，武仲知庄公将有难，辞而不受也。” **10** 作而不顺，施而不恕：王肃注：“不顺、不恕，为废適（嫡）立庶，武仲之所以然，欲为施于季氏也。” **11** “念兹在兹”句：王肃注：“念此在常，当顺其事，恕其施也。”

颜回问君子。孔子曰：“爱近仁，度[1]近智，为己不重，为人不轻，君子也夫！”回曰：“敢问其次。”子曰：“弗学而行，弗思而得。小子勉之！”

颜回请教什么样的人才可以称作君子。孔子说：“有爱心就接近仁了，善于谋划就接近智了，不要把自己看得太重，不要把别人看得太轻，这就是君子啊！”颜回又问：“请问比君子差一点的人是什么样的呢？”孔子说：“还没学习就有所行动，还没思考就有收获。你可要以此勉励自己啊！”

注释 **1** 度：谋划。王肃注：“度事而行，近于智也。”

仲孙何忌[1]问于颜回曰：“仁者一言而必有益于仁智，可得闻乎？”回曰：“一言而有益于智，莫如预；一言

仲孙何忌向颜回请教说：“仁者每说一个字，一定会对别人道德智慧的提升有好处，能告诉我其中的道理吗？”颜回说：“如果说每说一个字都有益于提升智慧，那么什么也比不上‘预’字；如果说每说一

而有益于仁，莫如恕。夫知其所不可由，斯知所由矣。”

个字都有益于提升仁德，那么什么也比不上‘恕’字。要是你知道了什么不该去做，也就知道了应该怎么去做。”

注释 **1** 仲孙何忌：鲁桓公生公子庆父，其后为孟孙氏，成为鲁国三桓之一。孟孙氏第九代宗主孟懿子，名何忌，谥懿，世称仲孙何忌。是孟僖子的儿子，南宫敬叔之兄。

颜回问小人。孔子曰：“毁人之善以为辩，狡讦[1]怀诈以为智，幸人之有过，耻学而羞不能，小人也。”

颜回请教怎样辨识小人。孔子说：“他们用诋毁他人的善心善行来显示自己能言善辩，他们用诬陷别人、心怀奸诈来表示自己有智慧，对别人的过错幸灾乐祸，自己以学习为耻辱，还要嘲弄侮辱没有才能的平凡人，这就是小人呀！”

注释 **1** 狡讦（jié）：诋毁。

颜回问子路曰：“力猛于德而得其死者鲜矣，盍[1]慎诸焉？”孔子谓颜回曰：“人莫不知此道之美，而莫之御[2]也，莫之为也。何居？为闻者盍日思也夫。”

颜回问子路说：“勇力胜过德行的人，能得到正常死亡的很少啊，为什么不谨慎些呢？”孔子对颜回讲：“人们都知道这个道理的好处，却没有人能掌控它，没有人能照着去做。这究竟是怎么回事？听到这个道理的人，为什么不每天都好好地想一想呢？”

注释 **1** 盍（hé）：何不。 **2** 御：掌控，使用。

颜回问于孔子曰："小人之言，有同乎君子者，不可不察也。"孔子曰："君子以行言，小人以舌言。故君子于为义之上，相疾也，退而相爱；小人于为乱之上，相爱也，退而相恶。[1]"

颜回请教孔子说："小人说的话，也有与君子相同的地方，不能不加以分辨啊。"孔子说："君子用实际行动来说话，小人则只用口舌来说话。所以君子在践行道德仁义方面，相互极力劝诫，过后还是非常亲近；小人却经常在共同作乱上，互相亲昵，转过背来就互相攻击。"

注释 1 "故君子"句：王肃注："相疾，急欲相劝，令为仁义。""乐并为乱，是以相爱。小人之情不能久亲也。"

颜回问朋友之际如何。孔子曰："君子之于朋友也，心必有非焉，而弗能谓吾不知。其仁人也，不忘久[1]德，不思久怨，仁矣夫！"

颜回请教朋友之间如何相处之道。孔子说："君子对待朋友，即使认为对方有所不当，他也不能说我不知道朋友的错误。仁德的人，不会忘记过去的恩德，不会计较旧日的私怨，这就是仁哪！"

注释 1 久：旧，原先，过去。

叔孙武叔[1]见未仕[2]于颜回，回曰："宾之。"武叔多称人之过，而己评论之。颜回曰："固子之来辱[3]也，宜有得于回焉。

叔孙武叔谒见颜回，颜回说："待之以宾客之礼。"武叔在与颜回的交谈中，过多地指责他人的过错，并加以评论。颜回说道："本来承蒙您屈驾来此，应该是想从我这里得到些什么吧。我曾听我的老

吾闻诸孔子曰:'言人之恶,非所以美己;言人之枉,非所以正己。'故君子攻其恶,无攻人之恶。"

师说过:'谈论别人的不是,并不能赖以美化自己;指责别人的邪恶,并不能由此证明自己正直。'因此君子对事不对人,只指出事情的错误所在,而从不攻击他人。"

注释 1 叔孙武叔:姬姓,叔孙氏,名州仇,谥号武。鲁国司马,三桓之一。 2 未仕:疑此二字为衍文。 3 辱:谦词。

颜回谓子贡曰:"吾闻诸夫子:'身不用礼而望礼于人,身不用德而望德于人,乱也。'夫子之言,不可不思也。"

颜回对子贡说道:"我从老师那里听说:'自己不遵行礼制却指望别人对自己有礼,自己不讲道德,却指望别人对自己有道德,这就乱了。'老师的这句话,不能不深思啊!"

子路初见第十九

导读 本篇也是由多章组成,丛集了孔子与弟子们的谈话。因首章开头为"子路初见孔子",故以"子路初见"名篇。

本篇中,孔子强调了学习的重要性,认为"君子不可不学",要"受学重问"。孔子赠别子路,嘱咐其慎行强、劳、忠、信、恭五点,既见孔子主张,更见师生情谊。"依仁""立礼"。孔子劝说季氏,有一种知其不可而为之的勇气与担当。孔子先吃擦拭桃的黍,然后吃桃,引起众人注意,再进言以明贵贱之理,警示"妨于教,害于义"有悖礼之举。孔子对"死谏"的辩证对待,对政事不可为之后"优哉游哉,聊以卒岁"的无奈叹息,主张"相士以居"而不偏废容貌和口才,在言行方面要有"智者"

眼光而遵从科学的“行己之道”，这些从不同侧面反映了孔子的仕隐观、交友之道、政治智慧等。

原文

子路初见孔子，子曰：“汝何好乐？”对曰：“好长剑。”

孔子曰：“吾非此之问也，徒谓以子之所能，而加之以学问，岂可及哉？”子路曰：“学岂益哉也？”

孔子曰：“夫人君而无谏臣则失正，士而无教友则失听。御狂马不释策[1]，操弓不反檠[2]。木受绳则直，人受谏则圣。受学重问，孰不顺成？毁仁恶士，必近于刑。君子不可不学。”子路曰：“南山有竹，不柔自直，斩而用之，达于犀革[3]。以此言之，何学之有？”

孔子曰：“栝而羽之[4]，镞而砺之，其入之不亦深乎？”子路再拜曰：“敬而受教。”

译文

子路初次拜见孔子，孔子说：“你有什么爱好？”子路回答说：“我喜欢长剑。”

孔子说：“我不是问你这个。我是说以你的能力，再加上努力学习，谁能赶得上你呢？”子路说：“学习真的有用吗？”

孔子说：“君王没有敢谏的臣子就会失去正道，读书人没有敢指正问题的朋友就听不到善意的批评。驾驭正在狂奔的马不能放下马鞭，已经拉开的弓不能用檠来匡正。木料用墨绳来矫正就能笔直，人接受劝谏就能成为圣人。接受知识，重视学问，谁能不顺利成功呢？诋毁仁义厌恶读书人，必定会触犯刑律。所以君子不可不学习。”子路说：“南山有竹子，不矫正自然就是直的，砍下来用作箭杆，可以射穿犀牛皮。以此说来，哪用学习呢？”

孔子说：“做好箭栝还要装上羽毛，做好箭头还要打磨锋利，这样射出的箭不是射得更深吗？”子路再次拜谢说：“恭敬地接受您的教诲。”

注释 1 释策：放下马鞭子。王肃注："御狂马者不得释棰策也。" 2 操弓不反檠（qíng）：正在拉开的弓箭不能用檠来校正。檠，校正弓的器具。 3 达于犀革：射穿犀牛皮。 4 栝（guā）而羽之：给箭栝装上箭羽。

子路将行，辞于孔子。子曰："赠汝以车乎？赠汝以言乎？"子路曰："请以言。"孔子曰："不强不达[1]，不劳无功，不忠无亲，不信无复[2]，不恭失礼。慎此五者而已。"

子路将要外出，向孔子辞行。孔子说："我送给你车呢，还是送给你一些忠告呢？"子路说："请给我些忠告吧。"孔子说："不持续努力就达不到目的，不劳动就不会有功绩，不忠心就不会有亲人，不诚信别人就不会再和你交往，不恭敬就会失礼。谨慎地处理好这五个方面就可以了。"

子路曰："由请终身奉之。敢问亲交取亲[3]若何？言寡可行[4]若何？长为善士而无犯若何？"孔子曰："汝所问，苞[5]在五者中矣。亲交取亲，其忠也；言寡可行，其信乎；长为善士而无犯，其礼也。"

子路说："我将终生谨记心头。请问对于新结交的人，如何才能取得他的信任？说得少，如何才能使说出的话都行得通？一向都是善人，如何才能做到不违反礼法？"孔子说："你所问的问题，都包括在我讲的五个方面里了。要取得新结识的人的信任，那就是忠心；说话少事情又行得通，那就是讲诚信；一向为善而不违反礼法，那就是遵行礼法。"

注释 1 不强不达：不努力坚持就达不到目的。王肃注："人不以强力则不能自达。" 2 不信无复：不讲信用别人就不会再相信。王肃注："信近于义，言可复也。今而不信，则无可复。" 3 亲交取亲：取得新结交朋友的信任。亲交，新结交的人。取亲，取得信任，成为亲近的朋友。 **4** 言寡可行：话说得少但可行。 **5** 苞：通“包”。

孔子为鲁司寇，见季康子[1]，康子不悦。孔子又见之，宰予进曰：“昔予也常闻诸夫子曰：‘王公不我聘，则弗动。’今夫子之于司寇也，日少而屈节数矣，不可以已乎？”孔子曰：“然。鲁国以众相陵，以兵相暴之日久矣，而有司不治，则将乱也。其聘我者，孰大于是哉！”

鲁人闻之，曰：“圣人将治，何不先自远刑罚？”自此之后，国无争者。孔子谓宰予曰：“违山十里，蟪蛄之声，犹在于耳，故政事莫如应之。[2]”

孔子就任鲁国司寇后，去拜见季康［桓］子，季康［桓］子不高兴。孔子又去拜见季康［桓］子，宰予走上前对孔子说：“我过去常听老师说：‘在位的王公大臣如果不是主动来请教，就不应该妄动。’如今老师您被任命为司寇还没有几天，却多次屈节求见季氏，您老人家就不能不去吗？”孔子说：“是这个道理。但是鲁国以强欺弱、以武力相侵暴的时间已经很久了，而管事的人不加以治理，那国家就免不了要大乱。现在国家聘任我做官，哪有比这更要紧的事呢？”

鲁国人听了孔子的这些话后，相互说：“圣人将要治理国家了，我们何不先约束自我，不去做那违法乱纪之事？”从这以后，鲁国再没出现过争斗之事。孔子对学生宰予说：“已经离开了高山十里路，高山上知了的叫声，还在耳畔回响，所以政事（与其听之任之）莫如与上层主动应和。”

注释 **1** 季康子：春秋时期鲁国的正卿季孙肥，姬姓，季氏，名肥，谥康。季平子生季桓子，桓子生康子。季康子事鲁哀公，此时鲁国公室衰弱，以季氏为首的“三桓”强盛，而季氏宗主季康子位高权重，为当时鲁国的权臣。王肃注："当为桓子，非康子也。" 2 "违山十里"句：蟪蛄，又名蛁蟟（diāo liáo），一种黄绿色的蝉。王肃注："违，去也。蟪蛄，蛁蟟也。蛁蟟之声去山十里犹在于耳，以其鸣而不已。言政事须慎听之，然后行之者也。"

孔子兄子有孔篾[1]者，与宓子贱[2]偕仕。孔子往过孔篾，而问之曰："自汝之仕，何得何亡？"对曰："未有所得，而所亡者三。王事若龙，学焉得习，是学不得明也；俸禄少，饘粥[3]不及亲戚，是骨肉益疏也；公事多急，不得吊死问疾，是朋友之道阙也。其所亡者三，即谓此也。"

孔子不悦，往过子贱，问如孔篾。对曰："自来仕者，无所亡，其有所得者三。始诵之，今得而行之，是学益明也；俸禄所供，被及亲戚，是骨肉益亲也；虽有公事，而兼以吊死问疾，是朋友笃也。"

孔子兄长的儿子有一个叫孔篾的，和孔子学生宓子贱都在做官。孔子外出途中经过孔篾家，问孔篾道："自从你做官，得到了什么，失去了什么？"孔篾回答说："我没有得到什么，倒是失去了三样东西。第一，公事像一条龙一样一件接一件不曾间断，所学圣贤之道怎么能够温习实践，因此所学不能够清楚明白；第二，俸禄少，连稀饭也不能够分给父母兄弟，所以骨肉一天天疏远；第三，公事多而且紧急，没有时间吊唁死者、慰问病人，所以朋友的交情也渐渐缺失了。我丢失了三样东西，就是说的这个。"

孔子听了，有点不高兴，前往学生宓子贱处，问了同样的问题。宓子贱回答说："自从我做官以来，并没有失去什么，倒是得到了三样东西。以前记诵学习的知识，如今得到了实践，因此更加明白清晰；所得俸禄，还可以供养亲戚，因此骨肉更加亲密；虽然公务缠身，但仍然可兼顾吊唁死者、慰问病人，所以朋友间的交情更加深厚了。"

孔子喟然谓子贱曰:“君子哉若人!鲁无君子者,则子贱焉取此!”

孔子感叹,称赞宓子贱道:“这个人真是君子啊!谁说鲁国没有君子,宓子贱就是啊,从宓子贱所得所言即可以看出了。”

注释 1 孔篾:即孔忠,孔子兄孟皮的儿子,字子篾,孔子弟子。2 宓子贱:姓宓,名不齐,字子贱,春秋末期鲁国人。曾任单父宰。3 饘(zhān)粥:稀饭。

孔子侍坐于哀公,赐之桃与黍焉。哀公曰:“请食。”孔子先食黍而后食桃。左右皆掩口而笑。

公曰:“黍者所以雪[1]桃,非为食之也。”孔子对曰:“丘知之矣。然夫黍者,五谷之长,郊礼[2]、宗庙以为上盛[3]。果属有六,而桃为下,祭祀不用,不登郊庙[4]。丘闻之,君子以贱雪贵,不闻以贵雪贱。今以五谷之长,雪果之下者,是从上雪下,臣以为妨于教,害于义,故不敢。”

公曰:“善哉!”

孔子陪坐在鲁哀公一旁,哀公赐予孔子桃子和黍米。哀公说:“请吃吧!”孔子先吃黍米后吃甜蜜的桃子。哀公左右的人都捂着口笑孔子。

哀公说:“熟的黍米是用来擦干净桃子用的,不是用来吃的。”孔子说:“我是知道的。但是黍米在五谷中排第一,祭祀天地的郊礼和祭祀祖先的宗庙之礼,都把黍米作为上等祭品。水果之属常见的有六种,桃子排名最后,祭祀时不使用,不能登郊宫和宗庙的大雅之堂。我听说,君子用轻贱之物把贵重的东西揩拭干净,没有听说过用贵重之物把微贱之物擦拭干净的。现在君主您用最贵重的五谷之长,擦拭果类中的下品,臣认为会妨碍教化,伤害道义,所以我是不敢这么做的。”

鲁哀公赞叹道:“说得好啊!”

注释 1 雪：擦拭。 2 郊礼：天子在都城南北郊举行的祭天之礼。3 上盛：最上等的祭品。 4 郊庙：帝王祭天的郊宫、祭祖的宗庙。

子贡曰："陈灵公[1]宣淫于朝，泄冶[2]正谏而杀之。是与比干谏而死同，可谓仁乎？"子曰："比干于纣，亲则诸父，官则少师，忠报之心在于宗庙而已，固必以死争之，冀身死之后，纣将悔寤，其本志情在于仁者也。泄冶之于灵公，位在大夫，无骨肉之亲，怀宠不去，仕于乱朝，以区区之一身，欲正一国之淫昏，死而无益，可谓捐矣。《诗》曰：'民之多僻，无自立辟。'[3]其泄冶之谓乎！"

子贡说："陈灵公公开在朝堂上淫乱，大夫泄冶直言劝谏而被杀害。这个行为和比干劝谏商纣王而被杀是一样的，都可以算得上是仁义之举吗？"孔子说："比干对于商纣王来说，论亲戚是叔父，论官位是少师，忠心报国的心只不过是为了王室的延续罢了，所以一定会以死规劝，希望自己死后，纣王会反悔醒悟，他本来的心志感情就在于仁义之心啊。而泄冶对于陈灵公而言，他只是普通的大夫，和灵公没有骨肉亲情，感怀灵公的宠爱，舍不得丢弃俸禄离开，在乱朝恶政下为官，以自己区区渺小的一身，想要矫正整个国家的昏乱邪淫的风气，他的死对国家人民没有什么益处，可以说是白白捐弃了生命。《诗经》上说：'百姓之中有邪僻，多因立法不严明。'大概说的就是泄冶吧！"

注释 1 陈灵公：陈国第十九任国君，妫姓，陈氏，名平国。陈灵公为人荒淫无道，竟和大夫孔宁、仪行父同与司马夏徵舒之母夏姬通奸，三人甚至在朝堂上穿着夏姬的汗衫炫耀嬉戏。 2 泄冶：陈国大夫。3《诗》：即《诗经·大雅·板》。僻：邪僻。辟：法度。

孔子相鲁。齐人患其将霸，欲败其政。乃选好女子八十人，衣以文饰而舞《容玑》[1]，及文马四十驷，以遗鲁君。陈女乐、列文马[2]于鲁城南高门外。季桓子微服往，观之再三，将受焉。告鲁君，为周道[3]游观，观之终日，怠于政事。

子路言于孔子曰："夫子可以行矣。"孔子曰："鲁今且郊，若致膰[4]于大夫，则是未废其常，吾犹可以止也。"

桓子既受女乐，君臣淫荒，三日不听国政，郊又不致膰俎。孔子遂行，宿于郭屯。师已[5]送，曰："夫子非罪也。"孔子曰："吾歌可乎？"歌曰："彼妇人之口，可以出走；彼妇

孔子辅佐鲁国治理政事。齐国人担心鲁国因此会变强大，将来称霸对齐国不利，打算破坏它的政事。于是挑选了八十名美女，穿上华丽的衣服，教她们跳《容玑》舞，还选了毛色有文采的好马一百六十匹，准备一起赠送给鲁国国君。齐国使臣就在鲁国都城南面的高门外，停列了送来的女子乐队和文采好马。鲁国执政季桓子微服前往，再三观看，打算接受齐国的馈赠。季桓子还报告给鲁国国君，让他们在大道上游行，以便观赏。这样整日观看表演，荒怠了政事。

子路看到这种情况后对孔子说："老师您可以辞官出走了吧。"孔子说："鲁国现在就要举行郊祀，如果国君仍然分送祭肉给大夫，那就说明还没有废掉朝中常礼，我还是可以留下来发挥作用的。"

季桓子已经接受了齐国的歌舞妓，君臣日益沉湎声色，荒淫怠政，甚至三天都不上朝理政，郊祭以后也不赠送大夫祭祀用的烤肉。孔子于是决定离开鲁国，夜宿城外的村庄里。师已前来送别孔子，对孔子说："老师您没有什么过错呀。"孔子说："我唱唱歌可以吧？"于是孔子唱道："那女乐妇人的嘴啊，可以逼迫贤圣出走；那妇人的请

人之请，可以死败。优哉游哉，聊以卒岁。”

求啊，可以让国家衰败死亡。我倒可悠游自在啊，勉强度过余生。”

注释 1《容玑》：舞曲名。 2 文马：毛色有文采的马。 3 周道：遍于道路。《史记·孔子世家》司马贞索隐：“谓请鲁君为周遍道路游行。” 4 膰：祭肉。 5 师已：鲁国乐师。

澹台子羽有君子之容，而行不胜其貌；宰我有文雅之辞，而智不充其辩。孔子曰：“里语[1]云：‘相马以舆，相士以居。’弗可废矣。以容取人，则失之子羽；以辞取人，则失之宰予。”

澹台子羽有着君子般的容貌风度，但他的品行却比不上他的外表；宰我有着既富文采又很典雅的言辞，可是他的实际智慧却不能表现在他的辩才上。孔子说：“民间的谚语讲：‘观察马的优劣，要看马拉车的本事；考查人的贤愚，要看他平时的言行。’这个重内在不重外表的道理还真不能废除啊。如果仅仅以貌取人，那么选择澹台子羽就会是个失误；如果以言取人，那么选择宰予就会是个失误。”

注释 1 里语：谚语。里，里巷。

孔子曰：“君子以其所不能[1]畏人，小人以其所不能不信人。故君子长人之才，小人抑人而取胜焉。”

孔子说：“君子因为他有所不能，所以敬畏贤能；小人因为他自己有所不能，所以他不信任并且嫉妒贤能之人。所以君子会助长别人的才干，小人则通过抑制别人来争取自己的胜利。”

注释 1 不能：做不到的事。

孔篾问行己[1]之道。子曰："知而弗为，莫如勿知；亲而弗信，莫如勿亲。乐之方至，乐而勿骄；患之将至，思而勿忧。"

孔子的侄儿孔篾，有一次向孔子请教立身行事的方法。孔子说："知道了却不肯去做，不如不知道；亲近人而不信任他，不如不亲近。快乐即将到来的时候，快乐但是不要自满；忧患的事将要发生时，思索对策但不要过分忧虑。"

孔篾曰："行己乎？"子曰："攻其所不能，补其所不备。毋以其所不能疑人，毋以其所能骄人。终日言，无遗己忧；终日行，不遗己患。唯智者有之。"

孔篾问："修身的方法就是这样吗？"孔子说："要修养钻研自己所不能的，要补充完善自己所不完备的。不要因为自己不能，就怀疑别人；也不要因为有某些方面的才能，就骄人傲物。整天说话，而不会给自己留下忧愁；终日行事，而不会给自己留下隐患。也只有智慧的人才有这个本事呀。"

注释 1 行己：立身行事。

在厄第二十

导读 本篇记载了孔子困厄陈国和蔡国的故事，故以"在厄"名篇。

首章讲到楚昭王打算聘任孔子，陈、蔡两国担心楚国因任用孔子而对自己不利，便派兵围困孔子师徒，致使其"绝粮七日""从者皆病"。在困境中，"孔子愈慷慨讲诵，弦歌不衰"，然而子路和子贡却对他的道有了微词，只有颜回自视"夫子之道至大"，认为"世不我用，有国者之丑”,“不容然后见君子”。孔子认为,君子拓展理想与时运相关,他指出“为之者,人也;生死者,命也”,“遇不遇者,时也;贤不肖者,才也”。本篇还讲述了孔子的气节观,主张君子当“全其节”。孔子说:“君子修道立德,不为穷困而败节。”而曾子弊衣不受赏赐,颜回居困而能仁廉,均承继并显扬了孔子提倡的君子节操。

原文

楚昭王[1]聘孔子,孔子往拜礼焉,路出于陈、蔡。陈、蔡大夫相与谋曰:“孔子圣贤,其所刺讥,皆中诸侯之病。若用于楚,则陈、蔡危矣。”遂使徒兵距[2]孔子。

孔子不得行,绝粮七日,外无所通,藜羹[3]不充,从者皆病。孔子愈慷慨讲诵,弦歌不衰。乃召子路而问焉,曰:“《诗》云:‘匪兕匪虎,率彼旷野。’[4]吾道非乎,奚为至于此?”

子路愠,作色而对曰:“君子无所困。意者[5]夫子未仁与,人之

译文

楚昭王聘请孔子到楚国做官,孔子前去拜见楚昭王,途中经过陈国和蔡国。陈国、蔡国的大夫一起谋划说:“孔子是一代圣贤,他所批评指责的都切中诸侯的弊病。如果他被楚国聘用,那我们陈国、蔡国就危险了。”于是派出步兵前往阻拦孔子。

孔子一行被围困,不能前行,断粮七天,也无法和外边取得联系,连粗劣的食物也吃不上,跟随他的人都病倒了。这时孔子更加慷慨激昂地讲授学问,用琴瑟伴奏不停地唱歌。还找来子路问道:“《诗经》说:‘不是犀牛不是虎,沿着荒野自出入。’我的理论学说难道有什么不对吗?为什么会落到这个地步啊?”

子路一脸的怨气,不高兴地回答说:“君子是不会被什么东西困扰的。难道是老师您的仁德还不够,人们因而还不

弗吾信也？意者夫子未智与，人之弗吾行也？且由也，昔者闻诸夫子：‘为善者，天报之以福；为不善者，天报之以祸。’今夫子积德怀义，行之久矣，奚居之穷也？”

信任我们？难道是老师您的智慧还不够，人们因而不愿推行我们的主张？而且我从前就听老师讲过：‘做善事的人上天会降福于他，做坏事的人上天会降祸于他。’如今老师您积累德行，心怀仁义，推行您的主张已经很长时间了，怎么处境还是如此困穷呢？”

注释 1 楚昭王：楚平王之子，芈姓，熊氏，名壬，谥昭。楚国的一位中兴之主。 2 徒兵：步兵。距：通“拒”，阻拦。 3 藜羹：用嫩藜草做成的菜汤，比喻食物粗劣。 4《诗》：指《诗经·小雅·何草不黄》。匪：不是。兕（sì）：一说雌的犀牛。率：沿着。王肃注：“率，循也。言非兕虎而循旷野也。” 5 意者：想来。

子曰：“由未之识也，吾语汝！汝以仁者为必信也，则伯夷、叔齐不饿死首阳；汝以智者为必用也，则王子比干不见剖心；汝以忠者为必报也，则关龙逄[1]不见刑；汝以谏者为必听也，则伍子胥[2]不见杀。夫遇不遇者，时也；贤不肖者，才也。君子博学深谋而不遇时者，众矣，何独丘哉？且芝兰

孔子说：“仲由啊，你还不懂得啊！我来告诉你原因。你以为仁德的人就一定被人相信？那么伯夷、叔齐就不会饿死在首阳山上。你以为有智慧的人一定会被任用？那么王子比干就不会被剖心。你以为忠心的人必定会有好报？那么关龙逄就不会被杀。你以为忠言劝谏一定会被采纳？那么伍子胥就不会被迫自杀。能不能遇到贤明的君主，是时运的事；贤能还是不肖，则是个人才能的事。君子学识渊博、深谋远虑而时运不济的多了，何止我孔丘一人呢？况且，芝

生于深林,不以无人而不芳;君子修道立德,不为穷困而改节。为之者,人也;生死者,命也。是以晋重耳之有霸心,生于曹卫[3];越王勾践之有霸心,生于会稽。故居下而无忧者,则思不远;处身而常逸者,则志不广。庸知其终始乎[4]?"

兰生长在深山老林之中,并不因为无人欣赏而不吐露芳香;君子修习道艺、涵养仁德,并不因为穷困而改变节操。做或者不做,在于自身;是生是死,在于命运。所以说,晋国重耳的称霸雄心,萌生于逃亡曹、卫之时;越王勾践的称霸雄心,萌生于受困会稽之时。因此,居于下位而无所忧虑的人,就会思虑不远;处身长期安逸的人,就会志向不大。怎能知道他的全部经历呢?"

注释 1 关龙逢:逢,一本作"逄"。夏桀为长夜饮,关龙逢屡加劝谏,被杀害。 2 伍子胥:春秋时楚国人,名员。因父兄被楚平王杀害,逃到吴国为大夫,与孙武共佐吴王阖闾伐楚。后因劝吴王夫差拒越求和并停止伐齐,加之被太宰伯嚭所谗,被迫自杀。 3 晋重耳之有霸心,生于曹卫:重耳,即春秋五霸的晋文公。生于曹卫,指困于曹卫而后萌生。王肃注:"重耳,晋文公也。为公子时,出奔,困于曹卫。" 4 庸知其终始乎:王肃注:"庸,用也。汝何用知其终始,或者晋文公、越王之时也。"

子路出。召子贡,告如子路。子贡曰:"夫子之道至大,故天下莫能容夫子,夫子盍少贬焉?"子曰:"赐,良农能稼,不必能穑[1];良工

子路出去了。孔子叫来子贡,又问了同样的问题。子贡说:"老师您的理论学说实在博大精深,因此天下容不下您,您何不把您的主张降低一下标准呢?"孔子说:"端木赐啊!好的农夫会种庄稼,不一定会有收获;好的工匠能做精巧的东西,不一定

能巧，不能为顺；君子能修其道，纲而纪之[2]，不必其能容。今不修其道而求其容，赐，尔志不广矣，思不远矣！”

每一次都能顺遂他人的意愿；君子能涵养他的道德学问，抓住关键确立政治主张，别人不一定能采纳。现在不研修涵养自己的道德学问，却只求别人能采纳，端木赐啊，这说明你的志向不广阔，理想不高远啊！”

子贡出，颜回入，问亦如之。颜回曰：“夫子之道至大，天下莫能容。虽然，夫子推而行之。世不我用，有国者之丑也，夫子何病焉？不容，然后见君子。”

子贡出去以后，颜回进来了，孔子又问了同样的问题。颜回说：“老师您的思想学说太博大精深了，因而天下人不能接受它。虽然如此，您还是竭力推行。世人不用，那是当权者的耻辱，您何必为此忧虑呢？虽然不被采纳，但这才可看出您的君子本色。”

孔子欣然叹曰：“有是哉？颜氏之子，使尔多财，吾为尔宰[3]。”

孔子高兴地感叹说：“你说得真对呀！颜家的儿子，假如你有很多钱财，那我就来给你当管家。”

注释 1 良农能稼，不必能穑：王肃注：“种之为稼，敛之为穑。言良农能善种之，未必能敛获之也。” 2 纲而纪之：抓住关键来治理。3 吾为尔宰：王肃注：“宰，主财者。为汝主财，意志同也。”

子路问于孔子曰：“君子亦有忧乎？”子曰：“无也。君子之修行也，其未得之，则乐其意；既得之，又乐其治[1]。是以有终身之乐，无一日之

子路请教孔子说：“君子也有忧愁吗？”孔子说：“没有啊。君子的修养德行啊，在做事未能取得成功时，他欣喜于自己所秉持的大道的美意；在做事取得成功之后啊，他便欣喜于践行大道的作为。所以君子终生都能喜悦快乐，而没有

忧。小人则不然，其未得也，患弗得之；既得之，又恐失之。是以有终身之忧，无一日之乐也。”

一天的忧愁。小人就不这样，在没有取得想要的东西时，害怕做不到；等到取得之后呢，又害怕会失掉它。所以，小人只有终生的忧虑愁苦，没有一天是快乐的啊。”

注释 1 治：作为。

曾子弊衣而耕于鲁，鲁君闻之而致邑[1]焉。曾子固辞不受。或曰：“非子之求，君自致之，奚固辞也？”曾子曰：“吾闻受人施者常畏人，与人者常骄人。纵君有赐，不我骄也，吾岂能勿畏乎？”孔子闻之，曰：“参之言，足以全其节也。”

曾子穿着很破旧的衣服在家乡鲁国耕田，鲁国的国君听到后要送给他一片封地。曾子坚决推托而不接受。有人就说：“这又不是您向人索求的，是国君自己乐意赠送给您的，您为什么坚决推辞不接受呢？”曾子说：“我听说，接受别人馈赠的人常常会害怕得罪馈赠者；给了人家东西的人，常会对接受人显露骄色。纵然国君赏赐了我土地，也不对我显露一点骄色，可是我哪能不心怀畏惧？”孔子知道了这件事后，赞叹说：“曾参的话，是足可以保全他的节操的了。”

注释 1 致邑：馈赠食邑。

孔子厄[1]于陈、蔡，从者七日不食。子贡以所赍[2]货，窃犯围[3]而出，告籴[4]于野人[5]，得米一石焉。颜回、仲由炊之于坏屋之下，

孔子受困于陈、蔡之地，跟随的人七天都没吃上饭。子贡拿着携带的货物，偷偷冲出包围，请求村民给他换些米，终于得到一石米。颜回、仲由在一间破屋下煮饭，有块熏黑的灰土掉到

有埃墨[6]堕饭中，颜回取而食之。

子贡自井望见之，不悦，以为窃食也。入问孔子曰："仁人廉士，穷改节乎？"孔子曰："改节即何称于仁廉哉？"子贡曰："若回也，其不改节乎？"子曰："然。"子贡以所饭告孔子。子曰："吾信回之为仁久矣，虽汝有云，弗以疑也，其或者必有故乎？汝止，吾将问之。"

饭中，颜回就把弄脏的那部分饭取出来吃了。

子贡在井边望见了，很不高兴，以为颜回在偷吃。他进屋问孔子："仁人廉士在困穷时也会改变节操吗？"孔子说："改变节操还称得上仁人廉士吗？"子贡问："像颜回这样的人，他不会改变节操吧？"孔子说："是的。"子贡于是把看到颜回吃饭的事告诉了孔子。孔子说："我相信颜回是仁德之人已经很久了，虽然你这样说，我还是不怀疑他的为人，或许他那样做其中定有缘故吧？你且停停，我来问问他。"

注释 1 厄：受困。 2 赍(jī)：携带。 3 犯围：冲出包围。 4 籴(dí)：买米。 5 野人：乡野之人，村民。 6 埃墨：烟熏的黑尘。

召颜回曰："畴昔[1]予梦见先人，岂或启佑[2]我哉？子炊而进饭，吾将进焉。"对曰："向有埃墨堕饭中，欲置之，则不洁；欲弃之，则可惜。回即食之，不可祭也。"孔子曰："然乎，吾亦食之。"

颜回出，孔子顾谓二三

孔子把颜回叫进来说："前几天我梦见了祖先，这难道是祖先在启发我们保佑我们吗？你做好饭赶快端上来，我要进献给祖先。"颜回说："刚才有熏黑的灰尘掉入饭中，如果留在饭中则不干净；假如扔掉，又很可惜。我就把它吃了，这饭不能用来祭祖了。"孔子说："这样的话，我也会吃掉脏饭的。"

颜回出去后，孔子回头看着其他

子曰："吾之信回也，非待今日也。"二三子由此乃服之。

弟子说："我相信颜回，并不是从今天才开始的啊！"弟子们从此更佩服颜回了。

注释 1 畴昔：往日。 2 启佑：开导保佑。

入官第二十一

导读 本篇记载了孔子对子张如何做官问题的回答，因开篇即有"子张问入官于孔子"，故以"入官"名篇。

本篇谈到孔子主张的"身安誉至而政从"之道，为官要注意做到以身作则，选贤任能，重民爱民，取信于民，务必除去"忿数""距谏""慢易""怠惰""奢侈""专独"六弊。孔子指出，"德者，政之始也"，为政应当"修身反道"，"以身先之"并"取信于庶民"，使"民咸自治"，"明君必宽裕以容其民，慈爱优柔之"，"知民之性而达诸民之情"，力行"善政"而使"民自得"。

原文

子张问入官[1]于孔子。孔子曰："安身取誉为难。"

子张曰："为之如何？"孔子曰："己有善，勿专；教不能，勿怠；已过，勿发[2]；失言，勿掎[3]；不善，勿遂；[4]行事，勿留。君子

译文

子张向孔子询问做官的事。孔子说："做到官位稳固又能有好的名声很难。"

子张说："那该怎么办呢？"孔子说："自己有长处不要独自拥有，教别人学习不要懈怠，已出现的过错不要再次发生，说错了话不要为之辩护，不好的

入官，有此六者，则身安誉至而政从矣。且夫忿数[5]者，官狱所由生也；距谏者，虑之所以塞也；慢易[6]者，礼之所以失也；怠惰者，时之所以后也；奢侈者，财之所以不足也；专独者，事之所以不成也。君子入官，除此六者，则身安誉至而政从矣。

事不要继续做下去，正在做的事不要拖延。君子做官能做到这六点，就可以使地位稳固声誉好，从而政事也会顺利。况且，怨恨多了，牢狱之灾就会发生；拒绝劝谏，思虑就会受到阻塞；行为不庄重谨慎，就会失礼；做事松懈懒惰，就会丧失时机；办事奢侈，财物就不充足；专断独权，事情就办不成。君子做官，去掉这六种毛病，就可以使地位稳固声誉好，从而政事也会顺利。

注释 1 入官：入仕，做官。王肃注："入官，谓当官治民之职也。"王聘珍《大戴礼记解诂·目录》："问入官者，问为仕之道，圣人告以南面临民，恢之弥广，君国子民，不外是也。" 2 发：再次发生。3 掎（jǐ）：曲意回护。 4 不善，勿遂：遂，行，继续做下去。王肃注："己有不善，不可遂行。" 5 忿数：怨恨数落。 6 慢易：轻慢，不庄重。

"故君子南面临官，大域之中而公治之，精智而略行之，合是忠信，考是大伦[1]，存[2]是美恶，进是利而除是害，无求其报焉，而民之情可得也。夫临之无抗[3]民之恶，胜之无犯民之言，量之无

"因此君子一旦做了官，治理广大的区域，就要以公心来治理，精心地思考而简要地推行，再加上以上所讲的六点忠信品德，考虑哪些是伦理道德的最高准则，把好事和坏事合并考察，推广有利的，除去有害的，不追求别人的报答，这样就可以得到民情了。治理百姓没有逆天虐民的恶行，自己有理也不说冒犯百姓的话，处理政事没有欺骗百姓的狡诈之辞，为了

佼[4]民之辞，养之无扰于其时，爱之无宽于刑法。若此，则身安誉至而民得也。

“君子以临官，所见则迩[5]，故明不可蔽也。所求于迩，故不劳而得也。所以治者约，故不用众而誉立。凡法象在内，故法不远而源泉不竭，是以天下积而本不寡。短长得其量，人志治而不乱政。德贯乎心，藏乎志，形乎色，发乎声。若此，而身安誉至民咸自治矣。

百姓安居乐业，劳役不要违背农时，爱护百姓不能比刑法更宽。如果能做到这些，就可以使地位稳固声誉好，从而政事也会顺利。

“君子做官，身边的事看得清楚，就会心明眼亮不受蒙蔽。先从近处寻找自己需要的东西，这样不用费很大力气就可以得到。治理国家抓住了主要问题，不用兴师动众就可以获得好名声。凡内心存在准则、榜样，那么准则、榜样离自己不远，就如同源泉不会枯竭一样，因此天下人才汇聚而不会缺乏。根据才能的不同，人才都得到任用，都有志于国家的治理而不扰乱政治。良好的德行贯穿于内心，藏在心志之中，显露在表情上，发表于言谈上。这样，官位就会稳固，好名声随之而至，百姓自然就会得到治理。

注释　1 大伦：伦常大道。　2 存：考察。　3 抗：逆天虐民。　4 佼：狡诈。　5 所见则迩：迩，近。王肃注：“所见迩，谓察于微也。”

“是故临官不治则乱，乱生则争之者至。争之至，又于乱。明君必宽裕以容其民，慈爱优柔[1]之，而民自得

“由此看来，身居官位不善于治理就会发生混乱，混乱发生竞争的人就会出现。竞争的局面发生，政治会更加混乱。英明的君主必须宽容地对待百姓，用慈爱之心去安抚他们，自然就会得到百姓的

矣。行者，政之始也；说者，情之导也。善政行易而民不怨，言调说和则民不变。法在身则民象之[2]，明在己则民显之。若乃供己而不节，则财利之生者微矣；贪以不得，则善政必简矣。苟以乱之，则善言必不听也；详以纳之，则规谏日至。言之善者，在所日闻；行之善者，在所能为。故君上者，民之仪也；有司执政者，民之表也；迩臣[3]便僻[4]者，群仆之伦[5]也。故仪不正则民失，表不端则百姓乱，迩臣便僻则群臣污矣。是以人主不可不敬乎三伦。

拥护。身体力行，是执好政的前提；让百姓高兴，他们的情绪就可以得到疏导。良好的政治措施易于执行而百姓也不会有怨言，言论说法符合民心，百姓就不会有二心。自己以身作则遵守法律，百姓就会以你为榜样；自己正大光明，百姓则会颂扬你。如果自己贪图享受而不节俭，那么生产财富的人就不会努力生产了；贪图财物又胡乱花费，那么好的政治措施也简约不用了。假如政治出现了混乱，那么好的意见必然听不进去；如果仔细审慎地采纳别人的建议，那么天天都会有人进谏。能说出美好的语言，在于每天能听取别人的意见；能有美好的行为，在于能亲身去做。所以说统治百姓的君王，是百姓的榜样；各级政府的官员，是百姓的表率；君王身边的侍御大臣，是臣仆们的样板。所以说榜样不正，百姓就失去了方向；表率不正，百姓就会混乱；侍御大臣不正，群臣就会变坏。因此治国的君主不可不谨慎地遵守各种伦理道德。

注释　1 优柔：宽舒，从容。　2 法在身则民象之：自身遵守法度，那么百姓就会效法他。王肃注："言法度常在身，则民法之。"　3 迩臣：近臣，身边的大臣。　4 便僻：当作"便辟"，逢迎谄媚的人。此指君王身边受宠幸的臣子。王肃注："僻，宜为'辟'。便辟，执事在君之左右者。" 5 伦：王肃注："伦，纪也，为众之纪。"

"君子修身反道，察理言而服之，则身安誉至，终始在焉。故夫女子必自择丝麻，良工必自择貌材[1]，贤君必自择左右。劳于取人，佚于治事。君子欲誉，则必谨其左右。为上者，譬如缘木焉，务高而畏下滋甚。六马之乖离[2]，必于四达之交衢；万民之叛道，必于君上之失政。上者尊严而危，民者卑贱而神。爱之则存，恶之则亡。长民者必明此之要。故南面临官，贵而不骄，富而能供[3]，有本而能图末，修事而能建业，久居而不滞，情近而畅乎远，察一物而贯乎多。治一物而万物不能乱者，以身为本者也。

"君子遵循道来修身，仔细辨别哪些是正确的道理来行事，地位就可巩固，名望也随之而至，终生受用无穷。所以女子织布一定要亲自挑选丝麻，优秀的工匠一定要亲自挑选材料，贤明的君主一定要亲自挑选身边的大臣。选拔人才辛苦一些，治理政事时就轻松一些。君子想得到美誉，也要谨慎选择交往的人。在上位的人，就好像爬树一样，爬得越高越害怕掉下来。拉车的六匹马分散乱跑，一定是在四通八达的交叉路口；百姓造反，必定是因为君王政治措施的错误。在上者虽然尊贵威严却是有危险的，百姓虽然卑贱却是有神力的。百姓热爱你，你就能存在；百姓厌恶你，你就要灭亡。治理百姓的人必须明了这个道理的重要性。因此在上为官，地位虽然高贵也不要骄横，富有了也要谨慎恭敬，有了根本还要考虑细枝末节，做好了事还要建功立业，有了长时间的安定局面仍然要不停地努力，近处的感情沟通了还要畅达到远方，观察一件事物要能联想多种事物。治理一件事而万事都能不乱，是因为能够以身作则的缘故。

注释 1 貌材：良好的材料。 2 乖离：离散，不合。 3 供：恭敬。

“君子莅民，不可以不知民之性而达诸民之情。既知其性，又习其情，然后民乃从命矣。故世举[1]则民亲之，政均[2]则民无怨。故君子莅民，不临以高，不导以远，不责民之所不为，不强民之所不能。廓[3]之以明王之功，不因其情，则民严而不迎。笃[4]之以累年之业，不因其力，则民引而不从。若责民所不为，强民所不能，则民疾，疾则僻矣。

“古者圣主冕而前旒[5]，所以蔽明也；纮统[6]充耳，所以掩聪也。水至清则无鱼，人至察则无徒。枉而直之[7]，使自得之；优而柔之，使自求之；揆而度之，

“君子统治百姓，不可不了解百姓的性情，进而了解百姓的感情。既已知道了民性，而又熟悉了民情，然后百姓才能服从你的管理。因此国家安定百姓就会爱戴君王，政策公平合理百姓就无怨言。所以君子治国，不能只是高高在上，不能做远不可及的事，不责备百姓做不愿做的事，不强求百姓做不能完成的事。为了扩大贤明君王那样的功业，不顾民情，那么百姓就会表面恭敬实际却不愿迎合。为了增加已有的功业，不顾民力，那么百姓就会逃避而不服从。如果强迫百姓做他们不愿做的事，强迫他们做不能完成的事，百姓就会痛恨，痛恨就会做出一些不当的事。

“古代的圣明君主戴着前面悬垂着玉的帽子，是用来遮蔽亮光的；垂于冠冕两边系瑱的带子挡住耳朵，是用来遮蔽听觉的。水太清就没有鱼了，人极其明察就没有追随者了。百姓做错了事需要改正，要使百姓自己有所认识；宽厚柔和地对待百姓，让他们自己去发现错误；度量百姓的情况来教育他们，让他们自己明白对错。百姓犯了小罪，一定要找出他们的长处，赦免他们

使自索之[8]。民有小罪，必求其善以赦其过；民有大罪，必原其故以仁辅化；如有死罪，其使之生，则善也。是以上下亲而不离，道化流而不蕴。故德者，政之始也。

的过错；百姓犯了大罪，一定要找出犯罪的原因，用仁爱的思想教育他们，使他们改过从善；如果犯了死罪，惩治后使他们得到新生，那就更好了。这样君臣百姓上下亲和而不离心离德，治理国家的措施就能够推行而不阻塞。所以说执政者的道德，是政治好坏的前提。

注释 1 世举：国家安定，不废礼乐。 2 政均：政策公正合理。 3 廓：开拓。 4 笃：深厚，厚实。 5 旒：古时帝王王冠上前后悬垂的玉饰。 6 纮紞（hóng dǎn）：纮，系于颌下的帽带；紞，冠冕上用来系瑱的带子。瑱，垂在冠冕两侧的装饰物，用玉、石、贝等制成。 7 枉而直之：使弯曲的东西变直。 8 揆而度之，使自索之：遇事要估量揣度，让自己思索得出结论。王肃注："揆度其法以开示之，使自索得之也。"

"政不和，则民不从其教矣；不从教，则民不习；不习，则不可得而使也。君子欲言之见信也，莫善乎先虚其内；欲政之速行也，莫善乎以身先之；欲民之速服也，莫善乎以道御之。不以道御之，故虽服必强。自非忠信，则无可以取亲于百姓者矣。内外不相应，则无

"政令不切合实际，百姓就不会服从教导；不服从教导，百姓就不习惯遵守法令法规；不习惯遵守法令法规，就不能很好地役使和统治他们了。君子要想使自己的话被别人相信，最好的办法是虚心听取意见；要想政治措施迅速推行，最好的办法是身体力行；要想使百姓迅速服从，最好的办法是以正确之道来治理国家。不以正确之道治理，百姓即使服从也是勉强的。不依靠忠信，就不可能取得百姓的亲近和信任。朝廷和民间

已取信于庶民者矣。此治民之至道矣，入官之大统[1]矣。”

子张既闻孔子斯言，遂退而记之。

不能相互了解沟通，就不能取信于平民百姓。这是治理百姓的最重要的原则，也是入仕做官者最重要的纲领。”

子张听了孔子这番话，就回去记录了下来。

注释 1 大统：最重要的纲领、原则。

困誓第二十二

导读 本篇篇首即有子贡“倦于学，困于道”之惑，对于子贡想停止求道问学而从事于“事君”、“事亲”、处家、交友、耕田等人间道德伦理实践的想法，孔子认为这些都是很难的事，人只有死后才能得到休息。因此，本篇讲求道处困时的自誓之道，正文有“君不困不成王，烈士不困行不彰”之语，处困而能“激愤厉志”，处下之道也应当“多其功而不意，弘其志而无不容”，故以“困誓”名篇。有学者疑“誓”读如“哲”，亦可通。

本篇所言君子处困的自誓之道，也可以看出孔子的知行观，正因为知难行亦难，所以生命不息也应当求道不止。本篇还具体描述了孔子尊贤重才的思想，孔子谴责赵简子杀害贤人，指出“君子违(讳)伤其类”。孔子主张砥砺德行，“行修而名自立”，交贤而名自彰。

原文

子贡问于孔子曰：“赐倦于学，困于道矣，愿息而事君，可乎？”孔

译文

子贡向孔子问道：“我对学习已经厌倦了，对于道又感到困惑不解，想去侍奉君主以得到休息，可以吗？”孔子说：“《诗

子曰："《诗》[1]云：'温恭朝夕，执事有恪。'[2]事君之难也，焉可息哉！"

曰："然则赐愿息而事亲。"孔子曰："《诗》[3]云：'孝子不匮，永锡尔类。'[4]事亲之难也，焉可以息哉！"

曰："然则赐请息于妻子。"孔子曰："《诗》[5]云：'刑于寡妻，至于兄弟，以御于家邦。'[6]妻子之难也，焉可以息哉！"

经》里说：'侍奉君王从早到晚都要温文恭敬，做事要恭谨小心。'侍奉君主是很难的事情，怎么可能得到休息呢？"

子贡说："那么我希望去侍奉父母以得到休息。"孔子说："《诗经》里讲：'孝子的孝心永不竭，孝的法则要永远传递。'侍奉父母也是很难的事，怎么可能得到休息呢？"

子贡说："我希望在妻子儿女那里得到休息。"孔子说："《诗经》里说：'要给妻子做出典范，进而至于兄弟，推而治理宗族国家。'与妻子儿女相处也是很难的事，哪能够得到休息呢？"

注释　1《诗》：此指《诗经·商颂·那》。　2 温恭朝夕：成天都要温和恭敬。执事有恪：行事要恭敬谨慎。　3《诗》：此指《诗经·大雅·既醉》。　4 孝子不匮：孝子的孝心永不竭。永锡尔类：孝的法则永远传递。王肃注："匮，竭也。类，善也。孝子之道不匮竭者，能以类相传，长锡尔以善道也。"　5《诗》：此指《诗经·大雅·思齐》。　6"刑于寡妻"句：刑于寡妻，指给妻子做出典范。刑，典范。寡妻，指嫡妻。御，治理。家邦，指国家。王肃注："刑，法也。寡，適（嫡）也。御，正也。文王以正法接其寡妻，至于同姓兄弟，以正治天下之国家者矣。"

曰："然则赐愿息于朋友。"孔子曰："《诗》[1]云：'朋友攸摄，摄以威仪。'[2]朋

子贡说："我希望在朋友那里得到休息。"孔子说："《诗经》里说：'朋友之间互相帮助，使彼此举止符合威仪。'和朋友

友之难也，焉可以息哉！”

曰：“然则赐愿息于耕矣。”孔子曰：“《诗》[3]云：‘昼尔于茅，宵尔索绹，亟其乘屋，其始播百谷。’[4]耕之难也，焉可以息哉！”

曰：“然则赐将无所息者也？”孔子曰：“有焉。自望其广[5]，则睪如[6]也；视其高，则填如也[7]；察其从，则隔如也[8]。此其所以息也矣。”

子贡曰：“大哉乎死也！君子息焉，小人休焉。大哉乎死也！”

相处也是很难的，哪能够得到休息呢？”

子贡说：“我希望去种庄稼来得到休息。”孔子说：“《诗经》里说：‘白天割茅草，晚上把绳搓，赶快修屋子，又要开始去播谷。’种庄稼也是很难的事，哪能够得到休息呢？”

子贡说：“那我就没有可休息的地方了吗？”孔子说：“有的。你从这里看那个坟墓，样子高高的；看它高高的样子，又填得实实的；从侧面看，又是一个个隔开的。这就是休息的地方了。”

子贡说：“死的事是这样重大啊！君子在这里休息，小人也在这里休息。死的事是这样重大啊！”

注释 1《诗》：此指《诗经·大雅·既醉》。 2 朋友攸摄：朋友要互相帮助。攸，语助词。摄，佐助。摄以威仪：使礼仪合度。 3《诗》：此指《诗经·豳风·七月》。 4 昼尔于茅：白天去割茅草。尔，语助词。于，取，引申为割。宵尔索绹（táo）：晚上搓绳。亟其乘屋：急急忙忙盖屋顶。 5 广：通“圹”，坟墓。 6 睪（gāo）如：高高的样子。睪，通“皋”。 7 视其高，则填如也：填，《荀子·大略》作“嵮”，山巅。王肃注：“填，塞实貌也。冢虽高而塞实也。” 8 察其从，则隔如也：隔，《荀子·大略》作“鬲”，像鼎一类的三足中空的烹饪器。王肃注：“言其隔而不得复相从也。”

孔子自卫将入晋，至河，闻赵简子杀窦犨鸣犊及舜华[1]，乃临河而叹曰："美哉水，洋洋乎！丘之不济，此命也夫！"

子贡趋而进曰："敢问何谓也？"孔子曰："窦犨鸣犊、舜华，晋之贤大夫也。赵简子未得志之时，须此二人而后从政。及其已得志也，而杀之。丘闻之刳[2]胎杀夭，则麒麟不至其郊；竭泽而渔，则蛟龙不处其渊；覆巢破卵，则凰凰不翔其邑。何则？君子违[3]伤其类者也。鸟兽之于不义，尚知避之，况于人乎？"

遂还，息于邹，作《槃操》以哀之。

孔子将要从卫国进入晋国，来到黄河边，听到晋国的赵简子杀了窦犨鸣犊和舜华的消息，就面对黄河叹息着说："黄河的水这样的美啊，浩浩荡荡地流淌！我不能渡过这条河，是命中注定的吧！"

子贡快步走向前问道："请问老师您这话是什么意思啊？"孔子说："窦犨鸣犊、舜华都是晋国的贤大夫啊。赵简子未得志的时候，依仗他们二人才得以从政。到他得志以后，却把他们杀了。我听说，如果对牲畜有剖腹取胎的残忍行为，那么麒麟就不会来到这个国家的郊外；如果有竭泽而渔的行为，蛟龙就不会在这个国家的水中居住；如果有捅破鸟巢打破鸟卵的行为，凤凰就不会在这个国家的上空飞翔。为什么呢？这是因为君子也害怕受到同样的伤害啊！鸟兽对于不仁义的事尚且知道躲避，何况是人呢？"

于是返了回来，到邹地休息，作了《槃操》一曲来哀悼他们。

注释 1 赵简子：即赵鞅，晋定公时为卿，卒谥"简"。窦犨（chōu）：字鸣犊，晋国贤大夫。舜华：亦晋国贤大夫。 2 刳（kū）：剖开。 3 违：王肃注："违，去也。违，或为讳也。"

子路问于孔子曰："有人于此，夙[1]兴夜寐，耕芸树艺[2]，手足胼胝[3]，以养其亲。然而名不称孝，何也？"孔子曰："意者身不敬与？辞不顺与？色不悦与？古之人有言曰：'人与己与不汝欺。'今尽力养亲，而无三者之阙，何谓无孝之名乎？"

子路问孔子说："这里有一个人，早起晚睡，耕种庄稼，手掌和脚底都磨出了茧子，以此来养活父母。然而却没有得到孝子的名声，这是为什么呢？"孔子说："想来自身有不敬的行为吧？说话的言辞不够恭顺吧？脸色不温和吧？古人有句话说：'别人的心与你自己的心是一样的，是不会欺骗你的。'现在这个人尽力养亲，如果没有上面讲的三种过错，怎么能没有孝子的名声呢？"

孔子曰："由，汝志之，吾语汝：虽有国士之力，而不能自举其身，非力之少，势不可矣。夫内行不修，身之罪也；行修而名不彰，友之罪也。行修而名自立。故君子入则笃行，出则交贤，何谓无孝名乎？"

孔子又说："仲由啊，你记住，我告诉你：一个人即使有全国著名勇士那么大的力量，也不能把自己举起来，这不是力量不够，而是情势上做不到。一个人不很好地修养自身的道德，这是他自己的错误；自身道德修养好了而名声没有彰显，这就是朋友的过错了。品行修养好了自然会有名声。所以君子在家行为要淳厚朴实，出外要结交贤能的人，这样怎会没有孝子的名声呢？"

注释 1 夙（sù）：早晨。 2 耕芸树艺：耕地锄草种庄稼。芸，通"耘"，锄草。树，栽植。艺，播种。 3 胼胝（pián zhī）：俗称"老茧"，指手掌或脚掌上因辛勤劳动而生成的硬皮。

孔子遭厄于陈、蔡之间，绝粮七日，弟子馁[1]病，孔子弦歌。子路入见曰："夫子之歌，礼乎？"孔子弗应，曲终而曰："由来！吾语汝。君子好乐，为无骄也；小人好乐，为无慑也。其谁之，子不我知而从我者乎？"

子路悦，援戚[2]而舞，三终而出。明日，免于厄，子贡执辔，曰："二三子从夫子而遭此难也，其弗忘矣！"孔子曰："善，恶何也？[3]夫陈、蔡之间，丘之幸也。二三子从丘者，皆幸也。吾闻之，君不困不成王，烈士[4]不困行不彰。庸知其非激愤厉志之始于是乎在[5]？"

孔子一行在陈、蔡边境遭到围困，断粮七天了，弟子们都饿得病了，孔子却弹琴唱歌。子路看见孔子在这样的情况下还唱歌，就进见而问："夫子唱的歌，是礼吗？"孔子不理睬他，直到唱完了，才说："仲由，你过来，我告诉你。君子爱好音乐，是要防止骄傲；小人爱好音乐，是要消除恐惧。你是谁家的孩子，不了解我，却跟着我？"

子路一听，笑了，于是拿起一把戚，随着孔子的歌声跳起舞来，三段曲子结束了才出门。第二天，脱困了，子贡牵着马缰绳说："我们跟着夫子遭到这样的劫难，千万不要忘了啊！"孔子说："不错，是什么不要忘掉呢？这陈、蔡边境，是我的幸运。你们跟着我，也是你们的幸运。我听说，国君不遭困乏，就成不了王；烈士不遭困乏，就不能彰显他的品行。谁能知道那激励发愤磨练意志的开始，是否就在这儿呢？"

注释 1 馁：饥饿困顿。 2 戚：古代像斧一样的兵器。 3 善，恶何也：王肃注："善子贡言也。恶何，犹言是何也。" 4 烈士：刚烈之士。 5 在：同"哉"。

孔子之宋，匡[1]人简子以甲士围之。子路怒，奋戟将与战。孔子止之，曰："恶有修仁义而不免俗者乎？夫《诗》《书》之不讲，礼乐之不习，是丘之过也。若以述先王好古法而为咎者，则非丘之罪也。命夫！歌！予和汝。"子路弹琴而歌，孔子和之，曲三终，匡人解甲而罢。

孔子前往宋国，匡地人简子率领披铠甲的士兵将孔子一行人团团围住。子路发怒，要拿起兵器与他们对战。孔子制止子路说："哪有修行仁义之人改变不了世俗的凶暴呢？不讲授《诗》《书》，不学习礼乐，那是我的过错啊。如果以阐述先王之道、喜欢古代典章制度作为过失，那就不是我的过错了。这是命运安排的啊！唱支歌吧！我来和你。"子路边弹琴边唱起来，孔子也唱和起来，几曲过后，匡人解除武装离开了。

注释　1 匡：春秋地名，在今河南睢县西。

孔子曰："不观高崖，何以知巅坠之患？不临深泉，何以知没溺之患？不观巨海，何以知风波之患？失之者其不在此乎？士慎此三者，则无累于身矣。"

孔子说："不去亲临悬崖观察，怎么能真正感知那种从崖顶坠落的危险性？不去亲临深泉，怎么能真正感觉那种淹溺的危险性？不去亲临大海考察，怎么能知道大风浪的危险性？造成过错的原因不就在这些方面吗？士人要谨慎地对待以上三种情况，就不会给自身带来什么危险了。"

子贡问于孔子曰："赐既为人下矣，而未知为人下之道，敢问之。"

子贡请教孔子说："我端木赐已经做到为人谦下了，但不知为人谦下的道理，

子曰："为人下者，其犹土乎！汩[1]之深则出泉，树其壤则百谷滋焉，草木植焉，禽兽育焉。生则出焉，死则入焉。多其功而不意，恢[2]其志而无不容。为人下者以此也。"

想请教老师。"孔子说："为人谦下的人，就像土一样吧！深深挖掘就可以得到甘泉，在那土壤上面种植，就会百谷滋长，草木在它上面生长，禽兽在它上面繁育。草木禽兽和人都在它上面生长，死后又埋在它的下面。土地功劳多却不在意，胸怀宽广无所不容。为人谦下者就应该像土那样。"

注释　1 汩：通"扫"，挖掘。　2 恢：一本作"弘"，恢弘。

孔子适郑，与弟子相失，独立东郭门外。或人谓子贡曰："东门外有一人焉，其长九尺有六寸，河目隆颡[1]，其头似尧，其颈似皋繇，其肩似子产，然自腰以下，不及禹者三寸，累然如丧家之狗[2]。"子贡以告。孔子欣然而叹曰："形状，末也；如丧家之狗，然乎哉！然乎哉！"

孔子前往郑国，和弟子们失散了，孔子独自站在外城的东门边。有个当地人对子贡说："东门外有个人，身高九尺六寸，眼像长河，额头高隆，他的头像唐尧，脖子像皋陶，肩像我国的执政子产大夫，然而从腰以下比夏禹短了三寸，不得志的样子好似丧家之狗。"子贡把这些话告诉了孔子。孔子高兴地感叹道："容貌形体，那是判断人的末节；但说我的精神状态像丧家之狗，还真是这样的！还真是这样的！"

注释　1 颡（sǎng）：额。　2 累然如丧家之狗：王肃注："丧家狗，主人哀荒，不见饭食，故累然不得意。孔子生于乱世，道不得行，故累然，是不得意之貌也。"

孔子适卫，路出于蒲[1]，会公叔氏[2]以蒲叛卫，而止之。孔子弟子有公良孺[3]者，为人贤长，有勇力，以私车五乘，从夫子行，喟然曰："昔吾从夫子遇难于匡，又伐树于宋[4]。今遇困于此，命也夫！与其见夫子仍遇于难，宁我斗死。"挺剑而合众，将与之战。

蒲人惧曰："苟无适卫，吾则出子。"以盟孔子，而出之东门。孔子遂适卫。子贡曰："盟可负乎？"孔子曰："要[5]我以盟，非义也！"

孔子一行到卫国去，从卫国的蒲地经过，恰好遇到公叔氏据蒲地反叛卫国，不让他们通过。孔子的学生中有一个叫公良孺的，为人贤能，身材高大，有勇有力，带着五辆自己的车跟随孔子周游列国，他长叹了一声说："往日我跟着老师在匡地受到围攻，又在宋国遭遇伐树之难。如今又受困于此，这就是命啊！与其见老师再遭厄难，还不如我和他们拼斗而死。"说完拔出剑来，召集众人，就要与蒲人血战。

蒲人胆怯了，说："如果你们不到卫国去，就放你们出去。"于是和孔子订下盟誓，让孔子一行从蒲城东门出去。孔子还是前往了卫国。子贡说："盟誓可以违背吗？"孔子说："要挟我立的盟誓，是不道义的！"

注释　1 蒲：春秋时卫国地名，在今河南长垣。　2 公叔氏：卫国大夫公孙戌，富而骄，为卫君逐。　3 公良孺：孔子弟子，陈国人。一本作"公良儒"。　4 又伐树于宋：王肃注："孔子与弟子行礼于大树之下，桓魋欲害之，故先伐其树焉。"　5 要（yāo）：要挟。

卫侯闻孔子之来，喜而于郊迎之。问伐蒲，对曰："可哉！"

卫灵公听说孔子来到卫国，高兴地出城到郊外迎接。卫灵公询问孔子要讨伐蒲地的事，孔子说："可以啊！"卫灵公说："我

公曰："吾大夫以为蒲者，卫之所以恃晋楚也，伐之无乃不可乎？"孔子曰："其男子有死之志，吾之所伐者，不过四五人矣。"公曰："善！"卒不果伐。

国的大夫们认为蒲地对卫国非常重要，卫国因为蒲地才不害怕晋楚等大国，现在讨伐蒲地，这样做恐怕不可以吧？"孔子说："蒲地的男子都有宁死也不随从叛乱的心志，我们真正要讨伐的，只不过是带头叛乱的那四五个人而已。"卫灵公说："好！"但最终也没有出兵讨伐。

他日，灵公又与夫子语，见飞雁过，而仰视之，色不悦。孔子乃逝[1]。

有一天，卫灵公又和孔子见面交谈，看见大雁飞过，卫灵公仰头去看，脸上表现出不高兴的样子。过后，孔子就离开了卫国。

注释 1 逝：行，离开。

卫蘧伯玉贤，而灵公不用；弥子瑕[1]不肖，反任之。史鱼[2]骤[3]谏而不从。史鱼病将卒，命其子曰："吾在卫朝，不能进蘧伯玉、退弥子瑕，是吾为臣不能正君也！生而不能正君，则死无以成礼。我死，汝置尸牖下[4]，于我毕矣。"其子从之。

卫国的蘧伯玉贤能，但卫灵公却不肯重用他；弥子瑕不贤能，卫灵公反而委以重任。卫国大夫史鱼屡次进谏，卫灵公始终不采纳。后来，史鱼得了重病，快要死了，叫儿子过来嘱咐他说："我在卫国朝廷做官，却不能够进荐蘧伯玉而斥退弥子瑕，这是我身为臣子却没有能够匡正君主的过失啊！生前无法匡正君主，那么死了也就不值得举办丧礼。我死后，你将我的尸体放在窗下，这样对我就算完成丧礼了。"史鱼的儿子听从了父命。

注释 1 弥子瑕：卫灵公的宠幸大夫。 2 史鱼：卫国大夫史鳟，字子鱼。 3 骤：屡次。 4 汝置尸牖下：王肃注："礼，饭含于牖下，小敛于户内，大敛于阼，殡于客位也。"

灵公吊焉，怪而问焉。其子以其父言告公。公愕然失容，曰："是寡人之过也！"于是命之殡于客位。进蘧伯玉而用之，退弥子瑕而远之。

卫灵公前来吊丧时，见此情景，感到奇怪，就责问史鱼的儿子。史鱼的儿子便将史鱼生前的遗命告诉了卫灵公。卫灵公听后很惊愕，脸色都变了，说道："这是我的过失啊！"于是马上令人把史鱼的尸体按礼仪安放妥当。回去后，便重用了蘧伯玉，辞退了弥子瑕并疏远了他。

孔子闻之，曰："古之列[1]谏之者，死则已矣，未有若史鱼死而尸谏，忠感其君者也。可不谓直乎？"

孔夫子听到此事后，赞叹道："古来有许多敢于直言相谏的人，死了劝谏也就停止了，还没有像史鱼这样，死了以后却还要用自己的尸体来劝谏，以一片忠诚感化了君主的。难道他还称不上是正直的人吗？"

注释 1 列：通"烈"，强烈，极力。

五帝德第二十三

导读 本篇记载了宰我向老师请教上古传说，孔子便依据"五帝用说，三王有度"的历史叙事方式，向宰我逐一讲述了黄帝、颛顼、帝喾、尧、舜、禹等帝王事迹和品德，故以"五帝德"名篇。

孔子称颂古代圣王的德化政治，五帝之德，"民悦至矣"，然而其"大者如天”，只能言其“小者”。本篇为解读孔子的德政思想、圣王理想提供了重要参考。

原文

宰我问于孔子曰：“昔者吾闻诸荣伊[1]曰‘黄帝三百年’。请问黄帝者，人也？抑非人也？何以能至三百年乎？”孔子曰：“禹、汤、文、武、周公，不可胜以观也，而上世黄帝之问，将谓先生难言之故乎？”[2]

宰我曰：“上世之传，隐微[3]之说，卒采[4]之辩，暗忽之意，非君子之道者，则予之问也固矣。”

译文

宰我问孔子说：“以前我听荣伊说‘黄帝统治了三百年’。请问黄帝是人抑或不是人？其统治的时间怎么能达到三百年呢？”孔子说：“大禹、汤、周文王、周武王、周公，尚且无法完全说清楚，而你却问到更为久远的黄帝，这是老前辈也难以说得清的问题吧？”

宰我说：“上古的传言，隐晦的说法，已经过去的事还争论，晦涩飘忽的含义，这些都不是君子应该说的，我的问题问得是有点鄙陋了。”

注释 1 荣伊：人名。 2 “禹、汤、文、武”句：王肃注：“言禹、汤已下不可胜观，乃问上世黄帝，将为先生长老难言之，故问。” 3 隐微：隐约微妙。 4 卒：终也。采：事。

孔子曰：“可也，吾略闻其说。黄帝者，少昊之子，曰轩辕。生而神灵，弱而能言。幼齐睿庄，敦敏诚信。长聪明，

孔子说：“可以问吧，我略微听说过这方面的事情。黄帝，是少昊的儿子，名叫轩辕。他一出生就非常神奇灵异，很早就能说话。他小时候伶俐、睿智、端庄，且厚道、敏捷、诚信。长大成人

治五气[1]，设五量[2]，抚万民，度四方。服牛乘马，扰驯猛兽，以与炎帝战于阪泉[3]之野，三战而后克之。始垂衣裳[4]，作为黼黻。治民以顺天地之纪，知幽明之故，达生死存亡之说。播时百谷，尝味草木，仁厚及于鸟兽昆虫。考日月星辰，劳耳目，勤心力，用水火财物以生民。民赖其利，百年而死；民畏其神，百年而亡；民用其教，百年而移。故曰'黄帝三百年'。"

后，就更加聪明，能治理五行之气，设置五种计量标准，安抚百姓，考察四方民情。他驾驭牛马，驱赶驯服的猛兽，跟炎帝在阪泉之野大战，三战后打败了炎帝。从此，无为而治，制作绣有美丽花纹的礼服。他遵循天地的纲纪统治着人民，深知昼夜阴阳之道，通晓生死存亡之理。按季节播种百谷，鉴别花草树木，他的仁德施及鸟兽昆虫。他观察日月星辰，费尽心思和劳力，用水、火、财物养育百姓。黄帝生前，人民受其恩惠一百年；黄帝死后，人民敬畏他的神灵一百年；之后，人民沿用他的教化又过了一百年才有所改变。所以说'黄帝统治了三百年'。"

注释 **1** 五气：五行之气。 **2** 五量：权衡、升斛、尺丈、里步、十百等五种计量方式。 **3** 阪泉：古地名，在今河北涿鹿东南，一说在今山西运城解池。 **4** 始垂衣裳：形容天下太平，无为而治。

宰我曰："请问帝颛顼[1]。"孔子曰："五帝用说，三王有度。[2]汝欲一日遍闻远古之说，躁哉予也！"

宰我请教孔子说："请老师讲一讲颛顼帝的事。"孔子说："五帝已经非常久远了，所以靠传说；三王较近，还留有现成法度。你想要在一天时间内听遍远古的事，宰予你太性急了吧！"

宰我曰："昔予也闻诸夫子曰：'小子毋或宿[3]。'故敢问。"孔子曰："颛顼，黄帝之孙，昌意之子，曰高阳。渊[4]而有谋，疏通[5]以知远，养财以任地，履时以象天，依鬼神而制义，治气性[6]以教众，洁诚以祭祀。巡四海以宁民，北至幽陵[7]，南暨交趾[8]，西抵流沙[9]，东极蟠木[10]。动静之类，小大之物，日月所照，莫不底属[11]。"

宰我说："我曾经听老师您说过：'有要问的尽管问，不要隔夜后再问。'所以我就大胆请教了。"孔子说："颛顼是黄帝的孙子，昌意的儿子，名字叫高阳。他深邃稳重而有机谋，博古通今而有远见。他因地制宜滋生财富，顺应时令以取法自然，依顺鬼神以裁定事宜，理顺四时五行之气以教化万民，洁净身心以祭祀鬼神。他经常巡察四方来安定百姓，往北到过幽陵，往南到过交趾，往西到过流沙，往东到过蟠木。各种动物植物，大大小小的东西，凡是日月照临的地方，全都平定了，没有不归服的。"

注释 1 颛顼（zhuān xū）：五帝之一，黄帝之孙，号高阳氏。十岁辅佐少昊，二十岁即帝位，在位七十八年。 2 五帝用说，三王有度：王肃注："五帝久远，故用说也。三王迩，则有成法度。" 3 毋或宿：勿令过夜。 4 渊：深邃。 5 疏通：博古通今。 6 气性：四时五行之气。 7 幽陵：古幽州，在今天的北京一带。 8 交趾：亦作"交址"，在今越南北部。汉代曾设交趾郡。 9 流沙：流动的沙漠，借称西北大沙漠。 10 蟠木：又作"扶木"，即"扶桑"，传说为神木，日出之地。 11 底属：王肃注："底，平。四远皆平而来服属之也。"

宰我曰："请问帝喾[1]。"孔子曰："玄枵[2]之孙，乔极之子，曰高

宰我请教孔子说："请老师讲一讲喾帝的事。"孔子说："帝喾是玄枵之孙，乔极之子，名字叫高辛。他生来就很有灵气，

辛。生而神异，自言其名。博施厚利，不于其身。聪以知远，明以察微。仁而威，惠而信，以顺天地之义。知民所急，修身而天下服，取地之财而节用之，抚教万民而诲利之，历[3]日月之生朔而迎送之，明鬼神而敬事之。其色也和，其德也重，其动也时，其服也哀。春夏秋冬，育护天下，日月所照，风雨所至，莫不从化。”

一出生就能叫出自己的名字。他普施恩泽于众人，从不考虑自身利益。他耳聪目明，能了解远处的情况，可以洞察细微的事理。他仁爱而且威严，温和而且守信，来顺应天地的义理。他了解万民最需要的，修养自身，天下都敬服；他收取土地上的物产，节俭地使用；他安抚教化万民，把各种有益的事教给他们；他推算日月的运行以定岁时节气，恭敬地迎送日月的出入；他明识鬼神，恭敬地加以事奉。他面色和悦，德性厚重，行动合乎时宜，服丧时神情哀伤。帝喾像春夏秋冬一样护佑天下，凡是日月照临之所，风雨所到之处，没有不被感化的。”

注释 1 帝喾：五帝之一，黄帝曾孙，号高辛氏。 2 玄枵（xiāo）：又作“玄嚣”，黄帝二十五子之一，为正妃嫘祖所生。 3 历：推算。

宰我曰：“请问帝尧[1]。”孔子曰：“高辛氏之子，曰陶唐。其仁如天，其智如神。就之如日，望之如云。富而不骄，贵而能降。伯夷典礼[2]，夔、龙[3]典乐。舜

宰我说：“请老师讲一下尧帝的事。”孔子说：“尧是高辛氏的儿子，名叫陶唐。他仁厚如天，智慧如神。人民靠近他如渴望太阳的温暖一样，仰望他如久旱而期待云霓一般。他富而不骄，贵而谦下。他让伯夷主管礼仪，让夔、龙执掌舞乐。推举舜来做官，到各地巡视四季农作物生长情

时而仕，趋视四时，务先民始之。流四凶[4]而天下服。其言不忒，其德不回。四海之内，舟舆所及，莫不夷说。”

况，把百姓的事放在首位。他流放了共工、驩兜、三苗，诛杀了鲧，天下的人都信服。他的话从不出错，他的德行从不违背常理。四海之内，车船所到之处，人们没有不喜爱他的。”

注释 1 帝尧：帝喾之子，陶唐氏，名放勋，史称唐尧。 2 典礼：掌管礼仪之事。 3 夔（kuí）、龙：尧舜时乐官。王肃注：“舜时夔典乐，龙作纳言；然则尧时龙亦典乐者也。” 4 四凶：不服从舜的四个部族首领。《尚书·舜典》：“流共工于幽州，放驩兜于崇山，窜三苗于三危，殛鲧于羽山。四罪而天下咸服。”

宰我曰：“请问帝舜。”孔子曰：“乔牛[1]之孙，瞽瞍之子也，曰有虞。舜孝友闻于四方，陶渔事亲。宽裕而温良，敦敏而知时，畏天而爱民，恤远而亲近。承受大命，依于二女[2]。睿明智通，为天下帝。命二十二臣，率[3]尧旧职，躬己而已。天平地成，巡狩[4]四海，五载一始。三十年在位，嗣帝五十载。陟方岳[5]，死于苍梧[6]之野而葬焉。”

宰我说：“请老师讲一下舜帝的事。”孔子说：“他是乔牛的孙子，瞽瞍的儿子，名叫有虞。舜因孝顺父母、善待兄弟而闻名四方，亲自制陶和捕鱼来奉养双亲。他宽容而温和，机敏而知时，敬天而爱民，抚恤远方的人又亲近身边的人。他承受重任，依靠两位妻子的帮助。他圣明睿智，成为天下帝王。任命二十二位大臣，都是帝尧原有的旧职，他只是身体力行而已。那时天下太平，地有收成，他巡狩四海，五年一次。他三十岁被任用，接续帝位五十年。他登临四岳，死在苍梧之野并安葬在那里。”

注释 1 乔牛：一作“蟜牛”，虞舜的祖父。 2 二女：舜的两位妻子，都是尧的女儿。 3 率：遵循。 4 巡狩：天子巡行诸侯国。 5 方岳：四方高大的山。 6 苍梧：山名，又名九疑（嶷），在今湖南宁远南。

宰我曰：“请问禹。”孔子曰：“高阳之孙，鲧之子也，曰夏后。敏给克齐[1]，其德不爽，其仁可亲，其言可信。声为律，身为度。亹亹穆穆[2]，为纪为纲。其功为百神之主[3]，其惠为民父母。左准绳，右规矩，履四时，据四海。任皋繇[4]、伯益以赞其治，兴六师以征不序[5]，四极之民，莫敢不服。”

宰我说：“请老师讲一下大禹的事。”孔子说：“他是高阳的孙子，鲧的儿子，名叫夏后。他机敏能成就事业，行为没有差失，仁德可亲，言语可信。发声合乎音律，行为举止合乎度数。勤勉不倦，容止庄重，成为人们的榜样。他的功德使他成为百神之主，他的恩惠使他成为百姓父母。日常行动都有准则和规矩，不违背四时，安定了四海。任命皋繇、伯益帮助他治理百姓，率领军队征伐不服从者，四方的百姓没有不服从的。”

注释 1 敏给：敏捷，机敏。克：能。齐：通“济”，成。 2 亹亹（wěi wěi）：勤勉不倦貌。《尔雅·释诂》：“亹亹，勉也。”穆穆：仪态美好，容止庄敬貌。 3 其功为百神之主：王肃注：“禹治水，天下既平，然后百神得其所。” 4 皋繇：又作“皋陶”，读 gāo yáo。 5 不序：不臣服。

孔子曰：“予！大者如天，小者如言，民悦至矣！予也，非其

孔子说：“宰予啊！以上黄帝和五帝的功德，从大的方面而言，像天一样；从小的方面而言，恰如前面所言，民众都是非常喜欢

人也。"宰我曰:"予也,不足以戒,敬承矣。"

他日,宰我以语子贡,子贡以复孔子。子曰:"吾欲以颜状取人也,则于灭明改之矣;吾欲以辞言取人也,则于宰我改之矣;吾欲以容貌取人也,则于子张改之矣。"

宰我闻之惧,弗敢见焉。

的啊!宰予啊,你并不是能真切体悟到他们功德的人啊。"宰我说:"我宰予呀,不能够体悟圣王德业,就谨慎恭敬地领受您的教导吧。"

另外一天,宰我把这些告诉了子贡,子贡又汇报给了孔子。孔子说:"我原打算以外貌来判断一个人,是澹台灭明的情况改变了我这种想法;我曾打算以语言谈吐来判断一个人,是宰我的情况改变了我这种想法;我还曾打算以容貌举止来判断一个人,是子张的情况改变了我这种想法。"

宰我听到后,心里害怕,不敢去见孔子。

卷第六

五帝第二十四

导读　本篇主要讲述了五帝和五行的关系，因篇首有季康子请教孔子“五帝”的“名实”问题，故以“五帝”名篇。

本篇讲述了与前篇《五帝德》不同的五帝谱系，并指出其来源于孔子向老聃的请益，认为五行“分时化育，以成万物”而有五帝，而古代帝王“易代而改号，取法五行”，五帝与五行相配，“五行更王，终始相生”，与汉代流行的“五德终始”说遥相呼应。有学者将五帝世系的不同解说归结于地域、民族文化的差异，亦为深具启发性的见解。

原文

季康子问于孔子曰：“旧闻五帝之名，而不知其实，请问何谓五帝？”孔子曰：“昔丘也闻诸老聃曰：‘天有五行，水、火、金、木、土。分时化育，以成万物，其神谓之五帝。’古之王者，易代而改号，取法五行。五行更王，终始相生，亦象其义。[1]故其为明王者，而死配五行。是以太皞[2]配木，

译文

季康子问孔子：“以前听说过五帝的名称，但不知道它的实际含义，请问什么是五帝？”孔子说：“从前我听老聃说：‘天有五行：水、火、金、木、土。这五行按不同的季节化生和孕育，形成了万物，那万物之神就叫作五帝。’古代的帝王，因改朝换代而改换国号、帝号，就取法五行。按五行更换帝号，周而复始，终始相生，也遵循五行的顺序。因此那些贤明的君王，死后也以五行相配。所以太

炎帝配火,黄帝配土,少皞配金,颛顼配水。”

皞配木,炎帝配火,黄帝配土,少皞配金,颛顼配水。”

注释 1 “五行更王”句:五行更王,指效法五行循环的顺序更换帝王年号。王肃注:“法五行更王,终始相生,始以木德王天下,其次以生之行转相承。而诸说乃谓五精之帝下生王者,其为蔽惑无可言也。” 2 太皞:又作“太皓”“太昊”,姓风,号伏羲氏。

康子曰:“太皞氏其始之木何如?”孔子曰:“五行用事[1],先起于木。木,东方万物之初皆出焉,是故王者则[2]之,而首以木德王天下。其次则以所生之行转相承也。”

季康子问:“太皞氏从木开始是什么缘故呢?”孔子回答说:“五行的运行,先是从木开始的。木属东方,万物开始都是从这里产生的,因此帝王以此为准则,首先以木德称王于天下。然后依据自己所生的‘行’,依次转换承接。”

注释 1 用事:运行。 2 则:效法。

康子曰:“吾闻勾芒为木正,祝融为火正,蓐收为金正,玄冥为水正,后土为土正。此则五行之主而不乱,称曰帝者何也?”夫子曰:“凡五正者,五行之官名。五行佐成上帝,而称五帝。太皞

季康子问:“我听说以前勾芒当木正,祝融当火正,蓐收当金正,玄冥当水正,后土当土正。他们五位是分管五行的,但把他们称作帝是什么原因呢?”孔子说:“五正是管理五行的官名。五行相应辅助帝王,成全了帝王的功德,所以帝王称为五帝。勾芒当木正是在太皞的属下,称太皞为(木)帝,是根据木正的

之属配焉，亦云帝，从其号。昔少皞氏之子有四叔，曰重，曰该，曰修，曰熙，实能金木及水，使重为勾芒，该为蓐收[1]，修及熙为玄冥，颛顼氏之子曰黎为祝融，共工氏之子曰勾龙为后土。此五者各以其所能业为官职，生为上公，死为贵神，别称五祀，不得同帝。”

名号来的。以前少皞氏的儿子有四个叔叔，分别叫重、该、修、熙，他们的本领是能掌握金、木及水，就让重像勾芒一样当木正，让该像蓐收一样当金正，让修和熙像玄冥一样当水正，颛顼氏的儿子叫黎的像祝融一样当火正，共工氏的儿子叫勾龙的像后土一样当土正。他们五人，各自以他们所擅长的五行的本领作为官职，活着时是上公，死了就是贵神，可以按五行来祭祀，但是不能和帝王的五行祭祀一样。”

注释　1 蓐（rù）收：名该，死后为金神。

康子曰：“如此之言，帝王改号，于五行之德，各所统，则其所以相变者，皆主何事？”孔子曰：“所尚则各从其所王之德次焉。夏后氏以金德王而尚黑，大事敛用昏，戎事乘骊[1]，牲用玄；殷人以水德，尚白，大事敛用日中，戎事乘翰[2]，牲用白；周人以木德王，尚赤，大事

季康子说：“根据您所说的来看，帝王的名号是按照所对应的五行的功德来确定和改变的，他们分别有各自所关联的意义，那么他们的相应改变，都体现在什么事情上？”孔子说：“他们所崇尚的都按照王德对应的五行的顺序来确定。夏后氏是以金的功德称王，颜色崇尚黑色，办理丧事是在黄昏天黑时装殓，战争时主将骑黑马，祭祀用黑色的牲物；殷人是因为水的功德称王，颜色崇尚白色，办理丧事是在日中大白天时装殓，战争时主将骑白色马，祭祀用白色的牲物；周人是以木的功

敛用日出，戎事乘骠[3]，牲用骍[4]。此三代之所以不同。”

德称王，颜色崇尚赤色，办理丧事是在日出时装殓，战争时主将骑赤色白腹马，祭祀用赤色的牲物。这就是夏商周三代不同的地方。”

康子曰：“唐、虞二帝，其所尚者何色？”孔子曰：“尧以火德王，色尚黄；舜以土德王，色尚青。”

季康子说：“那么唐尧和虞舜二帝，他们崇尚的是什么颜色？”孔子说：“尧是以火的功德称王，颜色崇尚黄色；舜是以土的功德称王，颜色崇尚青色。”

注释　**1** 骊：纯黑色的马，或黑色的龙。　**2** 翰：白色的马。　**3** 骠（yuán）：赤毛白腹的马。　**4** 骍（xīng）：赤色的马，亦指赤色牛羊等。

康子曰：“陶唐、有虞、夏后、殷、周独不得配五帝，意者德不及上古耶？将有限乎？”孔子曰：“古之平治水土及播殖百谷者众矣，唯勾龙兼食于社，而弃[1]为稷神，易代奉之，无敢益者，明不可与等。故自太皞以降，逮于颛顼，其应五行而王，数非徒五，而配五帝，是其德不可以多也。”

季康子说：“陶唐（尧）、有虞（舜）、夏后（禹）、殷（商汤）、周（文王）为什么不称五帝，难道是功德比不上上古的那几位，或者有数量的限制？”孔子说：“从很久以前到如今，在平治水土和种植庄稼方面做出大贡献的人非常多，但只有勾龙氏享有社神和弃享为稷神，多少年来就算朝代变换也都供奉着他们，没有敢增加，是因为没有人（在社、稷方面）的功德能够达到他们的高度。所以从太皞开始，到颛顼，（即太皞、炎帝、黄帝、少皞、颛顼）这五帝对应（木、火、土、金、水）五行，但是从古以来帝王的数量不止五个呀，可是要按五行来配五帝，按大道理是不可以多的了。”

注释 1 弃：周代始祖，被尊为“百谷之神”“稷神”，所以叫“后稷”。

执辔第二十五

导读 本篇开篇为孔子回答闵子骞问政的一段对话，孔子把治国理政比喻为驾驭马，把“德法”比喻为马的衔勒。因其中有“夫人君之政，执其辔策而已”之言，故以“执辔”名篇。

本篇第一部分讲述了孔子用“德法”而“慎刑辟”的德治思想，孔子拿御民之具与御马之具相比，认为“善御民者，壹其德法，正其百官，以均齐民力，和安民心”，与“善御马者，正衔勒，齐辔策，均马力，和马心”的道理相同。如果治民“无德法而用刑，民必流，国必亡”，正如御马“无衔勒而用棰策，马必伤，车必败”。孔子主张“以六官总治”，而六官犹如马缰绳，天子要控制好六官，“与三公为执六官，均五教，齐五法”，对官吏要“考德正法，以观治乱”，并视之为“治国之要”。另外，孔子对子夏所谈论的《易》理，认为与老聃对自己所言相同，不过孔子更重视“治世之待”，对其中“微则微矣”的“原其本”的智慧表示了保留意见。

原文

闵子骞[1]为费[2]宰，问政于孔子。子曰：“以德以法。夫德法者，御民之具，犹御马之有衔勒[3]也。君者，人也；吏者，辔[4]也；刑者，策也。

译文

闵子骞出任费地长官时，问孔子治理百姓的方法。孔子说：“用德政和法制。德政和法制是治理百姓的工具，就好像驾驭马用嚼子和笼头一样。君王好比驾马的人，官吏好比嚼子和笼头，刑罚好比马鞭。君王执政，只不过类似运用缰绳

夫人君之政，执其辔策而已。”

子骞曰：“敢问古之为政？”孔子曰：“古者天子以内史为左右手[5]，以德法为衔勒，以百官为辔，以刑罚为策，以万民为马，故御天下数百年而不失。善御马者，正衔勒，齐辔策，均马力，和马心。故口无声而马应辔，策不举而极千里。善御民者，壹[6]其德法，正其百官，以均齐民力，和安民心。故令不再而民顺从，刑不用而天下治。是以天地德之，而兆民[7]怀之。夫天地之所德，兆民之所怀，其政美，其民而众称之。今人言五帝三王者，其盛无偶，威察若存，其故何也？其法盛，其德厚，故思其德，必称其人，朝夕祝之。升闻[8]于天，上

和马鞭罢了。”

闵子骞说：“冒昧向老师请教一下古人执政的情形。”孔子说：“古代的天子把内史作为帮助自己执政的左右手，把德政和法制当作马嚼子和马笼头，把百官当作缰绳，把刑罚当作马鞭，把万民当作马，所以统治天下数百年而没有失误。善于驾驭马的人，会安正马嚼子和马笼头，合理兼用缰绳和马鞭，均衡使用马力，让马内心和顺。这样，不用吆喝，马就应和缰绳的松紧前进；不用扬鞭，马就能驯服地跑到千里之外。善于统治百姓的人，会统一德政和法制，端正百官，均衡地使用民力，使民心安定和谐。所以，法令不用重复申告，百姓就会服从；刑罚还没施行，天下就会得到治理。因此天地也认为他有德，万民也乐于服从。天地之所以认为他有德，万民之所以乐于服从，是因为各种政令美好，他治下的百姓就会交口称赞。现在人们说起五帝、三王，他们的盛德无人能比，他们的威严和明察好像至今还存在，这是什么缘故呢？他们的礼法完备，他们的德政深厚，所以一想起他们的德政，必然会称赞他们个人，朝夕为他们祝祷。祝祷声传到

帝俱歆，用永厥世，而丰其年。

了天上，天帝听了都很高兴，因此让他们国运长久，年成丰收。

注释 1 闵子骞：孔子的弟子闵损，字子骞，鲁国人，以德行著称。 2 费：春秋鲁邑，在今山东费县。 3 衔：横在马口中的铜制或铁制的勒口。勒：套在马头上带嚼子的笼头。 4 辔：缰绳。 5 天子以内史为左右手：内史，官名，协助天子管理爵禄废置等政务。王肃注："内史，掌政八柄及叙事之法，受纳以诏王听治命，孤卿大夫则策命，以四方之事书而读之。王制禄则书之策，赏则亦如之。故王以为左右手。" 6 壹：统一，使一致。 7 兆民：众百姓。 8 升闻：上闻。

"不能御民者，弃其德法，专用刑辟，譬犹御马，弃其衔勒，而专用棰[1]策，其不制也，可必矣。夫无衔勒而用棰策，马必伤，车必败。无德法而用刑，民必流，国必亡。治国而无德法，则民无修；民无修，则迷惑失道。如此，上帝必以其为乱天道也。苟乱天道，则刑罚暴，上下相谀，莫知念忠，俱无道故也。今人言恶者，必比之于桀、纣，其故何也？

"不善于治理百姓的人，他们丢弃了德政和法制，专用刑罚，这就好比驾驭马，丢弃了嚼子和笼头，而专用马鞭，事情掌握不了是必然的。驾驭马不用嚼子和笼头，而只用马鞭打，马必然会受伤，马车必然会毁坏。没有德政和法制而用刑罚，百姓必然会流失，国家必然会灭亡。治理国家而没有德政和法制，百姓就没有修持；百姓没有修持，就会迷惑而不走正道。这样，天帝必然认为这是扰乱了天道。如果天道混乱，就会刑罚残暴，上下相互奉承讨好，没人再考虑忠诚信义，这都是没有遵循道的缘故。现在人们说到恶人，必定会把他比作夏桀、商纣，这是为什么呢？因为他们制定的法

其法不听，其德不厚。故民恶其残虐，莫不吁嗟，朝夕祝之。升闻于天，上帝不蠲[2]，降之以祸罚，灾害并生，用殄厥世。故曰德法者，御民之本。

令不能治理国家，他们的德政还不深厚，所以百姓憎恶他们的残暴，没有不叹息的，朝夕诅咒他们。诅咒声传到天上，天帝听到后不会免除他们的罪过，因此降下灾祸来惩罚他们，灾难祸害一起发生，灭绝了他们的朝代。所以说德政和法制是治理百姓的根本方法。

注释 1 棰（chuí）：鞭子。 2 蠲（juān）：除去，免除。

“古之御天下者，以六官[1]总治焉：冢宰[2]之官以成道，司徒之官以成德，宗伯之官以成仁，司马之官以成圣，司寇之官以成义，司空之官以成礼。六官在手以为辔，司会[3]均仁以为纳。故曰御四马者执六辔，御天下者正六官。是故善御马者，正身以总辔，均马力，齐马心，回旋曲折，唯其所之。故可以取长道，可赴急疾。此圣人所以御天地与人事之法则也。天子以内史为左右

“古代统治天下的帝王，选用六官来治理国家：设置冢宰以成就道术，设置司徒以成就德教，设置宗伯以成就仁爱，设置司马以成就圣明，设置司寇以成就道义，设置司空以成就礼仪。六官控制在手就如同手执缰绳，司会实行仁义就如同手握总缆。所以说：驾驭马车的人要控制好六条缰绳，治理天下的人要端正六官。因此，善于驾驭马的人，端正身体揽好缰绳，使马均匀用力，让马齐心一致，即使行驶在盘旋曲折之途，也可随心所欲地驱使马车。所以可以长途奔走，可以急速行驶。这是圣人用来统治天下和治理百姓的法则。天子把内史作为左右手，把

手，以六官为辔，已而与三公为执六官，均五教[4]，齐五法[5]。故亦唯其所引，无不如志。以之道则国治[6]，以之德则国安[7]，以之仁则国和，以之圣则国平[8]，以之礼则国定[9]，以之义则国义[10]，此御政之术。

六官作为缰绳，然后和三公一起来执掌六官，使五教均齐，使五法齐备。只要君主有所指引，没有不如愿的。遵从道术，国家就能治理；遵从德教，国家就能安定；遵从仁爱，国家就能和平；遵从圣明，国家就能平安；遵从礼仪，国家就能长治久安；遵从道义，国家就会有信义。这就是驾驭政治的方法。

注释 1 六官：冢宰、司徒、宗伯、司马、司寇、司空。 2 冢宰：西周设置的官职名，六卿之首，亦即太宰，位次三公。大司马、大司徒、大司空为三公。 3 司会（kuài）：冢宰之副，主管财政、经济、百官考绩等。 4 五教：父义、母慈、兄友、弟恭、子孝。 5 五法：仁、义、礼、智、信。 6 以之道则国治：王肃注："冢宰治官。" 7 以之德则国安：王肃注："德教成，以之仁则国和；礼之用和为贵，则国安。" 8 以之圣则国平：王肃注："通治远近，则国平也。" 9 以之礼则国定：王肃注："事物以礼则国定也。" 10 以之义则国义：王肃注："义，平也。刑罚当罪则国平。"

"过失，人之情，莫不有焉。过而改之，是为不过。故官属不理，分职不明，法政不一，百事失纪，曰乱。乱则饬冢宰。地而不殖，财物不蕃，万民饥寒，教训不行，风俗淫

"过错和失误，是人之常情，人不可能没有过失。有了过错而能改正，就不为过。因此，官属不理清，职责不分明，法令政教不统一，百事失去纲纪，这叫作混乱。出现混乱就应该整饬冢宰。田地得不到耕种，财物得不到增加，万民饥寒，教化、训令得不到推行，风俗放

僻，人民流散，曰危。危则饬司徒。父子不亲，长幼失序，君臣上下，乖离异志，曰不和。不和则饬宗伯。贤能而失官爵，功劳而失赏禄，士卒疾怨，兵弱不用，曰不平。不平则饬司马。刑罚暴乱，奸邪不胜[1]，曰不义。不义则饬司寇。度量不审，举事失理，都鄙[2]不修，财物失所，曰贫。贫则饬司空。故御者，同是车马，或以取千里，或不及数百里，其所谓进退缓急异也。夫治者，同是官法，或以致平，或以致乱者，亦其所以为进退缓急异也。

纵而又邪恶，百姓流离失散，这叫作危险。出现危险就应该整饬司徒。父子不亲，长幼失序，君臣上下离心离德，各有其志，这叫作不和。如果不和就得整饬宗伯。贤能的人失去官职和爵位，有了功劳却得不到奖赏和利禄，士卒心怀怨恨，兵力虚弱不堪使用，这叫作不平。出现不平就得整饬司马。刑罚暴乱，奸邪不能被制伏，这叫作不义。出现不义就应该整饬司寇。度量不详审，举事失去条理章法，城邑不修，财物流散，这叫作穷困。如果穷困就应该整饬司空。所以驾车人驾驭着同样的车马，有的可以行千里，有的走不到数百里，这就是所谓进退缓急不同啊。各级官员执行的是同样的官法，有的人治理得很好，有的人却导致了混乱，这也是因为进退缓急不同造成的。

注释　1 胜：制伏。　2 都鄙：都城，采邑。

“古者天子常以季冬考德正法，以观治乱。德盛者治也，德薄者乱也。故天子考德，则天

“古时候天子常在冬季的最后一个月考察德行，调整法令，用来察知天下的治理是太平还是混乱。德政深厚，世道就安定；德政浅薄，世道就混乱。所以天

下之治乱，可坐庙堂之上而知之。夫德盛则法修，德不盛则饬，法与政咸德而不衰。故曰王者又以孟春论之德及功能。能德法者为有德，能行德法者为有行，能成德法者为有功，能治德法者为有智。故天子论吏而德法行，事治而功成。夫季冬正法，孟春论吏，治国之要。”子夏问于孔子曰：“商闻易之生人及万物、鸟兽、昆虫，各有奇耦[1]，气分不同[2]。而凡人莫知其情，唯达德者能原其本焉。天一，地二，人三，三三如九。九九八十一，一主日，日数十，故人十月而生。八九七十二，偶以从奇，奇主辰，辰为月，月主马，故马十二月而生。七九六十三，三主斗，斗主狗，故狗三月

子只要考察德政，那么天下是太平还是混乱，坐在朝堂之上就可以知道了。德政深厚，法令就会得到修治，德政不深厚就要整饬，法令和政教都合乎德就不会衰败。所以天子又在春季的第一个月评论官吏的德行及功劳才能。能够遵守德政和法治的为有德行，能够施行德政和法治的为有才干，施行德政和法治有成效的为有功劳，能运用德政和法治来管理政事的为有智谋。因此天子评定官吏，而德政和法治得到推行，政事得到治理而大功告成。冬末调整法令，初春评定官吏，这是治国的关键。”子夏请教孔子说：“卜商我听说，《易》之中，能够产生人类及万物、鸟兽、昆虫，他们各有单数和双数，所禀受的元气的分限也不齐同。不过，一般人并不了解其中的实情，只有德识通达的人才能够探究其中的本原。天为一，地为二，人为三，三三得九。九九八十一，一主象天干，天干数是十，所以人怀胎十个月后出生。八九七十二，偶数承应奇数，奇数主象地支，地支为月份，月份主象马，所以马怀胎十二个月后出生。七九六十三，三主象北斗，北斗主象狗，所以狗怀胎

而生。六九五十四，四主时，时主豕，故豕四月而生。五九四十五，五为音，音主猿，故猿五月而生。四九三十六，六为律，律主鹿，故鹿六月而生。三九二十七，七主星，星主虎，故虎七月而生。二九一十八，八主风，风为虫，故虫八月而生。

三个月后出生。六九五十四，四主象四时，四时主象猪，所以猪怀胎四个月后出生。五九四十五，五主象五音，五音主象猿，所以猿怀胎五个月后出生。四九三十六，六主象六律，六律主象鹿，所以鹿怀胎六个月后出生。三九二十七，七主象七星，七星主象虎，所以虎怀胎七个月后出生。二九一十八，八主象八风，八风主象虫，所以虫经过八个月衍化生成。

注释 1 奇耦：即“奇偶”，单数和双数。 2 气分不同：王肃注：“易主天地，以生万物。言受气各有分，数不齐同。”

“其余各从其类矣。鸟、鱼生阴，而属于阳，故皆卵生。鱼游于水，鸟游于云，故立冬则燕雀入海化为蛤[1]。蚕食而不饮，蝉饮而不食，蜉蝣[2]不饮不食，万物之所以不同。介鳞夏食而冬蛰，龁吞者八窍而卵生，龃龉[3]者九窍而胎生，四足者无羽翼，戴角者无上齿，无角无前齿者膏，有角无后

“其余的动物，也都根据自己的种类生成。鸟、鱼出生在阴处，却因飞游于阳处，所以都是卵生。鱼在水中游，鸟在云中飞，立冬时燕雀飞到海中，化而为蚌蛤。蚕光吃不喝，蝉光喝不吃，蜉蝣不吃不喝，这是万物之所以不同的表现。长有鳞甲的动物夏天进食而冬天蛰伏，直接吞食的动物长有八个器官而卵生，细嚼食物的动物长有九个器官而胎生，生四只脚的动物没有羽毛和翅膀，头上长角的动物无上齿，长角且无前齿的动物长得肥，长角且无后齿的动

齿者脂，昼生者类父，夜生者似母，是以至阴主牝，至阳主牡。敢问其然乎？”

孔子曰：“然。吾昔闻诸老聃亦如汝之言。”

物身上多油脂，白天出生的动物像父亲，晚上出生的像母亲，由此则极阴的地方主象牝，极阳的地方主象牡。请问是这样的吗？”

孔子说：“对。我以前听老聃讲的正同你说的一样。”

注释 1 蛤（gé）：浅海中有介壳的软体动物。《夏小正》《国语·晋语九》中有“雀入于海为蛤”之说。 2 蜉蝣（fú yóu）：生命期短暂的水生虫类。 3 龃龉（jǔ jué）：即咀嚼。

子夏曰：“商闻《山书》[1]曰：‘地东西为纬，南北为经；山为积德，川为积刑；高者为生，下者为死[2]；丘陵为牡，溪谷为牝；蚌蛤龟珠，与日月而盛虚[3]。’是故坚土之人刚，弱土[4]之人柔，墟土[5]之人大，沙土之人细，息土[6]之人美，耗土[7]之人丑。食水者善游而耐寒，食土者无心而不息，食木者多力而不治，食草者善走而愚，食桑者有绪而蛾，食肉者勇

子夏说：“我听说《山书》上记载道：‘大地东西方向为纬，南北方向为经；山是德行积累的表象，河是刑罚积累的表象；居高象征着生，处下象征着死；丘陵代表着牡，溪谷代表着牝；蚌蛤龟珠，随着日月变化而盈虚更移。’因此，坚硬之土上生长的人刚强，柔软之土上生长的人柔弱，丘陵之土上生长的人高大，沙质之土上生长的人瘦小，肥沃之土上生长的人美，粗疏之土上生长的人丑。以水为食的动物擅长游泳而又能耐寒冷，以泥土为食的动物没有心脏也不用呼吸，以树木为食的动物力气大却难以驯服，以草为食的动物善于奔跑却本性愚笨，以桑叶为食的动物能够吐丝又能变成飞蛾，以肉为食的动物勇

毅而捍[8]，食气者神明而寿，食谷者智惠而巧，不食者不死而神。

猛刚毅而凶悍，以元气为食的动物神明而长寿，以五谷为食的动物充满智慧而又灵巧，不吃东西的动物长生不死而神灵。

注释 1《山书》：古代地理书，已佚。 2 山为积德，川为积刑；高者为生，下者为死：《大戴礼记·易本命》卢辩注："山积阳，川积阴。阳为德，阴为刑。"王聘珍《解诂》："高积阳，阳气发生；下积阴，阴气肃杀。" 3 丘陵为牡，溪谷为牝；蚌蛤龟珠，与日月而盛虚：王肃注："月盛则蚌蛤之属满，月亏则虚。"《淮南子·地形》："至阴生牝，至阳生牡。"《吕氏春秋·季秋纪·精通》："月也者，群阴之本也。月望则蚌蛤实，群阴盈；月晦则蚌蛤虚，群阴亏。"《大戴礼记·易本命》卢辩注："月者，太阴之精，故龟蛤之属因之以盛虚。" 4 弱土：柔软之土。 5 墟土：丘陵之地。 6 息土：沃土。《大戴礼记·易本命》："息土之人美，耗土之人丑。"卢辩注："息土，谓衍沃之田。" 7 耗土：盐碱地，粗疏之地。 8 捍：通"悍"，强悍。

"故曰：羽虫三百有六十，而凤为之长；毛虫三百有六十，而麟为之长；甲虫三百有六十，而龟为之长；鳞虫三百有六十，而龙为之长；倮虫[1]三百有六十，而人为之长。此乾坤之美也，殊形异类之数。王者动必以道，静必顺理，以奉天地之性，

"所以说，长有羽翼的动物三百六十种，而凤凰居其首；长有皮毛的动物三百六十种，而麒麟居其首；长有甲壳的动物三百六十种，而乌龟居其首；长有鳞片的动物三百六十种，而龙居其首；不长羽毛鳞甲的动物三百六十种，而人居其首。这是天地的精妙所在，也是产生不同形貌、不同类别事物的数理所在。君王行动时必须顺应天道，处静时必须顺应天理，从而遵循天

而不害其所主，谓之仁圣焉。”

子夏言终而出，子贡进曰：“商之论也何如？”孔子曰：“汝谓何也？”对曰：“微则微矣，然则非治世之待也。”孔子曰：“然，各其所能。”

地之性，而不害其所主象的事物，这就叫仁圣。”

子夏说完就出去了，子贡上前问：“卜商说得怎么样？”孔子问：“你觉得如何？”子贡回答：“精妙倒是精妙，但却不是治理社会所需要的。”孔子说：“对，不过还是各自发挥自己的才能吧。”

注释 1 倮：同“裸”。倮虫，指身无羽毛鳞甲的动物，亦常用以指人。《大戴礼记·易本命》：“倮之虫三百六十，而圣人为之长。”王充《论衡·遭虎》：“夫虎，毛虫；人，倮虫。毛虫饥，食倮虫，何变之有？”龚自珍《释风》：“且吾与子何物？固曰：倮虫。”

本命解第二十六

导读 本篇中，针对鲁哀公之问，孔子论述性和命、生和死的关系，对于“命”的本原作了解读，故以“本命解”名篇。

孔子的天命观，以天道为形上根据。他说：“分于道，谓之命；形于一，谓之性。”他的“命者，性之始也”的思想，可与新出楚简《性自命出》所载之“性自命出，命自天降”相互印证。孔子由天道阴阳之道论及男女婚礼之数，在视男子德行为“任天道而长万物”，而女子则为“无专制之义，而有三从之道”的同时，还提出了“五不取”“七出”“三不去”的婚姻道德法则。其中虽有男女不平等的因素，却也蕴藏着保护弱者的礼法观念，似宜平情论之。另外，孔子将礼与“五行”“四时”相联系，在服丧礼时要遵从“恩”“义”“节”“权”等规则，主张以礼彰显“敬”，突出“贵贵尊尊”之“义”，守礼有“节”有“权”，“毁不灭性”，其中显示了孔子礼教思想的中道观念。

原文

鲁哀公问于孔子曰：“人之命与性何谓也？”孔子对曰：“分于道[1]，谓之命；形于一[2]，谓之性。化于阴阳，象形而发，谓之生；化穷数尽，谓之死。故命者，性之始也；死者，生之终也。有始，则必有终矣。

“人始生而有不具者五焉：目无见，不能食，不能行，不能言，不能化。及生三月而微煦[3]，然后有见；八月生齿，然后能食；三年腮合，然后能言；十有六而精通，然后能化。阴穷反阳，故阴以阳变；阳穷反阴，故阳以阴化。是以男子八月生齿，八岁而龀[4]；女子七月生齿，七岁而龀，十有四而化。一阳一阴，奇偶相配，

译文

鲁哀公问孔子：“人的命和性是怎么回事呢？”孔子回答说：“根据天地自然之道而化生出来的就是命，人禀受阴阳之气而形成不同的个性就是性。由阴阳变化而来，有一定形体发出来，叫作生；阴阳变化穷尽之后，叫作死。所以说，命就是性的开始，死就是生的终结。有始则必有终。

“人刚出生时有五种能力不具备：目不能见，嘴不能食，腿不能行，口不能言，不能生育。出生三个月以后眼珠能微微转动，然后才能看见；八个月长牙，然后能吃东西；三年囟门闭合，然后才能说话；十六岁精气畅通，然后才能生育。阴达到极点就要返阳，故阴是从阳变化的；阳达到极点就要返阴，故阳得阴才能变化。所以男子八个月长牙，八岁换牙；女子七个月长牙，七岁换牙，十四岁能够生育。一阳一阴，奇偶相配，然后阴阳

然后道合化成。性命之端，形于此也。”

化合才能生育。性命的开始，就是从这里形成的。”

注释 1 分于道：分，制也，决定。王肃注：“分于道，谓始得为人。” 2 形于一：形，形成；一，万物之始。王肃注：“人各受阴阳以刚柔之性，故曰形于一也。” 3 微煦：眼珠微微转动。 4 龀（chèn）：儿童换乳牙。

公曰：“男子十六精通，女子十四而化，是则可以生民矣。而礼，男子三十而有室，女子二十而有夫也，岂不晚哉？”

孔子曰：“夫礼言其极，不是过也。男子二十而冠，有为人父之端。女子十五许嫁，有适人之道。于此而往，则自婚矣。群生闭藏乎阴，而为化育之始。故圣人因时以合偶男女，穷天数也。霜降而妇功成，嫁娶者行焉。冰泮[1]而农桑起，婚礼而杀[2]于此。

鲁哀公说：“男子十六岁精气通畅，女子十四岁能生育，这时就可以生小孩了。而根据礼法的规定，男子三十岁娶妻，女子二十岁嫁人，难道不是太晚了吗？”

孔子说：“礼说的是最迟限度，不要超过这个限度就可以了。男子二十岁举行加冠之礼，就可以开始做父亲了。女子十五岁允许出嫁，就表明可以嫁人了。在此年龄之上，就可以自主确定结婚年龄了。各种生物冬天潜藏，这是化育生命的开始。因此圣人依据时令让男女成婚，是为了不超过天数的极限。霜降时妇女该做的家务事都完成了，男婚女嫁的事就开始操办了。冰雪融化后农耕养蚕的事就开始了，举行婚礼的事到此就结束了。

注释 1 泮：散，溶化。 2 杀：结束。

“男子者，任天道而长万物者也。知可为，知不可为；知可言，知不可言；知可行，知不可行者。是故审其伦而明其别，谓之知，所以效匹夫之德也。女子者，顺男子之教而长其理者也，是故无专制之义，而有三从之道：幼从父兄，既嫁从夫，夫死从子。言无再醮之端[1]。教令不出于闺门，事在供酒食而已。无阃外之非仪也，不越境而奔丧。事无擅为，行无独成，参知而后动，可验而后言，昼不游庭，夜行以火。所以效匹妇之德也。”

“男子，是担当天下大任而让万物生长的人。知道什么可做，什么不可做；知道什么可说，什么不可说；知道什么可行，什么不可行。因此体察人伦、详辨事理，叫作知，这就是一般男人的品德。女子，是顺从男子的教导而经常按此道理去做的人，因此没有自作主张的道理，只有三从的责任：年幼时服从父兄，出嫁后服从丈夫，丈夫死后服从儿子。没有改嫁的理由。家内的命令不由妇女发出，她们的事只是供应饮食酒菜而已。在家门外不要不符合礼仪，不能到超过规定的地方去奔丧。事情不能擅自做主，有事不能独自出行，三思后再行动，验证后再说话，白天不在庭院中游逛，夜里走路要举着灯火。这就是一般妇女的品德。”

注释　1 言无再醮之端：再醮，改嫁。王肃注：“始嫁言醮。礼无再醮之端，统言不改事人也。”

孔子遂言曰：“女有五不取：逆家子者，乱家子者[1]，世有刑人子者，有恶疾子者，丧父长子

孔子又接着说：“有五种女子不能娶：叛逆造反家庭的女子，淫秽乱伦家庭的女子，受过刑罚家庭的女子，有不治之病家庭的女子，早年丧父家庭的长女。妇人

者。妇有七出、三不去。七出者：不顺父母者，无子者，淫僻者，嫉妒者，恶疾者，多口舌者，窃盗者。三不去者：谓有所取无所归，与共更三年之丧，先贫贱后富贵。凡此，圣人所以顺男女之际，重婚姻之始也。”

有七种情况可以被休弃，三种情况不可以被休弃。七种休弃情况是：不孝顺父母的，没有儿子的，有淫乱邪僻行为的，爱嫉妒的，身患难治之病的，多口多舌的，有偷盗行为的。三种不忍休弃的情况是：娶时有家休弃后无家可归的，为公婆服过三年丧的，夫家先贫贱后富贵的。所有这些，都是圣人为了和顺男女之间的关系，重视婚姻乃人伦之始而制定的。”

注释 **1** 乱家子者：乱伦者。

孔子曰：“礼之所以象五行也，其义四时也。故丧礼有举焉，有恩有义，有节有权。其恩厚者其服重，故为父母斩衰[1]三年，以恩制者也。门内之治，恩掩[2]义；门外之治，义掩恩。资于事父以事君，而敬同。尊尊贵贵[3]，义之大也。君亦服衰三年，以义

孔子说：“礼节的制定之所以遵循五行，是为了与四季时令相配。因此，举行丧礼时，要做到有恩有义，有节有权。如果感情深，丧服就重，所以父母亲去世要服斩衰，守丧三年，这就是根据情感原则制定的。在家族内部，服丧礼的标准是恩德超过仁义；在家族之外，服丧礼的标准是仁义超过恩德。以侍奉父亲的原则来侍奉君王，而敬爱二者之心是相同的。尊崇位尊者，尊重高贵者，这是道义中的头等大事。所以，为君王也服斩衰，守丧三年，是根据这一道义原则制定的。父母之丧，三天以后可以喝粥，三个月以后可以洗头，周年以后可以改戴练冠穿练服，虽然心

制者也。三日而食，三月而沐，期而练[4]，毁不灭性，不以死伤生；丧不过三年，齐衰[5]不补，坟不修，除服之日鼓素琴，示民有终也。凡此以节制者也。资于事父以事母，而爱同。天无二日，国无二君，家无二尊，以治之。故父在为母齐衰期者，见无二尊也。百官备，百物具，不言而事行者，扶而起；言而后事行者，杖而起；身自执事行者，面垢而已。此以权制者也。亲始死，三日不怠，三月不懈，期悲号，三年忧，哀之杀也。圣人因杀以制节也。"

情悲伤、身体羸弱，但也不至于危及性命，不因死者而伤害生者的生命；丧期最长不超过三年，齐衰丧服破了也不再补，坟头不再添土，到了除掉丧服的那天就可以弹奏素琴，以此向百姓显示三年之丧的结束。这些都是按照丧礼节限的要求来做的。以侍奉父亲的礼节来侍奉母亲，对二者的敬爱程度是相同的。但是因为天无二日，国无二君，家无二主，由一个人来做最高领导。所以父亲健在时母亲去世，那就只能降服齐衰，丧期一年，以体现家无二主的道理。办理丧事的百官齐备，所需要的各种物品俱全，丧主不用发话就把事情办了，这样的丧主能哭尽其哀以致由别人搀扶而起；事事都要等待丧主发话才能办理，这样的丧主哀痛到自己拄着丧杖才能站起；事事都要丧主亲自动手才能办理，这样的丧主只要悲伤以至于蓬头垢面就可以了。这是根据变通来制定的。亲人刚死，头三天哭泣不止，不吃不喝，头三个月仍时时哭奠，周年之内则痛哭哀号，三年中心内常怀忧戚，随着时间的流逝，丧亲的哀痛也跟着递减。圣人就根据这哀痛的逐渐递减来制定礼节。"

注释 1 斩衰(cuī)：古代居丧，丧服分五个等级，是为"五服"。斩衰(同

“缞”)，“五服”中最重的丧服，服期三年。下“为君”之“服衰”亦为服斩衰。 2 掩：超过。 3 尊尊贵贵：一本作“贵尊贵尊”。也可作“贵贵尊尊”，即“以尊为尊”“以贵为贵”。 4 期而练：父母去世十一个月后，可穿煮过的白色练服。 5 齐衰（zī cuī）：亦作“齐缞”，“五服”中列位二等，仅次斩衰。

论礼第二十七

导读 本篇开篇记载了孔子平居时与子张、子贡、言游“论及于礼”，故以“论礼”名篇。

本篇所载孔子和弟子们对礼的内容、作用、本质、持循及“五至三无”等命题的讨论，又见于《礼记·仲尼燕居》《礼记·孔子闲居》等文本。庞朴先生据“上博简”(二)《民之父母》篇之研究，认定《孔子家语》“确系孟子以前遗物，绝非后人伪造所成”，从而“轰然打破”了原来“三无”思想实即道家思想而“绝非儒家者言”、《家语》为王肃伪作的“成见”。本篇中孔子提出的“礼者，即事之治也”，“夫礼者，理也；乐者，节也。无礼不动，无节不作”，“《诗》礼相成，哀乐相生”等思想主张，均是研究儒家礼乐教化思想的重要资源。

原文

孔子闲居，子张、子贡、言游侍，论及于礼。孔子曰：“居，汝三人者！吾语汝，以礼周流，无不遍也。”

译文

孔子在家闲居，弟子子张、子贡、子游陪侍，说话时说到了礼。孔子说：“坐下吧！你们三个，我给你们讲讲礼。礼周详地运用到各处，无所不遍。”

子贡站起来离席回话说：“请问

子贡越席而对曰："敢问如何？"子曰："敬而不中礼，谓之野；恭而不中礼，谓之给[1]；勇而不中礼，谓之逆。"子曰："给夺慈仁[2]。"

子贡曰："敢问将何以为此中礼者？"子曰："礼乎？夫礼，所以制中也。"

子贡退，言游进曰："敢问礼也，领[3]恶而全好者与？"子曰："然。"

礼应该是什么样子？"孔子说："虔敬而不合乎礼，叫作土气；谦恭而不合乎礼，叫作巴结；逞勇而不合乎礼，叫作乖逆。"孔子又说："花言巧语、伪装恭顺的人混淆了慈悲和仁爱。"

子贡说："请问怎么做才能合乎礼呢？"孔子说："礼吗？礼，就是用来节制行为使之适中的。"

子贡退下来，子游上前说："请问礼是不是为了治理恶劣习性而保全良好品行呢？"孔子说："是的。"

注释 **1** 给：言语便捷。此指言语不得体。 **2** 给夺慈仁：王肃注："巧言、足恭、捷给之人似仁非仁，故言给夺慈仁。" **3** 领：治理。

子贡问："何也？"子曰："郊社[1]之礼，所以仁鬼神也；禘尝[2]之礼，所以仁昭穆也；馈奠之礼，所以仁死丧也；射飨[3]之礼，所以仁乡党也；食飨之礼，所以仁宾客也。明乎郊社之义，禘尝之礼，治国其如指诸掌而已。是故，居家有礼，故长幼辨；以之闺门有礼，故三

子贡问："那是为什么呢？"孔子说："祭天祭地之礼，是为了致仁爱于鬼神的；秋尝夏禘之礼，是为了致仁爱于祖先的；馈食祭奠之礼，是为了致仁爱于死者的；举行乡射礼、乡饮酒礼，是为了致仁爱于乡亲邻里的；宴会饮酒的礼仪，是为了致仁爱于宾客的。明白了祭天祭地的礼仪，秋尝夏禘的礼仪，那么治理国家就像指着自己的手掌给别人看那样容易。因此，居家有礼，长幼就分辨清楚了；内室有礼，一家三代就和睦了；朝廷

族[4]和;以之朝廷有礼,故官爵序;以之田猎有礼,故戎事闲;以之军旅有礼,故武功成。是以宫室得其度,鼎俎得其象,物得其时,乐得其节,车得其轼,鬼神得其享,丧纪得其哀,辩说得其党,百官得其体,政事得其施。加于身而措于前,凡众之动,得其宜也。"

上有礼,官职爵位就井然有序了;田猎时有礼,战事就熟练了;军队里有礼,就能建立战功了。因为有了礼,宫室规模合乎一定的制度,礼器样式符合一定的形制,万物能适时生长,音乐能符合节拍,车辆有了定式,鬼神得到了该有的祭享,丧葬中能表达适度的悲哀,辩说能得到拥护的人,百官尽职得体,政事得以顺利施行。把礼施加在每个人身上,一切以礼为先,人们的种种行为举动都能够适宜得当。"

注释 1 郊社:祭天地之礼。周代,冬至祭天于南郊称"郊",夏至祭地于北郊称"社"。 2 禘(dì)尝:统指天子诸侯岁时祭祖的大典。周礼,夏祭曰禘,秋祭曰尝。 3 射飨:乡射礼、乡饮酒礼。 4 三族:父、子、孙三代。

言游退,子张进曰:"敢问礼何谓也?"子曰:"礼者,即事之治也。君子有其事,必有其治。治国而无礼,譬犹瞽之无相[1],伥伥乎何所之;譬犹终夜有求于幽室之中,非烛何以见?故无礼则手足无所措,耳目无所加,

子游退下去,子张上前问道:"请问什么是礼呢?"孔子说:"所谓礼,就是对事情的处理方法。君子做事,必有相应的治理手段。治理国家假如没有礼,就好像盲人没有扶助的人,茫然不知该往哪走;就像整夜在暗室中找东西,没有烛光怎么能看得见呢?所以说没有礼就会手足无措,耳目也不知该听什么该看什么,进退、作揖、谦让都失去了尺度。这

进退揖让无所制。是故，以其居处，长幼失其别，闺门三族失其和，朝廷官爵失其序，田猎戎事失其策，军旅武功失其势，宫室失其度，鼎俎失其象，物失其时，乐失其节，车失其轼，鬼神失其享，丧纪失其哀，辩说失其党，百官失其体，政事失其施。加于身而措于前，凡众之动失其宜。如此，则无以祖洽四海[2]。”

样一来，居家处事就会长幼无别，家族之内祖孙三辈就失去了和睦，朝廷上的官职爵位就失去了秩序，田猎和战事就失去了策略，军队攻守就失去了控制，宫室建造就失去了制度，礼器就不符合制式，万物生长就失去了合适的时节，音乐就不合乎节拍，车辆就不符合相应规格，鬼神就得不到祭享，丧事就失去了合度的哀伤，辩说就失去了支持的人，百官就会失职，政事就不能施行。不把礼加在每个人身上且凡事以礼为先，人们的种种行为举动都会失其所宜。这样，就无法使百姓和睦相处了。”

注释　1 瞽（gǔ）：盲人。相：搀扶，帮助。　2 无以祖洽四海：祖洽，倡导和谐。王肃注：“祖，法也；洽，合。无礼则无以为众法，无以合聚众。”

子曰：“慎听之，汝三人者！吾语汝，礼犹有九焉，大飨有四焉。苟知此矣，虽在畎亩之中，事之，圣人矣。两君相见，揖让而入，入门而悬兴[1]，揖让而升堂，升堂而乐阕。下管《象》舞，《夏》籥序

孔子说：“仔细听着，你们三人！我告诉你们，礼还有九件事，其中四件是大飨礼所特有的。如果知道了这些，哪怕是个种田人，只要依礼而行，他也是圣人了。两位君王相见，互相作揖谦让后进入大门，入门后钟鼓等乐器齐奏，两人又互相作揖谦让后登上大堂，登上大堂之后乐声就停止了。这时在堂下又用管乐奏起《象》的乐曲，接着执籥的人又跳起《大夏》之舞和各种舞

兴。[2]陈其荐俎[3],序其礼乐,备其百官。如此而后,君子知仁焉。行中规,旋中矩,銮和中《采荠》。客出以《雍》[4],彻以《振羽》。是故君子无物而不在于礼焉:入门而金作,示情也;升歌《清庙》[5],示德也;下管《象》舞,示事也。是故,古之君子,不必亲相与言也,以礼乐相示而已。夫礼者,理也;乐者,节也。无礼不动,无节不作。不能《诗》,于礼谬;不能乐,于礼素;于薄德,于礼虚。"

蹈。摆设笾豆与牲俎,按序安排礼乐,备齐各种执事人员。这样,来访的君王就感受到了主人的盛情厚意。在这里,人们来往走动都符合规定,周旋时步子都合乎规矩,车子的铃声也合着《采荠》乐曲的节拍。客人出去时,堂下奏起《雍》的乐章;撤去席上餐具时,奏起《振羽》的乐章。所以,君子的行动没有一件事不在礼节之中:客人进门时钟声响起,是表示欢迎之情;登堂时演奏《清庙》诗章,表示赞美其功德;堂下吹奏《象》的舞曲,表示崇敬祖先的功业。所以,古代的大人君子相见,不必互相说话,只凭礼乐就可以传达情意了。礼,就是理;乐,就是节。没有道理的事不做,没有节制的事不为。不懂得赋《诗》言志,礼节上就会出差错;不能用音乐来配合,礼节就显得单调枯燥;道德浅薄,礼就会显得虚假。"

注释 1 悬兴:奏乐。兴,作。 2 "下管《象》舞"句:《夏》籥,指《大夏》之舞,执籥以舞。序兴,指文武之舞依次而舞。王肃注:"下管,堂下吹管。《象》,武舞也。《夏》,文舞也。执籥,籥如笛,序以更作。三也。" 3 荐俎:进献祭品。 4《雍》:乐曲名,见于《诗经·周颂》。5《清庙》:《诗经·周颂》篇名,原为祭祀文王而奏。泛指帝王祭祀祖先的乐章。

子贡作而问曰："然则夔其穷与？"子曰："古之人与？上古之人也！达于礼而不达于乐，谓之素；达于乐而不达于礼，谓之偏。夫夔达于乐而不达于礼，是以传于此名也。古之人也，凡制度在礼，文为在礼，行之其在人乎？"

三子者，既得闻此论于夫子也，焕若发蒙焉。子夏侍坐于孔子，曰："敢问《诗》云：'恺悌君子，民之父母。'何如斯可谓民之父母？"孔子曰："夫民之父母，必达于礼乐之源，以致五至而行三无，以横于天下。四方有败[1]，必先知之。此之谓民之父母。"

子夏曰："敢问何谓五至？"孔子曰："志之所至，诗亦至焉；诗之所至，礼亦至焉；礼之所至，乐亦至焉；乐之所至，哀亦至焉。诗、礼相成，哀乐相生。

子贡站起来问道："按这么说，夔对礼精通吗？"孔子说："夔不是古代的人吗？他是上古时代的人啊！精通礼而不精通乐，叫作质朴；精通乐而不精通礼，叫作偏颇。夔大概只精通乐而不精通礼，所以传下精通音乐的名声。不过古代的人，各项制度都存在于礼中，行为也靠礼来修饰，实行起来大概还是靠人自己吧。"

三个弟子听了孔子这番话，眼前豁然一亮，好像盲人复明一样。子夏陪孔子坐着，便请教说："请问《诗经》上所说的'平易近人的君王，就好比百姓的父母亲'，怎样做才可以被叫作'百姓的父母'呢？"孔子说："说到'百姓的父母'，他必须通晓礼乐的本源，达到'五至'，做到'三无'，并用来普及天下。任何地方出现了灾祸，他一定能够最早知道。做到了这些，才算是百姓的父母。"

子夏说："请问什么叫作'五至'？"孔子说："有爱民之心，才会有爱民的诗歌来反映；诗歌要表达的，礼也会有所体现；礼要表达的，乐也会有所表现；乐所表现的，哀也会随之体现。诗与礼

是以正明目而视之，不可得而见；倾耳而听之，不可得而闻。志气塞于天地，行之充于四海。此之谓五至矣。”

相辅相成，哀与乐交相生成。这些道理，瞪大眼睛来看，你无法看得到；竖起耳朵来听，你无法听得到。但君王的这种思想却充塞于天地之间，实行起来能遍及天下。这就叫作‘五至’。”

注释 1 败：灾祸。

子夏曰：“敢问何谓三无？”孔子曰：“无声之乐，无体之礼，无服之丧，此之谓三无。”

子夏曰：“敢问三无，何诗近之？”孔子曰：“‘夙夜基命宥密’[1]，无声之乐也；‘威仪逮逮，不可选也’[2]，无体之礼也；‘凡民有丧，扶伏救之’[3]，无服之丧也。”

子夏曰：“言则美矣、大矣！言尽于此而已乎？”孔子曰：“何谓其然？吾语汝，其义犹有五起焉。”

子夏说：“请问什么叫作‘三无’？”孔子说：“没有声音的音乐，没有形式的礼仪，没有丧服的服丧，这就叫作‘三无’。”

子夏说：“再请问什么诗句最接近‘三无’的含义？”孔子说：“‘朝夕谋政宽又静’，这句诗最近乎没有声音的音乐；‘仪态安详无挑剔’，这句诗最近乎没有形式的礼仪；‘看到他人有丧亡，急切设法去帮忙’，这句诗最近乎没有丧服的服丧。”

子夏说：“您这番话太美妙了，太伟大了！是不是话说到这里就算到头了呢？”孔子说：“怎么会呢？我告诉你，君子在实行‘三无’的时候，还有‘五起’呢。”

注释 1 夙夜基命宥密：语出《诗经·周颂·昊天有成命》。王肃注：“夙夜，恭也。基，始也。命，信也。宥，宽也。密，宁也。言以行与民信。五教在宽,民以安宁,故谓之无声之乐也。” 2 “威仪逮逮”句:语出《诗经·邶风·柏舟》。逮逮,《毛诗》作“棣棣”。郑玄注:“棣棣,富而闲习也。”孙希旦《礼记集解》:“‘逮逮’,《诗》作‘棣棣’,闲习之意。” 3 “凡民有丧”句:语出《诗经·邶风·谷风》。扶伏,《毛诗》作“匍匐”,爬行,形容急切。

子夏曰:“何如?”孔子曰:“无声之乐,气至[1]不违;无体之礼,威仪迟迟;无服之丧,内恕孔哀[2];无声之乐,所愿必从;无体之礼,上下和同;无服之丧,施及万邦。既然,而又奉之以三无私而劳天下,此之谓五起。”

子夏曰:“何谓三无私?”孔子曰:“天无私覆,地无私载,日月无私照。其在《诗》曰:‘帝命不违,至于汤齐。汤降不迟,圣敬日跻。昭假迟迟,上帝是祗,帝命式于九围。’[3]是汤之德也。”

子夏蹶然而起,负

子夏说:“‘五起’怎么讲?”孔子说:“没有声音的音乐,百姓不违背国君的心愿;没有形式的礼仪,国君的态度从容不迫;没有丧服的服丧,设身处地地同样悲伤;没有声音的音乐,心愿已经满足;没有形式的礼仪,上下和睦齐同;没有丧服的服丧,爱心延及四方各国。如此,再遵照三无私的精神来治理天下,这就叫作‘五起’。”

子夏接着问道:“什么叫作‘三无私’呢?”孔子说:“就是像天那样无私地覆盖万物,像地那样无私地承载万物,像日月那样无私地照耀万物。这个意思在《诗经》里也有所反映:‘奉行天命不敢违,至于成汤兴王业。承继天命应时运,聪明谨慎日向上。明德临民持之恒,只把天帝来敬畏,帝命天下效法汤。’这就是商汤的德行。”

子夏听到这里,一跃而起,倚墙而

墙而立,曰:“弟子敢不志之!”

立,说:“弟子怎敢不牢记老师的这番教诲呢!”

注释 1 至:一本作“志”。 2 哀:一本作“悲”。陈澔《礼记集说》:“内恕孔悲者,言其以仁存心也。” 3 “帝命不违”等句:语出《诗经·商颂·长发》。王肃注:“至汤与天心齐。”“至汤与天心齐。”“不迟,言疾。跻,升也。汤疾行下人之道,其圣敬之德日升闻也。汤之威德,昭明遍至,化行宽舒,迟迟然,故上帝敬其德。”“九围,九州也。天命用于九州,谓以为天下王。”

卷第七

观乡射第二十八

导读　本篇记载了孔子观礼后抒发的礼乐教化思想,因开篇为孔子观乡射礼后所感,故以“观乡射”名篇。

孔子因观乡射礼喟然而叹,回来后就与弟子习射演礼,既可推进“六艺”之教,也能兼行社会的礼乐教化,兴起遵礼守法的社会风气。孔子于“观于乡而知王道之易易”,而《礼记·射义》中有“射者,仁之道也”,“故事之尽礼乐而可数为以立德行者,莫若射,故圣王务焉”,由射礼“可以观德行”,正合乎孔子施行仁义德政的政治理想。在孔子同子贡观蜡祭的交谈中,可见孔子张弛有度、宽严结合的国家治理思想。

原文

孔子观于乡射[1],喟然叹曰:“射之以礼乐也,何以射?何以听?修身而发,而不失正鹄者,其唯贤者乎?若夫不肖之人,则将安能以求饮[2]?《诗》云:‘发彼有的,以祈尔爵。’[3]祈,求也。求所中,以辞爵[4]。酒者,所以养老、所以养病也。求中以辞爵,

译文

孔子观看乡射礼,长叹一声说:“射箭时配上礼仪和音乐,射箭的人怎能一边射,一边听?努力修养身心而发出的箭,并能射中目标,只有贤德的人才能做到。如果是不肖之人,他怎能射中而罚别人喝酒呢?《诗经》说:‘箭箭射中靶心,但求酒杯让给你。’祈,就是求。祈求射中而辞谢罚酒。酒,是用来养老和养病的。祈求射中而辞谢罚酒,就是推辞别人的奉养。所以,

辞其养也。是故士使之射而弗能，则辞以病，悬弧之义[5]。”

于是退而与门人习射于矍相[6]之圃，盖观者如堵墙焉。射至于司马[7]，使子路执弓矢，出列延[8]，谓射之者曰：“奔军之将，亡国之大夫，与为人后[9]者，不得入，其余皆入。”盖去者半。

让士人射箭，假如他不会，就应当以有病来辞谢，因为男子生来就应该会射箭，这是在家门口悬挂弓的意义。”

于是回来后和弟子们在矍相的园圃中学习射箭，观看的人围得好像一堵墙。当射礼行至司正转为司马时，孔子让子路手执弓箭，出列邀请比射的人，说：“败军之将、丧失国土的大夫、求做别人后嗣的人，一律不准入场，其余的人进来。”听到这话，人走了一半。

注释 1 乡射：一指州长于春秋两季以礼会民，习射于州之学校；一指乡大夫三年大比，献贤能之士于君，行乡射礼。 2 饮：没，箭矢中的。 3 “《诗》云”句：指《诗经·小雅·宾之初筵》。王肃注：“祈，求也，言发中的以求饮尔爵也。胜者饮不胜者。” 4 辞爵：力求射中，以辞让此奉养之酒，以见君子无所争之意。 5 悬弧之义：古代生男孩，在门左首悬挂一张木弓以示庆贺，故以为悬弧。王肃注：“弧，弓也。男子生则悬弧于其门，明必有射事也。而今不能射，唯病可以为辞也。” 6 矍相：在今山东曲阜城内阙里西，借指学宫中习射的场所。 7 司马：一般指掌管军政和军赋的官，这里指监督射礼的人，多由大夫、士之吏充任。王肃注：“子路为司马，故射至，使子路出延射。” 8 延：邀请。 9 与为人后：人后，指过继给别人做后嗣。王肃注：“人已有后而又为人后，故曰与为人后也。”

又使公罔之裘、序点扬觯[1]而语曰："幼壮孝悌，耆老好礼，不从流俗，修身以俟死者，在此位。"盖去者半。序点又扬觯而语曰："好学不倦，好礼不变，耄期[2]称道而不乱者，在此位。"盖仅有存焉。

孔子又让公罔之裘、序点举起酒杯说："幼年壮年时能孝敬父母，友爱兄弟，到老年仍能爱好礼仪，不盲从流俗，修身直至老死，这样的人才有资格留在射位。"结果又走掉一半。序点又举杯说："好学不倦，好礼不变，年近百岁还遵道从礼、言行不乱的人，请留在这里。"结果围观的人已经所剩无几了。

射既阕，子路进曰："由与二三子者之为司马，何如？"孔子曰："能用命矣。"

射礼结束后，子路走上前对孔子说："我和序点他们这些人做司马，做得如何？"孔子回答说："你们可以胜任了。"

注释 1 觯(zhì)：古代酒器，青铜制，形似尊而小，或有盖。 2 耄(mào)期：八十九十曰耄，百岁为期。

孔子曰："吾观于乡，而知王道之易易也。主人亲速[1]宾[2]及介[3]，而众宾皆从之；至于正门之外，主人拜宾及介，而众宾自入。贵贱之义别矣。三揖[4]至于阶，三让，以宾

孔子说："我参观过乡饮酒礼后，就知道了王者的教化是很容易推行的事。乡饮酒礼开始之前，主人亲自前往邀请主宾和副宾；至于从宾，则不需邀请，由他们自己跟着主宾和副宾而来。到了主人门外，主人拜迎主宾和副宾；至于从宾，主人不拜，只是作一个揖，请他们进来。这样就区分开尊卑贵贱了。进门以后，主人与主宾彼此行了三次揖礼才来到堂阶前；又互相三让，主人先升东阶，主宾升自西阶；主人又在堂上拜迎主宾，主宾答拜；入席以后，主人要斟

升。拜至[5]，献[6]，酬[7]，辞让之节繁。及介升，则省矣。至于众宾，升而受爵，坐祭，立饮，不酢[8]而降。隆杀之义辨矣。工入，升歌三终[9]，主人献宾；笙入三终[10]，主人又献之；间歌三终[11]，合乐三阕[12]，工告"乐备"而遂出。一人扬觯，乃立司正焉，知其能和乐而不流也。

酒献主宾，主宾又回敬主人；主人又要先斟酒自饮，而后斟酒劝主宾再饮：你推我让的礼节非常复杂。至于主人与副宾相互揖让升堂，礼数就减省多了。至于从宾，只是登上西阶接受主人献酒，坐着祭酒，站着饮酒，而不必酌酒回敬主人。招待规格的高低，由此就分得很清楚了。乐正领着乐队进来，在堂上演唱《鹿鸣》《四牡》《皇皇者华》等三首歌曲，主人向主宾献酒；吹笙的在堂下吹奏《南陔》《白华》《华黍》等三首乐曲，主人向主宾献酒；然后堂上鼓瑟一歌，堂下吹笙一曲，各演奏三首；最后堂上堂下一齐合奏，演奏三首；乐正报告说'歌曲都已演奏完毕'，就带领乐工退下堂去。这时主人的一个属下对宾客举杯，表示可以饮酒了，大家便推举一人为司正，负责监察饮酒失仪者。由此可知，乡饮酒礼能够使大家和谐欢乐而又不流于放肆失礼。

注释 **1** 速：敦请。 **2** 宾：正宾，主宾。 **3** 介：宾的副手。《礼记》郑玄注："介，宾之辅。……饮酒之礼，贤者为宾，次者为介。" **4** 揖：段玉裁《说文解字注》："推手曰揖，引手曰厌。推者，推之远胸；引者，引之箸胸。" **5** 拜至：拜谢宾客到来。 **6** 献：主人进酒于宾。 **7** 酬：主人先饮，劝宾饮酒。 **8** 酢（zuò）：客人用酒回敬主人。 **9** 升歌三终：乐队进来唱的三首歌曲，即《鹿鸣》《四牡》《皇皇者华》。 **10** 笙入三终：吹笙的队员进来吹奏的三首乐曲，即《南陔》《白华》《华黍》。 **11** 间歌三终：堂上鼓瑟一歌，堂下吹笙一曲，如此交替地各自演奏三首。王肃注："乃歌《鱼丽》、笙《由庚》，歌《南有嘉鱼》、笙《崇丘》，歌《南

山有台》、笙《由仪》也。” **12** 合乐三阕：王肃注：“合笙声同其音，歌《周南》《召南》三篇也。”

“宾酬主人，主人酬介，介酬众宾，少长以齿，终于沃洗[1]者焉。知其能弟长而无遗矣。降，脱屦[2]，升座，修爵无算。饮酒之节，旰[3]不废朝，暮不废夕。宾出，主人迎送，节文终遂焉。知其能安燕而不乱也。贵贱既明，降杀既辨，和乐而不流，弟长而无遗，安燕而不乱：此五者，足以正身安国矣。彼国安而天下安矣。故曰：‘吾观于乡，而知王道之易易也。’”

“主宾先自饮，然后劝主人饮，主人先饮再劝副宾饮，副宾先自饮而后再劝从宾饮，从宾按照年龄大小依次饮酒，直到侍候宾主盥洗的人为止，都有酒喝。由此可知，乡饮酒礼能够使大家无论长幼都不会遗漏。接着，大家都下堂，脱掉鞋子，然后重新升堂入座，彼此劝酒，不计杯数，尽兴为止。饮酒的限度，以早上不耽误早朝、晚上不耽误晚朝为原则。乡饮酒礼结束，来宾离去，主人要拜送，至此礼仪就全部完成了。由此可知，乡饮酒礼能够使大家玩得痛快而又井然有序。来宾中的贵贱分明了，招待规格的高低清楚了，和睦欢乐而又不放肆，长幼都无遗漏，玩得痛快而又井然有序：做到了这五条，就足以修正身心而安定国家了。国家得到安定，天下也就自然安定了。所以说：‘我参观过乡饮酒礼后，就知道了王者的教化是很容易推行的事’”

注释 **1** 沃洗：沃盥，洗涤。 **2** 屦（jù）：麻、葛做的鞋子。段玉裁《说文解字注》：“晋蔡谟曰：今时所谓履者，自汉以前皆名屦。” **3** 旰（gàn）：晚，迟。

子贡观于蜡[1]。孔子曰:"赐也,乐乎?"对曰:"一国之人皆若狂,赐未知其为乐也。"孔子曰:"百日之劳,一日之乐,一日之泽[2],非尔所知也。张而不弛,文武弗能;弛而不张,文武弗为;一张一弛,文武之道[3]也。"

子贡去观赏了年终的蜡祭。孔子问子贡说:"端木赐,你看出蜡祭给人们带来的巨大欢乐了吗?"子贡不屑地说:"这个国家的人,上上下下都像喝醉了发酒疯一样,我看不出有什么值得快乐的。"孔子教训他说:"人们长时间的辛勤劳动,应该有这一天的欢乐,应该享受这一天上苍赐予的恩泽,这是你体会不到的。只拉紧弓弦而不放松弓弦,即使是文王和武王也做不到;只放松弓弦而不拉紧,却是文王和武王不会去做的;该紧张时紧张,该轻松时轻松,这才是文王、武王的治国之道。"

注释 1 蜡(zhà):蜡祭,即周代每年十二月的祭百神之礼。行蜡祭时还在学校聚集民众行饮酒礼。 2 百日之劳……一日之泽:王肃注:"古民皆勤苦稼穑,有百日之劳,喻久也。今一日使之饮酒焉,乐之,是君之恩泽也。" 3 文武之道:周文王、周武王的治国之道,后指宽严互济的治国之道。

郊问第二十九

导读 本篇开头提到古代的帝王在郊外祭祀祖先时,同时要祭天,鲁定公请教孔子这样做的原因。篇名为"郊问",即有关郊祭之问。

孔子认为,郊天之礼为周天子独有的特权,显示了天子之尊位,通过规格、牲器、服饰、禁忌、仪式等彰显了"天子之礼"的独特性、尊严性。周天子"郊祀其祖以配天",实因世间万物都由上天所生,而人则来源于其祖先,以郊祭表达"报本反始"的感恩之情。

原文

定公[1]问于孔子曰："古之帝王必郊祀[2]其祖以配天[3]，何也？"孔子对曰："万物本于天，人本乎祖。郊之祭也，大报本反始[4]也，故以配上帝。天垂象[5]，圣人则之，郊所以明天道也。"

公曰："寡人闻郊而莫同，何也？"孔子曰："郊之祭也，迎长日之至也。大报天而主日，配以月。故周之始郊，其月以日至，其日用上辛[6]；至于启蛰[7]之月，则又祈谷于上帝。此二者，天子之礼也。鲁无冬至大郊之事，降杀于天子，是以不同也。"

公曰："其言郊，何也？"孔子曰："兆丘于南，所以就阳位也。于郊，故谓之郊焉。"

译文

鲁定公向孔子询问道："古代帝王在郊外祭祖时一定要祭祀上天，这是为什么呢？"孔子回答说："万物都来源于天，人又来源于其祖先。郊祭，就是大规模地报答上天和祖先的恩惠且反思自己根源的礼仪，所以祭祖时要配祭上帝。上天显示征兆，圣人就取法这些征兆，举行郊祭就是为了显明天道。"

鲁定公又问："我们鲁国的郊祀和其他地方不一样，为什么呢？"孔子回答说："郊外祭天，是为了迎接冬至的到来。这是为了大规模回报上天诸神的祭祀，因而以日为主，以月为辅。所以周天子选择郊祀的时间，月份在冬至这一月，用这一月的上辛日；而到了惊蛰的这一月，又要郊祀来向上帝祈谷。这两次郊祀都是天子之礼。鲁国（因为周公避王室的原因）没有在冬至郊祀，规模要低于天子，所以不一样。"

鲁定公又问："这样的祭祀称为郊祀，是为什么呢？"孔子说："郊祀的地方选择在南郊，因为南方是阳位。要在国都的郊外，所以称为郊祀。"

注释 1 定公：鲁国君王，姬姓，名宋。 2 郊祀：在郊外祭天地、祖宗或鬼神。周代时，在冬至于圜丘祭祀昊天上帝，在启蛰于南郊祭祀上帝祈谷，在夏至于方丘、北郊祭地。郊谓大祀，祀为群祀。 3 配天：指祭祖先时同时配祭上天。 4 大报本反始：大规模地报答上天的恩惠。 5 垂象：显示征兆。 6 上辛：农历每月上旬的辛日。 7 启蛰：指冬日蛰伏动物至春又复出活动，后为避汉景帝刘启讳而改称“惊蛰”。

曰：“其牲器[1]何如？”孔子曰：“上帝之牛角茧栗[2]，必在涤[3]三月。后稷之牛唯具，所以别事天神与人鬼也。牲用骍，尚赤也；用犊，贵诚也。扫地而祭，贵其质也。器用陶匏[4]，以象天地之性也。万物无可称之者，故因其自然之体也。”

鲁定公又问：“郊祀的祭品和祭器又是怎么样的？”孔子说：“祭祀上帝要用角如茧、栗般小的幼牛，并且必须在清洁之室里精心饲养三个月。祭周人始祖后稷所用的牛，只要形体、毛色完备就可以了。由此可见，祭祀天神和祭祀人鬼是有区别的。祭天的牺牲用赤色牛，这是因为周代崇尚赤色；用牛犊做牺牲，是因为牛犊尚无牝牡之情，取其童贞诚信。清扫一块地面就可以行礼，是因为崇尚质朴。祭器都是陶制和匏制的，以效法天地的自然本性。天生万物的功德是没有什么可以与之相称的了，所以要依循它们质朴的自然本性。”

注释 1 牲器：祭品与祭器。 2 茧栗：如蚕茧和栗子一样小。 3 涤：饲养祭祀上帝三牢牲畜的清洁之室。 4 陶匏（páo）：陶制或匏制器具。

公曰：“天子之郊，其礼仪可得闻

鲁定公又问：“天子进行郊外祭天的礼仪，可以说来听听吗？”孔子回答说：“我听

乎？”孔子对曰：“臣闻天子卜郊，则受命于祖庙，而作龟于祢宫[1]，尊祖亲考之义也。卜之日，王亲立于泽宫[2]，以听誓命，受教谏之义也。既卜，献命库门[3]之内，所以戒百官也。将郊，则供天子皮弁以听报，示民严上也。郊之日，丧者不敢哭，凶服者不敢入国门，氾扫清路，行者毕止。弗命而民听，敬之至也。

说天子郊祭，要占卜祭天的日期，必先告祭于始祖之庙，然后才在父庙中灼龟占卜，这是表示尊重始祖而亲近先父之意。占卜的那天，天子立于泽宫，亲自聆听有关礼官宣布的注意事项，这表示连天子也要接受教诲约束。占卜后，天子从泽宫回来，在王宫的库门之外宣读郊祭命令，这样做意在告诫百官。临近郊祭，天子戴皮弁听取有关官员报告郊祭的准备情况，这是向民众表示要严格遵守上面命令之义。郊祭当天，（在通往南郊的道路两旁的家庭，）死了人也不敢哭，披麻戴孝的人都不敢进入城门，道路要清扫并铺上新土，禁止人和动物走动。这些都是百姓的自觉行动，用不着上边下命令，说明天子和百姓对上天非常恭敬。

注释 1 祢（mí）宫：父庙。 2 泽宫：习射选士之处。 3 库门：王宫外门，天子皋门。

“天子大裘[1]以黼之，被裘象天，乘素车，贵其质也。旂[2]十有二旒[3]，龙章而设日月，所以法天也。既至泰坛[4]，王脱裘矣，服衮[5]以临燔柴[6]。戴

“天子身穿有斧形花纹的大裘衣，披着这样的礼服以效法上天，乘坐没有任何装饰的车子，这是表示以质朴为贵。车上的旗子有十二根飘带，上面画着龙和日月的图案，这也是取法上天之义。到了南郊泰坛，天子脱去大裘衣，穿上衮服靠近祭坛，将玉帛、牺牲等置于积柴上焚烧以祭天。

冕，璪[7]十有二旒，则天数也。臣闻之：诵《诗》三百，不足以一献；一献之礼，不足以大飨[8]；大飨之礼，不足以大旅[9]；大旅具矣，不足以飨帝[10]。是以君子无敢轻议于礼者也。”

天子头戴冕冠，前端垂着十二条贯有珠玉的流苏，这是效法天的大数，寓指天时可分为十二个月。我听说，即使诵《诗》三百，也不如一次用肥犬祭群小祀的‘献’礼；可是一次小‘献’礼，远远不如合祭先王的‘大飨’礼；而‘大飨’礼又不如祭五帝的‘大旅’礼；‘大旅’礼做得够完备了，但也不如祭天的‘飨帝’礼。所以呀，君子是不敢随便地谈说礼制的短长的。”

注释　1 大裘：天子祭天时所穿之礼裘。　2 旂（qí）：有龙形图，系铃铛的旗。　3 旒（liú）：旗子下边悬垂的饰物。　4 泰坛：古代设在都城南郊的祭天之坛。　5 衮（gǔn）：古代君王等的礼服。　6 燔（fán）柴：古代祭天时，将玉帛、牺牲等置于积柴上而焚之。　7 璪（zǎo）：古代用彩丝贯玉而使之在冕前下垂的装饰。　8 大飨：合祀先王的祭礼。《礼记·礼器》：“大飨其王事与？”郑玄注：“谓祫祭先王。”《荀子·礼论》：“大飨尚玄尊，俎生鱼，先大羹，贵食饮之本也。”杨倞注：“大飨，祫祭先王也。”祫（xiá），古代天子或诸侯在太庙里合祭远近祖先。　9 大旅：王肃注：“大旅，祭五帝也。”《周礼·天官·掌次》：“王大旅上帝，则张毡案、设皇邸。”郑玄注：“大旅上帝，祭天于圜丘。国有故而祭亦曰旅。”　10 飨帝：祭祀天帝。飨，通“享”。

五刑解第三十

导读 本篇记载了孔子与弟子冉有讨论礼法规范问题,因开头先谈及古代五种刑罚,故以“五刑解”名篇。

关于设礼缘由,孔子认为是“设防”使百姓“不犯”,“上有制度,则民知所止,民知所止则不犯”,遵礼是“豫塞其源”。古代圣王制定五刑,以防止不知足、不仁、不义、相陵、男女无别、嗜欲不节之举带来的社会问题。如果“礼度既陈,五教毕修,而民犹或未化”,那就需要“明其法典,以申固之”,体现了儒家的礼法合治、德主刑辅的仁政思想。

另外,本篇就“刑不上于大夫,礼不下于庶人”的问题也做了辨析。孔子对于冉有之解释为“大夫犯罪,不可以加刑;庶人之行事,不可以治于礼”的看法,进行了断然否定。孔子认为,管理君子,“以礼御其心”而兴起“廉耻之节”,产生“愧耻”之心。因此,所谓“刑不上大夫”,就是通过礼乐教化使大夫“不失其罪”;所谓“礼不下庶人”,就是知道普通人忙于劳作而不能“充礼”,所以也就“不责之以备礼”。儒家尊崇的圣王之治,是这样的一种“至治”,它“制五刑而不用”,立礼仪法度,而兴廉耻之节。

原文

冉有问于孔子曰:“古者三皇、五帝不用五刑[1],信乎?”孔子曰:“圣人之设防,贵其不犯也;制五刑而不用,所以为至治也。

“凡民之为奸邪、窃盗、靡法[2]、妄行者,生于不

译文

冉有向孔子问道:“古代的三皇五帝都不曾用五刑,这是真的吗?”孔子说:“圣人设置防卫措施,贵在让人不触犯;制定五刑而不用,是为了达到天下大治。

“凡是奸邪、盗窃、违法、胡作非为的行为,都是由于贪心不足造成

足。不足生于无度。无度，则小者偷惰，大者侈靡，各不知节。是以上有制度，则民知所止，民知所止则不犯。故虽有奸邪、贼盗、靡法、妄行之狱，而无陷刑之民。

的。贪心不足又产生于没有限度。没有限度，轻者就会偷盗，重则奢侈浪费，都是不知节制。因此，上有制度，百姓就知道了什么不能做，知道了什么不能做就不会犯法。所以，虽然制定了奸邪抢劫盗窃违法妄行的罪状，却没有陷入刑罚的百姓。

注释 1 五刑：夏代开始确立的五种肉刑，分别指额上刺字的墨刑、割鼻的劓刑、砍脚的剕刑、毁坏生殖器的宫刑、砍头的大辟刑。汉代以后，五刑演变为笞、杖、徒、流、死。 2 靡法：心中无法。

"不孝者，生于不仁；不仁者，生于丧祭之礼也。明丧祭之礼，所以教仁爱也。能致仁爱，则服丧思慕。祭祀不解[1]，人子馈养之道。丧祭之礼明，则民孝矣。故虽有不孝之狱，而无陷刑之民。

"不孝的行为产生于不仁，不仁又产生于没有丧祭之礼。所以，明确规定丧祭之礼，是为了使人知道仁爱。能教人懂得仁爱，为父母服丧就会思念爱慕他们，举行祭礼表示人子还在不懈地赡养父母。丧祭之礼明确了，百姓就会遵守孝道了。所以，虽然制定了不孝的罪状，却没有陷入刑罚的百姓。

"杀上者，生于不义。义，所以别贵贱、明尊卑也。贵贱有别，尊卑有序，则民莫不尊上而敬长。朝聘之礼者，所以明义也。义必明，则民不犯。

"以下杀上的行为产生于不义，义是用来区别贵贱、表明尊卑的。贵贱有别，尊卑有序，那么百姓没有不尊敬上级和长辈的。诸侯定期朝见天子的朝聘之礼，是用来显明义的。义显明了，那么百姓就不会犯上。所以，虽然

故虽有杀上之狱，而无陷刑之民。

制定了弑上的罪状，却没有陷入刑罚的百姓。

注释 1 不解（xiè）：不怠慢。解，通“懈”。

“斗变[1]者，生于相陵[2]；相陵者，生于长幼无序而遗敬让。乡饮酒之礼者，所以明长幼之序，而崇敬让也。长幼必序，民怀敬让。故虽有变斗之狱，而无陷刑之民。

“争斗变乱的行为产生于相互欺压，欺压的行为产生于长幼无序而忘记了尊敬和谦让。乡饮酒之礼，就是用来显明长幼之序和尊崇敬让的。长幼有序，百姓就会怀着敬让之心。所以，虽然制定了争斗变乱的罪状，却没有陷入刑罚的百姓。

“淫乱者，生于男女无别；男女无别，则夫妇失义。婚姻聘享[3]者，所以别男女、明夫妇之义也。男女既别，夫妇既明，故虽有淫乱之狱，而无陷刑之民。

“淫乱的行为产生于男女无别，男女无别夫妇间就失去了情义。婚礼和聘礼享礼，就是用来区别男女和显明夫妇情义的。男女既已有别，夫妇情义就会彰明。所以，虽然制定了有关淫乱的罪状，却没有陷入刑罚的百姓。

注释 1 斗变：私斗。 2 陵：侵辱。 3 聘享：订婚时男方给女方的定礼和聘礼。

“此五者，刑罚之所从生，各有源焉。不豫塞其源，而辄绳之以刑，是谓为民设阱而陷之也。刑罚

“这五种情况，是刑罚产生的原因，是各有根源的。不预先堵住其根源，而动辄使用刑罚，这叫作给民设下陷阱来陷害他们。刑罚产生的根源，在于人

之源，生于嗜欲不节。夫礼度者，所以御民之嗜欲，而明好恶，顺天道。礼度既陈，五教毕修，而民犹或未化，尚必明其法典，以申固之。其犯奸邪、靡法、妄行之狱者，则饬制量之度；有犯不孝之狱者，则饬丧祭之礼；有犯杀上之狱者，则饬朝觐之礼；有犯斗变之狱者，则饬乡饮酒之礼；有犯淫乱之狱者，则饬婚聘之礼。三皇、五帝之所化民者如此，虽有五刑之用，不亦可乎？”

孔子曰：“大罪有五，而杀人为下。逆天地者罪及五世，诬文武者罪及四世，逆人伦者罪及三世，谋鬼神者罪及二世，手杀人者罪止其身。故曰：大罪有五，而杀人为下矣。”冉有问于孔子曰：“先王制法，使刑不上于大夫，礼不下于庶人。然则大夫犯罪，

们的嗜好和欲望无所节制。礼仪法度即是用来节制百姓的嗜好和欲望的，使其能区分好坏，顺应天道。已经宣告了礼仪法度，推行了五种教化，如果还有百姓顽固不化，那就一定要再次重申，以彰明法典，强化顺承。如犯奸邪、非法、妄行等罪，则告诫其制度标准方面的规定；如犯不孝之罪，则告诫其丧葬祭祀的礼仪；如犯不忠于长上之罪的，则告诫其朝拜觐见的礼仪；如犯斗殴之罪，则告诫其乡饮酒的礼仪；如犯淫乱之罪，则告诫其婚聘宴享的礼仪。三皇、五帝如此教化百姓，即使偶用五刑，不也是可以的吗？”

孔子说：“重大的罪行有五种，而杀人是最轻的。违背天地之道的罪行牵连五代，诬蔑周文王、武王的罪行牵连四代，违背人伦之道的罪行牵连三代，图谋鬼神的罪行牵连两代，而亲手杀人的罪行只牵涉其自身。所以说，重大的罪行有五种，而杀人是最轻的。”冉有请教孔子说：“古时候那些贤明君王制定法律，有‘使刑不上于大夫，礼不下于庶人’的说法。难道士大夫们犯了罪就不可以用刑惩罚，普通大众做事

不可以加刑；庶人之行事，不可以治于礼乎？”

孔子曰：“不然。凡治君子，以礼御其心，所以属[1]之以廉耻之节也。故古之大夫，其有坐[2]不廉污秽而退放[3]之者，不谓之不廉污秽而退放，则曰簠簋不饬[4]；有坐淫乱、男女无别者，不谓之淫乱、男女无别，则曰帷幕不修[5]也。有坐罔上不忠者，不谓之罔上不忠，则曰臣节未著；有坐罢[6]软不胜任者，不谓之罢软不胜任，则曰下官不职；有坐干国之纪者，不谓之干国之纪，则曰行事不请。此五者，大夫既自定有罪名矣，而犹不忍斥然正以呼之也，既而为之讳，所以愧耻之。

情就可以不遵照礼的要求吗？”

孔子说：“不是你想的那样的。君王管理官员是用礼来掌握他们的思想的，要让他们都拥有知廉耻这一大节。所以以前的大夫，那些由于不廉洁贪赃要被黜退放逐的，不说是因为他们不廉洁贪赃要被黜退放逐，而说他们簠簋不饬；那些由于淫乱及男女无别获罪的，不说他们淫乱及男女无别，而说他们帷幕不修；那些由于蒙蔽君上，对国家不忠诚获罪的，不说他们蒙蔽君上，对国家不忠诚，而说他们臣节未著；那些由于疲沓软弱不能完成官员工作获罪的，不说他们疲软不称职，而说他们下官不职；那些由于触犯了国家的大法获罪的，不说他们触犯了国家的大法，而说他们行事不请。像这样五种，对那些大夫，君王已经确定他们获罪了，还是不忍心呵斥，仍然按平常的称呼，是对他们的顾忌和避讳，要让他们自己惭愧和有羞耻感。

注释 1 属：通“嘱”，托付。 2 坐：定罪。 3 退放：黜退放逐。 4 簠簋不饬：簠、簋，古代食器，或放祭品的祭器；不饬，不整饬。指没有祭品祭祀祖先，引为贪污之意。 5 帷幕不修：家门淫乱的讳语，亦作“帷薄不修”。修，整饬。 6 罢（pí）：通“疲”。

“是故大夫之罪，其在五刑之域者，闻而谴发[1]，则白冠厘缨[2]，盘水加剑[3]，造乎阙而自请罪，君不使有司执缚牵掣而加之也。其有大罪者，闻命则北面再拜，跪而自裁，君不使人捽引[4]而刑杀之也，曰：‘子大夫自取之耳，吾遇子有礼矣。’以刑不上大夫，而大夫亦不失其罪者，教使然也。凡所谓礼不下庶人者，以庶人遽其事而不能充礼，故不责之以备礼也。”

冉求跪然免席，曰：“言则美矣！求未之闻。”退而记之。

“所以呀，大夫们犯罪了，如果在五刑范围内的，君王听到后先是谴责揭发，让他们戴用兽尾做缨的白帽表示自己有罪，让他们本人手托一盘，盘内有水，盘上放剑，请天子公平裁决，让他们到宫阙来陈说自己的罪过，君王也不让执法官员对他们捆绑牵拉。如果是犯了大罪的，让他们听到相关宣布后面朝北磕头，跪着自裁，君王也不会让执法官员揪着他们的头发执行刑杀，君王会说：‘这个大夫呀，是你自己犯了罪的，我还是对你尽了礼、尽了心呀。’这样做，看来好像刑罚没有制裁大夫，但是犯了罪的大夫一样少不了他应该接受的惩罚，这也是教化的一种。关于‘礼不下庶人者’的意思是这样的，因为普通百姓忙于生计，无法全部掌握有关的礼仪，所以是不能责怪他们没有完整的礼仪的。”

冉有跪着离开座位说：“老师讲得太好了，我冉求真是第一次听到这样的道理。”回去后就把这些记了下来。

注释　1 谴发：谴责揭发。　2 白冠厘缨：古代大夫触犯五刑，则戴用兽尾做缨的白帽，表示自己有罪。　3 盘水加剑：遭遇天子谴责、质问的士大夫，手托一盘，盘内放水和剑，请天子公平裁决。　4 捽（zuó）引：揪拉。

刑政第三十一

导读　本篇记载了孔子与弟子仲弓讨论“至刑”与“用政”的关系问题，故以“刑政”名篇。

在孔子看来，圣人治理与教化思想，一定是“刑政相参”的，最高境界是德礼共济，其次是政刑合治。德礼共济后，若百姓还是“化之弗变，导之弗从，伤义以败俗，于是乎用刑矣”，用刑是不得已之举。在审理案件时，必须尊重事实，根据情节的轻重、罪行的深浅来量刑。审理官必须仁智双彰，尽其聪明才智，以其忠爱之心来审理。定罪要慎重，“狱必三讯”，疑狱则要广泛听取各方面意见，甚至有“王三宥之”之礼节。但对“巧言破律，遁名改作，执左道与乱政者，杀。作淫声，造异服，设伎奇器，以荡上心者，杀。行伪而坚，言诈而辩，学非而博，顺非而泽，以惑众者，杀。假于鬼神、时日、卜筮，以疑众者，杀”等四种大罪，则杀无赦，不必经过三次审讯。另外，如果违犯了十四条禁令，也是不能赦免的。

原文

仲弓[1]问于孔子曰：“雍闻至刑[2]无所用政，至政[3]无所用刑。至刑无所用政，桀、纣之世是也；至政无所用刑，成、康之世[4]是也。信乎？”孔子曰：“圣人之治化[5]也，必刑政相参焉。太上[6]以德教民，而以礼齐之；其次以政言导民，以

译文

仲弓问孔子说：“我听说有严酷的刑罚就不需要用政令了，有完善的政令就不需要用刑罚了。有严酷的刑罚不用政令，夏桀、商汤的时代就是这样；有完善的政令不用刑罚，周朝成王、康王的时代就是这样。这是真的吗？”孔子说：“圣人治理教化百姓，必须是刑罚和政令相互配合使用。最好的办法是用道德来教化百姓，并用礼来统一思想。其次是用政令来教导百姓，用刑罚来禁止他们，目的

刑禁之，刑不刑也。化之弗变，导之弗从，伤义以败俗，于是乎用刑矣。颛[7]五刑必即天伦[8]，行刑罚则轻无赦。刑，侀[9]也；侀，成也。壹成而不可更，故君子尽心焉。”

是为了不用刑罚。对经过教化还不改变，经过教导还不听从，损害义理又败坏风俗的人，只好用刑罚来惩处。专用五刑来治理百姓也必须符合天道，执行刑罚对罪行轻的也不能赦免。刑，就是侀；侀，就是已成事实不可改变。一旦定刑就不可改变，所以官员要尽心地审理案件。”

注释　1 仲弓：孔子弟子冉雍，字仲弓。　2 至刑：最严酷的刑罚。　3 至政：即“至治”，最完美的政治教化。　4 成、康之世：周成王、周康王当政的时代，据说当时“天下安宁，刑措四十余年不用”。　5 治化：政治教化。　6 太上：最高等。　7 颛（zhuān）：通“专”。　8 即天伦：合乎天意。王肃注：“即，就也。就天伦，谓合天意。”　9 侀：同“型”，定型。

仲弓曰：“古之听讼[1]，尤罚丽[2]于事，不以其心，可得闻乎？”孔子曰：“凡听五刑之讼，必原父子之情，立君臣之义，以权之，意论轻重之序，慎测浅深之量，以别之。悉其聪明，正其忠爱，以尽之。大司寇正刑明辟[3]以察狱，狱必三讯焉。有指

仲弓说：“古代审理案件，对过错的处罚是根据事实，而不依据内心动机，对这点可以讲给我听听吗？”孔子说：“凡是审理五种罪行的案子，必须推究其父子之情，按照君臣之义来衡量，目的是论证犯罪情节的轻重，谨慎地衡量罪过的深浅，以便分别对待。尽量运用自己的聪明才智，极力发挥自己的忠爱之心来探明案情。大司寇的职责是正定刑法辨明法令来审理案件，审案时必须听取群臣、群吏和万民的意见。有指证而核实不了犯罪

无简[4],则不听也。附从轻,赦从重。疑狱则泛与众共之,疑则赦之。皆以小大之比成也。是故爵人必于朝,与众共之也;刑人必于市,与众弃之也。古者公家不畜刑人,大夫弗养[5]也;士遇之涂[6],以弗与之言;屏诸四方,唯其所之,不及与政,弗欲生之也。"

事实的,就不治罪。量刑可重可轻的就从轻,赦免时,原判重了的则先赦。疑案则要广泛地向大众征求意见共同解决,如果还有疑问而无法裁决,就赦免他。一切案件一定要根据罪行大小比照法律条文来定案。所以赐予爵位一定要在朝廷上,让众人共同见证;行刑一定要在闹市上,让众人共同唾弃他。古时诸侯不收容犯罪的人,大夫也不供养犯罪的人;读书人在路上遇到犯罪的人,不和他交谈;把罪犯放逐到四境,任凭他到什么地方,也不让他参与政事,表示不想让他活在世上。"

注释 **1** 听讼:审理案件。 **2** 丽:附丽,附着。 **3** 明辟:辨明法令。**4** 有指无简:有人指证却不能确定犯罪事实。王肃注:"简,诚也。有意无其诚者,不论以为罪也。" **5** 大夫弗养:大夫不供养被判刑的人。**6** 涂:通"途"。

仲弓曰:"听狱,狱之成,成何官?"孔子曰:"成狱成于吏,吏以狱成告于正。正既听之,乃告大司寇。大司寇听之,乃奉于王。王命三公[1]卿士参听棘木之下[2],然后乃以狱之成告于王。

仲弓问:"审理案件时,定案的事,是由什么官来完成的?"孔子说:"案件首先由狱官来审定,然后狱官把审理情况报告给狱官之长。狱官之长审理之后,再报告给大司寇。大司寇审理之后,再报告给君王。君王又命三公和卿士在种有酸枣树的审理处会审,然后把审理结果呈给君王。君王根据三种可以宽宥的情

王三宥之，以听命而制刑焉，所以重之也。”

况决定是否减免刑罚，最后根据审判结果来定刑，审定的程序是很慎重的。”

仲弓曰：“其禁何禁？”孔子曰：“巧言破律，遁名[3]改作，执左道[4]与乱政者，杀。作淫声，造异服，设伎奇器，以荡上心者，杀。行伪而坚[5]，言诈而辩，学非而博，顺非而泽[6]，以惑众者，杀。假于鬼神、时日、卜筮，以疑众者，杀。此四诛者不以听。”

仲弓又问：“在法律禁令的规定中都有哪些条款呢？”孔子说：“凡是用巧言曲解法律，变乱名义擅改法度，利用邪道扰乱国政者，杀。凡是制作淫声浪调，制作奇装异服，设计奇巧怪异器物来扰乱君心的，杀。凡行为诡诈又顽固，言辞虚伪又能诡辩，学非正学又广博德知，顺从坏事又曲加粉饰，用以蛊惑百姓者，杀。凡利用鬼神、时日、卜筮，用以惑乱百姓者，杀。犯此四类该杀罪行的都不需详加审理。”

注释　1 三公：辅助君王的最高官员，周朝为太师、太傅、太保。　2 棘木之下：指古代判案的处所。棘木，酸枣树。王肃注：“外朝法，左九棘，孤卿大夫位焉。右九棘，公侯伯子男位焉。面三槐，三公位。”　3 遁名：假冒名义。　4 左道：旁门左道，多指非正统的巫蛊、方术等。　5 行伪而坚：行为诈伪而顽固。王肃注：“行诈伪而守之坚也。”　6 顺非而泽：顺从错误言行且加以润饰。

仲弓曰：“其禁尽于此而已？”孔子曰：“此其急者。其余禁者十有四焉：命服命车[1]不粥[2]于市，圭璋璧琮不粥于市，

仲弓又问：“法令禁止的就到此为止了吗？”孔子说：“这是其中最紧要的。其余应禁的还有十四项：天子赐予的命服、命车不准在集市上出卖，圭、璋、璧、琮等礼玉不准在集市上出卖，宗庙祭祀

宗庙之器不粥于市，兵车旌旗不粥于市，牺牲秬鬯[3]不粥于市，戎器兵甲不粥于市，用器不中度不粥于市，布帛精粗不中数、广狭不中量不粥于市，奸色乱正色不粥于市，文锦珠玉之器雕饰靡丽不粥于市，衣服饮食不粥于市[4]，果实不时不粥于市，五木[5]不中伐不粥于市，鸟兽鱼鳖不中杀不粥于市。凡执此禁以齐众者，不赦过也。”

用的礼器不准在集市上出卖，兵车旌旗不准在集市上出卖，祭祀用的牲畜和酒不准在集市上出卖，作战用的兵器铠甲不准在集市上出卖，家用器具不合规矩不准在集市上出卖，麻布丝绸精粗不合标准、宽窄不合规定的不准在集市上出卖，杂色混淆正色的东西不准在集市上出卖，锦缎珠玉等器物雕刻巧饰特别华丽的不准在集市上出卖，衣服饮食不准在集市上出卖，果实还未成熟不准在集市上出卖，应天时取火的五木不成材不准在集市上出卖，幼小的鸟、兽、鱼、鳖不准在集市上出卖。凡执行这些禁令都是为了治理百姓，犯禁者不赦。”

注释 1 命服命车：命服，官员的礼服。命车，天子所赐的车。 2 粥(yù)：同“鬻”，卖。 3 秬鬯（jù chàng）：古代以黑黍和郁金草酿造的酒，用于祭祀降神及赏赐有功的诸侯。 4 衣服饮食不粥于市：王肃注：“卖成衣服，非侈必伪，故禁之。禁卖熟食，所以厉耻也。” 5 五木：春天的榆、柳，夏天的枣、杏，季夏的桑、柘，秋天的柞、楢，冬天的槐、檀，以上五类木材可用来应天时以取火。

礼运第三十二

【导读】 本篇由孔子参礼蜡祭而讲到“礼之所兴”，礼的作用及各种礼节，故以“礼运”名篇。

关于礼的起源，孔子认为，“礼之所兴，与天地并”，那是先王“承天之道，以治人之情”，“圣王修义之柄、礼之序，以治人情”。关于礼的作用，孔子认为是圣人用礼教化、治理百姓，“则天下国家可得以礼正矣”。在孔子心目中，最理想的社会是三代的“大同”世界，那是个大道行于世、天下皆为公的美好时代，人们推选贤能的人治理国家，讲究信用，和睦相处，老有所终，壮有所用，奸谋不兴，盗窃乱贼不作。然而，三代之后，“大道既隐”，“周道”损伤，“常法”更易，礼制衰微，“非礼”乱象丛现。本篇中，孔子并未指出尚有“小康”社会，且“大同”社会也并未系之于三皇五帝，这显示了《孔子家语》一书较之《礼记》成书的质朴性和可靠性。孔子还讲到了“治人七情，修十义，讲信修睦，尚辞让，去争夺”的礼治主张。

【原文】

孔子为鲁司寇，与于蜡。既宾[1]事毕，乃出游于观[2]之上，喟然而叹。言偃侍，曰：“夫子何叹也？”孔子曰：“昔大道之行，与三代之英，吾未之逮[3]也，而有记焉。大道之行，天下为公，选贤与能，讲信修

【译文】

孔子担任鲁国司寇时，曾参与蜡祭。宾客走了以后，他出来到楼台上观览，感慨地叹了口气。言偃跟随在孔子身边，问道：“老师为什么叹气呢？”孔子说：“从前大道通行时，及夏商周三代精英当政时，我都没有赶上，而有些文字记载还可以看到。大道通行的时代，天下为大家所公有，选举贤能的人，讲求诚信，致力于友爱。所以人们不只敬奉自己的双亲，不只疼爱

睦[4]。故人不独亲其亲,不独子其子。老有所终[5],壮有所用,矜寡孤疾,皆有所养。货恶其弃于地,不必藏于己;力恶其不出于身[6],不必为人[7]。是以奸谋闭而不兴,盗窃乱贼不作,故外户而不闭。谓之大同。

自己的子女。社会上的老人都能安度晚年,壮年人都能发挥自己的才能,鳏夫、寡妇、孤儿和残疾人都能得到供养。人们厌恶把财物浪费不用,但不必收藏到自己家里;人们担心自己的智力体力不能得到发挥,但不是为了个人的利益。因此奸诈阴谋的事不会发生,盗窃财物扰乱社会的事情不会出现,所以家里的大门不必紧锁。这就叫作大同世界。

注释 1 宾:陪祭者。 2 观:宫门外阙。王肃注:"观,宫外门阙,《周礼》所谓象魏也。" 3 逮:赶上。 4 讲信修睦:讲求信用,致力于友爱。 5 终:安享天年。 6 力恶其不出于身:恶,唯恐,恐怕。王肃注:"言力恶其不出于身,不以为德惠也。" 7 为人:《礼记·礼运》作"为己"。

"今大道既隐[1],天下为家,各亲其亲,各子其子。货则为己,力则为人。大人世及[2]以为常,城郭沟池以为固。禹、汤、文、武、成王、周公,由此而选,未有不谨于礼。礼之所兴,与天地并。如有不由礼而在位者,则以为殃。"

"如今大道已经衰微,天下为一个家族所私有,人们只敬爱自己的双亲,只疼爱自己的子女。财物想据为己有,出力也是为了自己。天子诸侯把财物和权位世代相传已成常事,建筑城郭沟池作为防御工事。夏禹、商汤、文王、武王、成王、周公就是这个时代产生的,他们之中没有一人不依礼行事的。礼制的兴起,与天地并存。如有不遵循礼制而当权在位的,百姓把他视为祸殃。"

注释 1 隐：隐没衰微。 2 世及：世代相传。

言偃复问曰："如此乎，礼之急[1]也？"孔子曰："夫礼，先王所以承天之道，以治人之情。列其鬼神[2]，达于丧、祭、乡射、冠、婚、朝聘。故圣人以礼示之，则天下国家可得以礼正矣。"

言偃又问："这样的话，礼就是很紧迫的了？"孔子说："礼是先代圣王用以顺承自然之道来治理人情的。它参验于鬼神，贯彻在丧、祭、乡射、冠、婚、朝聘等礼仪上。因此圣人就用礼来昭示天道人情，这样国家才能治理好。"

注释 1 急：急需，紧要。 2 列其鬼神：参验于鬼神。

言偃曰："今之在位，莫知由礼，何也？"孔子曰："呜呼，哀哉！我观周道，幽、厉[1]伤也。吾舍鲁何适？夫鲁之郊及禘皆非礼，周公其已衰矣。杞之郊也禹[2]，宋之郊也契[3]，是天子之事守[4]也，天子以杞、宋二王之后。周公摄政致太平，而与天子同是礼也。诸侯祭社稷宗庙，上下皆奉其典，而祝嘏[5]莫敢易其常法，是谓大嘉。

言偃又问："现在在位当权的人，不知道遵循礼制来治理国家，为什么呢？"孔子说："唉，太可悲了呀！我考察周代的制度，自从幽王、厉王起就败坏了。现在，除了鲁国，我又能到哪里去考察呢？然而鲁国的郊、禘之祭已不合乎周礼，周公定的礼制，现在看来已经衰微了。杞人郊祭是祭禹，宋人郊祭是祭契，这是天子应该享有的祭祀，因为周天子把杞、宋分别看作夏、商的后裔。周公代理执政，实现了天下太平，所以用与天子同样的礼仪。至于诸侯祭祀社稷和祖先，上下的人都奉守同样的典章制度，祝嘏不敢更改原有的礼制，这叫作大嘉。

注释 1 幽、厉：周幽王、周厉王。 2 杞之郊也禹：杞国郊祭的是禹。禹，夏朝始祖。 3 契：商族始祖，帝喾之子，母为简狄，传说为宋的始祖。 4 事守：职守，应当遵循的法度。 5 祝嘏（gǔ）：祭祀时致祝祷之辞和传达神言的执事人。

“今使祝嘏辞说，徒藏于宗祝巫史，非礼也，是谓幽国；盏斝及尸君，非礼也，是谓僭君；冕弁兵革，藏于私家，非礼也，是谓胁君；大夫具官，祭器不假，声乐皆具，非礼也，是谓乱国。故仕于公曰臣，仕于家曰仆。三年之丧，与新有婚者，期不使也。以衰裳入朝，与家仆杂居齐齿[1]，非礼也，是谓臣与君共国。天子有田以处其子孙，诸侯有国以处其子孙，大夫有采[2]以处其子孙，是谓制度。天子适诸侯，必舍其宗庙，而不以礼籍入，是谓天子坏法乱纪。诸侯非问疾

“如今如果让祝祷辞和祈福辞只保存在宗伯太祝和巫官史官之家，这是不合礼制的，这称作阴谋之国；盏斝是天子用以献尸的酒器，而今竟然一般诸侯也用，这是不合礼制的，这叫作僭越君王；冕弁和兵器这些都是国君的服饰和武备，而今却藏于大夫之家，这是不合礼制的，这叫作威胁国君；大夫像国君那样百官具备，祭器不用外借，八音齐备，这是不合礼制的，这叫混乱之国。在国君那里任职叫作臣，在大夫家里任职叫作仆。臣仆如果遇到父母之丧，或者新婚刚过，一年之内不派差事。如果穿着孝服上朝，或是仍和家仆杂居一起，没上没下，这是不合礼制的，这叫作君臣共有国家。天子有土地可以分封其子孙为诸侯，诸侯有国家可以分封其子孙为大夫，大夫有采邑可以养活其子孙，这就叫制度。所以天子到诸侯之国去，一定要下榻在诸侯的祖庙，但如果无视礼簿所载诸侯国的忌讳而入住，那就叫作天子违法乱纪。诸侯如果不是由于探病吊

吊丧而入诸臣之家，是谓君臣为谑。故夫礼者，君之柄，所以别嫌明微，傧鬼神，考制度，别仁义，立政教，安君臣上下也。故政不正则君位危，君位危则大臣倍、小臣窃。刑肃而俗敝则法无常，法无常则礼无别，礼无别则士不事、民不归，是谓疵国。

丧而随便进入臣属之家，那就叫君臣互相戏谑。所以说，礼是国君治理国家的根本，可以用来辨别是非，明察幽隐，敬事鬼神，订立制度，施行仁义，确立政教，使君臣上下都得到安宁。所以，国政如果不以礼为准绳，君位就会发生动摇，君位动摇就会导致大臣背叛，小臣窃权。这时候尽管用严刑峻法来挽救，但因风俗败坏，引起法令无常，法令无常自然又引发礼仪乱套，礼仪乱套就让士人无法尽心做事，百姓就也无法心悦诚服地归心了，这就叫有疵病之国。

注释 1 齐齿：并列，无分高下。 2 采：采邑，卿大夫的封地。

“是故夫政者，君之所以藏身[1]，必本之天，郊以降命。命，降于社之谓效地，降于祖庙之谓仁义，降于山川之谓兴作，降于五祀之谓制度。此圣人所以藏身固也。圣人参于天地，并于鬼神，以治政也。处其所存，礼之序也；玩其所乐，民之治也。天

“所以说，礼乐政教实在是国君借以安身立命的法宝，它以天为本，依据天道而颁降礼仪政令。天命，如果颁降于土地神就叫效地之礼，如果颁降于祖庙就叫仁义之则，如果颁降于山川之神就称为兴作之礼，如果颁降于五行之神就叫作祭祀制度。这些都是圣人安身立命的法宝。圣人上参于天，下验于地，又比照鬼神，以此来治理国家。圣王能设身处地地考虑天地鬼神的存在次第，礼的次序也就有了；能体味百姓的乐好所在，民众的治理也就

生时，地生财，人，其父生而师教之。四者君以政用之，所以立于无过之地。

好办了。天生四时，地生财货，人，那是父母生他，老师教他。以上四个方面，如果国君利用政教加以引导，就能够立于不出过错之地。

注释 1 藏身：王肃注："言所藏于身，不可以假人也。"

"君者，人所则，非则人者也；人所养，非养人者也；人所事，非事人者也。夫君者，明人则有过，养人则不足，事人则失位。故百姓则君以自治，养君以自安，事君以自显。是以礼达而分定，人皆爱其死而患其生。是故用人之智去其诈，用人之勇去其怒，用人之仁去其贪。国有患，君死社稷，谓之义；大夫死宗庙，谓之变[1]。凡圣人能以天下为一家，以中国为一人，非意之，必知其情，从于其义，明于其利，达于其患，然后能为之。

"作为国君，应是人们效法的榜样，而不是效法他人的；应是人们供养的对象，而不是供养他人的；应是人们服侍的对象，而不是服侍他人的。国君效法他人就会出现差错，供养别人就会力有不足，服侍他人就会偏失自己的尊位。所以，百姓效法国君来自我管理，供养国君来自我安定，服侍国君来显扬自己。所以，通达礼制，各人的职分就得到确定，百姓都乐于为国君献出生命，而耻于苟且偷生。国君重用有智之人而谨防其诈伪，重用有勇之人而避免其感情冲动，重用仁人而警惕其贪婪。国家有了危难，国君与国土共存亡，这叫作大义；大夫为保卫国君宗庙而死，这叫作正义。所以圣人能够把整个天下治理得像是一个家庭，把全体国民治理得像是一个人，这并不是圣人自己主观臆想，而是洞悉人情，通晓义理，明白利害所在，熟知祸患，然后才能做到的。

注释 1 变：正义。《礼记·礼运》郑玄注："当为'辩'，声之误也。辩犹正也。"王肃原注释为"权变"："大夫有去就之义，未必常死宗庙者。其死宗庙者，权变为也。"

"何谓人情？喜、怒、哀、惧、爱、恶、欲，七者弗学而能。何谓人义？父慈、子孝、兄良、弟悌、夫义、妇听、长惠、幼顺、君仁、臣忠，十者谓之人义。讲信修睦，谓之人利；争夺相杀，谓之人患。圣人之所以治人七情，修十义，讲信修睦，尚辞让，去争夺，舍礼何以治之？饮食男女，人之大欲存焉；死亡贫苦，人之大恶存焉。欲、恶者，人之大端。人藏其心，不可测度，美、恶皆在其心，不见其色，欲以一穷之，舍礼何以哉？"故人者，天地之德，阴阳之交，鬼神之会，五行之秀。天秉阳，垂日星；地秉阴，

"什么叫作人情？喜、怒、哀、惧、爱、恶、欲，这七种不学就会的感情就是人情。什么叫作人义？父亲慈爱，儿子孝敬，兄长友爱，弟弟恭顺，丈夫仁义，妻子听从，长者惠下，幼者顺上，君主仁慈，臣子忠诚，这十种人际关系准则就叫人义。讲究信用，维持和睦，这叫作人利；你争我夺，互相残杀，这叫作人患。圣人要想疏导人的七情，维护十种人际关系准则，讲究信用，维持和睦，崇尚谦让，避免争夺，除了礼以外，还能有什么更好的办法呢？饮食男女，是人的最大欲望所在；死亡贫苦，是人的最大厌恶所在。这最大欲望和最大厌恶，构成了人的本心。每个人都把心思藏在肚子里，深不可测，美好或丑恶的念头都深藏在心底，外表不显现出来，要想彻底搞清楚，除了礼之外还能有什么别的办法呢？"所以说，人是感于天覆地载之德、阴阳二气交合、形体精灵结合、吸收五行精华而生。天秉承阳性，使太阳星辰照临人间；地秉承阴

载山川。播五行于四时，和四气而后月生。是以三五而盈，三五而缺。五行之动，共相竭也。五行、四气、十二月，还相为本；五声、六律、十二管，还相为宫；五味、六和、十二食，还相为质；五色[1]、六章、十二衣，还相为主。故人者，天地之心，而五行之端，食味、别声、被色而生者也。

性，负载着山陵河川。分布五行于四季，四季调和，月相有规律出现而有十二月。所以每月的前十五天，月相由月牙变成满月，后十五天，又由满月变成月牙。五行的运动，互为消长，循环轮转。五行、四季、十二月，周而复始；五声、六律、十二管，轮替作为确定音高的宫调；五味、六和、十二食，依次为主味；五色、六章、十二衣，交替为主色。所以说，人是天地的核心，是由五行构成的万物的主导，享受美味、辨别五声、着五彩衣而高贵地生活着。

注释 1 五色：古代以青、赤、黄、白、黑五种颜色为正色，余色为奸色。

“圣人作则，必以天地为本，以阴阳为端，以四时为柄[1]，以日星为纪，月以为量，鬼神以为徒，五行以为质，礼义以为器，人情以为田，四灵以为畜。以天地为本，故物可举[2]；以阴阳为端，故情可睹[3]；以四时为柄，故事可劝；以日星为纪，故业

“圣人制定法则，一定会以天地之德为根本，以阴阳交合为开端，以四时当行的政令为权衡，以日星运行规律为纪时，以月相圆缺为具体分际，以鬼神为徒属，以五行运行为本体，以礼义为工具，以人情为田地，以四灵为家畜。以天地之德为根本，就能包罗万物；以阴阳交合为开端，就可以体察人情；以四时当行的政令为权衡，就可以及时劝勉农事；以日星运行规律为纪时，就可

可别[4]；月以为量，故功有艺[5]；鬼神以为徒，故事有守；五行以为质，故事可复[6]；礼义以为器，故事行有考[7]；人情以为田，故人以为奥[8]；四灵以为畜，故饮食有由[9]。

以区分做事的顺序；以月相圆缺为具体分际，就可以处事得当；以鬼神为徒属，就可使人皆守职；以五行运行为本体，就可以使凡事有轮替；以礼义为工具，就可以做事有成效；以人情为田地，就可以察知人情，自做主宰；以四灵为家畜，就能使生活饮食有来源。

注释 1 柄：权柄，权衡。 2 以天地为本，故物可举：举，养育。王肃注："天地为本，则万物苞在于其中。" 3 以阴阳为端，故情可睹：情，人情。睹，体察。王肃注："阴阳之为情始。" 4 以日星为纪，故业可别：王肃注："日以纪昼，星以纪夜，故事可得而分别也。" 5 月以为量，故功有艺：艺，分际，限度。王肃注："有度量以成四时，犹功业各有分理也。艺，犹理。" 6 五行以为质，故事可复：王肃注："五行，终则复始，故事可修复也。" 7 考：成就。 8 奥（yù）：主。或通"燠"，暖。9 故饮食有由：王肃注："四灵，鸟兽之长。四灵为畜，则饮食可用。"

"何谓四灵？麟、凤、龟、龙，谓之四灵。故龙以为畜，而鱼鲔[1]不谂[2]；凤以为畜，而鸟不獝[3]；麟以为畜，而兽不狘；龟以为畜，而人情不失。先王秉蓍龟，列祭祀，瘗缯[4]，宣祝嘏辞说，设制度。故国有

"什么叫作四灵？麟、凤、龟、龙，叫作四灵。所以，如果龙已成为家畜，那么它的鳞族部下也就尾随而来，而不是被吓跑；如果凤已成为家畜，那么它的羽族部下也就纷然而至；如果麟已成为家畜，那么它的毛族部下也就乖乖归顺；如果龟已成为家畜，那就可用以占卜，预先察知人情。所以，先王秉持蓍草和龟甲，安排祭祀，埋帛降神，宣读祝辞和祈辞，设立各种制度。于是国

礼，官有御，事有职，礼有序。

人皆彬彬有礼，百官各司其职，礼制井然有序。

注释 1 鱼鲔：鱼类。 2 谂：惊骇的样子。 3 獝：同文本无此字，今据陈士珂《孔子家语疏证》补出。王肃注认为此字写作“𤝘”，与下“狘”同为“飞走”义。 4 瘗缯：将写有祝辞的布帛埋入地下。王肃注：“瘗，谓祭祀之瘗。缯，谓若增封太山。”

“先王患礼之不达于下，故飨帝于郊，所以定天位也；祀社于国，所以列地利也；禘祖庙，所以本仁也；旅山川，所以傧鬼神也；祭五祀，所以本事也。故宗祝在庙，三公在朝[1]，三老在学[2]，王前巫而后史，卜筮瞽侑，皆在左右，王中心无违也，以守至正。是以礼行于郊，而百神受职；礼行于社，而百货可极；礼行于祖庙，而慈孝服焉；礼行于五祀，而正法则焉。故郊、社、祖庙、山川、五祀，义之修而礼之藏。

“先王担心礼教不能普及下民，所以在南郊祭上帝，以昭示天至高无上的地位；在国都中祭土神，以列叙大地孕育万物的厚德；祭祖于庙，以敦使亲族相爱；祭祀山川，以礼敬鬼神；祭祀五行之神，以追溯各项事功及制度的来源。所以，在宗庙中，天子有宗祝相助；在朝中，天子有三公辅佐；在太学中，天子有三老进言；在天子身边，前有掌理神事的巫，后有负责记录言行的史，负责占卜、奏乐、规谏的官员陪侍左右，天子居中，无为而治，持守至正的君道。所以，祭天于南郊，天上的众神就会各司其职；祭地于社，地上的各种财货就会用之不竭；祭祖于庙，孝慈之道就会推行天下；举五行之祭，各种法则制度就会得到匡正。由此看来，祭天、祭地、祭祖、祭山川、祭五祀，都修治了道义，而又蕴藏了礼制。

注释 1 三公在朝：周代指司马、司徒、司空或太师、太傅、太保掌管朝廷军政。 2 三老在学：由上寿、中寿、下寿年高德修者掌管教化。

“夫礼，必本于太一[1]，分而为天地，转而为阴阳，变而为四时，列而为鬼神。其降曰命，其官于天也，协于分艺。其居于人也曰养。所以讲信修睦，而固人之肌肤之会、筋骸之束也；所以养生送死，事鬼神之大端；所以达天道，顺人情之大窦。唯圣人为知礼之不可以已也。故破国、丧家、亡人，必先去其礼。

“像那礼制，它必定源出于太一；太一再一分为二，上者为天而下者为地；天转变为阳而地又转变为阴，阳气变为春夏，阴气变为秋冬，便有了四季；万物生灭之际再二分，而有了鬼神之别。太一的气运降临，圣人据此而颁降政令，都是取法于天，协调各种关系。太一的气运由圣人教化落实到人类，那就是教养。礼乐教化下的人们，能讲究信用，维持和睦，使彼此团结得就像肌肤相接、筋骨相连一样；能把养生送死、敬事鬼神作为人生头等大事；能把通达天理、理顺人情作为贯通天人的重要渠道。只有圣人才知道礼是须臾不可或缺的。因此，凡是国亡、家破、身败的人，一定是由于他先抛弃了礼制。

注释 1 太一：王肃注：“太一者，元气也。”《礼记·礼运》孔颖达疏：“谓天地未分，混沌之元气也。”

“礼之于人，犹酒之有蘖也。君子以厚，小人以薄。圣王修义之柄、礼之序，以治人

“礼对于人来说，好比是酿酒要用的酒曲。君子尊礼而德厚，小人轻礼而德薄。圣王修持义的根本、礼的秩序，用来陶冶人情。人情好比是圣王的田地，修治礼制

情。人情者圣王之田也，修礼以耕之，陈义以种之，讲学以耨之，本仁以聚之，播乐以安之。故礼者，义之实也。协诸义而协则礼，虽先王未之有，可以义起焉。义者，艺之分，仁之节。协于艺，讲于仁，得之者强，失之者丧。仁者，义之本，顺之体，得之者尊。故治国不以礼，犹无耜而耕；为礼而不本于义，犹耕而不种；为义而不讲于学，犹种而不耨；讲之以学而不合之以仁，犹耨而不获；合之以仁而不安之以乐，犹获而不食；安之以乐而不达于顺，犹食而不肥。

“四体既正，肤革[1]充盈，人之肥也；父子笃，兄弟睦，夫妇和，家之肥也；大臣法，而小

好比是耕耘，阐明义理好比是下种，施行教育好比是除草，施行仁爱好比是收获，传播礼乐好比是置酒犒劳。礼，那是义的制度化。符合义并能和谐有效的就是礼，所以有些礼的条文，即使先王并无明文规定，也不妨依据义来创制。义，那是区分是非的标准，是衡量仁道的尺度。与义协调，并讲究仁爱之道，谁做到这两条谁就强大，做不到就衰亡。仁，那是义的基础，又是贯通天理人情的具体表现，谁能做到仁谁就会被人尊敬。所以，治国而不用礼，就好比耕田而不用农具一样；制礼而不依据于义，就好比耕地而不下种；行义而不进行讲解教育，就好比下种而不除草；有了讲解教育而不和仁爱结合，就好比虽然除草而不去收获；和仁爱结合了而不备乐置酒犒劳农夫，就好比虽然收获了却不让食用；备乐置酒犒劳了而没有达到和顺自然的境界，就好比光吃饭却不能强健身体。

“四肢健全，肌肤丰满，这是一个人身体康健的表现；父子情笃，兄弟和睦，夫妇和美，这是一个家庭康健的表现；大臣守法，小臣廉洁，百官各守其职而同心协力，君臣互相勉励匡正，这可以看作是一个国家康健的表现；天子把道德当作车辆，把

臣廉，官职相序，君臣相正，国之肥也；天子以德为车，以乐为御，诸侯以礼相与，大夫以法相序，士以信相考，百姓以睦相守，天下之肥也。是谓大顺。顺者，所以养生送死，事鬼神之常也。故事大积焉而不苑[2]，并行而不谬，细行而不失。深而通，茂而有间，连而不相及，动而不相害，此顺之至也。明于顺，然后乃能守危。

音乐当作驾车者来治理国家，诸侯礼尚往来，大夫按照法度排列次序，士人根据信用互相考查，百姓根据睦邻的原则维持关系，这可以看作是整个天下康健的表现。每一个人、每一个家庭、每一个国家与整个天下都肌体康健了，就叫作大顺。顺，是用来养生送死、敬事鬼神的永恒法则。所以，到了大顺，即使是日理万机也不会有一事耽搁，诸事并行也不会互相妨碍，微末事体也不至于有什么遗漏。再深奥的事也能通晓，事体繁杂却能处置优裕，诸事互相关连而又不至于彼此牵扯不清，循规运动而不互相妨害，这便是顺的最高境界。由此看来，明白了顺的要义，然后才能时时警惕，守住高位。

注释　1 肤革：皮肤。　2 苑：积压。王肃注：“苑，滞积也。”

“夫礼之不同，不丰、不杀，所以持情而合危也。山者不使居川，渚者不使居原；用水、火、金、木，饮食必时[1]；冬合男女，春颁爵位，必当年、德，皆

“礼的最大特点就是讲究区别，礼数既不能增加，也不能减少，只有这样才能维系人情，做到居安思危。不使惯于山居者徙居水旁，不使惯于居住河洲者迁居平原；使用水、火、金、木和饮食，都要因时制宜；冬天男婚女嫁，春天颁爵晋级，应当与年龄和德行相称，都要顺应天时和民心。治理百姓顺应

所谓顺也。用民必顺，故无水旱昆虫之灾，民无凶饥妖孽之疾。天不爱其道，地不爱其宝，人不爱其情，是以天降甘露，地出醴泉，山出器车[2]，河出马图[3]，凤凰麒麟皆在近郊，龟龙在宫沼，其余鸟兽及卵胎，皆可俯而窥也。则是无故，先王能循礼以达义，体信以达顺。此顺之实也。”

天时和民心，所以天下没有水旱蝗螟之灾，百姓不必忍受灾荒、饥饿、妖孽作祟等反常物候造成的痛苦。天不吝惜其养物育民之道，地不吝惜其利物益民之宝，人不吝惜其仁爱之情，这样的太平盛世便会天降甘露，地涌甘泉，山中出现器皿和车辆，黄河中有龙马负图而出，凤凰、麒麟栖息在郊外的草泽中，龟和龙都蓄养在宫苑的池沼里，尾随四灵而来的其他鸟兽及其蛋卵和胎儿，也都随处可见。出现这些祥瑞没有别的原因，只是由于先王能够通过制礼把种种天理人情加以制度化，又通过诚信以达到顺应天理人情的缘故。太平盛世就是顺应天理人情的结果呀。”

注释　1 用水、火、金、木，饮食必时：王肃注：“用水，渔人以时入泽梁，乃溉灌。用火，季春出火，季秋纳火也。用金，以时采铜铁。用木，斧斤以时入山林。饮食各随四时之宜者也。”　2 山出器车：与“天降甘露，地出醴泉”“河出马图，凤凰麒麟皆在近郊，龟龙在宫沼，其余鸟兽及卵胎，皆可俯而窥”，均为盛世祥瑞。王肃注：“出银瓮、丹灶之器及象车也。”《礼记·礼运》孔颖达疏：“按《礼纬·斗威仪》云：‘其政太平，山车垂钩。’注云：‘山车，自然之车；垂钩，不揉治而自圆曲。’”　3 河出马图：王肃注：“龙似马，负图出。”马图，亦称龙图、河图。《易·系辞上》载：“河出图，洛出书，圣人则之。”《尚书·顾命》孔安国传：“伏羲王天下，龙马出河，遂则其文以画八卦。”

卷第八

冠颂第三十三

导读　本篇为孟懿子向孔子请教冠礼，故以“冠颂”名篇。

冠礼，即成人之礼。在对话中，孔子详细介绍了冠礼的重要性和主要仪节。从天子和诸侯冠礼仪节之不同，可以看到礼以别贵贱的作用。从冠礼仪节的繁复，可以看到礼的重要，以及循礼遵礼的必要性。从冠礼仪节的演变，可以看到孔子礼制思想中的通权达变的特点。

原文

郏隐公[1]既即位，将冠[2]，使大夫因孟懿子[3]问礼于孔子。子曰：“其礼如世子[4]之冠。冠于阼[5]者，以著代也[6]；醮[7]于客位，加其有成[8]，三加[9]弥尊，导喻其志。冠而字之，敬其名也。虽天子之元子[10]，犹士也，其礼无变，天下无生而贵者故也。行冠事必于祖庙，以祼享[11]之礼

译文

郏隐公即位后，将要举行冠礼，派大夫通过孟懿子向孔子询问举行冠礼的有关礼仪。孔子说：“这个礼仪应该和世子的冠礼相同。世子加冠时要站在大堂前东面的台阶上，以表示他要代父成为家长；然后站在客位向位卑者敬酒，每戴一次冠敬一次酒，表示加礼于有成的人，三次加冠，一次比一次尊贵，以教导他要有志向。加冠以后，人们用字来称呼他，这是尊重他的名。即使是天子的长子，与一般平民百姓也没有什么两样，他们的冠礼仪式是相同的，因为天下没有一生下来就高贵的。冠礼一定要在祖庙里举行，用祼享的礼节来进行，用钟磬

以将之，以金石之乐以节之，所以自卑而尊先祖，示不敢擅。”

之乐加以节制，这样可以使加冠者感到自己的卑微，而更加尊敬自己的祖先，以表示自己不敢擅越祖先的礼制。”

注释 1 邾隐公：春秋时邾国第十七代君主，曹姓，名益。 2 冠：男子二十岁举行冠礼，表示已经成人。 3 孟懿子：孔子弟子，本姓仲孙，也称孟孙，名何忌，谥懿，世称仲孙何忌。是孟僖子的儿子，南宫敬叔的哥哥，孟子的六世祖。 4 世子：太子，帝王的嫡长子。 5 阼（zuò）：大堂前东面的台阶。 6 以著代也：表明代表父亲。王肃注：“阼，主人之阶，以明其代父。” 7 醮（jiào）：举行冠礼时，尊者给卑者酌酒，卑者接酒饮尽，不需回敬。 8 加其有成：加礼于有成之人。 9 三加：始加缁布冠，次加皮弁冠，再次加爵弁冠。 10 元子：长子。 11 祼（guàn）享：亦作“祼飨”，指灌香酒于地以求神降临。所用香酒，一般是郁金草酿黑黍而成的鬯。《周礼·春官·大宗伯》：“以肆献祼享先王。”郑玄注：“祼之言灌，灌以郁鬯，谓始献尸求神时也。”贾公彦疏：“凡宗庙之祭，迎尸入户坐于主北。先灌，谓王以圭瓒酌郁鬯以献尸，尸得之沥地。祭讫，啐之奠之，不饮。尸为神象，灌地所以求神。”《左传·襄公九年》：“君冠，必以祼享之礼行之。”杨伯峻注：“以配合香料煮成之酒倒之于地，使受祭者或宾客嗅到香气。此是行隆重礼节前之序幕。享亦作飨……祼享即具有祼之仪式之飨礼。”

懿子曰：“天子未冠即位，长亦冠也？”孔子曰：“古者，王世子虽幼，其即位则尊为人君。人君，治成人之事者，何冠之有？”

孟懿子说：“天子没有成年就即位了，长大了还要行冠礼吗？”孔子说：“古时候王世子虽然年龄小，但已经即位尊为人君了。人君开始行使成人的事，再行什么冠礼呢？”

懿子曰："然则诸侯之冠异天子与？"孔子曰："君薨[1]而世子主丧，是亦冠也已。人君无所殊也。"

孟懿子又问："难道诸侯的冠礼，和天子不一样？"孔子说："君王死了，世子主持丧礼，就是行冠礼的意思。诸侯也是人君，与天子没有什么不一样。"

注释 1 薨（hōng）：古称诸侯之死，后世亦称有封爵的大官之死。

懿子曰："今邾君之冠非礼也？"孔子曰："诸侯之有冠礼也，夏之末造也，有自来矣，今无讥焉。天子冠者，武王崩，成王年十有三而嗣立，周公居冢宰[1]，摄政以治天下。明年夏六月，既葬，冠成王而朝于祖，以见诸侯，示有君也。周公命祝雍作颂，曰：'祝王达而未幼。'祝雍辞曰：'使王近于民，远于年[2]，啬于时[3]，惠于财，亲贤而任能。'其颂曰：'令月吉日，王始加元服。去王幼志，心衮职[4]，钦若昊天，六合是式。率尔祖考，永永无极！'此周公之制也。"

孟懿子又问："那么现在邾君又专门行冠礼，就和礼仪不相符了吧？"孔子说："诸侯行冠礼是从夏朝末年开始有的，是有来历的，我们不要随便评判。现在说天子行冠礼，当年武王去世，成王十三岁继承王位，周公以冢宰的身份摄政，以帮助周成王治理天下。到第二年夏六月，安葬周武王，就是为成王在祖庙行冠礼，让成王接见各个诸侯，显示成王就是天子。周公让祝雍作颂说：'我们伟大的天子(人情事理)通达，不像年龄小的样子。"祝雍分辩说："还是要表现出我王亲近百姓，年寿长，爱民不夺农时，为百姓努力创造财富，并且能亲近贤良任用能人。'他的颂是：'吉月吉日，王开始成为天子。不再是小孩子了，要行使天子的职权了，要钦敬顺应天命，要使天地四方六合都有法式可循。我们先祖创造的事业，永永远远没有边际没有穷尽！'这是周公制定的。"

注释 1 冢（zhǒng）宰：即太宰，位次三公，为六卿之首。《尚书》称："冢宰掌邦治，统百官，均四海。" 2 远于年：长寿。年，年寿也。 3 啬于时：不夺民时。啬，爱也。 4 衮（gǔn）职：盛服之职，官职，或帝王的职事。

懿子曰："诸侯之冠，其所以为宾主，何也？"孔子曰："公冠，则以卿为宾，无介，公自为主，迎宾揖，升自阼，立于席北。其醴也，则如士，飨之以三献[1]之礼。既醴，降自阼。诸侯非公而自为主者，其所以异，皆降自西阶。玄端[2]与皮弁[3]，异朝服素毕，公冠四，加玄冕[4]，祭。其酬币于宾，则束帛[5]乘马。王太子、庶子之冠拟焉，皆天子自为主，其礼与士无变，飨食宾也，皆同。"

孟懿子问："诸侯要行冠礼，是怎么分宾主的？其中的道理呢？"孔子说："诸侯中公的冠礼是以卿为宾，不设介，公自为主，迎宾是从东边的台阶开始作揖，到大厅北边面南站立。敬的各种美酒就和士冠礼一样，招待酒食是按三献之礼。敬完美酒后，下来回到东边台阶。诸侯中不是公的以自己为主，和公不一样，都是下来到西边的台阶。穿玄色礼服戴皮弁，和平时穿戴不一样表示不忘古，公要加冠四次，要加玄冕着祭服。要用礼物酬谢来宾，是捆为一束的五匹帛，还有四匹马。王之太子庶子的冠礼和诸侯冠礼差不多，都是天子开始行三次加冠，礼仪和士冠礼一样，招待来宾的内容都一样。"

注释 1 三献：古代祭祀时献酒三次，即初献爵、亚献爵、终献爵，合称"三献"。 2 玄端：一称元端，玄色礼服的上衣。 3 皮弁：用白鹿皮制成的帽子。 4 玄冕：天子祭群小即祀林泽坟衍、四方百物的礼服，与中单、玄衣、纁裳配套，衣不加章饰，裳绣黻一章花纹。大夫助祭亦服玄冕。 5 束帛：捆为一束的五匹帛，作为聘问、馈赠的礼物。

懿子曰："始冠必加缁布之冠，何也？"孔子曰："示不忘古。太古冠布，斋则缁之。其緌[1]也，吾未之闻。今则冠而币[2]之，可也。"

孟懿子问："行冠礼时第一次加的冠，要用黑布冠，为什么呢？"孔子说："表示不忘古呀。远古的时候人们是以白布为冠，到了斋戒时再把它染成黑色的。至于细布冠是否有緌(飘带冠缨)，我从来没有听说过。现在细布冠在第一次加冠戴过之后，弃而不用是可以的。"

懿子曰："三王之冠，其异何也？"孔子曰："周弁，殷冔[3]，夏收，一也。三王共皮弁素緌。委貌，周道也；章甫，殷道也；毋追，夏后氏之道也。"

孟懿子问："(夏商周)三代的冠有什么区别呢？"孔子说："周代叫弁，商代叫冔，夏代叫收，都是祭祀或者行礼时戴的。(夏商周)三代平时一样用皮弁和腰间有皱褶的素裳。委貌是周代日常所戴的冠，章甫是殷代日常所戴的冠，毋追是夏代日常所戴的冠。"

注释 1 緌（ruí）：帽带打结下垂的缨子。 2 币：通"敝"，残余，弃而不用。 3 冔（xǔ）：商代的一种帽子。

庙制第三十四

导读 卫国将军弥牟想在私家设立公庙，派子羔咨询孔子，孔子认为不合古制，随后回答了子羔"尊卑上下立庙之制"的疑问，故以"庙制"

名篇。

庙制，即立庙之制，也称宗庙制度，是自有虞氏至周代一直保留的宗庙祭祀制度。它规定天子立七庙，诸侯立五庙，大夫立三庙，士立一庙，庶人无庙，以此区分“亲疏贵贱”。其中有关天子与士的庙数，是学界争论的焦点。

原文

卫将军文子[1]将立先君[2]之庙于其家[3]，使子羔[4]访于孔子。子曰：“公庙设于私家，非古礼之所及，吾弗知。”

子羔曰：“敢问尊卑上下立庙之制，可得而闻乎？”孔子曰：“天下有王，分地建国，设祖宗[5]，乃为亲疏贵贱多少之数。是故天子立七庙，三昭三穆[6]，与太祖之庙七。太祖近庙[7]，皆月祭之。远庙为祧[8]，有二祧[9]焉，享尝[10]乃止。

译文

卫国将军文子将要在他的封地上建立先代君王的庙宇，派子羔向孔子询问有关礼仪。孔子说：“将公家的庙宇建立在私人的封地上，这是古代礼仪所没有的，我不知道。”

子羔说：“请问建立宗庙的尊卑上下的有关礼制，我能够听一听吗？”孔子说：“自从天下有了君王，分封土地，建立国家，设立祖宗的宗庙，就有了亲与疏、贵与贱、多与少的区别。所以天子建七庙，左边是三座昭庙，右边是三座穆庙，连同太祖庙一共是七庙。太祖庙为近亲的庙，每月都要祭祀。远祖的庙叫‘祧’，有二祧，每季祭祀一次就可以了。

注释 1 文子：卫国将军，名弥牟。 2 先君：先代的君王。 3 家：大夫统治的地方叫家。 4 子羔：孔子弟子高柴，字子羔。 5 祖宗：王肃注：“祖有功，宗有德。” 6 三昭三穆：昭和穆为：宗法制度下的宗庙排列辈次或墓地葬位次序。二、四、六世，位于始祖之左方，称“昭”；三、五、七世，位于始祖之右方，称“穆”。 7 近庙：太祖的庙。王肃注：“近为高祖，下亲为近。” 8 祧（tiāo）：远祖的庙。王肃注：“祧，远意，亲尽为祧。” 9 二祧：王肃注：“二祧者，高祖及父母祖是也。” 10 享尝：四时的祭祀。《礼记·祭法》郑玄注：“享尝，谓四时之祭。”

“诸侯立五庙，二昭二穆，与太祖之庙而五，曰祖考庙[1]，享尝乃止。大夫立三庙，一昭一穆，与太庙[2]而三，曰皇考[3]庙，享尝乃止。士立一庙，曰考庙[4]，王考[5]无庙，合而享尝乃止。庶人无庙，四时祭于寝。此自有虞以至于周之所不变也。凡四代帝王之所谓郊者，皆以配天；其所谓禘者，皆五年大祭之所及也。应为太祖者，则其庙不毁；不及太祖，虽在禘郊，其庙则毁矣。古者祖有功而宗有德，谓之祖宗者，其庙皆不毁。[6]”

“诸侯建五庙，两座昭庙，两座穆庙，连同太祖的庙一共是五庙，叫作祖考庙，每季祭祀一次。大夫建三庙，一座昭庙，一座穆庙，连同太祖的庙一共是三庙，叫作皇考庙，每季祭祀一次。士建一庙，叫作考庙，没有祖庙，父祖合祭，每季祭祀一次。平民百姓则不立庙，四季就在家中寝室祭祀。这种制度从有虞到周代都没有改变。凡是四代帝王称作郊祭的，都和祭天一起祭祀；称作禘的，是五年一次的盛大祭祀，都配天祭祀。地位为太祖的，他的庙不毁；不到太祖辈分的，即使受到禘、郊的祭祀，他的庙也可以毁。古代把祖有功而宗有德的叫作祖宗，他们的庙都不能毁。”

注释 1 祖考庙：始祖庙。 2 太庙：即祖庙。 3 皇考：对曾祖父的尊称。 4 考庙：父庙。 5 王考：对已故祖父的敬称。《礼记·祭法》：“是故王立七庙，一坛一墠，曰考庙，曰王考庙，曰皇考庙，曰显考庙，曰祖考庙。”孔颖达疏：“曰王考庙者，祖庙也。王，君也。君考者，言祖有君成之德也。祖尊于父，故加君名也。” 6 本句王肃注：“祖宗者，不毁之名。其庙有功者谓之祖，至于周文王是也；有德者谓之宗，周武王是也。二庙自有祖宗，乃谓之二祧，又以为配食明堂之名，亦可谓违圣指，失实事也。”

子羔问曰：“祭典[1]云：‘昔有虞氏[2]祖颛顼而宗尧，夏后氏[3]亦祖颛顼而宗禹，殷人祖契[4]而宗汤，周人祖文王而宗武王。’此四祖四宗，或乃异代，或其考祖之有功德，其庙可也。若有虞宗尧，夏祖颛顼，皆异代之有功德者也，亦可以存其庙乎？”

孔子曰：“善！如汝所问也，如殷周之祖宗，其庙可以不毁。其他祖宗者，功德不殊，虽在殊代，亦可以无疑矣。《诗》[5]云：‘蔽芾[6]甘棠，勿翦勿伐’，‘邵伯[7]所憩’。周人之于邵公也，爱其人，犹敬其所舍之树，况祖宗其功德而可以不尊奉其庙焉？”

子羔请教说：“祭典上说：‘以前有虞氏以颛顼为祖、以尧为宗，夏后氏也以颛顼为祖、以禹为宗，殷人以契为祖、以汤为宗，周人以文王为祖、以武王为宗。’这样四祖四宗的庙，或者是不同朝代，或者是他们的先祖有功德，为他们设庙，我们能理解。像有虞氏以尧为宗，夏朝以颛顼为祖，都是不同朝代而又建立了大功德，能一直保留他们的庙吗？”

孔子曰：“问得好！正像你听说的那样，像殷、周的祖宗庙，是不能毁去的。其他的祖宗庙，功德大小也没有什么不同，即使不在一个时代，还是不应该有怀疑的。《诗经》说：‘可爱的甘棠树，不要砍伐它’，‘召公在这里露宿过呀’。周朝人对召公，因为非常敬爱他本人，连他曾经休息时待过的树都喜欢，何况祖宗有那么大的功德却不给建庙供奉呢？”

注释 1 祭典：指示祭祀仪则的典籍，亦称祀典。 2 有虞氏：中国上古时代舜帝的部落名，居于蒲阪（今山西永济西蒲州镇）。 3 夏后氏：夏朝王族以国为氏，即夏后氏，简称夏。 4 契（xiè）：黄帝后裔，为帝喾与简狄所生。被帝舜任命为司徒，教化民众，助禹治水，封于商，赐姓子，别殷氏。 5《诗》：指《诗经·召南·甘棠》。甘棠，指棠梨树，杜梨树。 6 蔽芾（fèi）：茂密的样子。 7 邵（shào）伯：召公姬奭，武王的弟弟，又作"邵公""召康公""太保召公"。曾与周公旦分陕而治，支持周公旦摄政当国，平定叛乱，使政通人和，贵族和平民各得其所。

辩乐解第三十五

导读 孔子承继"旧六艺"即礼、乐、射、御、书、数，创发"新六艺"即"六经"，自然勤学音乐。本篇即记载了"孔子学琴于师襄子"而不断精进的事，所以能纠正子路音乐学习中的重要错误，能在同宾牟贾论《武》乐时发挥创见，阐发音乐的教化功能。故本篇以"辩乐解"名篇。

在早期儒家政治哲学架构中，礼、乐、刑、政一体不分。孔子的礼乐教化思想，是主张礼乐合治、"周道四达，礼乐交通"的。孔子帮助学生辨别"君子之音"与"小人之音"，区分"先王之制"与"北鄙之声""亡国之声"，主张学习"温柔居中"的"君子之音"，以"养生育之气"而兴"治安之风"。

原文

孔子学琴于师襄子[1]。襄子曰："吾虽以击磬为官，然能于琴。今子于琴

译文

孔子向师襄子学习弹琴。师襄子说："我虽然因磬击得好而被委以官职，但我也擅长弹琴。现在你已经学会弹琴了，

已习，可以益矣。"孔子曰："丘未得其数[2]也。"

有间[3]，曰："已习其数，可以益矣。"孔子曰："丘未得其志也。"

有间，曰："已习其志，可以益矣。"孔子曰："丘未得其为人也。"

有间，孔子有所缪然思焉，有所睾然[4]，高望而远眺，曰："丘迨得其为人矣。黮[5]而黑，颀然长，旷如望羊[6]，奄有四方。非文王其孰能为此？"师襄子避席，叶拱[7]而对曰："君子，圣人也！其传曰《文王操》。"

可以学新的东西了。"孔子说："我还没有掌握好弹奏的技巧呢。"

过了一段时间，师襄子说："你已经掌握好弹奏技巧，可以学新的东西了。"孔子说："我还没有领悟好琴曲的内涵。"

又过了一段时间，师襄子说："你已经领悟到琴曲的内涵了，可以学新的东西了。"孔子说："我还没有理解琴曲歌颂的是什么人。"

又过了一段时间，孔子穆然深思，一副志向高远的神态，眺望着高远处，说："我已经知道琴曲歌颂的是什么人了。他皮肤黝黑，身材修长，襟怀广远，拥有天下四方。不是周文王又有谁能达到这样的境界呢？"师襄子离开坐席，向孔子拱手行礼，说："您真是圣人啊！这首琴曲就是传世的《文王操》。"

注释　1 师襄子：春秋时鲁国乐官，一说是卫国乐官。　2 数：技艺，学术，节奏。　3 有间：过了一段时间。　4 睾然：高远的样子。睾，通"皋"，高。　5 黮（dàn）：黑色。　6 望羊：仰视，远视。羊，亦作"洋""佯""阳"。　7 叶拱：两手环拱胸前为礼。王肃注："叶拱，两手薄其心也。"

子路鼓琴，孔子闻之，谓冉有曰："甚矣，由

子路弹琴，孔子听到后，对冉有说："这个仲由，太不成才了！以前先王制

之不才也！夫先王之制音也，奏中声以为节，入于南，不归于北。夫南者，生育之乡；北者，杀伐之城。故君子之音，温柔居中，以养生育之气。忧愁之感，不加于心也；暴厉之动，不在于体也。夫然者，乃所谓治安之风也。小人之音则不然，亢丽微末[1]，以象杀伐之气。中和之感，不载于心；温和之动，不存于体。夫然者，乃所以为乱之风。

定音乐，以中和之声弹奏为节制，融入温和的南方感觉，不致有阴冷的北方之感。像那南方，正是适合万物生活养育的地方；北方呢，是阴冷萧杀的死地。所以，君子弹奏的音乐，温顺和柔，节奏适中，能够滋养生育之气，心中不会产生忧愁的感觉，身体也不会产生粗暴严厉的动作。要是这样，就是所谓的太平安和的风气了。相反，小人弹奏的音乐却不是这样的，它激烈尖细，透露出杀伐之气，让人听到后心中没有中正平和的感觉，身体也不会产生温柔和气的动作。要是这样，就是引起社会动乱不安的风气。

注释　1 亢丽微末：激烈尖细。

“昔者，舜弹五弦之琴，造《南风》之诗，其诗曰：‘南风之熏兮，可以解吾民之愠兮；南风之时兮，可以阜吾民之财兮。’唯修此化，故其兴也勃焉，德如泉流，至于今，王公大人述而弗忘。殷纣

“当年，舜弹奏五弦琴，创作了《南风》之诗，诗中说：‘暖和南风阵阵吹啊，可以消除我子民的愁苦；南风吹得多及时啊，可以增加我子民的财物。’因为他对百姓实施这样的教化，所以他的事业发展迅速，美好的德政就像泉水一样流淌不尽，到现在王公大人们还不断称赞，难以忘怀。殷纣王喜欢北方粗鄙的音乐，

好为北鄙之声[1]，其废也忽焉，至于今，王公大人举以为诫。夫舜起布衣，积德含和，而终以帝；纣为天子，荒淫暴乱，而终以亡。非各所修之致乎？由，今也匹夫之徒，曾无意于先王之制，而习亡国之声，岂能保其六七尺之体哉？”

冉有以告子路。子路惧而自悔，静思不食，以至骨立。夫子曰：“过而能改，其进矣乎！”

所以他的灭亡就很迅速，直到现在，王公大人们还引以为戒。像舜，本为普通百姓，但他累积功德，顺应天心民意，最终被尊奉为帝；而纣，原来是天子，却荒淫暴乱，最终导致灭亡。这不都是因为他们平时的修养不同造成的吗？这个仲由，如今不过是个平头百姓，不去揣摩先王的礼乐制度的深意，却要去学那些亡国之声，这哪能保全他的性命呢？”

冉有把孔子讲的话告诉了子路。子路听后，非常恐惧，忏悔不已，静坐反思，饭也不吃，以致瘦成了皮包骨头。孔子说：“有了过错能及时改正，也是进步呀！”

注释 1 北鄙之声：产生于殷纣时商朝北边鄙野的粗俗音乐，后世称为亡国之音。

周宾牟贾侍坐于孔子，孔子与之言，及乐，曰：“夫《武》之备戒之以久，何也？”对曰：“病不得其众。”

“咏叹之，淫液[1]之，何也？”对曰：“恐不逮事。”

中央周天子处来的宾牟贾在孔子身边陪坐，孔子和他谈话，当话题涉及乐时，孔子问道：“《武》表演开始前长时间地击鼓警众，你说象征什么呢？”宾牟贾答道：“象征武王开始伐纣时担心得不到众诸侯的支持。”

孔子又问：“《武》乐的曲调漫长，绵延不绝，这又象征什么呢？”宾牟贾答道：“象征武王担心诸侯率兵迟到，赶不上参加战斗。”

"发扬蹈厉[2]之已蚤,何也?"对曰:"及时事。"

"《武》坐,致右而轩左,何也?"对曰:"非《武》坐。"

"声淫及商,何也?"对曰:"非《武》音也。"

孔子又问:"舞蹈一开始就威武雄壮地举手顿足,这又象征什么呢?"宾牟贾答道:"这象征及时抓住战机,速战速决。"

孔子又问:"《武》舞的跪姿是右膝着地,左膝抬起,这象征什么呢?"宾牟贾答道:"您所说的跪姿不是《武》舞的跪法。"

孔子又问:"有人说《武》乐之歌有贪图商朝政权的意思,这是为什么呢?"宾牟贾答道:"这根本就不是《武》乐之音。"

注释 1 淫液:声音绵延不绝。 2 发扬蹈厉:蹈厉,又作"蹈励""踔厉"。发,初也。扬,举袂也。蹈,顿足踏地。厉,颜色勃然如战色也。

孔子曰:"若非《武》音,则何音也?"对曰:"有司失其传也。"

孔子曰:"唯,丘闻诸苌弘[1],亦若吾子之言是也。若非有司失其传,则武王之志荒矣。"宾牟贾起,免席而请曰:"夫《武》之备戒之以久,则既闻命矣。敢问迟矣而又久立于缀[2],何也?"

孔子又问:"如果不是《武》乐之音,那又是什么音呢?"宾牟贾答道:"这恐怕是乐官传授有差错。"

孔子说:"是的,我从苌弘那儿听到的,也和你说的一样。如果不是乐官传授有差错,那就是武王一时糊涂了。"宾牟贾站了起来,离开席位,恭恭敬敬地问道:"关于《武》乐表演开始前为什么要长时间击鼓警众等问题,已经领教了。请问《武》中舞者每舞完一节都要亮相好大一会儿,这是象征什么呢?"

注释 1 苌弘:亦作"苌宏",字叔,又称苌叔,周王室大夫。 2 缀:表演者所处的位置。

子曰:“居,吾语尔。夫乐者,象成者也。总干[1]而山立,武王之事也。发扬蹈厉,太公之志也。《武》乱皆坐,周、邵之治也。且夫《武》,始成而北出,再成而灭商,三成而南反,四成而南国是疆,五成而分陕,周公左、邵公右,六成而复缀,以崇其天子焉。众夹振之而四伐,所以盛威于中国。分夹而进,所以事蚤济。久立于缀,所以待诸侯之至也。

孔子说:“请坐下,听我慢慢给你讲。首先要明白,乐这种东西,它是象征已经完成了的事。从《武》的细节上讲,舞者手持盾牌,稳立如山,这象征武王的威重之容。舞者举手顿足,威武雄壮,这象征太公的必胜决心。《武》舞表演到最后演员都跪了下来,这象征周公、召公的以文治替代武功。再从《武》乐的表演过程来讲,第一节象征武王北出(孟津等待大会诸侯),第二节象征武王灭商,第三节象征回师向南,第四节象征南国归入版图,第五节舞者分为两列,这象征周公和召公依陕为界分而治之,一左一右地辅佐天子,第六节舞者回到表演开始的位置,这象征诸侯凯旋,尊崇武王为天子。在表演过程中,有时在舞队的两侧各有一人摇动铎铃,而舞者以戈矛四度击刺,这象征军威雄壮,威震中国。有时舞者像将帅部署士卒,又摇动铎铃夹队而进,这象征要早一点渡河伐纣。至于舞者站在舞位上久立不动,这象征武王在等待各路诸侯的到来。

注释 1 总干:持盾。

“今汝独未闻牧野[1]之语乎?武王克殷而反商之政。未及下车,则封

“再说,你难道没有听说过牧野之战的传说吗?武王战胜了殷纣王,攻克殷都,又把当地的统治权还给了商的后

黄帝之后于蓟，封帝尧之后于祝，封帝舜之后于陈。下车，又封夏后氏之后于杞，殷之后于宋，封王子比干之墓[2]，释箕子之囚，使人行商容之旧，以复其位。庶民弛政，庶士倍禄。既济河西，马散之华山之阳，而弗复乘；牛散之桃林之野，而弗复服；车甲则衅之，而藏诸府库，以示弗复用；倒载干戈而包之以虎皮，将率之士使为诸侯，命之鞬櫜[3]。然后天下知武王之不复用兵也。

人。未等下车，就把黄帝的后代封于蓟，把帝尧的后代封于祝，把帝舜的后代封于陈。下车以后又封夏禹的后代于杞，封商汤的后代于宋，整修了王子比干的墓，把箕子从牢中释放出来，让人去寻访商代的礼乐之官并且官复原位。为民众废除了殷纣王的苛捐杂税，为一般士人成倍地增加了俸禄。然后渡过黄河向西，把驾车的马放牧于华山南面，表示不再用它们拉战车；把牛放牧于桃林的原野，表示不再役使它们；把兵车铠甲归拢好以后收藏到府库里，表示不再使用它们；把干戈等武器倒放，用虎皮包裹起来，把带兵的将帅封为诸侯，这叫作‘束干戈于高阁而藏弓箭于箭囊’。这样一来，普天之下都知道武王不再用兵打仗了。

注释　1 牧野：殷都朝歌城由内向外，分别称作城、郭、郊、牧、野。《尔雅》：“邑外谓之郊，郊外谓之牧，牧外谓之野，野外谓之林。”　2 封王子比干之墓：封……墓，增修坟墓，以旌功勋。　3 鞬櫜（jiān tuó）：马上盛弓箭的器具。

“散军而修郊射，左射以《狸首》，右射以《驺虞》[1]，而贯革之射息也。裨冕[2]搢

“武王解散了军队，在郊外的学宫举行射箭比赛。诸侯在东郊习射时，奏《狸首》之曲；天子在西郊习射时，奏《驺虞》之曲。战场上那种穿透铠甲的射箭则停止了。大

笏[3]，而虎贲之士脱剑。郊配后稷，而民知尊父焉。配明堂，而民知孝焉。朝觐，然后诸侯知所以臣。耕籍[4]，然后民知所以敬亲。六者，天下之大教也。食三老五更[5]于太学，天子袒而割牲，执酱而馈，执爵而酳[6]，冕而总干，所以教诸侯之弟。如此，则周道四达，礼乐交通。夫《武》之迟久，不亦宜乎？”

家都穿上了礼服，戴着礼帽，腰插笏板，而勇士们也不佩剑了。天子于郊外祭祀天地以及周朝始祖后稷，让百姓知道要尊敬天地神灵。在明堂祭祀祖先，而民众也就懂得孝道了。各诸侯定期朝见天子，然后诸侯就懂得如何做臣下了。天子亲自耕种藉田，然后人们就懂得如何奉祠祀之粢盛来敬祖了。这六件事，是对天下进行教化的重大举措。在太学中宴请三老、五更，天子袒开衣襟亲自切割牲肉，捧着酱请他们吃，给他们敬酒，还头戴礼帽，手执盾牌，为他们起舞。这是示范给诸侯怎样敬长养老。像这样，周代的教化就普及四海，礼乐都得到贯彻。而这又非一朝一夕之功，由此看来，舞者每舞完一节都要亮相好大一会儿，不也是理所当然的吗？”

注释　1 左射以《狸首》，右射以《驺虞》：《狸首》与《驺虞》皆古代逸诗篇名。王肃注：“左东学，右西学。《狸首》《驺虞》所为节也。”《礼记·射义》：“其节，天子以《驺虞》为节，诸侯以《狸首》为节。”　2 裨冕：着裨衣，戴冕，与衮冕或上一等冕服低一等。　3 搢笏：插笏朝见。　4 耕籍：每年春耕前，天子、诸侯举行的劝农仪式，即天子、诸侯执耒耜在籍田上三推或一拨的“籍礼”。籍，或作“藉”。　5 三老五更：朝廷设三老五更之位，天子以父兄之礼尊养之。三老，致仕三公任之；五更，其他年老致仕官员充任。二者均受朝廷礼遇。　6 酳（yìn）：古代宴会或祭祀时一种以酒漱口的礼节。

问玉第三十六

导读　本篇开篇即为子贡请教老师孔子"君子贵玉而贱珉"的问题，便以"问玉"名篇。

古代的玉器，分为礼器之玉和用品之玉。在孔子看来，玉之贵并非由于"物以稀为贵"，而是"君子比德于玉"，正如《诗经》"言念君子，温其如玉"的诗句所示，玉的品质正可与君子的德行相比。君子贵玉，是因为它昭示了仁、智、义、礼、乐、忠、信、天、地、德、道等十一种美德。孔子还论述了《诗》《书》《礼》《乐》《易》《春秋》等"六经"之教，提出了"天地之教，与圣人相参""礼之所以兴，众之所以治也"的礼治思想。

原文

子贡问于孔子曰："敢问君子贵玉而贱珉[1]？何也？为玉之寡而珉多欤？"孔子曰："非为玉之寡故贵之，珉之多故贱之。夫昔者，君子比德于玉：温润而泽，仁也；缜密[2]以栗[3]，智也；廉[4]而不刿[5]，义也；垂之如坠，礼也；叩之，其声清越[6]而长，其终则诎然[7]，乐矣；瑕不掩瑜，瑜不掩瑕，忠也；孚尹旁达[8]，信也；气如白虹，天也；精神见于山

译文

子贡问孔子："请问君子以玉为贵而以珉为贱，这是为什么呢？是因为玉少而珉多吗？"孔子说："并不是因为玉少就认为它贵重，也不是因为珉多而轻贱它。从前君子将玉的品质与人的美德相比。玉温润而有光泽，像仁；细密而又坚实，像智；有棱角而不伤人，像义；悬垂就下坠，像礼；敲击它，声音清脆而悠长，最后戛然而止，像乐；玉上的瑕疵掩盖不住它的美好，玉的美好也掩盖不了它的瑕疵，像忠；玉色晶莹发亮，光彩四溢，像信；玉的光气如白色长虹，像天；玉的精气显现于山川之间，像地；

川，地也；珪璋特达[9]，德也；天下莫不贵者，道也。《诗》[10]云：'言念[11]君子，温其如玉。'故君子贵之也。"

朝聘时用玉制的珪璋单独通达情意，像德；天下人没有不珍视玉的，像尊重道。《诗经》说：'每想起那位君子，他温和得如同美玉。'所以君子以玉为贵。"

注释 1 珉（mín）：似玉的石头。《说文》："珉，石之美者。" 2 缜密：紧密貌。 3 栗：坚实。 4 廉：棱角。 5 刿（guì）：刺伤，划伤。 6 清越：清澈激扬。 7 诎（qū）然：王肃注："诎，断绝貌，似乐之息。" 8 孚尹旁达：比喻品德高尚纯洁。孚，通"浮"；尹，通"筠"。孚尹，指玉的晶莹光彩。旁达，发散到四方。 9 珪璋（guī zhāng）：玉制的礼器。特达：直接送达。古代聘享之礼，有珪、璋、璧、琮。璧、琮放在束帛上，才可送达；珪、璋不用束帛，故称特达。束帛，捆成一束的五匹帛。 10《诗》：指《诗经·秦风·小戎》。 11 言念：想念。言，发语词。

孔子曰："入其国，其教可知也。其为人也，温柔敦厚，《诗》教也；疏通知远，《书》教也；广博易良，《乐》教也；洁静精微，《易》教也；恭俭庄敬，《礼》教也；属辞比事[1]，《春秋》教也。故《诗》之失，愚[2]；《书》之失，诬[3]；《乐》之失，奢；《易》之

孔子说："进入一个国家，就可以知道它的教化程度了。那里人民的为人，如果辞气温柔，性情敦厚，那是《诗》教化的结果；如果通达政事，远知古事，那是《书》教化的结果；如果心胸宽广，和易善良，那是《乐》教化的结果；如果安详沉静，推测精微，那是《易》教化的结果；如果谦恭节俭，庄重诚敬，那是《礼》教化的结果；如果善于连缀文辞，排比史事，那是《春秋》教化的结果。所以《诗》教化的不足在于愚暗不明，《书》教化的不足在于夸张不实，《乐》

失，贼[4]；《礼》之失，烦；《春秋》之失，乱[5]。其为人也，温柔敦厚而不愚，则深于《诗》者矣；疏通知远而不诬，则深于《书》者矣；广博易良[6]而不奢，则深于《乐》者矣；洁静精微[7]而不贼，则深于《易》者矣；恭俭庄敬而不烦，则深于《礼》者矣；属辞比事而不乱，则深于《春秋》者矣。

教化的不足在于奢侈铺张，《易》教化的不足在于过于精微细密，《礼》教化的不足在于烦苛琐细，《春秋》教化的不足在于乱加褒贬。如果为人能做到温柔敦厚又不愚暗不明，那就是深于《诗》教的人了；如果能做到通达知远又不言过其实，那就是深于《书》教的人了；如果能做到宽广博大平易善良又不奢侈铺张，那就是深于《乐》教的人了；如果能做到沉静精微又不过于微妙细密，那就是深于《易》教的人了；如果能做到恭俭庄敬又不烦琐苛细，那就是深于《礼》教的人了；如果能做到善于属辞比事又不乱加褒贬，那就是深于《春秋》教的人了。

注释　1 属辞比事：连缀文辞，排比事实，以作文纪事。　2 愚：愚昧不明，憨直，过于提倡敦厚。王肃注："敦厚之失。"　3 诬：言过其实。王肃注："知远之失。"　4 贼：王肃注："精微之失。"　5 乱：乱加褒贬。王肃注："属辞比事之失。"　6 易良：平易良善。　7 洁静精微：从善去邪，精深微妙。《礼记·经解》孔颖达疏："易之于人，正则获吉，邪则获凶，不为淫滥，是洁静。"

"天有四时，春夏秋冬，风雨霜露，无非教也。地载神气，吐纳雷霆，流形庶物[1]，无非教也。清明在躬[2]，气志如神，有物

"天有四季，春生夏长，秋收冬藏，既有刮风下雨，也有下露降霜，这些都是天所显示的教化。大地承载着神妙之气，风雷鼓荡，万物萌芽生长，这些都是地所显示的教化。圣人自身的德行极其清明，他

将至，其兆必先。是故天地之教，与圣人相参。其在《诗》[3]曰：'嵩高惟岳，峻极于天。惟岳降神，生甫及申[4]。惟申及甫，惟周之翰。四国于蕃，四方于宣。'此文武之德也。'矢其文德，协此四国。'[5]此太王之德也。凡三代之王，必先其令问。《诗》云：'明明天子，令问不已。'三代之德也。"

的气志微妙如神，如果天下有事将至一定先有兆应。所以说天地的教化是与圣人的出现相互参证的。有《诗》为证：'五岳居中是嵩山，巍巍高耸入云天。中岳高山降神灵，生下甫侯和申伯。只有甫侯和申伯，才是周朝栋梁臣。诸侯靠他做屏障，宣扬盛德遍四方。'这就是文王、武王的德行。'太王施其文德，团结四方各国。'这就是太王的德行。夏、商、周三代称王，在其称王之前就已经有了美好的名声。《诗》上说：'勤勉不倦的天子，美好名声千古传。'这就是三代圣王的德行。"

注释 1 流形庶物：流，具有，生发。流形，具有形质。庶物，众物，万物。 2 清明在躬：形容人的心地光明正大，头脑清晰明辨。清明，指人的神志很清醒。躬，指自身。 3《诗》：指《诗经·大雅·嵩高》。 4 生甫及申：生下甫侯与申伯。甫，西周贤相仲山甫。申，申伯，申国开国之君。 5 出《诗经·大雅·江汉》。下"明明天子"句亦出自该篇。

子张问圣人之所以教。孔子曰："师乎！吾语汝。圣人明于礼乐，举而措之而已。"

子张又问。孔子曰："师，尔以为必布几筵，揖

子张请教圣人是怎样教化百姓的。孔子说："颛孙师啊！听我来告诉你。圣人精通礼乐，在教化中付诸实行罢了。"

子张似乎没有听懂孔子的意思，就又接着发问。孔子说："颛孙师，你以为只有铺设几筵，宾主相互揖让、升堂下

让升降,酌献[1]、酬酢[2],然后谓之礼乎?尔以为必行缀兆[3],执羽籥[4],作钟鼓,然后谓之乐乎?言而可履,礼也;行而可乐,乐也。圣人力此二者,以躬己南面,是故天下太平。万民顺伏,百官承事,上下有礼也。

堂,献酒进馔,举杯酬酢,这样做了才算是礼吗?你以为只有在缀兆上扭来扭去,挥动羽籥,敲钟击鼓,这样做了才算是乐吗?其实,说到就能做到,这就是礼;做起来又使人感到快乐,这就是乐。圣人在这两点上狠下功夫,却只庄严端正地坐在王位上,天下就会太太平平的。人们都归顺敬伏,百官无不恪尽职守,是因为上下都遵守礼。

注释 1 酌献:酌酒献客。 2 酬酢:宾主互相敬酒。酬,向客人敬酒。酢,向主人敬酒。 3 缀兆:古代乐舞中舞者的行列位置。 4 羽籥(yuè):古代祭祀或宴飨时舞者所持的舞具和乐器。羽,指雉羽。籥,一种编组多管乐器。

“夫礼之所以兴,众之所以治也;礼之所以废,众之所以乱也。目巧之室,则有隩[1]、阼,席则有上下,车则有左右,行则并随,立则有列序,古之义也。室而无隩、阼,则乱于堂室矣;席而无上下,则乱于席次矣;车而无左右,则乱于车上矣;行而无并随,则乱于阶涂矣;列而无次序,则

“所以呀,礼得到了重视,百姓就得到了治理;礼被扔到了一边,百姓就会混乱。举例来说,屋室有室奥和台阶之分,坐席有上下之分,乘车有左右之分,行路有先后之分,站立要各就其位,自古以来就是如此。如果屋室没有室奥和台阶之分,堂与室就混乱了;如果席位没有上下之分,座位(次第)就混乱了;如果乘车没有左右之分,车上人的位置就混乱了;如果行路不分先后,道路就混乱了;如果站立没有顺序,

乱于著矣。昔者，明王圣人，辨贵贱长幼，正男女内外，序亲疏远近，莫敢相逾越者，皆由此涂出也。”

谁的位置在哪里也就混乱了。从前圣明的帝王和圣人，分别贵贱、长幼，规定男女、内外，确定亲疏、远近，使他们不敢互相逾越，用的都是这个办法啊！”

注释 1 隩：通“奥”，室内西南角，为祭祀设神主或尊者居坐之处。

屈节解第三十七

导读 本篇开篇为孔子与子路讨论大丈夫处世行己的志节，并对贫贱时屈抑志节的问题作了讨论，故以“屈节解”名篇。

本篇先展开了孔子的志节观，孔子认为，君子“受屈而不毁其节，志达而不犯于义”，“可以屈则屈，可以伸则伸”；君子屈节，是因为有所期待；求伸，是要及时抓住时机。这体现了孔子通权达变的志节观。孔子还赞扬了几个君子“屈节”以全节，屈小节而扬大节的史事。

原文

子路问于孔子曰：“由闻丈夫[1]居世，富贵不能有益于物，处贫贱之地而不能屈节以求伸，则不足以论乎人之域[2]矣。”孔子曰：“君子之行己，期于必达于己。可以屈则屈，可以伸则伸。故屈节者，所

译文

子路问孔子说：“我听说大丈夫生活在世间，富贵而不能有利于世间的事物，处于贫贱之地而不能暂时忍受委屈以求得将来的伸展，则不足以达到人们所说的大丈夫的境界。”孔子说：“君子所做的事，期望必须达到自己的目标。需要委屈的时候就委屈，需要伸展的时候就伸展。委屈自己是

以有待[3];求伸者,所以及时。是以虽受屈而不毁其节,志达而不犯于义。"

因为有所期待,求得伸展需要抓住时机。所以虽然受了委屈也不能失掉气节,志向实现了也不能有害于义。"

注释 1 丈夫:大丈夫。 2 域:境界。 3 待:等待他人的了解和任用。

孔子在卫,闻齐国田常将欲为乱,而惮鲍、晏,因欲移其兵以伐鲁。孔子会诸弟子而告之曰:"鲁,父母之国,不可不救,不忍视其受敌。今吾欲屈节于田常以救鲁,二三子谁为使?"于是子路请往焉,孔子弗许。子张请往,又弗许。子石请往,又弗许。

孔子一行在卫国的时候,听说齐国的权臣田常想要叛乱,却害怕齐国卿大夫鲍牧、晏圉的势力,所以想转移他们的军队去攻打鲁国。孔子召集门下弟子,对他们说:"鲁国,是祖宗坟墓所在的地方,是我们出生的国家,我们的祖国有了危险,我们不能不去营救,我不忍心看到我们的祖国受到攻击,现在我想要忍受委屈去结交田常来营救鲁国,你们谁能去见田常谈一谈呢?"子路请求前去,孔子没有许可。子张请求前去,孔子又没有许可。子石请求前去,孔子也没有答应。

三子退,谓子贡曰:"今夫子欲屈节以救父母之国,吾三人请使而不获往,此则吾子用辩之时也,吾子盍请行焉?"子贡请使,夫子许之。遂如齐,

他们三人下来,对子贡说:"现在老师想要忍受委屈来挽救祖国鲁国,我们三人请求前去谈判没有获得老师批准,这正是要用到你利口巧辞的本事的时候了,你何不去请求前往呢?"子贡于是请求前去齐国见田常,孔子答应了他。就这样子贡到了齐国,游说田常说:"现在您想要以讨伐

说田常曰:“今子欲收功于鲁,实难。不若移兵于吴,则易。”田常不悦。子贡曰:“夫忧在内者攻强,忧在外者攻弱。吾闻子三封而三不成,是则大臣不听令。战胜以骄主,破国以尊臣,而子之功不与焉,则交日疏于主,而与大臣争。如此,则子之位危矣。”田常曰:“善!然兵业已加鲁矣,不可更,如何?”子贡曰:“缓师。吾请于吴,令救鲁而伐齐。子因以兵迎之。”田常许诺。子贡遂南,说吴王曰:“王者不灭国,霸者无强敌。千钧[1]之重,加铢两而移。今以齐国而私千乘之鲁,与吴争强,甚为王患之。且夫救鲁以显名,以抚泗上[2]诸侯,诛暴齐以服

鲁国来获得某种利益是非常困难的,不如让那些军队去讨伐吴国还容易些。”田常听到后不高兴。子贡说:“是这样,忧患在国内的要攻击强大的国家,忧患在国外的要攻击弱小的国家。我听说您多次被授予封号而都未能封成,是因为朝中大臣有反对您的呀。现在,您讨伐鲁国若是打胜了,您的国君就会更骄纵,占领了鲁国土地,您国的大臣就会更尊贵,而您的攻劳都不在其中,那么,您和国君的关系会一天天地疏远,会和大臣们相互争夺,这样,那您在齐国的处境就危险了。”田常说:“好!可我的士兵已经奔赴鲁国了,不好改变,怎么办呢?”子贡说:“请您暂时按兵不动。我请求出使吴国,让吴王援救鲁国讨伐齐国,您就趁机带兵迎战。”田常同意了。于是子贡南下去见吴王,劝吴王说:“以王道治国治天下的人不会让诸侯国灭亡,以霸道治国治天下的人不会让强大的对手出现。万斤重的东西,有可能只用一点点的重量就能使它移动。如今,齐国要独自占领有千辆兵车的鲁国,与吴国争强弱,我很为大王和吴国担心呀。况且援救鲁国是能够显示大王与吴国的好名声的,也是能够安抚泗水北面那好几个国家的,去讨伐残暴的齐

晋，利莫大焉。名存亡鲁，实困强齐，智者不疑。”吴王曰：“善！然吴常困越，越王今苦身养士，有报吴之心。子待我伐越，然后乃可。”

国还能使晋国也服气，好处太多了。表面上是保存危亡的鲁国，实际上是围困强大的齐国，聪明人是不会疑惑的。”吴王说：“很好！可是我国一直在提防越国，现在那个越王苦炼自身，优养名士，有报复我国的打算。您等我攻打了越国后再按您说的去做。”

注释 **1** 钧：三十斤。 **2** 泗上：今山东省中部泗水北岸的地域。

子贡曰：“越之劲不过鲁，吴之强不过齐，而王置齐而伐越，则齐以私鲁矣。王方以存亡继绝之名，弃强齐而伐小越，非勇也。勇者不避难，仁者不穷约[1]，智者不失时，义者不绝世。今存越示天下以仁，救鲁伐齐，威加晋国，诸侯必相率而朝，霸业盛矣。且王必恶越，臣请见越君，令出兵以从，此则实害越而名从诸侯以伐齐。”吴王悦，乃遣子贡之越。

子贡说：“越国的实力没有超过鲁国，吴国的强大没有超过齐国，大王放下齐国而去攻打越国，那么齐国早就吞占鲁国了。大王一直有‘兴灭国，继绝世’的好名声，可如果放弃齐国去攻打弱小的越国，就不是那么勇敢了。勇敢的人是不避危难的，仁爱的人是不会受到穷困约束的，明智的人是不会坐失良机的，有情义的是人不会让一个国家或者宗族灭绝的。现在大王和吴国如果保存越国来向各个诸侯表示自己的仁义，援救鲁国攻打齐国，给晋国施加威慑，诸侯一定会竞相来朝见吴国，那么大王和吴国称霸天下的大业就成了。大王如果确实厌恶越国，我请求去会见越王，让他出兵追随您，这实际上是使越国受损，但名义上是追随诸侯讨伐齐国。”吴王大喜，就派子贡出使越国。

注释 1 穷约：穷困，贫贱。

越王郊迎，而自为子贡御，曰："此蛮夷之国，大夫何足俨然辱而临之？"子贡曰："今者，吾说吴王以救鲁伐齐，其志欲之，而心畏越，曰：'待我伐越乃可。'此则破越必矣。且无报人之志而令人疑之，拙矣；有报人之意而使人知之，殆矣；事未发而先闻者，危矣。三者，举事之患也。"勾践顿首曰："孤尝不料力而兴吴难，受困会稽，痛于骨髓，日夜焦唇干舌，徒欲与吴王接踵而死，孤之愿也。今大夫幸告以利害。"子贡曰："吴王为人猛暴，群臣不堪，国家疲弊，百姓怨上，大臣内变，申胥以谏死，大宰嚭用事，此则报吴

越王到郊外迎接子贡，亲自为他驾车，说："我这儿是偏僻落后的地方，先生何必郑重其事降低身份光临呢？"子贡说："现在我已劝说吴王援救鲁国攻打齐国，他的本意想去却又怕越国，说'等我攻破越国才行'，像这样，攻破越国是肯定的了。是这样，没有报复人的志向，却让人怀疑，是很笨的；有了报复人的志向却让人知道了，是不安全的；事情还没有做，却让大家都提前知道了，就更危险了。这三点都是办大事的祸患呀。"勾践听完叩头拜谢，说："我以前自不量力，发兵攻打吴国，后来兵败困于会稽，只能听任吴国摆布，我后悔呀，都疼到骨髓里了，现在白天黑夜急得口干舌燥的，只想和吴王同归于尽，报复吴国，这是我最大的愿望。感谢先生现在告诉了我其中的利害关系。"子贡说："吴王为人凶猛残暴，大臣们都不能忍受他了，吴国现在其实已经非常贫困衰弱了，百姓都在抱怨国王，大臣们蓄谋变乱，伍子胥因进谏被赐死，佞臣太宰嚭当权，这正是报复吴国的最佳时机呀。大王若果真出兵辅助吴王来迎合他的心意，用

之时也。王诚能发卒佐之，以邀射[1]其志，而重宝以悦其心，卑辞以尊其礼，则其伐齐必矣。此圣人所谓屈节求其达者也。彼战不胜，王之福；若胜，则必以兵临晋。臣还北请见晋君共攻之，其弱吴必矣。锐兵尽于齐，重甲困于晋，而王制其弊焉。”越王顿首许诺。

贵重的宝物来博得他的欢心，用谦卑的语言以表示对他的尊重，那么他就一定会攻打齐国了。这就是圣人说的忍受委屈以求得通达而完成目标的意思。如果这场战争吴国败了，就是大王的福气了；如果吴国战胜，必然会兵临晋国去示威。我请求北上去见晋王，约他共同来攻打吴国，这样搞垮吴国是必然的了。那时候，吴国的精锐部队还在齐国，主要的武装力量都困在晋国，大王和越国就该去收拾吴国了。”越王大喜，又叩头拜谢，同意按子贡的计划行动。

注释 1 邀射：追求，谋取。

子贡反，五日，越使大夫文种，顿首言于吴王曰：“越悉境内之士三千人以事吴。”吴王告子贡曰：“越王欲身从寡人，可乎？”子贡曰：“悉人之众，又从其君，非义也。”吴王乃受越王卒，谢留勾践。遂自发国内

子贡返回吴国，五天后，越国派大夫文种出使吴国，文种向吴王叩头说：“我们越国全部的壮士三千人都集合起来了，听从大王差遣。”吴王对子贡说：“越王也想跟从本王去，怎么样？”子贡说：“越国全部的壮士都要跟从您去打仗，再让人家的国君也跟从，不是太合乎道义呀。”吴王就只接受了越国的士兵，让国王勾践留下了。于是吴王就发动差不多全国的士兵讨伐齐国，打败了齐国。

之兵以伐齐，败之。

子贡遂北见晋君，令承其弊。吴、晋遂遇于黄池[1]。越王袭吴之国，吴王归与越战，灭焉。

孔子曰："夫其乱齐存鲁，吾之始愿。若能强晋以弊吴，使吴亡而越霸者，赐之说也。美言伤信，慎言哉！"

子贡又北上去见晋国国王，让晋国瞅准吴国的各种不利因素，抓住机会打败吴国。这样，吴晋两国的军队就在黄池相遇，开始争霸。这期间，越王趁机带兵攻打吴国，吴王就返回与越国交战，后来被越国给灭了。

孔子说："搞乱齐国，以挽救鲁国，我一开始只是这么想的。后来，发展成了使晋国强势，而吴国一步步搞坏，以后呀，甚至使吴国国亡而越国称霸，这都是端木赐游说的结果呀。好听的话不一定是实话，会伤害信义，说话要谨慎啊！"

注释　1 黄池：在今河南封丘城南，据说周穆王曾游于此地。吴王夫差率军于黄池大会诸侯，与晋争做盟主，史传"黄池之会"。

孔子弟子有宓子贱者，仕于鲁，为单父宰。恐鲁君听谗言，使己不得行其政，于是辞行，故请君之近史二人，与之俱至官。宓子戒其邑吏，令二史书。方书，辄掣其肘，书不善，则从而怒之。二史患之，辞请归鲁。宓子

孔子的弟子中有个叫宓子贱的，在鲁国当官，是单父的地方长官。他担心鲁国的君王会听信谗言，让他没办法治理政务，于是就要告辞离开，所以请了国君身边的两个副官和他一起来记录官员的姓名。宓子贱报出当地官员的名字，让那两个副官书写，他们刚一写就拉他们的胳膊，写不好，就生气而朝他们发怒。两个副官害怕了，请求辞别回到鲁国去。宓子贱说："你们写得很不好，你们回去后可要努力呀。"

曰:"子之书甚不善,子勉而归矣。"

二史归报于君曰:"宓子使臣书而掣臣肘,书恶而又怒臣,邑吏皆笑之,此臣所以去之而来也。"鲁君以问孔子,子曰:"宓不齐,君子也。其才,任霸王之佐,屈节治单父,将以自试也。意者以此为谏乎?"公寤,太息而叹曰:"此寡人之不肖,寡人乱宓子之政而责其善者,数矣。微二吏,寡人无以知其过;微夫子,寡人无以自寤。"遽发所爱之使,告宓子曰:"自今已往,单父非吾有也,从子之制。有便于民者,子决为之,五年一言其要。"

宓子敬奉诏,遂得行其政,于是单父治焉。躬敦厚,明亲亲,

两个副官向君王报告说:"宓子贱让我们书写却拉我们的胳膊,写得不好又向我们发怒,当地的官员都笑话我们,这就是我们为什么去了又回来的原因。"鲁国的君王因此来问孔子,孔子说:"宓不齐是君子啊。他的才能是可以去辅助霸王之业的,让其治理单父是委屈他的,他是想通过治理单父来试自己的才能的。他这么做的意思是想来劝谏您吧?"鲁国的君王这才醒悟了,长叹了一口气说:"这是我的错误啊,我扰乱了宓子贱的治理,却又去责备他的好,不应该啊。如果没有这两个官员,我也没法知道自己的错误;如果没有夫子您,我也没办法醒悟过来。"于是立即派其亲信去单父告诉宓子贱说:"从今以后,单父再不归我国君管理了,这里全权交给您。凡是有益于单父发展的事,您可以自主决断,您每隔五年向鲁君通报一次就行了。"

宓子贱恭敬地接受诏命,得以推行他的施政方针,于是单父得到了治理。他亲自示范和推行诚朴宽厚,明确孝敬双亲和亲爱家人,崇尚忠实和敬上,施行最大的仁德,用最诚恳的心,达到忠实和诚信,使单父的百姓都得到了这样的教化。

尚笃敬，施至仁，加恳诚，致忠信，百姓化之。

齐人攻鲁，道由单父。单父之老请曰："麦已熟矣，今齐寇至，不及人人自收其麦，请放民出，皆获傅郭之麦，可以益粮，且不资于寇。"三请而宓子不听。俄而齐寇逮于麦。季孙闻之，怒，使人以让宓子曰："民寒耕热芸，曾不得食，岂不哀哉？不知犹可，以告者而子不听，非所以为民也。"宓子蹙然[1]曰："今兹无麦，明年可树。若使不耕者获，是使民乐有寇。且得单父一岁之麦，于鲁不加强，丧之不加弱。若使民有自取之心，其创必数世不息。"季孙闻之，赧然[2]而愧，曰："地若可入，吾岂忍见宓子哉！"

一次，齐国攻打鲁国，齐国军队要经过单父。单父的老百姓汇报说："现在麦子已经成熟了，可是齐国人打到了这儿，如果让种麦子的人自己收割是来不及了，应该通知城里的人都出去，都去收割地里的麦子，这样每一个去收割的人都增加了粮食，并且不会给那些侵略者留下粮食上的帮助。"这样多次请求，但是宓子贱都没有答应。过了几天，果然齐国军队开到，抢走了麦子。季孙氏听到这些后非常生气，派人去谴责宓子贱说："单父的老百姓辛辛苦苦寒冷时耕种炎热时除草，却没有麦子吃，真是可悲呀！你不知道怎么办也罢了，有人都告诉你了，你还是不听从，你呀，就是不为老百姓着想。"宓子贱很感慨地说："今年没有收到麦子，明年还可以再种植。如果让那些不耕种麦子的人白白地收获了麦子，就会让人们因为敌人的侵略而得到了利益，从而感到高兴。况且得到了单父一年种植的麦子，对于鲁国不会增加多少，失去了那些麦子，也不会差多少。但是如果让人们有了自取之心，这样的伤害一定是多少年都不会平息的。"季孙氏听到这些话以后，非常惭愧地说："我不好意思再见宓先生了，真想钻到地下才好！"

注释 1 蹙（cù）然：局促不安的样子。 2 赧（nǎn）然：难为情的样子，羞愧的样子。

三年，孔子使巫马期[1]往观政焉。巫马期阴免衣，衣弊裘，入单父界。见夜渔者，得鱼辄舍之。巫马期问焉，曰："凡渔者为得，何以得鱼即舍之？"渔者曰："鱼之大者名为鲭[2]，吾大夫爱之；其小者名鲰[3]，吾大夫欲长之。是以得二者辄舍之。"

巫马期返，以告孔子曰："宓子之德至，使民暗行若有严刑于旁。敢问宓子何行而得于是？"孔子曰："吾尝与之言曰：'诚于此者刑乎彼。'宓子行此术于单父也。"

宓子贱治理单父过了三年，孔子派巫马期去单父看看宓子贱的政治教化怎么样。巫马期换掉平时穿的衣服，穿着破旧皮袄，到了单父境内。他看到夜里捕鱼的渔夫，得到鱼以后又放回水里。巫马期问道："捕鱼是为了得到鱼，现在你得到鱼以后又放回水里，这是为什么？"渔夫回答说："鱼长得很大的就叫鲭，我们的长官喜欢这种大鱼；鱼还很小的叫鲰，我们的长官想让小鱼继续生长。因此我得到了太大的和太小的鱼就放回水里去了。"

巫马期回去后，告诉孔子说："宓子贱的德政好到了极点，他能让在黑夜中行走的人们也好像有严刑在一样。请问宓子贱为什么能做到这个地步？"孔子说："我曾经对他说：'内心真诚，就能在外实行。'宓子一定是在单父实行这个主张了。"

注释 1 巫马期（前521—？）：姓巫马，名施，字子期，春秋末年鲁国人，一说陈国人。 2 鲭（chóu）：大鱼。 3 鲰（yìng）：小鱼。

孔子之旧曰原壤，其母死，夫子将助之以沐[1]椁。子路曰："由也昔者闻诸夫子：'无友不如己者，过则勿惮改。'夫子惮矣，姑已，若何？"孔子曰："'凡民有丧，匍匐救之。[2]'况故旧乎？非友也，吾其往。"

及为椁，原壤登木，曰："久矣，予之不托于音也。"遂歌曰："狸首之班然，执女手之卷然。"夫子为之隐，佯不闻以过之。

子路曰："夫子屈节而极于此，失其与矣，岂未可以已乎？"孔子曰："吾闻之：亲者不失其为亲也，故者不失其为故也。"

孔子有一个叫原壤的老朋友，他的母亲去世了，孔子准备帮助他整修棺材。子路说："我以前听老师您说过：'不与自己不同类的人交朋友，有了过错不要害怕改正。'先生倒是害怕了，姑且停下来帮他，如何？"孔子说："'凡是百姓有丧事，尽心竭力去帮忙。'何况是老朋友呢？你说的不是表示友好的做法，我还得前去。"

到了整修棺材的时候，原壤敲着棺木说："我不用歌声来寄托感情已经很长时间了。"于是唱道："狐狸的头啊，花纹斑斓；握着你的手啊，真是柔软。"孔子听了，心有隐痛，装作没有听见就过去了。

子路说："先生屈抑志节到了这种地步，失去了朋友交往的情谊，难道还不与他绝交吗？"孔子说："我听说：亲人总归是亲人，不会失去亲缘关系；老朋友总归是老朋友，也总会有旧交情在。"

注释　1 沐：修治，整治。　2 凡民有丧，匍匐救之：语出《诗经·邶风·谷风》。郑玄笺："匍匐，言尽力也。"

卷第九

七十二弟子解第三十八

导读 本篇记载了孔门中的著名弟子，计七十六人，与本篇名“七十二弟子解”所言不十分相符。《史记》两处所记孔子著名弟子人数也不一致，《孔子世家》说：“孔子以诗书礼乐教，弟子盖三千焉，身通六艺者七十有二人。”而据《仲尼弟子列传》记载，有“孔子曰‘受业身通者七十有七人’”句。综合《史记》与《家语》，可知孔门知名弟子有八十位。

原文

颜回，鲁人，字子渊。少孔子三十岁。年二十九而发白，三十一早死。孔子曰：“自吾有回，门人日益亲。”回以德行著名，孔子称其仁焉。

闵损，鲁人，字子骞。少孔子五十岁。以德行著名，孔子称其孝焉。

冉耕，鲁人，字伯牛。以德著名。有恶疾[1]，孔子曰：“命也夫！”

译文

颜回，鲁国人，字子渊。比孔子小三十岁。二十九岁时头发就白了，三十一岁就早早死了。孔子说：“自从我有了颜回这个学生，我的弟子们关系日益亲密。”颜回以品德操守高尚闻名，孔子称赞他仁爱。

闵损，鲁国人，字子骞。比孔子小五十岁。以品德操行著名，孔子称赞他有孝行。

冉耕，鲁国人，字伯牛。以品德操行著名。患了棘手的疾病，孔子说：“这可真是命啊！”

冉雍，字仲弓。伯牛之宗族，生于不肖之父。以德行著名。

宰予，字子我，鲁人。有口才，以言语著名。仕齐为临淄[2]大夫，与田常为乱[3]，夷其三族。孔子耻之，曰："不在利病，其在宰予。"

冉雍，字仲弓。与冉伯牛同一宗族，生养他的父亲没有出息。但他却以品德操行著名。

宰予，字子我，鲁国人。有口才，以能言善辩著名。他在齐国做官，为临淄大夫，因与田常一起犯上作乱，被夷灭了三族。孔子以此为耻，说："这样的结果，不在于有什么利弊，而在于宰予参与了这件事。"

注释　1 恶疾：难以治愈的病，或传染病。《公羊传·昭公二十年》："何疾尔？恶疾也。"何休注："谓瘖、聋、盲、疠、秃、跛、伛、不逮人伦之属也。"《史记·仲尼弟子列传》："伯牛有恶疾。"裴骃《集解》引包氏曰："牛有恶疾，不欲见人，孔子从牖执其手。"　2 临淄：春秋时为齐国都城，在今山东淄博。　3 与田常为乱：田常，即陈恒，春秋时齐国人。曾事齐简公，后弑简公而立平公。据《史记》司马贞索隐，《左传》无宰我与田常为乱的记载，而有一名叫阚止的人字子我，被田常所杀。

端木赐，字子贡，卫人。少孔子三十一岁。有口才著名。孔子每诎[1]其辩。家富累千金，常结驷连骑，以造原宪。宪居蒿庐蓬户之中，与之言先王之义。原宪衣敝衣冠，并日[2]

端木赐，字子贡，卫国人。比孔子小三十一岁。以有口才著名。孔子经常阻止他的能言善辩。他的家庭非常富有，常驾着马车或骑着马，去看望原宪。原宪居住在茅草屋中，与子贡谈论古代先王治国的道理。原宪穿着破旧的衣服，两天才吃一天的饭，但仍蔬食，衎然[3]有自得之志。

子贡曰："甚矣，子如何之病也。"原宪曰："吾闻无财者谓之贫，学道不能行者谓之病。吾贫也，非病也。"

子贡惭，终身耻其言之过。子贡行贩，与时转货。历相鲁、卫，而终齐。

然很快乐，有自己的志向。

子贡说："太过分了，你怎么会病成这样？"原宪说："我听说没有钱财叫作贫，学道而不能身体力行叫作病。我是贫，不是病。"

子贡听了原宪的话感到很惭愧，终生都为说过这样错误的话而羞愧。子贡贩卖货物，能及时转手获利。曾担任鲁国、卫国的宰相，后来死在齐国。

注释 1 诎：贬退。 2 并日：两日。 3 衎然：快乐的样子。

冉求，字子有，仲弓[1]之宗族。少孔子二十九岁。有才艺，以政事著名。仕为季氏宰[2]。进则理其官职，退则受教圣师。为性多谦退，故子曰："求也退，故进之。"

仲由，卞人，字子路，一字季路。少孔子九岁。有勇力才艺，以政事著名。为人果烈而刚直，性鄙而不达于变通。仕卫为大夫[3]，蒯聩与其子辄争国，

冉求，字子有，和冉雍是同族。比孔子小二十九岁。有才艺，以会处理政事著名。曾为季孙氏的家臣。做官时就处理政务，不做官时就在孔子门下学习。为人性情多谦逊退让，所以孔子说："冉求做事退缩，所以我要鼓励他。"

仲由，卞地人，字子路，一字季路。比孔子小九岁。有勇力才艺，以会处理政事著名。为人果烈而刚直，性格粗放而不善于变通。在卫国担任大夫的官职，正赶上蒯聩与他的儿子蒯辄争夺君王之位，子路为保护蒯辄而死。

子路遂死辄难。孔子痛之，曰："自吾有由，而恶言不入于耳。[4]"

孔子非常悲痛，说："自从我有了子路，那些恶意中伤的话再也传不到我耳朵里了。"

注释 1 仲弓：即冉雍，字仲弓。 2 为季氏宰：为季孙氏的家臣。 3 仕卫为大夫：子路为卫国大夫孔悝的邑宰。 4 "自吾有由"句：王肃注："子路，夫子御侮之友，恶言不入夫子之耳。"

言偃，鲁人，字子游。少孔子三十五岁。时习于《礼》，以文学著名。仕为武城[1]宰。尝从孔子适卫，与将军之子兰相善，使之受学于夫子。

言偃，鲁国人，字子游。比孔子小三十五岁。他向孔子学习《礼》，以文学著名。在武城做了地方长官。曾随侍孔子到卫国去，与将军之子兰相善，就让兰拜孔子为师。

注释 1 武城：地名，在今山东平邑。

卜商，卫人，字子夏。少孔子四十四岁。习于《诗》[1]，能通其义，以文学著名。为人性不弘，好论精微，时人无以尚之。尝返卫，见读史志者云："晋师伐秦，三豕渡河。"子夏曰："非也，己亥耳。"读史志曰："问诸晋史，果曰'己亥'。"于是卫以子夏为圣。

卜商，卫国人，字子夏。比孔子小四十四岁。他学习《诗经》，能理解其意，以文学著称。为人胸襟不够宽广，好论证精微的事情，当时没有人能超过他。他曾经返回卫国，见一个读史书的人说："晋师伐秦，三豕渡河。"子夏说："不对，不是三豕，是己亥。"后来读史书的人说："请教了晋国的史官，果然是己亥。"于是卫国的人都把子夏当作圣人。

孔子卒后，教于西河[2]之上，魏文侯师事之，而谘国政焉。

孔子去世以后，子夏在魏国西河讲学，魏文侯把他当作老师，向他咨询治理国家的方法。

注释 1 习于《诗》：精习通晓《诗经》。王肃注："子夏所叙诗义，今之《毛诗序》是。" 2 西河：战国魏地，在今陕西东部黄河西岸地区，一说在河南安阳。

颛孙师，陈人，字子张。少孔子四十八岁。为人有容貌资质，宽冲博接，从容自务，居不务立于仁义之行[1]。孔子门人友之而弗敬。

颛孙师，陈国人，字子张。比孔子小四十八岁。有容貌资质，为人宽厚冲淡，结交广博，从容理事，平时并不致力于仁义之行。孔子门人同他交友，却并不敬重他。

注释 1 居不务立于仁义之行：王肃注："子张不侮鳏寡，性凯悌宽冲，故子贡以为未仁。然不务立仁义之行，故子贡激之以为未仁也。"

曾参，南武城人，字子舆。少孔子四十六岁。志存孝道，故孔子因之以作《孝经》。齐尝聘，欲与为卿，而不就，曰："吾父母老，食人之禄，则忧人之事，故吾不忍远亲而为人役。"参后母，遇之无恩，而供养不衰。及其妻以藜烝[1]不熟，

曾参，鲁国南武城人，字子舆。比孔子小四十六岁。以孝道为志向，所以孔子因他而作《孝经》。齐国曾聘请他，想让他为卿，他不去，说："我父母已年老，拿人家的俸禄就要替人家操心，所以我不忍心远离亲人而受别人差遣。"曾参的后母，对他很不好，但他仍供养她孝敬她。他的妻子因藜羹没有蒸熟，曾参为此要休她。有人

因出之。人曰:“非七出也。”参曰:“藜烝,小物耳,吾欲使熟,而不用吾命,况大事乎?”遂出之,终身不取妻。其子元请焉,告其子曰:“高宗以后妻杀孝己[2],尹吉甫以后妻放伯奇[3]。吾上不及高宗,中不比吉甫,庸知其得免于非乎?”

说:“你妻子没有犯七出的条款啊!”曾参说:“蒸藜羹是小事,我让她蒸熟她却不听我的话,何况是大事呢?”于是就休了妻子,终身不再娶妻。他的儿子曾元劝他再娶,他对儿子说:“殷高宗武丁因为后妻杀死了儿子孝己,尹吉甫因为后妻而放逐了儿子伯奇。我上不及高宗贤能,中不比尹吉甫能干,怎知能避免不做错事呢?”

注释 1 烝:同“蒸”。 2 孝己:殷高宗武丁之子,因遭后母谗言,被高宗放逐,忧苦而死。 3 伯奇:周宣王时贤臣尹吉甫之子,因遭后母谗言,被其父放逐于野。

澹台灭明,武城人,字子羽。少孔子四十九岁。有君子之姿。孔子尝以容貌望其才,其才不充孔子之望。然其为人,公正无私,以取与去就,以诺为名。仕鲁为大夫也。

澹台灭明,武城人,字子羽。比孔子小四十九岁。他有君子的姿容。孔子曾因他的容貌而期望他的才能可以和容貌相称,可是他的才能没能达到孔子的期望。然而他的为人公正无私,以获取与给予来选择去就,以重信用知名。在鲁国做官,官为大夫。

高柴,齐人,高氏之别族,字子羔。少孔子四十岁。长不过六尺,状貌甚恶。为人笃孝而有法

高柴,齐国人,属高氏家族的分支,字子羔。比孔子小四十岁。他身高不到六尺,相貌很丑。为人特别注重孝道而又遵守礼仪法度。小的时候居住

正[1]。少居鲁,见知名于孔子之门。仕为武城宰。

在鲁国,在孔子的弟子中有一定名声。在武城做地方长官。

注释 1 法正:礼法规矩。

宓不齐,鲁人,字子贱。少孔子四十九岁。仕为单父宰,有才智,仁爱,百姓不忍欺。孔子大[1]之。

宓不齐,鲁国人,字子贱。比孔子小四十九岁。担任单父的地方长官,有才智,有仁爱,连百姓都不忍欺骗他。孔子很看重他。

注释 1 大:看重。一本作"美"。

樊须,鲁人,字子迟。少孔子四十六岁。弱[1]仕于季氏。

樊须,鲁国人,字子迟。比孔子小四十六岁。弱冠之年就做了季氏的家臣。

有若,鲁人,字子有。少孔子三十六岁。为人强识,好古道。

有若,鲁国人,字子有。比孔子小三十六岁。为人博闻强识,崇尚古道。

公西赤,鲁人,字子华。少孔子四十二岁。束带立于朝,闲宾主之仪。

公西赤,鲁国人,字子华。比孔子小四十二岁。他腰束大带立于朝堂之上,熟悉宾主之间的礼仪。

原宪,宋人,字子思。少孔子三十六岁。清净守节,贫而乐道。孔子为鲁司寇,原宪尝为孔子宰。孔子卒后,原宪退隐,居于卫。

原宪,宋国人,字子思。比孔子小三十六岁。内心清净,遵守节操,安贫乐道。孔子担任鲁国司寇时,原宪曾出任孔子家臣。孔子死后,原宪辞职退隐,居住在卫国。

公冶长，鲁人，字子长。为人能忍耻。孔子以女妻之。

南宫韬[2]，鲁人，字子容。以智自将[3]，世清不废，世浊不洿[4]。孔子以兄子妻之。

公冶长，鲁国人，字子长。为人能忍受耻辱。孔子将女儿嫁给了他。

南宫韬，鲁国人，字子容。能以自己的聪明才智保全自己，世道清平会有所作为，世道污浊也不会同流合污。孔子把自己哥哥的女儿嫁给了他。

注释 1 弱：弱冠。 2 韬：一本作“縚”。 3 自将：自己保全。 4 洿：污染。

公析哀，齐人，字季沉。鄙[1]天下多仕于大夫家者，是故未尝屈节[2]人臣。孔子特叹贵之。

曾点，曾参父，字子皙。疾[3]时礼教不行，欲修之，孔子善焉。《论语》所谓“浴乎沂，风乎舞雩”[4]之下。

公析哀，齐国人，字季沉。鄙视天下很多人到大夫家去做家臣，因此他没有屈节去做别人的家臣。孔子特别赞赏他。

曾点，曾参的父亲，字子皙。他痛心于当时不施行礼教，想改变这种情况。孔子很赞同他的想法，就像赞同他在《论语》中所说的“在沂水中沐浴，在舞雩下乘凉”一样。

注释 1 鄙：鄙视。 2 屈节：折节，失去节操。 3 疾：痛心，痛恨。 4 浴乎沂（yí），风乎舞雩（yú）：见《论语·先进》。到沂水中去洗洗澡，到舞雩的树下去吹吹风。舞雩，古代求雨祭天，设坛命女巫为舞，故名舞雩。

颜由，颜回父，字季路。孔子始教学于阙里[1]而受学。少孔子六岁。

颜由，颜回的父亲，字季路。孔子开始在阙里讲学时便跟从孔子学习。比孔子小六岁。

商瞿，鲁人，字子木。少孔子二十九岁。特好《易》，孔子传之，志焉。

商瞿，鲁国人，字子木。比孔子小二十九岁。特别喜欢《易经》，孔子传授给他，他都记了下来。

漆雕开，蔡人，字子若。少孔子十一岁。习《尚书》，不乐仕。孔子曰："子之齿可以仕矣，时将过。"子若报其书曰："吾斯之未能信。"孔子悦焉。

漆雕开，蔡国人，字子若。比孔子小十一岁。研习《尚书》，不喜欢从政。孔子说："你这个年龄可以从政了，不然就错过时机了。"子若给孔子回信说："我对于《尚书》还没能研习透彻。"孔子很高兴。

注释　1 阙里：在今山东曲阜内阙里街，因有两石阙而名。

公良孺，陈人，字子正。贤而有勇。孔子周行，常以家车五乘从。

公良孺，陈国人，字子正。贤能而又勇敢。孔子周游列国时，他曾经带着五辆自家车马跟从。

秦商，鲁人，字不慈。少孔子四岁。其父堇父，与孔子父叔梁纥俱以力闻。

秦商，鲁国人，字不慈。比孔子小四岁。他的父亲堇父，与孔子父亲叔梁纥都以有勇力闻名。

颜刻，鲁人，字子骄。少孔子五十岁。孔子适卫，子骄为仆。卫灵公与夫人南子同车出，而令宦者雍

颜刻，鲁国人，字子骄，比孔子小五十岁。孔子到卫国去，子骄为仆从。卫灵公和夫人南子同车出游，让宦官雍渠陪乘，让孔子乘坐后面的车

渠参乘[1],使孔子为次乘[2],游过市。孔子耻之。颜刻曰:"夫子何耻之?"孔子曰:"《诗》[3]云:'觏[4]尔新婚,以慰我心。'"乃叹曰:"吾未见好德如好色者也!"

陪着,游览经过闹市。孔子感到很耻辱。颜刻说:"老师为何感到耻辱呢?"孔子说:"《诗经》说:'得遇新婚人,足以慰我心。'"又叹息着说:"我没有见到喜好美好品德如同喜欢美色一样的人啊!"

注释 1 参乘:陪乘。 2 次乘:后面的车。 3《诗》:即《诗经·小雅·车舝》。舝(xiá),车轴两头的键。 4 觏(gòu):遇见。

司马黎耕,宋人,字子牛。牛为人性躁,好言语。见兄桓魋行恶,牛常忧之。

巫马施,陈人,字子期。少孔子三十岁。孔子将近行,命从者皆持盖。已而,果雨。巫马期问曰:"旦无云,既日出,而夫子命持雨具。敢问何以知之?"孔子曰:"昨暮月宿于毕[1]。《诗》[2]不云乎:'月离于毕,俾滂沱矣。'以此知之。"

司马黎耕,宋国人,字子牛。子牛为人性情急躁,好多言多语。见他哥哥桓魋做坏事,子牛常常替哥哥担忧。

巫马施,陈国人,字子期。比孔子小三十岁。孔子要到近处某一个地方去,让跟从的人都带上雨具。不久,果然下起雨来。巫马期就问孔子说:"早上天空无云,太阳已经出来了,但老师您却让我们带上雨具。请问您怎么知道天要下雨呢?"孔子说:"昨天晚上月亮处于毕宿星座。《诗经》上不是说'月近天毕星,大雨下不停'吗?我由此知道天要下雨了。"

注释 1 毕:天毕星,二十八星宿之一,主兵、主雨。 2《诗》:指《诗经·小雅·渐渐之石》。

梁鳣，齐人，字叔鱼。少孔子三十九岁。年三十，未有子，欲出其妻。商瞿谓曰："子未也。昔吾年三十八无子，吾母为吾更取室。夫子使吾之齐，母欲请留吾。夫子曰：'无忧也，瞿过四十，当有五丈夫。'今果然。吾恐子自晚生耳，未必妻之过。"从之，二年而有子。

梁鳣，齐国人，字叔鱼。比孔子小三十九岁。到了三十岁还没有儿子，想休了他的妻子。商瞿对他说："你不要这样做。从前我三十八岁还没有儿子，我母亲为我又娶了一房妻子。老师派我到齐国去，母亲请求让我留下来。老师说：'不要担忧，商瞿过了四十岁，会有五个儿子。'现在果然如此。我恐怕你的子女晚生，未必是你妻子的过错。"梁鳣听从了商瞿的话，过了两年就有了儿子。

琴牢，卫人，字子开，一字张。与宗鲁[1]友，闻宗鲁死，欲往吊焉。孔子弗许，曰："非义也。"

琴牢，卫国人，字子开，一字张。和宗鲁是好朋友，听到宗鲁死了，想去悼念他。孔子不让他去，说："这不合乎义。"

注释　**1** 宗鲁：春秋时卫国人，卫灵公兄公孟絷的参乘。公孟为人不善，但对宗鲁很亲近，后宗鲁为保护公孟而死。

冉儒，鲁人，字子鱼。少孔子五十岁。

颜辛，鲁人，字子柳。少孔子四十六岁。

伯虔，字楷。少孔子五十岁。

公孙宠[1]，卫人，字子石。少孔子五十三岁。

冉儒，鲁国人，字子鱼。比孔子小五十岁。

颜辛，鲁国人，字子柳。比孔子小四十六岁。

伯虔，字楷。比孔子小五十岁。

公孙宠，卫国人，字子石。比孔子小五十三岁。

曹卹，少孔子五十岁。

陈亢，陈人，字子亢，一字子禽。少孔子四十岁。

曹卹，比孔子小五十岁。

陈亢，陈国人，字子亢，一字子禽。比孔子小四十岁。

注释 1 宠：一本作“龙”。

叔仲会，鲁人，字子期。少孔子五十岁，与孔琁年相比。每孺子之执笔记事于夫子，二人迭侍左右。孟武伯见孔子而问曰：“此二孺子之幼也，于学岂能识于壮哉？”孔子曰：“然！少成则若性也，习惯若自然也。”秦祖，字子南。

奚蒧[1]，字子偕。

公祖兹，字子之。

廉洁，字子曹。

公西与，字子上。

宰父黑，字子黑。

公西减，字子尚。

穰驷赤，字子从。

冉季，字子产。

薛邦，字子从。

石[2]处，字里之。

叔仲会，鲁国人，字子期。比孔子小五十岁，与孔琁年龄相仿。每当有学童在孔子身边执笔记事，两人总是轮流在孔子左右服侍。孟武伯见到孔子就问他道：“这两个小孩年龄这么小就来学习了，他们长大后的学识不可低估啊！”孔子回答说：“是这样的！年少时养成的就好像天性，习惯了就好像天生就会的。”秦祖，字子南。

奚蒧，字子偕。

公祖兹，字子之。

廉洁，字子曹。

公西与，字子上。

宰父黑，字子黑。

公西减，字子尚。

穰驷赤，字子从。

冉季，字子产。

薛邦，字子从。

石处，字里之。

悬亶，字子象。
左郢，字子行。
狄黑，字哲之。
商泽，字子秀。
任不齐，字子选。
荣祈，字子祺。
颜哙，字子声。
原忼[3]，字子籍。
公宾[4]，字子仲。
秦非，字子之。
漆雕从，字子文。
燕伋，字子思。
公夏守，字子乘。
勾井疆，字子疆。
步叔乘，字子车。
石作蜀[5]，字子明。
邽巽[6]，字子敛。
施之常，字子常。
申缋[7]，字子周。
乐欬[8]，字子声。
颜之仆，字子叔。
孔弗[9]，字子蔑。
漆雕哆[10]，字子敛。
悬成，字子横。
颜相，字子襄。

悬亶，字子象。
左郢，字子行。
狄黑，字哲之。
商泽，字子秀。
任不齐，字子选。
荣祈，字子祺。
颜哙，字子声。
原忼，字子籍。
公宾，字子仲。
秦非，字子之。
漆雕从，字子文。
燕伋，字子思。
公夏守，字子乘。
勾井疆，字子疆。
步叔乘，字子车。
石作蜀，字子明。
邽巽，字子敛。
施之常，字子常。
申缋，字子周。
乐欬，字子声。
颜之仆，字子叔。
孔弗，字子蔑。
漆雕哆，字子敛。
悬成，字子横。
颜相，字子襄。

右夫子弟子七十二人，皆升堂入室者。

以上为孔子的七十二名弟子，都是升堂入室的著名弟子。

[注释] 1 葴：一本作"箴"。 2 石：一本作"后"。 3 忼：一本又作"桃"，又一本作"抗"。 4 公宾：一本作"公肩定"，又一本作"公肩"。 5 石作蜀：一本作"石子蜀"，又一本作"右作蜀"。 6 邽巽：一本作"邽选"，《史记》作"邦巽"。 7 申缋：一本作"申绩"，《史记》作"申党"。 8 欬：一本作"欣"。 9 弗：一本作"忠"。 10 哆：一本作"侈"。

本姓解第三十九

[导读] 本篇既有对孔子的身世的追述，又收录了齐国太史对孔子的评价，主题是对孔子家世的考证，故以"本姓解"名篇。

由本篇所述，可知孔子的祖先是宋国的后裔，孔子实为"先圣之嗣"。孔子"祖述尧舜，宪章文武"，一生中的"文德著矣"，被齐国太史子与高许为"素王"。孔子自道志向，自是"乱而治之，滞而起之"，和天没有关系。孔子"垂训后嗣，以为法式"的圣人形象，十分明显地凸显了出来。

[原文]

孔子之先，宋之后也。微子启，帝乙[1]之元子[2]，纣之庶兄，以圻[3]内诸侯，入为王卿士。微，国名；子，

[译文]

孔子的祖先，是宋国的后裔。微子启，是帝乙的长子，纣的同父异母哥哥，以都城千里之内诸侯的身份，进入朝廷为国王的卿士。微，是诸侯

爵。初，武王克殷，封纣之子武庚[4]于朝歌[5]，使奉汤祀。武王崩，而与管、蔡、霍三叔[6]作难。周公相成王，东征之。二年，罪人斯得，乃命微子代殷后，作《微子之命》，由之与国于宋，徙殷之子孙。唯微子先往仕周，故封之贤。其弟曰仲思，名衍，或名泄。嗣微子后，故号微仲。生宋公稽，胄子[7]虽迁爵易位，而班级[8]不及其故者，得以故官为称。故二微虽为宋公，而犹以微之号自终。至于稽乃称公焉。

宋公生丁公申，申生缗公共及襄公熙，熙生弗父何及厉公方祀。方祀以下，世为宋卿。弗父何生宋父周，周生世子胜，胜生正考甫，考甫生孔父嘉。五世亲尽，别为公族[9]，故后以孔为氏焉。一曰孔父者，生时所赐号也，是以子孙遂以氏族。

国名；子，是爵位。当初，武王征服了殷国，封纣的儿子武庚于朝歌，让他奉行商汤的祭祀。武王死后，武庚与管叔、蔡叔、霍叔共同谋反。周公辅佐成王东征讨伐他们。第二年擒获了罪人，于是命令微子启代替武庚为殷的后裔，作《微子之命》申告此事。封微子于宋国，迁徙殷人的子孙到此地。唯有微子先到周朝去做官，被周朝封为贤人。微子的弟弟仲思，名衍，或名泄。他继承了微子的爵位，因此又称微仲。仲思生宋公稽，后代虽然爵位变迁，但等级都没有祖辈高，仍然以旧的爵位称呼。所以微子和微仲虽然是宋公，但始终都用微子称号。到了稽即位，才开始称公。

宋公稽生丁公申，申生缗公共和襄公熙，熙生弗父何及厉公方祀。从方祀以下，世代为宋国卿。弗父何生宋父周，宋父周生世子胜，世子胜生正考甫，正考甫生孔父嘉。传到五代以后，分出同族，所以后来有一支以孔作为姓氏的族亲。一说孔父这个名号，是出生时君王所赐的号，所以子孙就以此作为姓氏。

注释 1 帝乙：商代帝王，纣王的父亲。 2 元子：长子。 3 圻：皇帝都城千里之内的地方。 4 武庚：商纣王之子禄父。周武王灭纣，被封于朝歌以续殷祀，后因与管叔、蔡叔一起作乱，为周公所杀。 5 朝歌：殷朝都城，在今河南淇县。 6 管、蔡、霍三叔：管叔、蔡叔、霍叔，皆为周武王、周公兄弟。周灭商，分别封于朝歌附近的管、蔡、霍。 7 胄子：古帝王与贵族的长子。 8 班级：爵位等级。 9 公族：同祖的一族。

孔父生子木金父，金父生睪夷，睪夷生防叔，避华氏之祸而奔鲁。防叔生伯夏，伯夏生叔梁纥。纥虽有九女而无子。其妾生孟皮，孟皮一字伯尼，有足病。于是乃求婚于颜氏。颜氏有三女，其小曰徵在。颜父问三女曰："陬[1]大夫虽父祖为士，然其先圣王之裔。今其人身长十尺，武力绝伦，吾甚贪[2]之。虽年长性严，不足为疑。三子孰能为之妻？"二女莫对。徵在进曰："从父所制，将何问焉？"父曰："即尔能矣。"遂以妻之。

孔父生子木金父，金父生睪夷，睪夷生防叔，防叔为了躲避华氏之祸逃亡到鲁国。防叔生伯夏，伯夏生叔梁纥。叔梁纥有九个女儿而无儿子。叔梁纥的妾生孟皮，孟皮字伯尼，脚有毛病。于是叔梁纥向颜氏求婚。颜氏有三个女儿，小女儿叫徵在。颜父问他的三个女儿："陬邑孔氏的父辈和祖辈虽是士，但他们的祖先是圣王的后裔。现在求婚的叔梁纥身高十尺，武力绝伦，我很看中他。虽然年龄大了些性子又急，但不必担心。你们三人谁愿意做他的妻子？"大女儿、二女儿都不说话。徵在走上前说："听从父亲的安排，还有什么可问的呢？"父亲说："就是你能做他的妻子。"就把徵在许给叔梁纥做妻子。

注释 1 陬（zōu）：孔子出生地，在今山东曲阜东南。 2 贪：舍不得。

徵在既往，庙见。以夫之年大，惧不时[1]有男，而私祷尼丘之山以祈焉。生孔子，故名丘，字仲尼。孔子三岁而叔梁纥卒，葬于防。至十九，娶于宋之亓官氏[2]，一岁而生伯鱼。鱼之生也，鲁昭公以鲤鱼赐孔子。荣君之贶[3]，故因以名曰鲤，而字伯鱼。鱼年五十，先孔子卒。

徵在去叔梁纥家时，先在宗庙见面。因为丈夫的年龄大，担心不能及时生儿子，便私下到尼丘山去祈祷。后来生下孔子，所以名丘字仲尼。孔子三岁时叔梁纥去世，葬在防山。孔子十九岁，娶了宋国亓官氏的女儿为妻，一年后生下伯鱼。伯鱼出生时，鲁昭公送给孔子一条鲤鱼。孔子得到君王的赏赐感到很荣耀，所以给儿子取名鲤，字伯鱼。伯鱼活到五十岁，比孔子先去世。

注释 1 不时：不及时。 2 亓官氏：一本作“上官氏”，又一本作“并官氏”。 3 贶（kuàng）：赐予，加惠。

齐太史子与适鲁，见孔子。孔子与之言道，子与悦，曰：“吾鄙人也，闻子之名，不睹子之形久矣，而求知宝贵也。乃今而后知泰山之为高，渊海之为大。惜乎，夫子之不逢明王，道德不加于民，而将垂宝以贻后世。”

齐国的太史子与来到鲁国，见到孔子。孔子和他谈论道，子与很高兴，说：“我是浅陋无知的人，久闻您的大名，而没能和您见面，但求知的机会是很宝贵的。从今以后我知道了泰山的高大，大海的广阔。只可惜啊，先生没有遇到圣明的君主，道德不能在百姓中施行，而只有把这些宝贵的东西留给后世了。”

遂退而谓南宫敬叔[1]曰："今孔子先圣之嗣，自弗父何以来，世有德让，天所祚也。成汤以武德王天下，其配在文。殷宗以下，未始有也。孔子生于衰周，先王典籍，错乱无纪，而乃论百家之遗记，考正其义，祖述[2]尧舜，宪章[3]文武，删《诗》述《书》，定《礼》理《乐》，制作《春秋》，赞明《易》道，垂训后嗣，以为法式，其文德著矣！然凡所教诲，束脩[4]已上三千余人，或者天将欲与素王[5]之乎？夫何其盛也！"

敬叔曰："殆如吾子之言，夫物莫能两大，吾闻圣人之后，而非继世之统，其必有兴者焉。今夫子之道至矣，乃将施之无穷，虽欲辞天之祚，故未得耳。"

子贡闻之，以二子之言告孔子。子曰："岂若是

子与辞别孔子后对南宫敬叔说："现今的孔子是先圣的后代，从弗父何以来，孔氏后代世世有德谦让，这是上天所赐的福分啊。成汤以武德称王天下，用礼乐相配合。殷商以下，就没有这样的情况了。孔子生在周朝衰败的时代，先王的典籍错乱无序，孔子就整理论述百家遗留的记录，考证其正确的含义，师法和陈说尧舜的盛德，效法周文王、周武王的文功武治，删定《诗》，整理《书》，制定《礼》，理清《乐》，制作《春秋》，阐明《易》道，给后世留下训诫，作为法则，孔子的文德是何等显著啊！他所教诲的弟子，奉上束脩的就有三千多人，或许是上天要他成为无冕的素王吧？不然为什么会如此兴盛啊！"

南宫敬叔说："大概像您说的那样，事物不会两全其美，我听说圣人的后代，如果不是继承王位的统系，也必然会有兴盛的人。现在孔子之道已非常完美，并将长久地施行于后世，即使想推却上天赐予的福分，也不可能。"

子贡听了这些话，把他们二人的议论都告诉了孔子。孔子说："哪是这样

哉？乱而治之，滞而起之，自吾志，天何与焉？”

的呢？乱了就要治理，停滞就要兴起，这是我的志向，和天有什么关系呢？”

注释 1 南宫敬叔：鲁国大夫。 2 祖述：效法前人，加以陈说。 3 宪章：效法。 4 束脩（xiū）：学生家长送给教师的酬劳。十条干肉称束脩。 5 素王：有帝王之德而未居其位的人。后来儒家专以“素王”称孔子。

终记解第四十

导读 本篇记叙了孔子临终前事迹、死后丧葬事宜等，故以“终记解”名篇。

本篇中，孔子预感自己将死，用歌声表达了哲人将死前的心境与志向；他以梦境解释生死流转，达观通脱，处之泰然。然而让他死也不能忘怀的政治理想是：“夫明王不兴，则天下其孰能宗余？”从中可以看到，一代圣哲担心自己的伟大抱负，会随着“哲人其萎”而后继无人的遗憾与失落。不过，从群弟子的守丧之地形成“孔里”，子贡独“庐于墓六年”，可以看到些许安慰，正所谓“死而不亡者寿”，“其人虽已没，千载有余情”。

原文

孔子蚤晨作，负手曳杖，逍遥于门而歌曰：“泰山其颓乎！梁木其坏乎！哲人其萎乎！”既歌而入，

译文

孔子早晨起来，背着手拖着手杖，在门口优游地漫步，吟唱道：“泰山要崩塌了吗？梁木要毁坏了吗？哲人要困顿了吗？”唱完回到了屋内，对着门坐

当户而坐。子贡闻之，曰："泰山其颓，则吾将安仰？梁木其坏，则吾将安杖？哲人其萎，吾将安放？夫子殆将病也。"遂趋而入。

夫子叹而言曰："赐！汝来何迟？予畴昔梦坐奠于两楹之间。夏后氏殡于东阶之上，则犹在阼；殷人殡于两楹之间，则与宾主夹之；周人殡于西阶之上，则犹宾之。而丘也即殷人。夫明王不兴，则天下其孰能宗余？余殆将死。"遂寝病，七日而终，时年七十二矣。

哀公诔曰："昊天不吊，不慭遗一老，俾屏[1]余一人以在位，茕茕[2]余在疚。於乎哀哉！尼父，无自律。"子贡曰："公其不没于鲁乎？夫子有言曰：'礼失则昏，名失则愆。'失志为昏，失所为愆。生不能用，死而诔之，非礼

着。子贡听到歌声，说："泰山要是崩塌了，我仰望什么呢？梁木要是毁坏了，我依靠什么呢？哲人要是困顿了，我去效仿谁呢？老师大概要生病了吧？"于是快步走了进去。

孔子叹了一口气说："赐！你怎么来得这样晚？我昨夜梦见自己坐在两楹之间祭奠。夏朝人将灵柩停在对着东阶的堂上，那还是处在主位上；殷人将灵柩停在堂前东西楹之间，那是处在宾位和主位之间；周人将灵柩停在对着西阶的堂上，那就是迎接宾客的地方。而我孔丘是殷人。现今没有明王兴起，天下谁能尊奉我呢？我大概快要死了。"随后卧病在床，七天就去世了，死时七十二岁。

鲁哀公哀悼孔子说："上天不仁慈，不愿留下这一位老者，让他抛下我一人在君位上，孤孤单单，忧愁痛苦。多么悲哀啊！尼父，失去您我就没有效法的榜样了。"子贡说："国君不想在鲁国善终吗？老师曾经说过：'礼仪丧失就会昏暗不清，名分丧失就会出现过错。'失去志向是昏暗，不讲身份是过错。老师活着时不任用他，死后才致哀

也;称一人[3],非名。君两失之矣。”

悼,这不合礼仪;以诸侯身份自称‘一人’,这不合名分。国君两样都丧失了。”

注释 1 屏:通。 2 茕茕:孤单而无依无靠。 3 一人:王肃注:“一人,天子之称也。”

既卒,门人疑所以服夫子者。子贡曰:“昔夫子之丧颜回也,若丧其子而无服。丧子路亦然。今请丧夫子如丧父而无服。”于是弟子皆吊服而加麻,出有所之,则由绖[1]。子夏曰:“入宜绖可居,出则不绖。”子游曰:“吾闻诸夫子:丧朋友,居则绖,出则否;丧所尊,虽绖而出,可也。”

孔子去世的时候,他的弟子们都不清楚该为老师穿哪一等丧服。子贡说:“以前夫子哀悼颜回,其悲痛如同丧子一样,但不穿任何丧服。哀悼子路时也是这样。让我们悼念夫子,就像悼念父亲一样,但不穿相应的丧服。”就这样,孔子的弟子们都穿着吊丧的衣服并且加了麻,如果去外面,就在头上或腰间缠上麻丧带。子夏说:“我们在家中应该在头上或腰间缠上麻丧带,出门就不要在头上或腰间缠上麻丧带了。”子游说:“我曾经听老师说过:为朋友服丧,在家时头上或腰间缠上麻丧带,出门就不用了;但是如果是为非常亲近尊敬的人服丧,就一直在头上或腰间缠上麻丧带,连出门也一样。”

孔子之丧,公西赤掌殡葬焉。唅[2]以疏米三贝,袭衣[3]十有一称,加朝服一,冠章甫之冠,珮象环,径五寸而綦组绶[4],桐棺四

孔子的丧事,公西赤是负责殡葬事宜的。给亡者口中含了三贝和疏粳米,穿十一称衣服,外面再穿一套朝服,头戴殷时的章甫之冠,佩带直径五寸的象环,用杂灰色的丝带,桐棺四寸,柏棺五寸,整理灵堂装饰棺椁。系有披带,这是

寸，柏棺五寸，饬棺墙，置翣[5]。设披，周也；设崇，殷也；绸练设旐[6]，夏也。兼用三王礼，所以尊师，且备古也。

周代的制度；设置崇牙状的旌旗，这是殷代的制度；用素锦缠绕旗杆，上挑着宽为二尺二寸长为八尺的黑布幡，这是夏代的制度。在丧事中兼用到夏商周三代的礼仪，是表示尊师和传承古人。

注释 1 绖(dié)：麻做的丧带，在头上为首绖，在腰为腰绖。 2 唅(hàn)：通“琀”，指殡葬时放在死者口中的珠、玉、贝、米等物。 3 袭衣：尸衣。 4 组绶：系佩玉的丝带。 5 翣(shà)：出殡时的棺饰。 6 旐(zhào)：引魂幡。

葬于鲁城北泗水上，藏入地，不及泉。而封为偃斧之形，高四尺，树松柏为志焉。弟子皆家于墓，行心丧之礼。

既葬，有自燕来观者，舍于子夏氏。子贡谓之曰：“吾亦人之葬圣人，非圣人之葬人，子奚观焉？昔夫子言曰：‘吾见封若夏屋者，见若斧矣。从若斧者也。’马鬣[1]，封之谓也。今徒一日三斩板

安葬的地方在鲁国都城北面的泗水河边，葬于地下不到有泉水的位置。堆土为坟，坟顶窄狭如仰斧形状，高四尺，附近种植了松柏为标记。弟子们都在孔子的坟墓旁住下来行心丧之礼。

埋葬孔子的时候，有人从遥远的燕国赶来参观，来人住在子夏家里。子贡对他说：“我们也只是普通人安葬圣人，不是圣人在安排料理葬礼，对于您来说有什么值得看的呢？过去夫子曾经谈及筑坟的样式，说：‘我见过坟筑得有像堂基的，有像斧头刃向上的。我身后就要斧头刃向上的形式。’斧头刃向上的形式，俗名叫作‘马鬣封’。我们今天为他筑坟，一天之内就聚土四尺来高，筑成了斧头刃向上的形式，这也

而以封，尚行夫子之志而已。何观乎哉？”

算我们完成了夫子的遗愿吧。这有啥看的呢？”

注释 1 鬣（liè）：马、狮子等颈上的长毛。

二三子三年丧毕，或留或去，惟子贡庐于墓[1]六年。自后群弟子及鲁人处墓如家者，百有余家，因名其居曰“孔里”焉。

孔子去世后，弟子们大都守墓三年，过后，有的又住了一段时间，有的就离开了，只有子贡在孔子墓旁搭盖小屋居住了六年。从那时以后，孔子的一些弟子以及鲁国百姓就有在孔子墓旁边建房居住的，渐渐有了百十来户，这样人们就把他们居住的地方叫作“孔里”了。

注释 1 庐于墓：即庐墓，古人在父母或老师的墓旁搭盖小屋居住服丧，守护坟墓。

正论解第四十一

【导读】 本篇是孔子针对一些人和事发表的评论，体现了孔子以“正名”为重要基础的礼治思想，故以“正论解”名篇。

本篇是《家语》中篇幅较长的一篇，是研究孔子政治思想的重要文献之一。孔子主张“守道不如守官”，称赞“季子能以义正人”，赞扬董狐是“书法不隐”的“古之良史”，惋惜古之良大夫赵盾没有越过国境，而“为法受恶”。他主张慎重文辞，“言之无文，行之不远”；他赞成“称诗以谏”的讽谏方式。孔子主张遵从“义”，赞成“治国制刑，不隐于亲”的叔向的正直尚义之举。他还提出“宽猛相济”的为政之道，批评“苛政猛于虎”，反对晋国铸刑鼎。本篇记载了孔子的仕隐观，孔子认为古之士是天下有道则仕、无道则隐的：“国有道则尽忠以辅之，无道则退身以避之。”他还指出，君子循礼而动，“君子之行，必度于礼”。孔子心目中的“圣王之教”，是遵行孝悌之道，主张“尚齿”，“隆敬于高年”，认为“年者贵于天下久矣，次于事亲”。孔子“不祥有五，而东益不与焉”的说法，也带有朴素的科学性。最后，孔子还对君臣之间的取与称谓，朝尊君的方向作了“正名”。

【原文】

孔子在齐，齐侯出田，招虞人[1]以弓。不进，公使执之。对曰：“昔先君之田也，旃[2]以招大夫，弓以招士，皮冠以招虞人。臣不见皮冠，故不敢进。”乃舍之。

【译文】

孔子在齐国时，齐侯出去打猎，用弓招呼管理山泽的官吏虞人。虞人没来晋见，齐侯就派人把他抓了起来。虞人回答说：“从前先君打猎时，用旃旗来招呼大夫，用弓来招呼士，用皮帽来招呼虞人。我没看见皮帽，所以不敢晋见。”齐侯听后就放了他。

孔子闻之，曰："善哉！守道不如守官。"君子韪[3]之。

孔子听到这件事，说："好啊！遵守恭敬之道不如遵守职责。"君子都认为孔子说得对。

注释 **1** 虞人：古代掌管山泽的官。 **2** 旃（zhān）：赤色曲柄的旗。 **3** 韪（wěi）：是。

齐国书[1]伐鲁，季康子使冉求率左师御之，樊迟为右。师不逾沟，樊迟曰："非不能也，不信子。请三刻而逾之。"如之，众从之。师入齐军，齐军遁。冉有用戈，故能入焉。孔子闻之，曰："义也。"

既战，季孙谓冉有曰："子之于战，学之乎？性达之乎？"对曰："学之。"季孙曰："从事孔子，恶乎学？"冉有曰："即学之孔子也。夫孔子者，大圣，无不该，文武并用兼通。求也，适闻其战法，犹未之详也。"季孙悦。樊迟以告孔子，

齐国的国书带兵侵略鲁国，鲁国的权臣季康子派冉求率左师去抵御，樊迟带兵为右师一起出战。战斗中，鲁国士兵不愿跨过壕沟向前冲，樊迟说："不是不能向前，是人们对季孙氏不信任。请三次申明号令再带头跨越。"就这样，士兵们跟随主帅一起突击，冲入齐军阵地，齐国军队就逃跑了。冉有指挥战斗能正确使用战略战术，因此取得了胜利。孔子听到后说："这是道义之举呀。"

战争结束回师后，季康子问冉有说："你的军事才能是学来的，还是天生就会呢？"冉有回答说："学的。"季康子问："你们跟着孔子，都学些什么？"冉有说："什么都跟孔子学。我们的老师孔子，是大圣人，他的学问没有不包括的，文的武的都有，都精通。我也只是听他讲了一点儿战术和兵法，还学得不怎么详细明白。"季康子听了很高兴。樊迟把这些告

孔子曰："季孙于是乎可谓悦人之有能矣。"

诉了孔子，孔子说："季孙长官在这可以说是很高兴别人有才能呀。"

注释 **1** 国书：齐国正卿。

南容说、仲孙何忌既除丧，而昭公在外，未之命也。定公即位，乃命之。辞曰："先臣有遗命焉，曰：'夫礼，人之干也，非礼则无以立。'嘱家老，使命二臣必事孔子而学礼，以定其位。"公许之。二子学于孔子。

孔子曰："能补过者，君子也。《诗》[1]云：'君子是则是效。'孟僖子可则效矣。惩己所病，以诲其嗣。《大雅》[2]所谓'诒厥孙谋，以燕翼子'，是类也夫！"

南宫敬叔与哥哥孟懿子(仲孙何忌)为他们的父亲孟僖子举办了死后一周年的祭礼，即除丧礼，当时鲁昭公还逃亡在外，所以没有给他们兄弟俩颁发卿大夫的任命。过后鲁定公即位，才给他们任命。他们推辞说："先父有遗命，说：'礼呀，是做人的根本，不遵循礼，人们就无法立身。'先父嘱咐家族里的长辈们要告诉我们兄弟俩，要我们兄弟俩一定要去侍奉孔子来学礼，这样才能确定自己的地位。"鲁定公同意了。孟懿子和南宫敬叔就开始向孔子学习。

孔子说："能够弥补过失的人，就是君子呀。《诗经》上说'君子就是人们的法则和榜样'，孟僖子的所作所为是可以让人们来学习效仿的呀。他不仅改正了自己原来的错误，而且还教育了后辈。《大雅》上说：'留下治国好策略，庇荫子孙把福享。'说的就是这个意思呀！"

注释 **1**《诗》：指《诗经·小雅·鹿鸣》。 **2**《大雅》：指《诗经·大雅·文王有声》。

卫孙文子[1]得罪于献公，居戚。公卒，未葬，文子击钟焉。延陵季子[2]适晋，过戚，闻之，曰："异哉！夫子之在此，犹燕子巢于幕也，惧犹未也，又何乐焉？君又在殡，可乎？"文子于是终身不听琴瑟。

孔子闻之，曰："季子能以义正人，文子能克己服义，可谓善改矣！"

卫国的卿大夫孙文子得罪了卫献公，居住在戚地。卫献公去世了，还未安葬，孙文子就敲钟娱乐。吴国公子季札去晋国时路过戚地，听到这件事，对孙文子说："奇怪啊！先生您住在这里，就像燕子把巢筑在帷幕上一样危险，害怕还来不及呢，又有什么可高兴的呢？国君的灵柩还没殡葬，就可以这样娱乐吗？"孙文子从此终生不听琴瑟。

孔子听说了这件事，说："季子能根据义来纠正别人，文子能克制自己来服从义，可谓善于改正错误啊！"

注释 1 孙文子：卫国大夫，名林父，谥文。采邑在戚地（今河南濮阳北）。 2 延陵季子：春秋吴国贵族季札。封地在延陵（今江苏常州、江阴、丹阳一带）。

孔子览《晋志》，晋赵穿[1]杀灵公，赵盾[2]亡，未及山而还。

史书："赵盾弑君。"盾曰："不然。"史曰："子为正卿，亡不出境，返不讨贼，非子而谁？"盾曰："呜呼！'我之怀矣，自诒伊

孔子阅读晋国的史书，看到书上这样记载：晋国的赵穿杀死了晋灵公，当时赵盾正逃亡在外，听到弑君事件后，还没到国境边的山，就返回了。

史官记载为"赵盾弑君"。赵盾说："不是这样的。"史官说："您身为正卿，逃亡而没出国境，返回来又不讨伐凶手，弑君的不是您又是谁呢？"赵盾说："唉！《诗》上的'由于我的怀念，自己招来忧患'，这说的就

戚'[3],其我之谓乎?"

孔子叹曰:"董狐[4],古之良史也,书法不隐。赵宣子,古之良大夫也,为法受恶。受恶,惜也,越境乃免。"

是我了。"

孔子叹息说:"董狐,真是古代的好史官啊,书写史实不隐讳。赵宣子,是古代的好大夫啊,因为法度而蒙受恶名。让他蒙受恶名真是可惜啊!如果越过国境真正逃亡了,就因和晋灵公没有了君臣之义,而可以免去罪名了。"

注释 1 赵穿:嬴姓赵氏,名穿。春秋中期晋国大夫,赵盾堂弟(或说堂侄),晋襄公之女婿。曾封于邯郸,称邯郸君。 2 赵盾:即赵宣子,名盾,谥宣,时人尊称为赵孟或宣孟。 3 我之怀矣,自诒伊戚:语出《诗经·邶风·雄雉》:"我之怀矣,自诒伊阴。"《诗经·小雅·小明》:"心之忧矣,自诒伊戚。" 4 董狐:春秋晋国太史,亦称史狐。周太史辛有的后裔,因董督典籍,故姓董氏。其书史事毫不隐讳,开我国史学直笔传统。

郑伐陈,入之,使子产献捷于晋。晋人问陈之罪焉,子产对曰:"陈亡[1]周之大德[2],介恃[3]楚众,冯陵[4]敝邑,是以有往年之告。未获命,则又有东门之役。当陈隧者,井堙[5],木刊[6],敝邑大惧。天诱其衷,启敝邑心,知

郑国讨伐陈国,攻入了陈国都城,派子产向晋国奉献战利品。晋国人质问陈国的罪过,子产回答说:"现在陈国忘记了周朝的大德,倚仗楚国人多,以进逼我国,我国因此有去年请求攻打陈国的报告。没有得到贵国的允许,却有了陈国进攻我国东门那次战役。陈军所过之处,水井被填塞,树木被砍伐,我们非常害怕。上天在诱导陈国从善之心,也启发了我们攻打陈国的念头;陈国知道自己的罪过,在我们这里

其罪，授首于我。用敢献功。”

得到惩罚。所以我们才敢汇报战功，奉献俘虏。”

注释 1 亡：通“忘”。 2 周之大德：王肃注：“武王以元女大姬以配胡公，而封诸陈。” 3 介恃：依凭，仗恃。 4 冯陵：侵犯，欺侮，冯，通“凭”。 5 陻：塞。 6 刊：砍斫。

晋人曰：“何故侵小？”对曰：“先王之命，惟罪所在，各致其辟。且昔天子一圻，列国一同[1]，自是以衰，周之制也。今大国多数圻矣，若无侵小，何以至焉！”晋人曰：“其辞顺。”

孔子闻之，谓子贡曰：“《志》有之：‘言以足志，文以足言。’不言谁知其志？言之无文，行之不远。晋为伯，郑入陈，非文辞不为功。慎辞哉！”

晋国人说：“为什么侵犯小国？”子产回答说：“根据先王的法令，只要有罪过，就分别加以惩罚。而且从前天子的土地方圆一千里，诸侯的土地方圆一百里，以此递减，这是周朝的礼制。现在大国的土地大多都达到方圆几千里，如果没有侵占小国，怎么能走到这一地步呢？”晋国人说：“你的言辞顺理成章。”

孔子听说了这件事，对子贡说：“《志》上说：‘言语用来表达意愿，文采用来完善言语。’不说话，谁会知道你的意愿是什么？说话没有文采，就不能传播久远。晋国是霸主，郑国进入陈国，如果不善于辞令，就不能自圆其说。你们年轻人要谨慎地使用辞令呀！”

注释 1 天子一圻（qí），列国一同：王肃注：“地方千里曰圻，方百里曰同也。”

楚灵王[1]汰侈[2]，右尹子革侍坐，左史倚相趋而过，王曰："是良史也，子善视之！是能读《三坟》《五典》《八索》《九丘》[3]。"对曰："夫良史者，记君之过，扬君之善。而此子以润辞为官，不可为良史。臣又尝闻焉，昔周穆王欲肆其心，将过行天下，使皆有车辙马迹焉。祭公谋父作《祈昭》，以止王心，王是以获殁[4]于文宫。臣问其诗焉，而弗知。若问远焉，其焉能知？"

楚灵王平时骄纵奢侈，一次，楚国右尹子革正陪他说话，左史倚相快步走过，楚灵王说："这个人是好史官，您要好好看待他！这个人能够深通《三坟》《五典》《八索》《九丘》。"子革回答说："所谓的好史官，就要敢于记录君王的过失，宣扬君王的善行。可是这位先生记录的史事都是虚浮不实之辞，他还真不是好史官。下臣我曾经听说，从前周穆王想要放纵他自己的私心，准备周游天下，要让天下到处都有他的车辙马迹。祭公谋父作了《祈昭》这首诗来劝阻穆王的逸游之心，穆王因此得以善终于文宫。下臣问倚相这首诗，他都不知道。如果问更远的事情，他哪里能知道呢？"

注释　**1** 楚灵王：芈姓，熊氏，楚共王次子，初名围，杀侄自立，即位后改名虔。"楚王好细腰，宫中多饿死"，就是指他。　**2** 汰侈：骄奢。**3**《三坟》：指伏羲、神农、黄帝的书。《五典》：指少昊、颛顼、高辛、唐尧、虞舜的书。《八索》：八卦之说。《九丘》：九州之志。　**4** 获殁：得以善终，寿终正寝。

王曰："子能乎？"对曰："能！其诗曰：'祈昭之愔愔[1]乎，式昭德音。思我王度，式如玉，式如

楚灵王说："您知道吗？"子革回答说："知道！这首诗说：'祈昭的安详和悦啊，呈现了德者之音。想起我们君王的风度，如玉似金。现在却无节制地滥用

金。刑民之力,而无有醉饱之心。[2]'"

灵王揖而入,馈不食,寝不寐。数日,则固不能胜其情,以及其难。

孔子读其志,曰:"古者有志:'克己复礼为仁。'信善哉!楚灵王若能如是,岂其辱于乾溪[3]?子革之非左史,所以风也。称诗以谏,顺哉!"

民力,而没有满足之感。'"

楚灵王听后,向子革作揖,便走了进去,送上饭来也不吃,躺下也睡不着。但过了几天后,还是不能控制自己骄奢的作风,以至于遇上了祸难。

孔子读了楚灵王的这些记载,说:"古人有这样的记载:'克制自己,回归礼治,这就是仁。'说得真是好啊!楚灵王如果真能够这样,难道还会在乾溪受到羞辱?子革不认可那名左史官,只能讽谏灵王。借助诗来劝谏,做得很合宜!"

注释 1 愔愔(yīn):安静和悦。 2"刑民之力"句:王肃注:"长'而'字。刑伤民力。用之不胜不节。无有醉饱之心,言无厌足。" 3 辱于乾溪:王肃注:"灵王起章华之台于乾溪,国人溃畔,遂死焉。"

叔孙穆子[1]避难奔齐,宿于庚宗[2]之邑。庚宗寡妇通焉,而生牛。穆子返鲁,以牛为内竖,相家。牛谗叔孙二子,杀之。叔孙有病,牛不通其馈[3],不食而死。牛遂辅叔孙庶子昭而立之。昭子既立,朝其家众曰:

叔孙穆子由于其兄叔孙侨如在鲁国淫乱,为避祸而出奔齐国,路上曾住在庚宗这个地方。庚宗的一名寡妇与他私通后,生了叫"牛"的男孩。叔孙穆子返回鲁国后,让牛当了贴身使唤的小吏内竖,帮助他管理家族事务。牛挑拨叔孙穆子与他的两名嫡子,叔孙就杀了孟丙与仲壬两子。叔孙穆子生重病了,因为牛不给他送进吃喝的东西,就被活活饿死了。叔孙穆子死后,牛就帮着叔孙穆子庶出的儿子叔孙婼(叔孙昭

"竖牛祸叔孙氏，使乱大从，杀適[4]立庶，又披其邑[5]，以求舍罪，罪莫大焉！必速杀之。"遂杀竖牛。

子）当了叔孙氏的家长。叔孙昭子即位后，召集家人，说："这个竖牛祸害了叔孙氏，搅乱了正常的秩序，杀死嫡子而立庶子，又分裂封邑以行贿，以求逃避罪责，罪过没有比这再大的了。一定要赶紧杀死他！"于是就杀了竖牛。

孔子曰："叔孙昭子之不劳，不可能也。周任[6]有言曰：'为政者不赏私劳，不罚私怨。'《诗》[7]云：'有觉德行，四国顺之。'昭子有焉！"

孔子说："叔孙昭子不把拥立他成为家长看作是竖牛的功劳，这是一般人做不到的。周任曾说过：'当政的人不赏赐对于个人的私功，不惩罚对于个人的私怨。'《诗经》上说：'若有正直的德行，四方的国家都会归顺。'叔孙昭子就有这样的德行啊！"

注释　1 叔孙穆子：姬姓，叔孙氏，名豹，谥穆，史称叔孙穆子、叔孙穆叔。春秋时鲁国大夫，以"三不朽"论说著名。　2 庚宗：鲁地邑名，在今山东泗水。　3 通其馈：送吃的。馈，进食于人。　4 適：通"嫡"。5 披其邑，以求舍罪：披，析分，分割。王肃注："牛取叔氏鄙三十邑以行赂也。"　6 周任：古代一位贤人。　7《诗》：指《诗经·大雅·抑》。

晋邢侯与雍子争田。叔鱼摄理[1]，罪在雍子。雍子纳其女于叔鱼，叔鱼弊狱邢侯。邢侯怒，杀叔鱼与雍子于朝。

晋国的邢侯和雍子打官司争夺田地。叔鱼作为代理刑狱之官判案，了解到罪过在于雍子。雍子把女儿嫁给叔鱼，叔鱼就宣判邢侯有罪。邢侯发怒，在朝廷上杀了叔鱼和雍子。

韩宣子问罪于叔向[2]，叔向曰："三奸[3]同

韩宣子询问叔向该怎样治他们的罪，叔向说："三个人应该一同治罪，活着

罪，施生戮死[4]，可也。雍子自知其罪而赂以置直[5]，鲋也鬻狱，邢侯专杀，其罪一也。己恶而掠美为昏，贪以败官为默[6]，杀人不忌为贼。《夏书》曰：'昏、默、贼，杀。'咎陶[7]之刑也。请从之。"乃施邢侯，而尸雍子、叔鱼于市。

的犯人处死，生前犯罪的死者曝尸，就可以了。雍子知道自己的罪过而用女儿行贿以取得胜诉；羊舌鲋贪赃枉法，邢侯擅自杀人，他们的罪状一样严重。自己有罪恶却想掠取美名就是昏，贪赃枉法败坏官纪就是默，擅自杀人而无所忌惮就是贼。《夏书》说：'昏、默、贼，处死。'这是皋陶的刑法。请照此执行。"于是就处死了邢侯，把雍子和叔鱼的尸体摆在街上示众。

注释　1 摄理：代理刑狱之官。　2 叔向：羊舌肸（xī），复姓羊舌，名肸，字叔向，又称叔肸、杨肸。父羊舌职，晋国大夫。铜鞮伯华、叔向、叔鱼、叔虎兄弟四人有"羊舌四族"之名。叔鱼，即羊舌鲋，又称叔鲋。　3 奸：犯人。　4 施生戮死：施生，活着的犯人处死。戮死，生前犯罪的死者曝尸。王肃注："施，宜为与。与犹行，行生者之罪也。"　5 置直：行贿以求胜诉。置，买。直，正当。　6 默：贪默，贪污。王肃注："默，犹冒，苟贪不畏罪。"　7 咎陶：舜帝时掌刑狱的士师，亦作"皋陶""皋繇"等。

孔子曰："叔向，古之遗直也。治国制刑，不隐于亲。三数叔鱼之罪，不为末，或曰义，可谓直矣。平丘之会，数其贿也，以宽卫国，晋不

孔子说："叔向，他有着古代流传下来的正直作风。治理国家，审判案件，不包庇亲人。三次指出叔鱼的罪恶，而不予以减轻，都合乎道义，可以说得上是正直了。平丘的盟会，责备叔鱼贪财，以宽免卫国，晋国就做到了不凶暴。让鲁

为暴。归鲁季孙，称其诈也，以宽鲁国，晋不为虐。邢侯之狱，言其贪也，以正刑书，晋不为颇。三言而除三恶、加三利。杀亲益荣，由义也夫。"

国的季孙回去，讲出了叔鱼的欺诈，以宽免鲁国，晋国就做到了不凌虐。邢侯这次案件，说明叔鱼的贪婪，从而严正以刑罚，晋国就做到了不偏颇。三次说话而免除掉三次罪恶，又增加了三种利益。处死了亲人而名声更加显著，这是由于做事合乎道义啊！"

郑有乡校，乡校之士，非论执政。鬷明[1]欲毁乡校。子产曰："何以毁为？夫人朝夕退而游焉，以议执政之善否。其所善者，吾则行之；其所否者，吾则改之。若之何其毁也？我闻忠善以损怨，不闻立威以防怨。防怨犹防水也，大决所犯，伤人必多，吾弗克救也。不如小决使导之，不如吾所闻而药[2]之。"

郑国设乡校，参加乡校的人们经常议论批评执政者。郑国大夫鬷明想废除乡校。子产说："为什么要废除呢？人们早晚工作后回来，到那里聚谈，议论一下施政措施的好坏。他们认为对的，我就去推行；他们认为不对的，我就去改正。为什么要毁掉它呢？我听说要听取忠实的劝告以减少怨恨，没听说过利用权势来防止怨恨的。防止百姓的怨恨就像堵塞洪水一样，如果大决口，受伤害的人必然很多，我是挽救不了的。不如开个小口，加以疏导，我们不如听取这些议论后把它当作治理弊病的良药。"

孔子闻是言也，曰："吾以是观之，人谓子产不仁，吾不信也。"

孔子听到了这番话后，说："从这件事看来，人们说子产不仁，我可是不相信的。"

注释 1 鬷（zōng）明：郑国大夫，字然明。 2 药：治疗。

晋平公[1]会诸侯于平丘[2],齐侯及盟。郑子产争贡赋[3]之所承,曰:“昔日天子班[4]贡,轻重以列,列尊卑而贡,周之制也。卑而贡重者,甸服[5]。郑伯,南[6]也,而使从公侯之贡,惧弗给也,敢以为请。”自日中争之,以至于昏,晋人许之。

孔子曰:“子产于是行也,是以为国基也。《诗》[7]云:‘乐只君子,邦家之基。’子产,君子之于乐者。”且曰:“合诸侯而艺贡事,礼也。”

晋平公在平丘大会各个诸侯,齐国国君也参加了会盟。在会盟中,郑国大夫子产争论进贡物品的轻重次序,说:“从前天子确定进贡物品的次序、轻重是根据地位排列的。地位尊贵,贡赋就重,这是周朝的制度。地位低下而贡赋重的,这是距天子近的小国。郑伯,是男服,却要按照公侯的贡赋标准,恐怕不能足数供应,敢请酌减。”从中午开始争论,直到晚上,晋国同意了子产的请求。

孔子说:“子产在这次盟会中,足以成为国家的柱石了。《诗》上说:‘君子的欢乐,在于能为国家和家族建立根基。’子产,就是君子中追求欢乐的榜样。”还说:“他会合诸侯,制定贡赋的标准,这是合乎礼制的。”

注释 1 晋平公:姬姓,名彪,晋悼公之子。于湛阪之战胜楚国,同宋、卫等国结盟,再度恢复晋国的霸业。 2 平丘:地名,在今河南封丘东。 3 贡赋:原为土贡与军赋的合称,后演变成为税收的别称。 4 班:通“颁”。 5 甸服:王畿外方五百里至千里之间的地区,泛指京城附近的地方。 6 南:南服,周代五服之一。五服,以距离王畿远近将全国区域划分为五类的制度,一般称为甸服、侯服、绥服(一曰宾服)、要服、荒服,周称侯、甸、男、采、卫。 7《诗》:指《诗经·小雅·南山有台》。

郑子产有疾，谓子太叔曰："我死，子必为政。唯有德者能以宽服民，其次莫如猛。夫火烈，民望而畏之，故鲜死焉。水濡弱[1]，民狎而玩之，则多死焉。故宽难。"子产卒，子太叔为政，不忍猛，而宽，郑国多掠盗。太叔悔之，曰："吾早从夫子，必不及此。"

郑国的子产有了疾病，对子太叔说："我死以后，您可能会成为郑国执政。只有有德行的人能够用宽柔来使百姓服从，其次就莫如实行严厉的政策了。火势猛烈，人们就会望而生畏，所以很少有人死于火中。水性柔弱，人们轻视并在其中玩耍，因而很多人就死于水里。所以用宽柔来治理国家非常不容易。"子产死后，子太叔执政，不忍心实行严厉政策，而奉行宽柔政策，结果郑国就出现了很多盗窃行为。太叔很后悔，说："如果我早点听从他老人家的话，就不至于到今天这一步了。"

注释　1 濡弱：柔弱，懦弱。

孔子闻之，曰："善哉！政宽则民慢，慢则纠[1]于猛；猛则民残，民残则施之以宽。宽以济猛，猛以济宽，宽猛相济，政是以和。《诗》云：'民亦劳止，汔[2]可小康。惠此中国，以绥四方。'[3]施之以宽。'毋纵诡随[4]，以谨无良。式遏寇虐，惨不畏明。'[5]纠之

孔子听说了这件事后，说："好啊！政策宽柔百姓就怠慢，怠慢就用严厉来纠正。政策严厉了百姓会受到伤害，这就要实施宽柔政策。用宽柔调节严厉，用严厉调节宽柔，宽柔和严厉相互调节补益，就能做到政事调和。《诗经》上说：'百姓已经很辛劳，但求可以稍安康。中原各国受恩惠，进而用以安四方。'这是实施宽柔政策。'切莫放纵欺诈，约束不良行为。制止残暴侵夺，

以猛也。'柔远能迩,以定我王。'平之以和也。又曰:'不竞不绒[6],不刚不柔。布政优优,百禄是遒。'[7]和之至也。"

子产之卒也,孔子闻之,出涕,曰:"古之遗爱也。"

因其不怕天理和法度。'这是用严厉来纠正。'安抚边远,柔服近邦,用来安定我国王。'这是用和顺来安定国家。又说:'不争不躁,不刚不柔。施政平和宽裕,各种福禄都聚集。'这是和谐的极致。"

听到子产之死,孔子流着眼泪说:"他真是具有古代仁爱遗风的人啊。"

注释 1 纠:王肃注:"纠,犹摄也。" 2 汔(qì):接近,庶几。3 语出《诗经·大雅·民劳》。 4 诡随:欺诈虚伪。 5 语出《诗经·大雅·民劳》。下"柔远能迩"句亦出些。 6 绒(qiú):急躁。 7 语出《诗经·商颂·长发》。

孔子适齐,过泰山之侧,有妇人哭于野者而哀。夫子式[1]而听之,曰:"此哀一似重有忧者。"使子贡往问之。而曰:"昔舅[2]死于虎,吾夫又死焉,今吾子又死焉!"子贡曰:"何不去乎?"妇人曰:"无苛政。"

子贡以告孔子。子曰:"小子识之:苛政猛于暴虎!"

孔子一行要去齐国,从泰山旁边路过,有一个妇人在野外哭得很伤心。孔子扶着车前的横木专注地倾听,说:"这名妇人悲哀的哭声中好像有几重忧伤似的。"便让子贡前去询问。妇人回答道:"过去我的公公被老虎咬死了,接着我的丈夫又被老虎咬死了,最近我的儿子也被老虎咬死了!"子贡问道:"那么为什么不离开这里呢?"妇人答道:"因为此地没有暴政。"

子贡回来把这些都告诉了孔子。孔子对学生们说:"你们要记住:暴政比老虎还要厉害啊!"

注释 1 式：通“轼”，车厢前面用作扶手的横木。古人以手抚轼，表敬意。 2 舅：丈夫的父亲。

晋魏献子[1]为政，分祁氏及羊舌氏之田，以赏诸大夫及其子成，皆以贤举也。又谓贾辛曰：“今汝有力于王室，吾是以举汝。行乎，敬之哉！毋堕乃力。”

孔子闻之，曰：“魏子之举也，近不失亲，远不失举，可谓美矣！又闻其命贾辛，以为忠。《诗》[2]云：‘永言配命，自求多福。’忠也。魏子之举也义，其命也忠，其长有后于晋国乎！”

晋国的魏献子执政，把因为犯法给灭了的祁氏和羊舌氏的封地，分割后赏给各个大夫，包括他的儿子魏成，因为他们都是由于贤能而加以提拔的。又对贾辛说：“现在你为王室出了力，我因此荐拔了你。好好干吧，一定要忠于职守，恭敬行事，不要损毁了你的功劳。”

孔子听到了这些事后说：“魏献子的荐拔，真是近的不忘记亲族，远的也不会失去应当举拔的机会，可谓非常美满啊！我又听说他任命贾辛的事，这体现了他的忠诚。《诗经》说：‘常言天命不可违，自求人间多福禄。’这就是忠诚。魏子的荐拔合乎道义，他的任命又体现了忠诚，恐怕他的后代会在晋国长享禄位吧！”

注释 1 魏献子：晋国大夫，著名的军事改革家。姬姓，魏氏，名舒，亦名荼。 2《诗》：指《诗经·大雅·文王》。

赵简子[1]赋晋国一鼓钟[2]，以铸刑鼎，著范宣子[3]所为刑书。

孔子曰：“晋其亡

晋国的赵简子向国内百姓征收了四百八十斤铁，用来铸造刑鼎，在鼎上铸着范宣子所制定的刑书。

孔子说：“晋国恐怕要灭亡了吧？因

乎？失其度矣！夫晋国将守唐叔之所受法度，以经纬其民者也。卿大夫以序守之，民是以能遵其道而守其业。贵贱不愆，谓度也。文公是以作执秩之官，为被庐之法[4]，以为盟主。今弃此度也，而为刑鼎，铭在鼎矣，何以尊贵？何业之守也？贵贱无序，何以为国？且夫宣子之刑，夷之蒐[5]也，晋国乱制，若之何其为法乎？”

为它已经失掉了法度！晋国应该遵守唐叔传下来的法度，用来管理晋国的百姓。卿大夫应该按照他们的官位爵次来遵守它，这样百姓才能遵循道义而守护他们的家业。贵贱的等级没有错乱，这就是所谓的法度。晋文公因此设立执掌官吏职位和品级的官员，制定了被庐之法，从而成为盟主。现在晋国废弃了先王法令，铸造了刑鼎，条文刻到鼎上，如何来使地位高贵的人受到尊敬呢？还有什么家业可守护呢？贵贱没有了等级次序，还像什么国家？而且范宣子的刑书，是在夷地检阅军队时制定的，是晋国混乱时制定的临时性制度，怎么能把它当成法度呢？”

注释　1 赵简子：原名赵鞅，又名志父，亦称赵孟。晋国正卿，专权大夫。　2 鼓钟：王肃注：“三十斤谓之钧，钧四谓之石，石四谓之鼓。”钟，或如《左传》作“铁”。　3 范宣子：祁姓，范氏，名匄，又称士匄。春秋时期晋国人，法家先驱。　4 被庐之法：被庐是晋国的地名。晋文公四年（前633），为准备晋楚争霸之战，文公在被庐检阅军队，制定了此法。　5 夷之蒐（sōu）：在“夷”地的阅兵。

楚昭王[1]有疾，卜曰：“河神为祟。”王弗祭，大夫请祭诸郊。王曰：“三代命祀，祭不越

楚昭王生病了，占卜的人说：“黄河之神在作怪。”楚昭王不去祭祀，大夫们请求在郊外祭祀。楚昭王说：“三代时规定的祭祀制度，祭祀不能越过本国的

望。江、汉、沮、漳，楚之望也。祸福之至，不是过乎。不穀[2]虽不德，河非所获罪也。”遂不祭。

边境。长江、汉水、沮水、漳水，是楚国的大川。祸福的来到，不会超过这些地方。我即使没有德行，也不会得罪黄河之神。”于是就不去祭祀。

孔子曰：“楚昭王知大道矣，其不失国也宜哉！《夏书》曰：‘维彼陶唐[3]，率彼天常，在此冀方。今失厥道，乱其纪纲，乃灭而亡。’又曰：‘允出兹在兹。’由己率常，可矣。”

孔子说：“楚昭王理解大道理了，他没有失去国家，也是理所当然的了！《夏书》说：‘那位古代的君王陶唐，遵循天道纲常，据有中国这个地方。而今夏桀走上邪道，搅乱了治国大纲，于是走向灭亡。’又说：‘确实是付出了什么，就会收获什么。’由自己来服从天道纲常，这就可以了。”

注释 **1** 楚昭王：芈姓，熊氏，名壬，又名轸（珍），楚平王之子。不满十岁继位，为春秋时期楚国的中兴之主。 **2** 不穀：诸侯自谦之称。 **3** 陶唐：即唐尧，帝喾之子，初封于陶，后徙于唐。

卫孔文子[1]使太叔疾[2]出其妻，而以其女妻之。[3]疾诱其初妻之娣[4]，为之立宫，与文子女，加二妻之礼。文子怒，将攻之。

卫国的孔文子让太叔疾休弃了他的妻子，而把自己的女儿嫁给了他。太叔疾引诱前妻的妹妹，把她安置在犁地，并为她造了一所房子，和孔文子的女儿住在一起，对二人都待以妻子之礼。孔文子大怒，想要攻打太叔疾。

孔子舍璩伯玉之家，文子就而访焉。孔子曰：“簠簋[5]之事，则尝

孔子当时住在卫国大夫蘧伯玉家，孔文子前往拜访孔子征求意见。孔子说：“祭祀的事情，我是曾经学过的。打仗的

闻学之矣。兵甲之事，未之闻也。”退而命驾而行，曰：“鸟则择木，木岂能择鸟乎？”文子遽自止之，曰：“圉也，岂敢度其私哉！亦访[6]卫国之难也。”

将止，会季康子问冉求之战。冉求既对之，又曰：“夫子播之百姓，质诸鬼神而无憾，用之则有名。”康子言于哀公，以币迎孔子，曰：“人之于冉求，信之矣，将大用之。”

事情，我却没有听说过。”孔子退下去，叫人套上车子就走，说：“鸟可以选择树木，树木哪里能选择鸟？”孔文子急忙亲自阻止他，说：“我孔圉岂敢为自己打算呢？为的是向您访办卫国的急难啊。”

孔子将要留下来，正好鲁国的季康子来向冉求请教关于战争军事等问题。冉求回答后，又说：“我们老师的学说宣扬到百姓中间去，即使是让鬼神来评判他的为人也是无可挑剔的，起用他就会使鲁国的名声大振。”季康子就告诉了鲁哀公，派人用财物礼品迎请孔子回鲁国，说：“人们对冉求是信任的，我们将要重用孔子。”

注释　1 孔文子：卫国大夫，姓孔名圉，谥文。　2 太叔疾：卫国大夫世叔齐，姬姓，名申、疾，谥悼，又称太叔悼子。　3 王肃注：“初，疾娶于宋子朝，其妇嬖于朝，文子使疾出其妻，而己妻之。”　4 娣（dì）：妹妹。古代姐妹共嫁一夫，幼为娣，长为姒。　5 簠簋（fǔ guǐ）：祭祀时用以盛黍稷稻粱的两种礼器。　6 访：访办，访查处理。

齐陈恒[1]弑其君简公。孔子闻之，三日沐浴而适朝，告于哀公曰：“陈恒弑其君，请伐之。”公弗许。三请，公曰：“鲁

齐国的陈恒弑杀了齐简公。孔子听说了，沐浴斋戒三天，然后去朝廷，对鲁哀公说：“陈恒弑杀了他们的国君，请派兵讨伐。”鲁哀公不答应。孔子三次请求讨伐陈恒专权的齐国，鲁哀公说：“鲁国

为齐弱久矣，子之伐也，将若之何？”对曰：“陈恒弑其君，民之不与者半。以鲁之众，加齐之半，可克也。”公曰：“子告季氏。”

孔子辞，退而告人曰：“以吾从大夫之后，不敢不告也。”

被齐国削弱已经很久了，您说讨伐攻打他们，打算怎么办？”孔子回答说：“陈恒杀了他们的国君，齐国百姓不依附他的有一半。以鲁国的人民加上齐国不服从陈恒的一半，是可以战胜的。”鲁哀公说：“您去告诉季孙氏。”

孔子推辞了，退下去告诉别人说：“我由于曾经列于大夫之末，所以不敢不向国君报告。”

注释 1 陈恒：春秋时齐国大臣田常，妫姓，陈氏，名恒。专擅齐政，杀齐简公，自任丞相。

子张问曰：“《书》云：‘高宗三年不言，言乃雍[1]。’有诸？”孔子曰：“胡为其不然也！古者天子崩，则世子委政于冢宰三年。成汤既殁，太甲听于伊尹。武王既丧，成王听于周公。其义一也。”

子张问道：“《尚书》上说：‘殷高宗在三年居丧期间，专心守孝，不言国事。等他除服后开口议政，政事就变得和谐通畅。’确有此事吗？”孔子说：“怎么会没有此事呢？古时候凡天子驾崩，继位的太子要守孝，就把国事交付宰相代为治理三年。如商朝成汤去世后，成汤孙、太丁子太甲继位天子，就把国事委托给冢宰伊尹。周武王去世后，继位的周成王把国事交给冢宰周公。这些都和殷高宗三年不言政的道理是一样的。”

注释 1 雍：和谐通畅。

卫孙桓子[1]侵齐，遇，败焉。齐人乘之，新筑[2]大夫仲叔于奚以其众救桓子，桓子乃免。卫人以邑赏仲叔于奚，于奚辞，请曲悬之乐[3]，繁缨[4]以朝。许之，书在三官[5]。

子路仕卫，见其政，以访孔子。孔子曰："惜也！不如多与之邑。唯器与名不可以假人，君之所司也。名以出信，信以守器，器以藏礼，礼以行义，义以生利，利以平民，政之大节也。若以假人，与人政也。政亡则国家从，不可止已。"

卫国孙桓子带领军队进攻齐国，与齐军交战，被齐国军队打败。齐国军队趁胜追击卫国军队，在新筑遇到了大夫仲叔于奚，仲叔于奚带领他的士兵和百姓援救了孙桓子，使他得免于难。过后，卫国人要把城邑赏给仲叔于奚。仲叔于奚辞谢不要，而请求得到诸侯所用三面悬挂的乐器，并要求用繁缨装饰马匹来朝见。卫君允许了，并且让大司徒、大司马、大司空三公做了记载。

子路后来在卫国做官，见到了这些政事的记载，就去询问孔子。孔子说："可惜啊！不如多给他城邑。唯有礼器和名号是不能假借给别人的，二者是国君掌握的。名号用来赋予威信，威信用来保持礼器，礼器用来体现礼制，礼制用来推行道义，道义用来产生利益，利益用来安定百姓，这是为政的重要准则。如果把名位、礼器假借给别人，就等于是把政权交给了别人。失去政权，国家也就跟着灭亡，这是无法阻止的。"

注释 **1** 孙桓子：春秋时卫国大夫孙良夫。 **2** 新筑：古邑名，在今河北魏县南部。春秋时期齐、卫两国军队曾于此发生了"新筑之战"。 **3** 曲悬之乐：诸侯三面悬挂乐器。王肃注："诸侯轩悬，轩悬阙一向也，故谓之曲悬之乐。"据周礼，天子宫悬（四面悬挂乐器），诸侯轩悬（去南面，三面悬挂乐器，其形如轩，亦曰曲悬），大夫判悬（又去其北面），士特悬。凡乐作谓之奏，九奏乃终，谓之九成。乐终谓之阕。凡悬钟磬之半为堵,全为肆。 4 繁缨:古代天子、诸侯辂马的带饰。亦作“樊缨”。樊通“鞶”,马腹带。缨,马颈革带。 5 三官:大司徒、大司马、大司空三种官职。王肃注:“司徒书名,司马书服,司空书勋也。”

公父文伯[1]之母纺绩[2]不解[3],文伯谏焉。其母曰:“古者王后亲织玄紞[4]。公侯之夫人,加之纮綖[5]。卿之内子为大带[6]。命妇成祭服。列士[7]之妻,加之以朝服。自庶士已下,各衣其夫。社而赋事,烝而献功[8],男女纺绩,愆则有辟[9],圣王之制也。今我寡也,尔又在下位,朝夕恪勤,犹恐亡先人之业;况有怠惰,其何以避辟?”

孔子闻之,曰:“弟子志之!季氏之妇,可谓不过矣。”

公父文伯的母亲敬姜不停地纺丝绩麻,文伯就劝他母亲不用再那么辛苦了。他母亲说:“古时候王后要亲自编织帽带。公侯的夫人,除帽带外还要编织帽子的装饰品。卿的妻子,要做大腰带。大夫的妻子,要亲自做祭服。上士的妻子,除祭服外还要做朝服。普通百姓的妻子,都要给丈夫做衣服穿。春分祭祀土地神,接着开始耕种,冬季祭祀时献上谷物和布帛,男女都辛勤劳作创立功业,有过错就要受到法律的惩罚,这是圣王的制度。如今我守了寡,你又做官,日夜勤谨做事,尚且担心丢弃了祖宗的基业,倘若懈怠懒惰,那怎么躲避得了罪责呢?”

孔子听说这件事后说:“弟子们记住!季家的老夫人,可以说是没有什么过错了。”

注释 1 公父文伯:名歜,谥文,又叫公父歜、公甫文伯,季康子之从叔。其母敬姜,通达知礼,德行光明。 2 纺绩:把丝麻等纤维纺成纱或线。纺,纺丝。绩,缉麻。 3 解:通“懈”。 4 紞(dǎn):礼冠上系用以塞耳玉的丝带。玄紞，泛指女红。 5 纮綖（hóng yán）：冕冠上系的丝绦。王肃注："缨屈而上者谓之纮。綖，冠之上覆也。" 6 大带：古代贵族礼服用带中，革带系佩绂，大带加于革带之上，用素或练制成。 7 列士：上士。 8 社而赋事，烝而献功：社，春分祭土地神。事，农桑之事。四时之祭，春祭为礿，夏祭为禘，秋祭为尝，冬祭为烝。烝而献五谷布帛之属。 9 辟：法，刑。

樊迟问于孔子曰："鲍牵[1]事齐君，执政不挠，可谓忠矣，而君刖之，其为至暗乎？"孔子曰："古之士者，国有道则尽忠以辅之，无道则退身以避之。今鲍庄子食于淫乱之朝，不量主之明暗，以受大刑，是智之不如葵，葵犹能卫其足[2]。"

樊迟请教孔子说："鲍牵为齐国国君做事，他处理政务正直无私，可谓忠诚呀，但是齐灵公却把他的脚给砍了，灵公实在是太昏庸了吧？"孔子说："古代的士人，看到国家政治清明就尽忠尽力去辅助国君为国家做事，如果国家政治黑暗就退下来回避了。现在鲍庄子在齐灵公那样淫乱的朝廷做官领俸禄，不思量国君的贤明与昏庸，所以自己的脚被砍了，他的聪明还不如向日葵，向日葵的花随太阳转还能保护自己的脚呢。"

注释 1 鲍牵：春秋时期齐国人，鲍叔牙曾孙，谥号"庄子"，又称鲍庄子。因他发现了齐国大夫庆克与齐灵公之母声孟子私通之事，被诬而遭刖刑。 2 葵犹能卫其足：王肃注："葵倾叶随日转，故曰卫其足也。"

季康子欲以一井田出法赋[1]焉，使访孔子。

季康子想要在鲁国实行按田亩征税的办法，让人去征求孔子的意见。孔子

子曰:“丘弗识也。”冉有三发,卒曰:“子为国老,待子而行,若之何子之不言?”

孔子不对,而私于冉有曰:“求!汝来,汝弗闻乎?先王制土,藉田以力[2],而底其远近;赋里[3]以入,而量其有无;任力以夫[4],而议其老幼。于是鳏、寡、孤、疾、老者,有军旅之出则征之,无则已。其岁,收田一井,出稯[5]禾、秉[6]刍、缶[7]米,不是过,先王以为之足。君子之行,必度于礼,施取其厚,事举其中,敛从其薄。若是其以丘[8],亦足矣。不度于礼,而贪冒无厌,则虽赋田,将有不足。且子孙若以行之而取法,则有周公之典在;若欲犯法,则苟行之,又何访焉?”

说:“我不懂得这个。”冉有被派去问了好几次,最后说:“您是国家的元老,都等着您的意见办事,为什么您不说话呢?”

孔子不作正式答复,私下对冉有说:“冉求,你过来,我问你,你难道没有听说吗?先王分配土地,按照劳力来分配公田、征收田赋,并根据土地的远近来对田赋加以调整;征收商税,要估量其财产和利润而加以调整;按照各家男丁的数目分派劳役,要照顾那些年老和幼小的男子。于是对于鳏、寡、孤、疾、老诸等人,有战事时才向他们征税,无战事时就免除。有战事的这年,每一井田要出一稯禾、一秉饲料、一缶米,不超过这个标准,先王认为这样就足够用了。君子推行政事,要根据礼来衡量,施舍要力求丰厚,事情要做得适当,赋敛要尽量微薄。如果这样,那么以丘为单位征收赋税也就够了。如果不根据礼来衡量,而贪得无厌,那么就算以田为单位征税,也不会满足的。而且先王的子孙如果按法度办事,那么周公的典章就在那里;如果想违背法度行事,就随意去实行好了,又何必来征求我的意见呢?”

注释 1 法赋：法定的田赋，此处指以井为单位征收田亩税。 2 藉田以力：按一家男丁的人数、年龄，分配土地，征收赋税。 3 里：市廛，商贾聚居之地。 4 夫：井田制下，一夫受田百亩，又用一夫借指百亩田。 5 稯（zōng）：古代计算禾束时，以四十把为一稯。 6 秉：一秉合十六斛。 7 缶：一缶等于十六斗，一说三十二斗。二缶为一钟。8 丘：王肃注："丘，十六井。"

子游问于孔子曰："夫子之极言子产之惠也，可得闻乎？"孔子曰："谓在爱民而已矣。"

子游曰："爱民谓之德教，何翅[1]施惠哉？"孔子曰："夫子产者，犹众人之母也，能食之，而不能教也。"

子游曰："其事可言乎？"孔子曰："子产以所乘之车济冬涉，是爱而无教[2]也。"

子游请教孔子说："老师您极力赞扬郑国子产仁惠，可以说来听听吗？"孔子说："子产的仁惠只不过在于爱民而已。"

子游问："爱民可以称作德治教化，为什么仅仅说他只是仁惠于民呢？"孔子："像子产吧，就像一般老百姓的母亲，只晓得让儿女吃饱，却不能够教化他们！"

子游问："可以讲一点儿具体事例吗？"孔子说："子产用自己乘的车帮助冬天过河的人，就是对人有爱却不能教化呀！"

注释 1 翅：通"啻"。 2 爱而无教：子产用"车济冬涉"者，只是小恩惠，修桥才是不让百姓冬天涉水的政治教化举措。

哀公问于孔子曰："二三大夫皆劝寡

鲁哀公请教孔子说："大夫们都劝我，要我尊敬老年人，这里面有什么深意吗？"

人，使隆敬[1]于高年，何也？"孔子对曰："君之及此言也，将天下实赖之，岂唯鲁哉！"

公曰："何也？其义可得闻乎？"孔子曰："昔者，有虞氏贵德而尚齿[2]，夏后氏贵爵而尚齿，殷人贵富而尚齿，周人贵亲而尚齿。虞、夏、殷、周，天下之上王也，未有遗年者焉，年者贵于天下久矣，次于事亲。是故，朝廷同爵而尚齿；七十杖于朝，君问则席；八十则不仕朝，君问则就之。而悌达乎朝廷矣。其行也，肩而不并，不错则随；班白之老，不以其任于路。而悌达乎道路矣。居乡以齿，而老穷不匮，强不犯弱，众不暴寡，而悌达乎州巷

孔子回答说："您如果能做到他们所说的那样，将会使天下的人民都仰赖您，岂止我们鲁国百姓呢？"

鲁哀公问："为什么呢？可以请您给我讲一讲其中的道理吗？"孔子说："从前，虞舜重视有德之人，也不忘尊重年长之人；夏禹重视有爵之人，但也不忘尊重年长之人；殷代虽然重视有钱之人，但也不忘尊重年长之人；周代重视血缘关系，但也不忘尊重年长之人。虞、夏、殷、周四代，是人们公认的盛世，他们都没有忘记对年长者的尊重，可见年长者被人们尊重是很久以来的事了，其重要性仅次于孝道。因此，在朝廷上，彼此官爵相同，则年长者居上位；年龄到了七十岁，可以拄着拐杖上朝，国君如果有所咨询，就要在堂上为他铺席以便落座；到了八十岁就不用上朝，国君如果有所咨询，就要亲自到他府上去求教。这样，孝悌之道就通行于朝廷了。与长者一起走路，不能和他并肩，要么斜错在他身后走，要么紧随在他身后走；头发花白的老人不用肩扛背负，年轻人要为他代劳。这样，孝悌之道就通行于道路上了。在城乡居住，凡事都讲究个长幼，即使贫穷的老人也不至于生活匮乏，强者不欺凌弱者，不以众欺寡，这样孝悌之道就通行

矣。古之道，五十不为甸役[3]，颁禽隆之长者，而悌达乎蒐狩[4]矣；军旅五什，同爵则尚齿，而悌达乎军旅矣。夫圣人之教，孝悌发诸朝廷，行于道路，至于州巷，放于搜狩，循于军旅。则众感以义，死之而弗敢犯。”

于城乡各处了。按照古代的规矩，年龄到了五十岁就不用参加田猎的差事了，而在分猎物时还要厚待长者，这样孝悌之道就通行于国家组织的春蒐冬狩活动了。在军队中，官爵相同则以年长者居上，这样孝悌之道就通行于军队中了。所以呀，圣明的君王用孝悌来教化人民，从朝廷开始，推行于道路，遍及于城乡，仿行于田猎，执行于军队，这样一来，大家都会受到孝悌道义的感化，宁死也不敢违背了。”

公曰：“善哉！寡人虽闻之，弗能成。”

鲁哀公说：“讲得真好！可惜我虽然听了这样好的道理，却没有能力去促成实现。”

注释 1 隆敬：崇敬。 2 齿：年龄。 3 甸役：天子田猎征发的徒役。 4 蒐狩：狩猎。春猎为蒐，冬猎为狩。

哀公问于孔子曰：“寡人闻东益[1]不祥，信有之乎？”孔子曰：“不祥有五，而东益不与焉。夫损人自益，身之不祥；弃老而取幼，家之不祥；释贤而任不肖，国之不祥；老者不教，幼者不学，俗之不祥；圣人伏匿[2]，愚者擅

鲁哀公问孔子说：“我听说，在房子的东面再增盖房子是不吉祥的，确实有这种说法吗？”孔子回答道：“不吉祥的事有五种，但是在房子的东面再增盖房子这件事，却不在其中。损人以利己，是自身的不祥；遗弃老人而只顾孩子，是家庭的不祥；舍弃贤明之人却任用不肖之徒，是一国的不祥；老年人不愿意教导，年轻人又不肯学习，是社会风气的不祥；圣人隐退，而愚昧之人却在专权，这是天下的不祥。不祥之事，有此

权，天下不祥。不祥有五，东益不与焉。”

五种，但在房子东面加盖房屋这种情况，却不在其中。”

注释 1 东益：住宅房屋往东扩建。 2 伏匿：隐藏。

孔子适季孙，季孙之宰[1]谒曰：“君使求假[2]于田[3]，将与之乎？”季孙未言。孔子曰：“吾闻之，君取于臣，谓之取；与于臣，谓之赐。臣取于君，谓之假；与于君，谓之献。”

季孙色然[4]悟，曰：“吾诚未达此义。”遂命其宰曰：“自今已[5]往，君有取，一切不得复言假也。”

孔子去见季康子，季孙家的管家当时正请示季康子说：“国君派人来求借田土，我们是给还是不给？”季康子没有说话。孔子说：“我听说，国君向臣下要东西叫取，给臣下东西叫赐；臣下向君上要东西叫借，臣下向君上给东西叫献。”

季康子听到后脸色变了，像恍然大悟的样子，说：“我确实不明白这个道理。”于是命令他的管家说：“从此以后，国君来取东西，不管什么可都不能再说是‘借’了。”

注释 1 宰：家臣。 2 假：借。 3 田：《韩诗外作》《新序》作“马”。4 色然：惊骇的样子。 5 已：同“以”。

卷第十

曲礼子贡问第四十二

导读　本篇记载了孔子对礼仪规范的评论,“曲礼”即礼之细目,因本篇首章孔子回答子贡就礼仪细节方面的问题,故以“曲礼子贡问”名篇。

在此篇中,有关君臣之礼,孔子认为“以臣召君,不可以训”,为了维护周天子的尊严,在“夫子作《春秋》”时不惜用“春秋笔法”式的曲笔改写史实。孔子反对桓魋自为石椁的奢靡,主张丧事从俭。孔子知道“南宫敬叔以富得罪于定公”,主张“富而好礼”,应该“循礼施散”,而不应该通过金钱贿赂来恢复官职。在孔子看来,“贤君”当以民为本,出现饥荒,应当节约减役,带头“自贬以救民”。君子起居,也应当遵礼。士大夫应当遵守“相吊之道”,君子处事,不俭不奢,“上不僭下,下不逼上”。孔子看到陈弃疾“杀人之中,又有礼焉”,回避“人臣之节”之讥,赞扬他的“不忍杀人之心”。孔子主持卫国司徒敬之的丧礼时,按“殷道”行礼,被弟子指责为“变俗”,这正可见孔子“丧事则从其质”的重情主张。另外,孔子还对绎礼、祭服、殇礼、丧期的士相见礼、哭礼、启颡礼等,谈了自己的看法。

原文

子贡问于孔子曰:“晋文公实召天子而使诸侯朝焉。[1]夫子作《春秋》,云‘天王狩于河阳[2]’,何也?”孔

译文

子贡问孔子说:“晋文公在温地的会盟,实际上是召请来周天子,而让诸侯来朝见。老师您编写《春秋》时却写成‘天王在河阳打猎’,这是为什

子曰："以臣召君，不可以训[3]，亦书其率诸侯事天子而已。"

么呢？"孔子说："以臣下的身份召请君主，这不足以取法，所以我要写成晋文公率诸侯侍奉天子罢了。"

注释 1 晋文公重耳召请周天子事，据《左传·僖公二十八年》载："冬，会于温。……是会也，晋侯召王，以诸侯见，且使王狩。" 2 天王狩于河阳：天子在河阳打猎。天王，天子周襄王。河阳古地名，在今河南孟县西。 3 训：取法。

孔子在宋，见桓魋[1]自为石椁，三年而不成，工匠皆病[2]。夫子愀然曰："若是其靡[3]也。死不如朽之速愈。"

冉子仆[4]，曰："礼，凶事不豫[5]，此何谓也？"夫子曰："既死而议谥，谥定而卜葬[6]，既葬而立庙，皆臣子之事，非所豫属也，况自为之哉？"

孔子在宋国，看见宋国司马桓魋为自己设计石制的套棺，做了三年还没有完工，工匠们都疲惫不堪。孔子面有忧色，说："像这样奢靡，死了还不如快点腐烂的好。"

冉有跟随侍奉孔子，说："根据礼制，丧事不能预先准备，这是什么意思呢？"孔子说："人死了以后才议定谥号，谥号定了以后再占卜下葬的地点和日期，安葬完毕再建立祭庙，这些事都应该由臣子来办，并非是预先就操办好的，更何况是自己为自己操办呢？"

注释 1 桓魋：宋国司马，宋桓公的后代。 2 病：疲惫不堪。 3 靡：靡费，奢侈。 4 仆：驾车。 5 豫：通"预"。 6 葬：用龟卜选择葬日和葬地。

南宫敬叔以富得罪于定公，奔卫。卫侯请复之，载其宝以朝。夫子闻之，曰：“若是其货[1]也，丧不若速贫之愈。”子游侍，曰：“敢问何谓如此？”孔子曰：“富而不好礼，殃也。敬叔以富丧[2]矣，而又弗改，吾惧其将有后患也。”

敬叔闻之，骤如孔氏。而后循礼施散焉。

南公敬叔因富有而得罪了鲁定公，逃到了卫国。卫国国君请求鲁定公恢复敬叔的官位，敬叔就满载着财物来朝见鲁定公。孔子听到这件事后，说：“像这样使用财货进行贿赂，丢了官位还不如迅速贫穷的好呢！”子游正侍奉孔子，说：“请问这话是什么意思呢？”孔子说：“一个人富有而不遵守礼制，必定会招致灾祸。南宫敬叔因富有而丧失官位，却仍不知悔改，我恐怕他将来还会有祸患啊！”

南宫敬叔听到孔子的话后，马上赶到孔子家里，向孔子请教。从此以后，他做事遵循礼节，还把自己的财货施散给百姓。

注释 **1** 货：贿赂。 **2** 丧：失位。

孔子在齐，齐大旱，春饥。景公问于孔子曰：“如之何？”孔子曰：“凶年则乘驽马，力役不兴，驰道不修，祈以币玉[1]，祭事不悬，祀以下牲[2]。此则贤君自贬以救民之礼也。”

孔子在齐国的时候，齐国大旱，春季出现了饥荒。齐景公向孔子请教说：“现在应该怎么办呢？”孔子说：“遇到灾荒年景，国君出门应该乘坐劣马，不兴劳役，不修建驰车大道，国君禳灾祈请时只用币和玉而不用牲畜，祭祀时不奏乐，祭祀用的牲畜也用次等的。这是贤明君主自己降低等级以拯救民众的礼节啊！”

注释 1 祈以币玉:王肃注:“君所祈请,用币及玉,不用牲也。” 2 下牲:次一等的祭牲。王肃注 :“当用大牢者用少牢。”

孔子适季氏,康子昼居内寝。孔子问其所疾,康子出见之。言终,孔子退。子贡问曰:“季孙不疾,而问诸疾,礼与?”孔子曰:“夫礼,君子不有大故,则不宿于外;非致齐[1]也,非疾也,则不昼处于内。是故夜居外,虽吊之,可也;昼居于内,虽问其疾,可也。”

孔子到季氏家,季康子大白天还在内室睡觉。孔子就问他生了什么病,季康子从内室出来和孔子见面谈话。谈话结束后,孔子退了出来。子贡就请教说:“季孙氏没有生病,而老师您却问他生了什么病,这合乎礼制要求吗?”孔子说:“按照礼法,君子不是由于居丧等大的变故,是不会住在内室之外的;不是祭前的斋戒,不是生病,是不会白天待在正寝之中的。所以呀,夜里睡在内屋外面,就像居丧的模样,亲朋好友就可以前往吊丧;大白天还呆在内室之中,就像生病了,亲朋好友就可以前往探问病情。”

注释 1 致齐(zhāi):祭祀前清心洁身、想象先人音容笑貌和行为意志的一种仪式。齐,通“斋”。

孔子为大司寇,国厩焚。子退朝,而之火所。乡人有自为火来者,则拜之,士一,大夫再。子贡曰:“敢问何也?”孔

孔子做鲁国大司寇时,国君的马棚曾发生了火灾。孔子退朝后,去了着火的地方。看到住在附近的人们都自发赶来救火,孔子一一拜谢,对士拜一下,对大夫拜两下。子贡就问:“请问这是为什么呢?”孔子说:“那些来到火灾现场的人,也都遵行相互吊慰的礼

子曰："其来者，亦相吊之道也。吾为有司，故拜之。"

制。我作为国家司法治安的负责官员，所以要拜谢他们。"

子贡问曰："管仲失于奢，晏子失于俭。与其俱失也，二者孰贤？"孔子曰："管仲镂簋而朱纮[1]，旅树[2]而反坫[3]，山节藻棁[4]。贤大夫也，而难为上。晏平仲祀其先祖，而豚肩[5]不掩豆[6]，一狐裘三十年。贤大夫也，而难为下。君子上不僭下，下不逼上。"

子贡请教孔子说："管仲的过失在于过度奢华，晏子的过失在于过度节俭。与其说两人都有过失而一概加以否定，还不如加以比较，是谁更加贤良呢？"孔子说："管仲身为大夫，却使用镂花镶玉的簋来盛粮食，帽带使用天子独用的朱红色，在大门内设置屏风，在堂上两楹间设置用以放空酒杯的土台，住室的斗拱上刻着山形图案，梁上的短柱雕有水草纹。不能说管仲不是个贤大夫，但他的僭越行为却使他的国君为难。晏平仲身为大夫，却在祭祖时用的猪腿小得连豆都盛不满，一件狐皮大衣穿了三十年。不能说晏平仲不是个贤大夫，但他的俭啬却使他的下属为难。君子的行为要与身份相称，既不僭上，又不逼下。"

注释　1 镂簋而朱纮：刻有花纹的簋和红色的帽带。镂，刻。簋，盛食物的器具。朱，涂上红彩。纮，冕冠上的系绳。　2 旅树：当门道立屏。《礼记·郊特牲》："台门而旅树……大夫之僭礼也。"郑玄注："旅，道也。屏谓之树，树所以蔽行道。"孔颖达疏："旅树者，旅，道也；树，立也。人君当门道立屏，蔽内外为蔽也……礼，天子外屏，诸侯内屏，大夫以帘，士以帷。"　3 反坫（diàn）：周代诸侯宴会时，互相敬酒后把空酒杯放在坫上的一种礼节。坫，土筑的平台。《论语·八佾》："邦君为两君之好，有反坫。"何晏《集解》引郑玄《注》："反坫，反爵之坫，在两楹之间。"　4 山节藻棁（zhuō）：古代天子的庙饰。山节，刻成山形的斗拱。

藻棁，画有水草花纹的梁上短柱。王肃注："节，栭也，刻为山云。棁，梁上楹也，画藻文也。" 5 豚肩：猪腿。 6 豆：古代一种盛食物的器皿，形似高脚盘，或有盖，多陶制，也有青铜制或木制涂漆的，后世常作礼器。

冉求曰："臧文仲知[1]鲁国之政，立言垂法，于今不亡，可谓知礼者矣。"孔子曰："昔臧文仲安知礼？夏父弗忌[2]逆祀而不止，燔柴于灶以祀焉。夫灶者，老妇之所祭，盛于瓮，尊于瓶，非所祭也。故曰：礼也者，犹体也。体不备，谓之不成人，设之不当，犹不备也。"

冉求请教孔子说："臧文仲在鲁国当官为政时，制定礼法制度，垂示法则，他的影响到现在也没有消失，可以说是懂礼的人。"孔子说："以前的臧文仲哪里懂得礼呢？夏父弗忌在祭祀时违反了昭穆制度，庙祭时将入继闵公的僖公之神位升于闵公之上，臧文仲并未加以谏止；在灶前烧柴以祭祀灶神也不恰当。须知灶神是应该由老妇主祭的，在祭灶神时，只要把供品放在瓮里、酒放入瓶内就行了，不是用燃柴来祭的。所以说，礼呀，就好比是人的身体。身体如有缺陷就不是正常人，礼如果用得不当，就好比人体有缺陷一样。"

注释 1 知：主持。 2 夏父弗忌：春秋时鲁国大夫，鲁文公时任宗伯，有乱摆祭位的大失礼之举，被称为"逆祀"。《左传·文公二年》："秋八月丁卯，大事于大庙，跻僖公，逆祀也。于是夏父弗忌为宗伯。"夏父，复姓。弗忌，或作"不忌""弗綦"。

子路问于孔子曰："臧武仲率师，与郲[1]人战于狐鲐，遇，败焉，师人

子路请教孔子说："臧武仲率领军队在狐鲐同郲国人交战，两军相遇，臧武仲兵败了，士兵阵亡很多，但臧武仲

多丧而无罚。古之道然与？”孔子曰：“凡谋人之军，师败则死之；谋人之国邑，危则亡之。古之道也，其君在焉者，有诏则无讨[2]。”

却未受到处罚。古代的制度是这样的吗？”孔子说：“凡为人指挥作战的人，兵败了就得自杀谢罪；凡为人掌管国家城邑事务的人，出现动乱就要逃亡国外。古代的制度啊，如果君主参与其事的话，臣属就可以免于处罚。”

注释 1 邾（zhū）：又称“邾娄”或“邹”，周代为鲁国附庸国，曹姓、周武王灭商之后，封颛顼的后裔侠于邾，史称“邾侠”，为邾国开国始祖。邾国，战国时为楚国所灭，故址在今山东邹城省。 2 有诏则无讨：王肃注：“诏，君之教也。有君教，则臣无讨。”

晋将伐宋，使人觇[1]之。宋阳门之介夫死[2]，司城[3]子罕[4]哭之哀。觇者反，言于晋侯曰：“阳门之介夫死，而子罕哭之哀。民咸悦。宋殆未可伐也。”孔子闻之，曰：“善哉！觇国乎！《诗》[5]云：‘凡民有丧，匍匐救之。’子罕有焉。虽非晋国，天下其孰能当之？是以周任有言曰：‘民悦其爱者，弗可敌也。’”

晋国要攻打宋国，派人侦察宋国的虚实。宋国都城阳门有个披甲的卫士死了，司空子罕为此哭得十分哀痛。侦察的人回来后，对晋国国君说：“宋国都城阳门有个甲士死了，而子罕为此哭得十分哀痛。百姓对这一举动都心悦诚服。现在还不是攻打宋国的时候啊。”孔子听说此事后，说：“这个侦察情报的人，真是善于观察国体啊！《诗经》上说：‘凡是百姓有急难，拼死也要来救援。’子罕就做到了这一点。不仅是晋国，天下谁能和上下齐心的宋国对抗呢？因此，周任说过这样的话：‘百姓悦服爱护他们的人，这样的人是不可战胜的啊。’”

注释 1 觇(chān):侦察,偷偷窥察。 2 宋阳门之介夫死:王肃注:"阳门,宋城门也。介夫,被甲御门者也。" 3 司城:司空,宋国为避宋武公讳,改称司城。 4 子罕:乐喜,字子罕,宋戴公之后,任司空。5《诗》:指《诗经·邶风·谷风》。

楚伐吴,工尹[1]商阳与陈弃疾[2]追吴师。及之,弃疾曰:"王事也,子手弓而可。"商阳手弓。弃疾曰:"子射诸。"射之,毙一人,韔[3]其弓。又及,弃疾谓之,又毙二人。每毙一人,辄掩其目。止其御,曰:"吾朝不坐,燕不与,杀三人亦足以反命[4]矣。"

孔子闻之,曰:"杀人之中,又有礼焉!"子路怫然进曰:"人臣之节,当君大事,唯力所及,死而后已。夫子何善此?"子曰:"然,如汝言也。吾取其有不忍杀人之心而已。"

楚国攻打吴国,楚国工尹商阳和公子弃疾同车追击吴军。追赶上以后,弃疾说:"这是国君交给的任务,你可以把弓拿在手里了。"于是商阳把弓拿在手里。弃疾说:"你可以射箭了。"商阳射出一箭,射死一人,就把弓装入弓袋。车再次追赶上敌人,弃疾说了同样的话,商阳就又射杀了二人。每射死一人时,商阳都要把眼睛遮起来不忍观看。就样射死三人后,他便停止追赶,说:"作为一个卑下之士,我朝见时没有座位,宴会时没有席次,杀死三个敌人,回去也足以复命了。"

孔子听说后,说:"杀人之中,又有礼的因素啊!"子路愤愤然走上前对孔子说:"根据人臣之节,遇到国君托付的大事,当竭尽全力去做,死而后已。老师您为什么称赞商阳的举动呢?"孔子说:"是的,就像你所说的这样。我只不过是称许他有不忍杀人的想法罢了。"

注释 1 工尹：楚国掌管百工的官职。 2 陈弃疾：楚共公幼子弃疾，因率师灭陈而有“陈弃疾”之号，后继位，世称楚平王。 3 韔（chàng）：弓袋。此处名词动用，指将弓装入弓袋。 4 反命：复命。

孔子在卫，司徒敬之卒，夫子吊焉。主人不哀，夫子哭不尽声而退。蘧伯玉请曰：“卫鄙俗，不习丧礼，烦吾子辱相焉。”孔子许之。

孔子在卫国时，司徒敬之逝世了，孔子前去吊丧。主人哭得并不悲哀，孔子没有放声大哭就退出来了。蘧伯玉请求孔子说：“我们卫国风俗鄙陋，不懂丧礼，烦请老师屈尊担任相礼之职。”孔子答应了。

掘中霤[1]而浴，毁灶而缀足[2]，袭[3]于床；及葬，毁宗而躐行[4]，出于大门；及墓，男子西面，妇人东面，既封而归。殷道也，孔子行之。

在室中掘坑为死者沐浴，用拆毁炉灶的砖为死者缀脚，在床上用整套的衣服装敛尸体；到了安葬时，就在宗庙的西墙拆开一个豁口，越过庙门西边的行神之位，把灵柩拉出大门；到了墓地，让男子站在东边而面向西，妇女站在西边而面向东，堆土成坟后就回来了。这是殷朝人行丧礼的规定，孔子就是按它举行的。

子游问曰：“君子行礼，不求变俗，夫子变之矣。”孔子曰：“非此之谓也，丧事则从其质而矣。”

子游问：“君子主持礼仪，不求改变习俗，然而老师您却已经改变了。”孔子说：“话不是这么说的，办理丧事只要合乎它的本质就可以了。”

注释 1 中霤：室中。霤，亦写作“溜”。《公羊传·哀公六年》：“于是使力士举巨囊，而至于中霤。”徐彦疏引庾蔚曰：“复地上累土，穴则穿地也。复穴皆开其上取明，故雨霤之，是以因名中室为中霤也。” 2 毁灶而缀足：拆毁炉灶的砖为死者缀脚。缀足，拘束双足，使之正直，以便为死者穿鞋。 3 袭：以衣敛尸。 4 毁宗而躐行：毁掉宗庙西墙，让灵柩经过行神之位。王肃注："毁宗庙而出，行神位在庙门之外也。"

宣公八年，六月辛巳，有事于太庙，而东门襄仲[1]卒，壬午犹绎[2]。子游见其故，以问孔子曰："礼与？"孔子曰："非礼也。卿卒不绎。"

鲁宣公八年(前601)六月辛巳日，鲁国在太庙举行禘祭，恰巧鲁卿东门襄仲去世了，第二天壬午日，仍然举行了绎祭。子游看到这样的记载，便问孔子说："这合乎礼制要求吗？"孔子说："这是不合乎礼制要求的。如果国家有卿去世，就不应该再举行第二天的绎祭。"

注释 1 东门襄仲：春秋时期鲁国卿公子遂，亦称仲遂。鲁文公十八年（前609）杀嫡立庶，扶立宣公。 2 绎：祭祀的第二天再祭，行傧尸之礼。《诗经·周颂·丝衣》序："《丝衣》，绎宾尸也。"郑玄笺："绎，又祭也。天子、诸侯曰绎，以祭之明日；卿大夫曰宾尸，与祭同日。周曰绎，商谓之肜。"孔颖达疏："谓周公、成王太平之时，祭宗庙之明日，又设祭事以寻绎昨日之祭，谓之为绎，以宾事所祭之尸，行之得礼。"

季桓子丧，康子练[1]而无衰。子游问于孔子曰："既服练服，可以除衰乎？"孔子曰："无衰衣者不以见宾，何以除焉！"

在为季桓子守丧期间，康子在举行周年祭后就除去了衰衣。子游请教孔子说："穿了练服以后，就可以除去衰衣吗？"孔子说："不穿衰衣不能会见宾客，怎么可以除去呢！"

注释 1 练：练祭，一周年祭，小祥。《礼记·檀弓上》："练，练衣黄里，縓缘。"郑玄注："小祥练冠，练中衣，以黄为内，縓为饰。"孔颖达疏：

“练衣者，练为中衣。黄里者，黄为中衣里也。正服不可变，中衣非正服，但承衰而已。”

郕人以同母异父之昆弟死，将为之服[1]，因颜克[2]而问礼于孔子。子曰：“继父同居者，则异父昆弟从为之服；不同居，继父且犹不服，况其子乎？”

郕国有人因为同母异父的兄弟死了，准备为他穿丧服，就通过颜克向孔子请教有关的礼仪。孔子说：“如果与继父居住在一起，那么异父兄弟都要跟着穿丧服；如果没有住在一起，那么，就连继父本人死了也无须穿丧服，更何况是继父的儿子呢？”

注释 1 服：穿丧服。 2 颜克：即颜刻，字子骄，鲁国人，孔子弟子，比孔子小五十岁。或作“颜高”。

齐师侵鲁，公叔务人[1]遇人入保[2]，负杖而息。务人泣曰：“使之虽病[3]，任之虽重[4]，君子弗能谋，士弗能死，不可也。我则既言之矣，敢不勉乎？”与其邻嬖童汪锜乘往，奔敌死焉。皆殡[5]，鲁人欲勿殇[6]童汪锜，问于孔子。子曰：“能执干戈以卫社稷，可无殇乎？”

齐国军队侵入鲁国，公叔务人看见一个鲁国人疲惫地走进城堡，肩上扛着木杖休息。务人流着泪说：“尽管征发的徭役使百姓疲惫不堪，征收的赋税也十分繁重，但是卿大夫不能出谋划策，士人不能为国效命，这还是不行的。我既已说出这话，怎么还敢不尽力呢？”于是就和邻里受宠爱的小孩汪锜一起驾着车奔赴战场，冲敌而死。两人都殡殓了，鲁国人不想用殇礼来为汪锜治丧，便去请教孔子。孔子说：“虽然是小孩，但他能够手执干戈挺身保卫国家，应该可以不用殇礼治丧吧！”

注释 1 公叔务人：鲁昭公之子，名公为。 2 保：通“堡”。 3 使之虽病：王肃注：“谓时徭役。” 4 任之虽重：王肃注：“谓时赋税。” 5 殡：殓而未葬。 6 殇：行殇者礼，即用未成年人的简单丧礼。

鲁昭公夫人吴孟子[1]卒，不赴[2]于诸侯。孔子既致仕，而往吊焉。适于季氏，季氏不绖，孔子投绖而不拜。子游问曰：“礼与？”孔子曰：“主人未成服，则吊者不绖焉，礼也。”

鲁昭公夫人吴孟子去世，没有去向诸侯报丧。此时孔子已经辞去官职，前往吊丧。到了季氏家里，看见季康子没有扎丧服中所系的麻带，于是解下麻带，也没有行礼下拜。子游问道：“这样做合乎礼制要求吗？”孔子说：“主人没有穿丧服，那么前去吊唁的人也可以不系麻带，这样做符合礼制的要求啊。”

注释 1 吴孟子：鲁昭公娶吴女为夫人，按国君夫人称号为出生的国名加上姓之规定，应该称她为“吴姬”，但因两人都姓姬，古代同姓不婚，乃改夫人姓孟，称吴孟子。 2 赴：报丧。

公父穆伯[1]之丧，敬姜昼哭；文伯之丧，昼夜哭。孔子曰：“季氏之妇，可谓知礼矣！爱而无私，上下有章[2]。”

在亡夫公父穆伯丧期内，敬姜白天哭；在亡子公父文伯丧期内，敬姜白天黑夜都哭。孔子说：“季氏家的这位妇人，可以称得上是知礼啊！她对丈夫和儿子一样都爱，但是在哀悼时却能做到父子有别。”

注释 1 公父穆伯：鲁国贵族，季悼子之子，敬姜之夫，公父文伯之父，季康子祖父季平子的弟弟。 2 上下有章：王肃注：“上谓夫，下谓子也。章，别也。哭夫昼哭，哭子昼夜哭，哭夫与子各有别也。”

原文	译文
南宫縚之妻，孔子兄之女，丧其姑。夫子诲之髽[1]，曰：“尔毋从从尔，毋扈扈尔。”[2]盖榛以为笄[3]，长尺，而总八寸[4]。	南宫縚的妻子，是孔子哥哥的女儿，她的婆婆去世了。孔子教她做丧髻的方法时说：“你不要做得高高的，不要做得大大的。”他的意思，大概是说用榛木做发簪，长一尺，系在发髻上的带子下垂八寸。

注释　1 髽（zhuā）：用麻和头发合打而成的丧髻。　2 王肃注：“从从，高也；扈扈，大也。皆言丧者无容饰也。”　3 笄：一种簪子，用来插住挽起的头发，或插住帽子。　4 “总八寸：王肃注：“总，束发。束发垂为饰者，齐衰之总八寸也。”

原文	译文
子张有父之丧，公明仪[1]相焉，问启颡[2]于孔子。孔子曰：“拜而后启颡，颓[3]乎其顺也；启颡而后拜，颀[4]乎其至也。三年之丧，吾从其至者。”	子张的父亲死了，要办丧事，公明仪担任相礼之职，向孔子请教启颡之礼。孔子说：“先跪下拜谢宾客的到来，接着磕头表达自己的悲痛之情，这是表达恭顺而又合乎礼节的方式；先磕头表达悲痛之情，接着再拜谢，这是表达极为诚恳的方式。为父服丧三年，我认为应该遵从这种极为诚恳的表达方式。”

注释　1 公明仪：曾子、子张的弟子，鲁国人。　2 启颡：即稽颡，一种屈膝下拜、以额触地答客的居丧礼。《仪礼·士丧礼》：“吊者致命，主人哭拜，稽颡成踊。”　3 颓：恭顺的样子。　4 颀（kěn）：通“恳”，诚恳。

原文	译文
孔子在卫，卫之人有送葬者，而夫子	孔子在卫国时，卫国有人送葬，孔子在旁边观看，说：“这位送葬的孝子，做得好

观之，曰："善哉，为丧乎！足以为法也。小子识之！"子贡问曰："夫子何善尔也？"曰："其往也如慕，其返也如疑。"子贡曰："岂若速返而虞[1]哉？"子曰："此情之至者也。小子识之！我未之能也。"

啊！他的做法完全可以当作模范了。你们要好好记着！"子贡问道："老师您为什么称赞他呢？"孔子说："那孝子前往墓地送灵柩的时候，就像小孩子依恋父母一样地哭泣，埋葬后返回家时，又像是在怀疑亲人是否真的离开人世了。"子贡说："那怎能比得上赶快回家举行虞祭来安魂呢？"孔子说："这样做是内心亲情的真挚流露啊。你们要好好记着！我也不能做到这一步啊。"

注释　**1** 虞：丧祭之名。王肃注："返葬而祭，谓之虞也。"《仪礼·既夕礼》"三虞"郑玄注："虞，丧祭名。虞，安也。骨肉归于土，精气无所不之，孝子为其彷徨，三祭以安之。朝葬，日中而虞，不忍一日离。"贾公彦疏："主人孝子，葬之时，送形而往，迎魂而返，恐魂神不安，故设三虞以安之。"

卞[1]人有母死而孺子之泣者。孔子曰："哀则哀矣，而难继也。夫礼，为可传也，为可继也。故哭踊[2]有节，而变除有期。"

卞地有个人死了母亲，他像小孩子一样毫无节制地放声痛哭。孔子说："悲哀是够悲哀的，别人却难以跟着做。礼啊，是要传布于众人的，是要人们跟着做的。所以，发丧时边哭边顿足有一定的节制，而变除丧服也有一定的期限。"

注释　**1** 卞：鲁邑，在今山东泗水东。或作"弁"。　**2** 哭踊：哭丧时边哭边顿足。踊，跳。《礼记·檀弓下》："辟踊，哀之至也。"孔颖达疏："抚心为辟，跳跃为踊。孝子丧亲，哀慕至懑。男踊女辟，是哀痛之至极也。"

原文	译文
孟献子[1]禫[2]，悬而不乐，可御而不处内[3]。子游问于孔子曰："若是则过礼也？"孔子曰："献子可谓加于人一等矣。"	孟献子服丧期满举行了除服的禫礼之后，将钟磬等乐器悬挂起来而无心奏乐，本可与妻妾共寝，但并不宿于内。子游问孔子说："像他这样是否逾越了礼制？"孔子说："孟献子可以说是高出常人一等了。"

注释 1 孟献子：鲁国大夫仲孙蔑。 2 禫（dàn）：除丧服的祭祀，一般在三年（实际上只有二十五或二十七个月）丧毕后举行。 3 可御而不处内：守丧期满，可与妻妾共寝，却不宿于内。

原文	译文
鲁人有朝祥[1]而暮歌者，子路笑之。孔子曰："由！尔责于人终无已。夫三年之丧，亦已久矣。"子路出，孔子曰："又多乎哉？逾月则其善也。"	鲁国有人早上举行除丧的大祥之祭，晚上就唱起歌来，被子路所嘲笑。孔子说："仲由！你责备别人总是没完没了。人家能服三年之丧，也已经够长的了。"子路出去后，孔子又说："又需再多等很长时间吗？过去这个月再唱歌就很好了。"

注释 1 祥：祥祭。三年之丧的祥祭中，父母死后第十三个月举行小祥，第二十五个月举行大祥。一年之丧的祥祭中，父母死后第十一个月举行小祥，第十三个月举行大祥。

原文	译文
子路问于孔子曰："伤哉贫也！生而无以供养，死则无以为礼	子路请教孔子说："最让人伤悲的是贫穷啊！父母在世时没有钱来好好奉养，去世了又没法体面举办丧事。"孔子说："父母活

也。”孔子曰：“啜菽[1]饮水，尽其欢心，斯谓之孝。敛手足形，旋葬而无椁，称其财，斯谓之礼。贫何伤乎？”

着时，尽管只能煮豆子吃，喝清水，只要让他们高兴，也可以称得上孝顺了。父母死后，衣被能遮盖住身体，收殓后就安葬而没有套棺，花费和自己的财力相称，这样就可以称作礼了。贫穷又有什么令人伤悲的呢？”

注释 1 菽（shū）：豆子。

吴延陵季子聘于上国，适齐。于其返也，其长子死于嬴、博[1]之间。孔子闻之，曰：“延陵季子，吴之习于礼者也。”往而观其葬焉。其敛，以时服而已。其圹，掩坎[2]，深不至于泉。其葬，无明器[3]之赠。既葬，其封[4]，广轮[5]掩坎，其高可肘隐也。既封，则季子左袒，右还[6]其封，且号者三，曰：“骨肉归于土，命也。若魂气则无所不之，无所不之！”而遂行。

孔子曰：“延陵季子之于礼，其合矣。”

吴国公子延陵季子到中原各国进行访问，到了齐国。在返回的途中，他的长子死在了嬴、博两地之间。孔子听说此事后，说：“延陵季子，那是吴国精通礼仪的人哪。”于是前往观看他举行葬礼的情景。季子装殓时，仅仅给死者穿上了随时令的衣服。挖的墓穴，正好与放棺材的墓坑一样大，深度还不到见水的程度。埋葬时，并没有随葬物品。埋葬以后，堆土为坟，坟头的宽度与长度正好掩盖住墓坑，高度不过仅比胳膊肘稍高。堆好坟头后，季子便袒露左臂，向右绕着坟头走，并哭喊了三次，说：“骨肉回归泥土中，这是天命啊！你的魂气则可以无所不至，无所不至啊！”说完就走了。

孔子说：“延陵季子的这次葬礼，与礼制的本质相符合啊。”

注释 1 嬴、博：皆为春秋时齐国的城邑，分别在今山东莱芜西北、泰安东南。嬴博，又为客死异乡的代称。 2 坎：墓坑。 3 明器：木制或石制的随葬物品，又作“冥器”。 4 封：古代士以上的人死后，所葬堆土成坟。 5 广轮：长宽。东西为广，南北为轮。 6 还：通“环”。

子游问丧之具。孔子曰：“称家之有亡[1]焉。”子游曰：“有亡恶乎齐？”孔子曰：“有也，则无过礼；苟亡矣，则敛手足形，还[2]葬，悬棺而封[3]。人岂有非之者哉？故夫丧亡，与其哀不足而礼有余，不若礼不足而哀有余也。祭祀，与其敬不足而礼有余，不若礼不足而敬有余也。”

子游向老师请教丧葬礼仪上的用具问题。孔子说：“应该与家资的多寡相称。”子游说：“家资有多寡，如何做到相称呢？”孔子说：“家资丰饶，也不要超过礼仪规定（而一味奢侈）；如果家资俭薄，只需要装殓时能遮盖住肢体而不使外露，随即下葬，用绳子兜住棺材，悬起，再置放入墓坑中。只要尽心尽力了，哪里还有人责备他们呢？所以办理丧事时，与其缺少哀痛之情而使用过多的礼仪形式，还不如礼仪形式不完备却充满哀痛呢。祭祀亲人时，与其缺少敬意而使用过多的礼仪形式，还不如礼仪形式不完备却充满恭敬之情呢。”

注释 1 亡：无。 2 还（xuán）：通“旋”。 3 悬棺而封：用绳子兜住棺材，悬起，再置放入墓坑中。

伯高[1]死于卫，赴于孔子。子曰：“吾恶乎哭诸？兄弟，吾哭诸庙；父之友，吾哭诸庙门之

伯高死在卫国，有人来向孔子报丧。孔子说：“我应该在哪里哭他呢？如果是兄弟，我就在祖庙里哭他；如果是父亲的朋友，我就在庙门之外哭他；如果是老师，

外;师,吾哭之寝;朋友,吾哭之寝门之外;所知,吾哭之诸野。今于野则已疏,于寝则已重。夫由赐也而见我,吾哭于赐氏。”

我就在所住的正室里哭他;如果是朋友,我就在正室的门外哭他;如果只是泛泛之交,我就在郊外哭他。至于我和伯高的关系,哭于郊外显得太疏远哭于正室则显得礼数太重。他是通过子贡和我见面认识的,我还是到子贡家哭他吧。”

遂命子贡为之主,曰:“为尔哭也来者,汝拜之;知伯高而来者,汝勿拜。”既哭,使子张往吊焉。未至,冉求在卫,摄[2]束帛、乘马[3]而以将之。

于是命子贡代为丧主,还交代子贡说:“凡是为了你的关系来哭的,你就拜谢;为了和伯高有交情而来哭的,就用不着你拜谢。”孔子哭过伯高之后,派子张前往卫国去吊唁。还没有到那里,冉求恰巧在卫国,便代孔子准备了一束帛、四匹马,装作奉孔子之命前去吊慰。

孔子闻之,曰:“异哉!徒使我不成礼于伯高者,是冉求也。”

孔子听说了此事,说:“这事办得怪呀!白白地使我失礼于伯高的人,正是冉求啊。”

注释 1 伯高:春秋时贤士,生平不详。《礼记·檀弓上》郑玄注曰:“伯高,死时在卫,未闻何国人。” 2 摄:代理。 3 乘(shèng)马:四匹马。

子路有姊之丧,可以除[1]之矣,而弗除。孔子曰:“何不除也?”子路曰:“吾寡兄弟,而弗忍也。”

子路为姐姐服丧,到了可以除掉丧服的时候,却还不愿除服。孔子说:“为什么不除掉丧服呢?”子路说:“我兄弟姐妹少,不忍心到期就除掉丧服。”

孔子曰:“行道[2]之

孔子说:“实行仁义之道的人都不

人皆弗忍。先王制礼，过之者俯而就之，不至者企而望之。”子路闻之，遂除之。

忍心。先王制定的礼制，做得过分的就得降格俯就它，做得不够的就得勉力达到它。”子路听了这些话，就除掉了丧服。

注释 1 除：除丧服，兄弟为已嫁姊妹服丧，宜服大功九月。 2 道：仁义之道。

伯鱼[1]之丧母也，期而犹哭[2]。夫子闻之，曰：“谁也？”门人曰：“鲤也。”孔子曰：“嘻！其甚也，非礼也！”伯鱼闻之，遂除之。

伯鱼为母亲服丧，满一周年了还在哭。孔子听到了哭声，问：“谁在哭啊？”门人回答说：“是孔鲤在哭。”孔子说：“嘻！这太过分了，不符合礼制的要求！”伯鱼听了，便除服不哭了。

注释 1 伯鱼：孔子独子孔鲤，字伯鱼。 2 期而犹哭：满一周年了还哭。按礼制要求，父在，子为母服齐衰，时限一年。

卫公使其大夫求婚于季氏，桓子问礼于孔子。子曰：“同姓为宗，有合族之义。故系之以姓而弗别，啜之以食而弗殊[1]。虽百世，婚姻不得通，周道然也。”

桓子曰：“鲁、卫之

卫国国君派大夫向鲁国季氏求亲，季桓子就相关礼制请教孔子。孔子说：“以同姓的人为同一宗族，有会合族人之义。所以用一个姓将他们联结起来而不加区别，聚集起宗子举行食族人之礼时也没有什么差别。同姓的人即使过了一百代，也不能互通婚姻，周代制度就是这样规定的。”

季桓子问：“鲁国、卫国的祖先，虽然是嫡出的亲兄弟，但到现在血缘关系已经极

先,虽寡兄弟[2],今已绝远矣。可乎?"孔子曰:"固非礼也。夫上治祖祢[3],以尊尊之;下治子孙,以亲亲之;旁治昆弟,所以敦睦也。此先王不易之教也。"

为疏远了。可以通婚吗?"孔子说:"这确实是不合乎礼制要求。对上要理顺先祖先父的名分位次,以便用来尊崇正统至尊;对下要理顺子孙的亲疏远近,以便可以亲爱至亲的骨肉;对旁要理顺同宗兄弟之间的关系,以便教导他们和睦相处。这是先王不可更改的教化之道啊。"

注释 1 啜之以食而弗殊:王肃注:"君有食族人之礼,虽亲尽,不异之族食多少也。" 2 寡兄弟:嫡出兄弟。鲁国始祖周公旦与卫国始祖康叔皆为周文王与太姒之子。 3 祢(nǐ):对已在宗庙中立了牌位的亡父的称谓。《公羊传·隐公元年》何休注:"生称父,死称考,入庙称祢。"

有若问于孔子曰:"君王之于同姓,如之何?"孔子曰:"皆有宗道[1]焉。故虽君王之尊,犹百世不废其亲,所以崇爱也。虽于族人之亲,而不敢戚君[2],所以谦也。"

有若问孔子说:"对于疏远的族众,国君该怎么对待他们?"孔子说:"都有宗族法则呀。所以,即使以国君的尊贵,过上一百代也还是不能废弃他们的亲属关系的,这是推崇爱亲之情的缘故。即使有同族的亲情关系,也不敢以国君的亲戚自居,这是为了表示谦虚的缘故。"

注释 1 宗道:宗族法则。 2 不敢戚君:王肃注:"戚,亲也。尊敬君不敢如其亲也。"

曲礼子夏问第四十三

【导读】 本篇主要讲待人接物、丧葬礼制方面的一些具体礼仪，因首章为子夏所问，故以“曲礼子夏问”名篇。

首章谈到君子如何“报仇”，如居父母之仇“弗与共天下”，即常言“父母之仇，不共戴天”，也反映了孔子“以直报怨，以德报德”的施报观。孔子遵礼的主张和行动，常常隐含着真挚的情感，如遇旧馆人丧赠之以马则充满仁爱，如孔子准确地预料到子路会死于蒯之难则见师生感情深挚。孔子主张，行礼应该有节有度，“礼悄同不异，不丰不杀，称其义以为宜”，对不同人的丧礼服不同的丧服；三年之丧，要“尽其情”，却不能“毁瘠而病”，应该是“敬为上，哀次之，瘠为下，颜色称情，戚容称服”。

【原文】

子夏问于孔子，曰：“居父母之仇，如之何？”孔子曰：“寝苫[1]枕干[2]，不仕，弗与共天下也。遇于朝市，不返兵[3]而斗。”

曰：“请问居昆弟之仇，如之何？”孔子曰：“仕，弗与同国，衔国命而使，虽遇之，不斗。”

曰：“请问从昆弟[4]之仇，如之何？”曰：“不为魁，主人[5]能报之，则执兵而陪其后。”

【译文】

子夏问孔子说：“对于杀害父母的仇人，应该如何对待？”孔子说：“睡在草垫上，枕着盾牌，不做官，和仇人不共戴天。不论在朝廷或集市遇见仇人，就立即拿出常带在身上的兵器，和他决斗。”

子夏又问：“请问应该如何对待杀害亲兄弟的仇人？”孔子说：“不和他在同一个国家里做官，如奉君命出使他国，即使相遇也不和他决斗。”

子夏又问：“请问应该如何对待杀害堂兄弟的仇人？”孔子说：“自己不要带头动手，如果受害人的家人能去报仇，你可以拿着兵器陪在后面协助。”

注释 1 苫（shān）：草垫子。 2 干：盾牌。 3 返兵：回去拿武器。不返兵，指武器常带在身上，随时准备和仇人决斗。 4 从昆弟：堂兄弟。一本作“从父昆弟”。 5 主人：主家，死者的家人。

子夏问：“三年之丧既卒哭[1]，金革之事[2]无避，礼与？初有司为之乎？”孔子曰：“夏后氏之丧三年，既殡而致事[3]；殷人既葬而致事；周人既卒哭而致事。《记》曰：‘君子不夺人之亲，亦不夺故也。’”

子夏曰：“‘金革之事无避’者，非与？”孔子曰：“吾闻老聃曰：‘鲁公伯禽，有为为之[4]也。’今以三年之丧从利者，吾弗知也。”

子夏问道：“为父母守丧三年，结束卒哭礼后，就不能逃避兵役之类的事，这合乎礼吗？这是当初的主管官员所做的规定吗？”孔子说：“夏代在父母去世后，要为父母守丧三年，出殡之后就要向国君提出辞职；商代是在安葬之后向国君提出辞职；周代是在卒哭之后才向国君提出辞职。所以古《记》上有句话说：‘君子不能剥夺别人对亲人的恩情，也不可剥夺对故人的感情。’”

子夏又问道：“那么，‘金革之事无避’是不合乎礼制的要求吗？”孔子说：“我听老聃说过：‘以前鲁公伯禽在卒哭之时就出兵征伐东夷，他这样做是有理由的。’如今要以为父母守三年之丧的大礼，屈从于征战谋利，我就不明白其中是何道理了。”

注释 1 卒哭：死后百日为卒哭之期，后民间以终七为卒哭之日。自死者死日起，哀至则哭，昼夜无时。行卒哭之祭后，改为朝夕哭。 2 金革之事：兵役战事。 3 致事：辞职，同“致仕”。 4 有为为之：王肃注：“伯禽有母之丧，东方有戎为不义，伯禽为方伯，以不得不诛之。”

子夏问于孔子曰："《记》云：周公相成王，教之以世子之礼。有诸？"

孔子曰："昔者成王嗣立，幼未能莅阼[1]。周公摄政而治，抗[2]世子之法于伯禽，欲王之知父子、君臣之道，所以善成王也。夫知为子者，然后可以为父；知为人臣者，然后可以为人君；知事人者，然后可以使人。是故抗世子法于伯禽，使成王知父子、君臣、长幼之义焉。凡君之于世子，亲则父也，尊则君也。有父之亲，有君之尊，然后兼天下而有之，不可不慎也。行一物而三善皆得，唯世子齿于学[3]之谓也。世子齿于学，则国人观之，曰：'此将君我，而与我齿让，何也？'曰：'有父在，则礼然。'然而众知父子之道矣。

子夏向孔子请教说："古《记》上说：'周公辅佐成王，教给他做太子的礼。'有这回事吗？"

孔子说："从前，成王继位，因为年幼不能登基执政。周公代理主政，治理天下，把做太子的规则礼仪施用于伯禽，想让成王知道为父为子、做君做臣的道理，目的就是使成王更加美善。懂得了怎样为人子，然后才能为人父；懂得了如何做臣子，然后才能做君主；懂得了怎样侍奉别人，然后才能指使别人。因此，周公把做太子的规则礼仪施用到伯禽身上，从而想让成王知道父子、君臣、长幼的道理。国君对于太子，从亲缘关系上讲是父亲，从尊位上讲是君主。有为父的亲情，有为君的尊位，然后兼有天下，所以教育太子不能不慎重。做一件事而同时得到三种好处的，说的就是太子在学校里按年龄而不按身份论尊卑。太子在学校里按年龄论尊卑，国人看到了就会说：'他要成为我们的国君，却和我们按年龄大小谦让，这是怎么一回事呢？'有人会说：'他的父亲还健在，就理应如此。'这样，大家就懂得了父子之道了。

注释 1 莅阼：帝王登基执政。 2 抗：举。 3 齿于学：在学校时以年齿为序。

“其二曰：‘此将君我，而与我齿让，何也？’曰：‘有君在，则礼然。’然而众知君臣之义矣。其三曰：‘此将君我，而与我齿让，何也？’曰：‘长长也，则礼然。’然而众知长幼之节矣。故父在斯为子，君在则为臣。居子与臣之位，所以尊君而亲亲也。在学，学之为父子焉，学之为君臣焉，学之为长幼焉。父子、君臣、长幼之道得，而后国治。语曰：‘乐正司业，父师[1]司成。一有元良，万国以贞。’世子之谓。闻之曰：‘为人臣者，杀其身有益于君，则为之。’况于其身以善其君乎？周公优为之。”

“国人又有议论说：‘他要成为我们的国君，却和我们按年龄大小谦让，这是怎么一回事呢？’有人会说：‘他的上面还有国君在，理应如此。’这样，大家就懂得了君臣之义了。又有国人议论说：‘他要成为我们的国君，却和我们按年龄大小谦让，这是怎么一回事呢？’有人会说：‘他的上面还有长辈在，理应如此。’这样，大家就懂得了长幼之序了。所以，父亲在，他是子；国君在，他是臣。他处于子与臣的地位，所以要尊敬国君、亲爱父母。太子在学校学习为父为子、为君为臣、为长为幼的道理，父子、君臣、长幼的道理学会了，就可以治理国家了。古语说：‘乐正负责学业，父师负责德行。为国造就一位大善的人，天下就会太平。’这说的就是太子啊。我听说：‘作为国君的臣子，只要对国君有益，即使杀了自己也要去做。’何况不必杀身就有益于国君呢？在这方面，周公是做得最好的。”

注释 1 父师：太子的师傅。王肃注：“师有父道，成生人者。”

子夏问于孔子曰："居君之母与妻之丧，如之何？"孔子曰："居处、言语、饮食，衎尔[1]。于丧所，则称其服而已。"

"敢问伯母之丧，如之何？"孔子曰："伯母叔母，疏衰[2]，期而踊，不绝地。姑姊妹之大功[3]，踊绝于地。若知此者，由文矣哉。"

子夏问孔子说："遇到国君的母亲或妻子的丧事，应当怎么办呢？"孔子说："日常生活、言谈、饮食方面，都保持原来的和乐自然状态。在治丧的地方，只要穿着合适的丧服就可以了。"

子夏又问道："请问遇上伯母的丧事，应该怎么办？"孔子说："对于伯母、叔母的丧事，要穿齐衰丧服，周年哭时要跺脚，且不离地。对姑母、姐姐、妹妹的丧事，要穿大功丧服，哭时跺脚要离地。如果能这样做，就算是遵行礼法了。"

注释　1 衎（kàn）尔：和乐自得的样子。　2 疏衰（cuī）：即齐衰（zī cuī），一种次于斩衰的丧服，因其缝齐，故得名。齐衰分三种：祖父母丧、妻丧、已嫁女的父母丧，服期为一年；曾祖父母丧，服期为五个月；高祖父母丧等，服期为三个月。　3 大功：五种丧服之一，服期为九个月。

子夏问于夫子曰："凡丧，小功[1]已上，虞[2]、祔[3]、练[4]、祥[5]之祭，皆沐浴。于三年之丧，子则尽其情矣。"孔子曰："岂徒祭而已哉！三年之丧，身有疡则浴，首有疮则沐，病则饮酒食肉。毁瘠[6]而为病，君子不

子夏问孔子说："凡是丧事，小功以上的，虞祭、祔祭、练祭、祥祭时，都要事前洗头洗身子。在三年守丧时，儿子能尽表哀伤之情吗？"孔子说："哪里只是在祭祀的时候这样啊！居三年之丧的人，身上长疮就要洗身子，头上长疮就要洗头，有病的就可以喝酒吃肉。如果因过度悲哀而伤害身体，以至于憔悴瘦弱，弄到鸡骨支床，形销骨立的地步，君子是不会这

为也。毁则死者，君子为之无子。则祭之沐浴，为齐洁[7]也，非为饰也。”

么做的。因悲伤过度而死去，君子认为那样可能会绝嗣。所以，祭祀时洗头洗身子，是为斋戒，而不是为了修饰容貌。”

注释 1 小功：为曾祖父母、伯叔祖父母、兄弟之妻等服丧的丧服，服期为五个月。 2 虞：返葬而祭，设三虞以安魂。 3 祔（fù）：止哭的次日，奉新死者的木主于祖庙，而与祖先的木主合祭，为祔祭。祭毕，仍奉神主回家，大祥后再入庙。 4 练：练祭，即小祥，父母死后十一月之祭。 5 祥：祥祭。小祥即练祭。大祥，父母死后十三月之祭。 6 毁瘠：过度悲哀而伤害身体，以至于憔悴瘦弱，鸡骨支床，形销骨立。 7 齐（zhāi）洁：斋戒。

子夏问于孔子曰：“客至，无所舍[1]，而夫子曰：‘生，于我乎馆。’客死，无所殡，夫子曰：‘于我乎殡。’敢问礼与？仁者之心与？”孔子曰：“吾闻诸老聃曰：‘馆人，使若有之。’恶有有之而不得殡乎？夫仁者，制礼者也，故礼者不可不省[2]也。礼不同不异，不丰不杀[3]，称其义以为之宜。故曰：‘我战则克，祭则受福。’盖得其道矣。”

子夏请教孔子说：“客人来，没有住宿的地方，而老师您说：‘那就住我家里吧。’客人死了，没处殡殓，老师您又说：‘就在我家里殡殓吧。’请问这是礼制的规定呢？还是您的仁爱之心使然呢？”孔子说：“我曾听老聃说过：‘招待客人，就要让他感觉好像住在自己家里一样。’哪里有住在自己家里死了却不能殡殓的呢？仁者，那是制定礼制的人，所以对于礼制是不可不省察的啊。礼制没有什么同与不同，也不能随意增加或减损，只有合乎其主旨才算得上是适宜。所以说：‘我作战就会胜利，我祭祀就可受福。’大概是由于掌握了其中的道理吧。”

注释 1 舍：住宿。 2 省：省察。 3 杀（shài）：减少，降等。

孔子食于季氏。食祭[1]，主人不辞，不食亦不饮而餐[2]。子夏问曰："礼与？"孔子曰："非礼也，从主人也。吾食于少施氏而饱，少施氏食我以礼。吾食祭，作[3]而辞曰：'疏食，不足祭也。'吾餐，而作辞曰：'疏食，不敢以伤吾子之性。'主人不以礼，客不敢尽礼；主人尽礼，则客不敢不尽礼也。"

孔子在季孙氏家吃饭。进行食祭时，主人没有遵礼说祝辞，孔子没吃没喝就赞美了主人的饮食。子夏就问："老师您这样做合乎礼制吗？"孔子回答说："不合乎礼，只不过随从主人做罢了。我曾经在少施氏家吃过饭，吃得很饱，就是因为少施氏招待我吃饭时很有礼。我进行食祭，他就起身谦辞道：'粗茶淡饭，不值得行祭啊。'我称赞饮食的美味时，他又起身谦辞道：'粗茶淡饭，本不该拿来损伤您的身体。'主人不以礼招待，客人也不敢尽心以礼相还；如果主人尽礼待客，那么客人也不敢不尽心以礼相还。"

注释 1 祭：饮食之前祭献先人的一种礼仪，以示不忘本。 2 餐：此处指赞美主人的饮食。 3 作：站起身。

子夏问曰："官于大夫，既升于公，而反为之服[1]，礼与？"孔子曰："管仲遇盗，取二人焉，上之为臣，曰：'所以[2]游辟[3]者，可人[4]也。'公许。管仲卒，桓公使

子夏问道："曾做过大夫的家臣，被提升为公侯的大臣之后，还要为原大夫服丧，这是礼制的规定吗？"孔子回答说："当年管仲遇到了盗贼，制服后从中选出两人，送给齐桓公做臣子，说：'这两个人是因为与邪僻之人交游才做了强盗，但他们还是可用之人。'桓公答应了。管仲死后，

为之服。官于大夫者为之服，自管仲始也，有君命焉！”

桓公让这两人为管仲服丧。在大夫家当过家臣的人为大夫服丧，这是从管仲开始的，是有国君的授命啊。”

注释 1 服：服丧。 2 以：与。 3 辟：邪僻。 4 可人：可用之人。

子贡问居父母丧。孔子曰：“敬为上，哀次之，瘠为下。颜色称情，戚[1]容称服。”曰：“请问居兄弟之丧？”孔子曰：“则存乎书策矣。”

子贡问如何为父母服丧的礼仪。孔子说：“敬重是最重要的，哀伤是其次，哭坏了身体是等而下之的。脸色要合乎真实的情感，悲伤的容貌要符合丧服的等次。”子贡又问：“请问如何为兄弟服丧呢？”孔子说：“这些礼节，已经记载在书册上了。”

注释 1 戚：哀戚。

子贡问于孔子曰：“殷人既窆[1]而吊于圹[2]，周人反哭而吊于家，如之何？”孔子曰：“反哭之吊也，丧之至也。反，而亡矣，失之矣，于斯为甚，故吊之。死，人卒事也。殷以悫[3]，吾从周。殷人既练之明日而祔于祖，周人既卒哭之明日而祔于祖。祔，祭神

子贡问孔子说：“殷人在下葬后就在墓地吊唁、慰问孝子，周人则要在葬后返回祖庙痛哭时才去吊唁、慰问孝子，这是为什么呢？”孔子回答说：“在送葬回到祖庙痛哭时前去吊唁，实际是丧事中最为悲痛之时。回来后，而先人不见了，一切都已经消失了，此时最感悲痛，所以此时去吊唁。死，是人最后的事了。殷人的做法直率质朴，我赞同周人的礼俗。殷人在练祭的次日举行祔祭，周人则是在卒哭的次日在祖庙举行祔祭。祔祭，是祭祀神明的

之始事也。周以戚[4]，吾从殷。”

头等大事。周人的做法太仓促了，我赞同殷人的做法。”

注释 1 窆（biǎn）：下葬。 2 圹（kuàng）：墓穴。 3 悫（què）：诚谨，质朴。 4 戚：假借为“促”，仓促。王肃注：“戚，犹促也。”

子贡问曰：“闻诸晏子，少连、大连善居丧，其有异称[1]乎？”孔子曰：“父母之丧，三日不怠，三月不解[2]，期悲哀，三年忧。东夷之子，达于礼者也。”

子贡问道：“我听晏子说过，少连、大连两个人善于治理丧事，他们有什么特殊的名声吗？”孔子回答说：“他们为父母服丧时，头三天沐浴、穿衣、小敛、大敛等事毫不怠慢；停殡的三个月期间，朝夕哭奠，悲至则哭，毫不松懈；周年时仍然心怀悲哀，到了第三年时还是满脸忧戚。作为东夷人的子弟，他们却能行事通达礼义啊。”

注释 1 异称：特别的名声。 2 解：通“懈”。

子游问曰：“诸侯之世子，丧慈母[1]如母，礼与？”孔子曰：“非礼也。古者男子[2]外有傅父[3]，内有慈母，君命所使教子者也。何服之有？昔鲁孝公[4]少丧其母，其慈母良。及其死也，公弗忍，欲丧之。有司曰：‘礼，君

子游请教道：“诸侯的太子，像为自己的生母一样为慈母服丧，礼制中有这样的规定吗？”孔子回答说：“这不合乎礼制。古时候，国君之子在宫外有师长，宫里有慈母，国君命他们教育自己的儿子们。对他们哪里会要服丧服呢？从前，鲁孝公少年丧母，他的慈母待他很好。后来她死了，孝公不忍心，想为她服丧服。有关的官吏告诉他说：‘按照礼制要

王慈母无服。今也君为之服，是逆古之礼而乱国法也。若终行之，则有司将书之，以示后世，无乃不可乎？’公曰：‘古者天子丧慈母，练冠[5]以燕居。’遂练冠以丧慈母。丧慈母如母，始则鲁孝公之为也。”

求，君王不能为慈母服丧服。现在您要为慈母服丧服，这是违背古礼而变乱国法啊。如果您真的这样做了，有关的官吏就会把它记录下来，流传后世，这恐怕不行吧？’孝公说：‘古时候天子为慈母办丧事，戴练冠而不改变日常生活。’于是孝公就戴着练冠为慈母服丧。像为自己的生母一样为慈母服丧服，这种做法始于鲁孝公啊。”

注释 **1** 慈母：古称抚育自己成人的庶母为慈母。《仪礼·丧服》：“传曰：‘慈母者何也？’传曰：‘妾之无子者。’” **2** 男子：国君之子。 **3** 傅父：师长。 **4** 鲁孝公：姬姓，名称，鲁武公之子，鲁懿公之弟。西周末期、春秋初期鲁国第十二任国君，在位二十八年（前796—前769）。 **5** 练冠：周年小祥祭之冠。

孔子适卫，遇旧馆人[1]之丧，入而哭之哀。出，使子贡脱骖[2]以赠之。子贡曰：“于所识之丧，不能有所赠。赠于旧馆，不已多乎？”孔子曰：“吾向入哭之，遇一哀而出涕。吾恶夫涕而无以将[3]之，小子行焉。”

孔子到卫国去，遇到曾经住过的馆舍的主人的丧事，孔子进去吊丧，哭得很伤心。出来以后，让子贡解下驾车的骖马送给丧家。子贡说：“对于仅仅相识的人的丧事，不用赠送什么礼物。把马赠给旧馆舍的主人，这礼物是不是太重了些？”孔子说：“我刚才进去哭他，正好触动哀情就落下泪来。我不愿光哭而没有表示，你就按我说的做吧。”

注释 1 馆人：馆舍的主人。 2 骖：驾车时在两边的马。 3 将：奉送。

子路问于孔子曰："鲁大夫练而杖，礼与？"孔子曰："吾不知也。"

子路出，谓子贡曰："吾以为夫子无所不知，夫子亦徒[1]有所不知也？"子贡曰："子所问何哉？"子路曰："由问：'鲁大夫练而杖，礼与？'夫子曰：'吾不知也。'"子贡曰[2]："止[3]，吾将为子问之。"遂趋而进，曰："练而杖，礼与？"孔子曰："非礼也。"

子贡出，谓子路曰："子谓夫子而弗知之乎？夫子徒无所不知也，子问非也。礼，居是邦，则不非[4]其大夫。"

子路问孔子说："鲁国的大夫在练祭时还拿着丧棒，这合乎礼制要求吗？"孔子回答说："我不知道。"

子路出来，对子贡说："我以为咱们老师是无所不知的，但现在看来老师也还有不知道的。"子贡说："你问的是什么事啊？"子路说："我问：'鲁国的大夫在练祭时还拿着丧棒，这合乎礼制要求吗？'老师回答说：'我不知道。'"子贡说："你等一下，我进去再替你问问。"于是就快步而入，问道："练祭时拿着丧棒，这合乎礼制要求吗？"孔子说："这不合乎礼制的要求。"

子贡出来对子路说："你不是说咱老师也有不知道的事吗？老师实际上是无所不知的啊，只是你问法不对。按照礼制要求，居住在一个国家，就不能非议这个国家的大夫。"

注释 1 徒：乃，却。 2 此字前二十字，据陈本等传世文本补，以使文义通畅。 3 止：等待，暂停。 4 非：非议。

叔孙武叔[1]之母死，既小敛[2]，举尸者出户，武叔从之，出户，乃袒[3]，投其冠而括发[4]。子路叹之。孔子曰："是礼也。"

子路问曰："将小敛则变服，今乃出户，而夫子以为知礼，何也？"孔子曰："由，汝问非也！君子不举人以质[5]士。"

叔孙武叔的母亲去世，小敛之后，抬尸体的人把尸体抬出寝门，叔孙武叔跟在后边，出了门后，便将左袖脱去露出臂膀，扔掉素冠，用麻绳束发。子路见了，叹了一声。孔子说："这是合乎礼制要求的。"

子路问道："在准备小敛的时候就应该换衣服，现在他出了门才换，老师您还以为他懂礼，这是为什么呢？"孔子说："仲由，你问得不对啊！君子不拿一般人的标准来质正士人。"

注释　1 叔孙武叔：春秋时鲁国大夫，三桓之一，名州仇，谥武。2 小敛：为死者加敛衣的丧礼名。一般在死后第二日进行，加衣十九称，外加绞扎紧。　3 袒：此处特指脱去左袖，露出胳膊。　4 括发：用麻绳束发。　5 质：质正。

齐晏桓子[1]卒。平仲[2]粗衰斩[3]，苴绖、带、杖[4]，以菅屦[5]，食粥，居傍庐[6]，寝苫枕草。其老[7]曰："非大夫丧父之礼也。"晏子曰："唯卿大夫。"

曾子以问孔子。孔子曰："晏平仲可谓能远害矣。不以己之是驳

齐国的晏桓子去世了，他儿子晏婴服丧，穿着粗麻布做成的斩衰丧服，头上腰上系着麻带，手拄竹杖，穿着草鞋，喝稀粥，住草棚，睡草垫，枕干草。他的家臣说："这样不合乎大夫为父亲服丧的礼节。"晏婴说："只有卿才算大夫，我算不上大夫。"

曾子拿这件事请教孔子。孔子说："晏平仲可以说是善于远离祸害了。不用自己认为正确的来反驳别人不对的地方，而

人之非，逊辞以避咎，义也夫[8]！”

是用谦逊的言辞来避免别人的责难，他的做法非常适宜啊！”

注释 1 晏桓子：春秋时齐国卿晏弱，谥桓，晏婴之父。 2 平仲：即晏婴，字仲，谥平，又称晏子。 3 粗衰斩：穿着粗麻布做成的斩衰丧服。 4 苴绖（jū dié）、带、杖：即苴绖、苴带、苴杖，指服丧时戴在头上、系在腰间的苴麻制的带子，竹制的丧棒。 5 菅屦（jiān jù）：服丧时穿的菅草做的鞋子。 6 傍庐：居丧时临时搭建的草棚。 7 其老：管事的家臣。 8 逊辞以避咎，义也夫：王肃注：“记者乃举人避害之愻以辞，而谓大夫、士丧父母有异，亦怪也。”

季平子[1]卒，将以君之玙璠[2]敛，赠以珠玉。孔子初为中都宰，闻之，历级[3]而救焉，曰：“送而以宝玉，是犹曝尸于中原[4]也。其示民以奸利之端，而有害于死者，安用之？且孝子不顺情以危亲，忠臣不兆奸[5]以陷君。”乃止。

季平子去世以后，家里要用君王佩带的美玉来殉葬，同时还要用很多珠宝玉石来陪葬。这时孔子刚刚当上中都宰，听说后，赶紧登上台阶去制止，说：“送葬时用宝玉殉葬，这如同把尸体暴露在野外一样。这样做不仅向百姓昭示了可以牟取奸利的迹象，而且对死者是有害的，怎能用玙璠珠玉随葬呢？况且孝子不放纵自己的性情以危害亲人，忠臣不会让奸利之徒得逞以陷害君王。”于是季氏家就停止了用玙璠珠玉陪葬。

注释 1 季平子：春秋时鲁国大夫季孙意如，姬姓，季氏，谥平，季桓子之父。 2 玙璠（yú fán）：美玉。《吕氏春秋》高诱注：“玙璠，君佩玉也。昭公在外，平子行君事，入宗庙，佩玙璠，故用之。” 3 历级：

快速登阶。王肃注:"历级，遽登阶，不聚足。" 4 中原:野外，原野。5 兆奸:使奸利得逞。王肃注:"兆奸，为奸之兆成也。"

孔子之弟子琴张[1]，与宗鲁[2]友。卫齐豹[3]见[4]宗鲁于公子孟縶[5]，孟縶以为参乘[6]焉。及齐豹将杀孟縶，告宗鲁，使行。宗鲁曰:"吾由子而事之，今闻难而逃，是僭[7]子也！子行事乎？吾将死以周事[8]子，而归死于公孟，可也。"

齐氏用戈击公孟，宗鲁以背蔽之，断肱，中公孟、宗鲁，皆死。

琴张闻宗鲁死，将往吊之。孔子曰:"齐豹之盗，孟縶之贼也，汝何吊焉？君子不食奸[9]，不受乱[10]，不为利病于回[11]，不以回事人，不盖非义，不犯非礼。汝何吊焉？"琴张乃止。

孔子的弟子琴张，跟宗鲁是朋友。卫国的齐豹把宗鲁推荐给公子孟縶，孟縶让宗鲁做了自己的参乘。等到齐豹要杀孟縶时，告诉宗鲁，让他赶紧离开。宗鲁说:"我是由您举荐才得以侍奉公孟的，如今听说有祸难而独自逃走，这就表明您不可信哪！您不是要杀他吗？那我就会以死来成全您，我要回到公孟那里，和他一起去死，就行了。"

齐豹用戈猛击公孟，宗鲁用后背遮挡掩护，胳膊被砍断，公孟、宗鲁都被戈击中，结果二人都死了。

琴张听说宗鲁死了，准备前往吊唁。孔子说:"齐豹之所以作乱，孟縶之所以被害，都是因为他，你为何还要去吊唁？君子不食用奸邪之人的俸禄，不接受祸乱，不为私利而受邪恶的腐蚀，不以邪恶待人，不掩盖不义的事情，不做出违礼的举动。你为何还要去吊唁他呢？"琴张听了，就没有前往吊唁。

注释 1 琴张:孔子弟子琴牢，字子开，又字子张，卫国人。 2 宗鲁:人名，以勇力闻名。 3 齐豹:春秋时卫国大夫，曾为卫国司寇。 4 见:

同“现”，推荐。 5 孟絷：卫灵公之兄公孟，又称公孟絷。 6 参乘：亦作“骖乘”，又称“车右”，指负责警卫的陪乘。 7 僭：王肃注：“僭，不信。使子言不信。” 8 周事：使事周密、成功。 9 食奸：食于奸，即食用奸邪之人的俸禄。 10 受乱：承受、应和暴乱。《左传·昭公二十年》杜预注：“许豹行事，是受乱也。” 11 不为利病于回：王肃注：“回，邪也。不以利故而病于邪也。”

郕[1]人子蒲卒，哭之，呼灭[2]。子游曰：“若是哭也，其野哉！孔子恶野哭者。”哭者闻之，遂改之。

郕人子蒲死了，家人哭丧，呼号着说自己也将死掉。子游说：“像这样的哭号，恐怕有些粗野无礼了！孔子不喜欢粗野无礼的号哭。”哭的人听了，随即改正过来了。

注释 1 郕（chéng）：地名，在今山东东平，一说在今河南范县。 2 呼灭：王肃注：“旧说以灭子蒲名，人少名灭者。又哭名，其父不近人情。疑以孤穷，自谓亡灭也。”

公父文伯卒，其妻妾皆行哭失声。敬姜戒之曰：“吾闻好外[1]者，士死之；好内[2]者，女死之。今吾子早夭[3]，吾恶其以好内闻也。二三妇人之欲供先祀者[4]，请无瘠色[5]，无挥涕，无拊膺[6]，无哀容，

公父文伯死了，他的妻妾都痛哭失声。公父文伯的母亲敬姜听了，就告诫她们说：“我听说喜欢在外边结交朋友的人，士愿意为他去死；喜好女色的人，女人甘愿为他去死。现在我儿子过早地死去，我很不愿意他得到一个贪恋女色的名声。你们这些人，如果想留下来奉祀祖先，那就不要搞得容貌毁损，不要痛哭流涕，不要捶胸哭号，不要满面哀容，不要加重丧

无加服，有降服[7]，从礼而静，是昭吾子也。”

服，而要降等减杀，遵从礼仪，安安静静，只有这样才是显扬我儿的好名声啊。”

孔子闻之，曰：“女智无若妇，男智莫若夫。公父氏之妇，智矣。剖情损礼，欲以明其子为令德也。”

孔子听说后，说：“年轻女子的智慧不如年长的妇女，年轻男孩的智慧不如年长的男子。公父氏家的这个妇人真是聪明啊！剖析人情世故，减损礼仪，这是打算彰显她儿子的美好德行啊！”

注释 1 好外：喜好结交朋友。 2 好内：喜好女色。 3 夭：未成年而死，此指过早死亡。 4 二三妇人之欲供先祀者：王肃注：“言欲留不改嫁，供奉先人之祀。” 5 瘠色：瘦弱的样子，形销骨立的样子。 6 无挥涕，无拊膺：王肃注：“挥涕，不哭，流涕以手挥之。拊，犹抚也。膺，谓胸也。” 7 无加服，有降服：在服丧的级别上，不加重，要减杀降等。

子路与子羔仕于卫，卫有蒯聩之难[1]。孔子在鲁，闻之，曰：“柴[2]也，其来；由[3]也，死矣。”既而卫使至，曰：“子路死焉。”

子路和子羔都在卫国做官，卫国的蒯聩发动了叛乱。孔子在鲁国听到这件事后，说：“高柴啊，他会回来；仲由啊，他会死于这次叛乱啊！”不久，卫国的使者来了，说：“子路死在这次叛乱中了。”

夫子哭之于中庭[4]。有人吊者，而夫子拜之。已哭，进[5]使者而问故。使者曰：“醢[6]之矣。”遂令左右皆覆醢，曰：“吾何忍食此！”

孔子在正室的厅堂中哭子路。有人来吊唁，孔子就以主人的身份回拜。哭过之后，招使者进来问子路死的情况。使者说：“子路被剁成肉酱了。”孔子让身边的人把肉酱都倒掉，说：“我怎忍心吃这些东西呢？”

注释 1 蒯聩（kuǎi kuì）之难：蒯聩是卫灵公的太子，因谋杀灵公夫人南子不成，出奔于宋，不久逃到晋国。灵公死，立蒯聩之子辄为君。晋国的赵简子欲送蒯聩回国，借以侵略卫国，遭到卫国抵御，蒯聩也被拒绝回国。因此有了蒯聩和辄父子二人，为了卫君的位置而发生的争夺。 2 柴：孔子弟子高柴，即子羔。 3 由：孔子弟子仲由，即子路。 4 中庭：庙堂前阶下的正中。 5 进：招进。 6 醢（hǎi）：把人杀死后再剁成肉酱的酷刑，也指肉酱。

季桓子死，鲁大夫朝服而吊。子游问于孔子曰："礼乎？"夫子不答。他日，又问。夫子曰："始死则矣，羔裘、玄冠[1]者，易之[2]而已。汝何疑焉？"

季桓子死了，鲁国的大夫都穿着朝服前去吊唁。子游问孔子道："这样做合乎礼制要求吗？"孔子没有回答。过了几天，子游又问。孔子回答说："人刚死的时候是这样子的，如果穿着羔裘、玄冠这类吉服，那么把它换成素冠、深衣的闲居服装就行了。你有什么可怀疑的呢？"

注释 1 羔裘、玄冠：朝服。羔裘，指用紫羔皮做成的皮衣。玄冠，指黑色的冠。 2 易之：把羔裘、玄冠的朝服换成素冠、深衣的闲居服装。

孔子有母之丧，既练，阳虎吊焉，私于孔子曰："今季氏将大飨[1]境内之士，子闻诸？"子答曰："丘弗闻也。若闻之，虽在衰绖[2]，亦欲与往。"阳虎曰："子谓不然乎？

孔子为母亲守丧，练祭完毕，阳虎前来吊唁，私下对孔子说："如今季氏准备在家里设盛宴款待鲁国境内的士人，您听说了吗？"孔子回答说："我没有听说。如果听到这个消息，即使在服丧期，我也会前往参加。"阳虎说："您以为不是这样的吗？季氏宴请的士人中并没有包季氏飨士，不及子也。”

阳虎出，曾点问曰：“语之何谓也？”孔子曰：“己则衰服，犹应其言，示所以不非也[3]。”

括您。”

阳虎出去后，曾点问道：“您说的那些话是什么意思呢？”孔子说：“我在服丧期，还应答他的话，也是为了表示我没有责怪他的无礼言行呀。”

注释 **1** 大飨：设盛宴款待。 **2** 衰绖（cuī dié）：丧服。 **3** 示所以不非也：王肃注：“孔子衰服，阳虎之言犯礼。故孔子答之，以示不非其言者也。”

颜回死，鲁定公[1]吊焉，使人访于孔子。孔子对曰：“凡在封内[2]，皆臣子也。礼，君吊其臣，升自东阶，向尸而哭，其恩赐之施，不有笇[3]也。”

颜回去世了，鲁哀公前来吊唁，并派人访问孔子。孔子回答说：“凡是在国君的封域内的，都是国君的臣子。按照礼制的要求，国君吊唁他的臣子，要从东阶上去，然后对着尸体哭，这样的恩赐，那是无法计算的啊。”

注释 **1** 鲁定公：当为“鲁哀公”之误。颜回之死，当在鲁哀公十五年（前480）。 **2** 封内：天子或诸侯的领地、封地之内。 **3** 笇：同“算”。王肃注：“笇，计也。又竹器也。”

原思[1]言于曾子，曰：“夏后氏之送葬也，用盟器[2]，示民无知也；殷人用祭器，示民有知也；周人兼而用之，示民

原思对曾子说：“夏朝时送葬，用死者不能用的明器，以使人知道死者是没有知觉的；殷代送葬用死者能用的祭器，以使人知道死者是有知觉的；周人送葬两者兼而用之，以使人知道他们对死者有无知觉

疑也[3]。”曾子曰:“其不然矣。夫以盟器,鬼器也;祭器,人器也。古之人胡为而死其亲也?”

子游问于孔子。曰:“之死而致死乎[4],不仁,不可为也;之死而致生[5]乎,不智,不可为也。凡为盟器者,知丧道也。有备物而不可用也[6]。是故竹不成用[7],而瓦不成膝[8],琴瑟张而不平,笙竽备而不和,有钟磬而无簨虡[9]。其曰明器,神明之也。哀哉!死者而用生者之器,不殆而用殉[10]也。”

疑惑不定。”曾子说:“恐怕不是这样吧。明器,是鬼魂所用的器具;祭器,是人们自己用的器具。古代的人怎么会认为死去的亲人毫无知觉呢?”

子游向孔子请教这件事。孔子说:“为死者送葬,就认定死者没有知觉,这是不仁爱的,不能做;为死者送葬,而就认定死者和活着时一样仍有知觉,这是不明智的,也不能做。凡是用明器送葬的人,就是懂得丧礼的人。备置了很多器物却又不能使用。因此,竹器不加边,瓦器只徒具形式却不实用,琴瑟张着弦但却没法弹奏,笙竽徒具外形却没法吹奏,有钟磬却没有悬挂它们的木架。这些器物之所以叫作‘明器’,就是将死者奉若神明的意思。可悲啊!埋葬死者用活人的器具来随葬,这不是近乎用活人来殉葬吗?”

注释 1 原思:姓原名宪,字子思,鲁国人。他是孔子的学生,曾在孔子任鲁国司寇时,做孔家的总管。 2 盟器:陪葬物品,又作“明器”“冥器”。 3 示民疑也:为百姓指示他们对死者有无知觉疑惑不定。 4 之死而致死乎:送走死者,而以死者之礼对待死者。 5 致生:以生者之礼对待死者。 6 有备物而不可用也:此句原载第四十四章,据陈本、《礼记》文移此。 7 竹不成用:王肃注:“谓笾之无缘。” 8 瓦不成膝:王肃注:“膝,镔。”镔,镔铁,精炼铁。膝,《礼记》作“味”,郑玄注:“成,犹善也。味,当作沬。沬,靧也。”《释文》:

“靧，音梅，洗面。”孔颖达疏：“味，犹黑光也，今世亦呼黑为沬也。瓦不善沬，谓瓦器无光泽也。……靧，谓靧面，证沬为光泽也。”宽永本、宗智本作“縢”，二本注作：“縢，嫔。”《埤雅》卷十五：“瓦不成味，则言以受饮食，又不足以成味也。《荀子》曰：‘木器不成斫，陶器不成物，薄器不成内。’变味言物，变用言内，其义一也。”《黄氏日抄》卷十五：“不成味，不可盛饮食也，恐不必改字。”《盐铁论·散不足》云：“古者明器，有形无实，示民不用也。”孙志祖曰：“‘縢’疑‘漆’字之讹。注‘縢，膑（毛本讹“镔”）’，亦不可解。《礼记》作‘味’，郑注：‘味当作沬，靧也。’盖不取光泽之意。”以上几则资料，据网络上萧旭先生所查，故萧先生以为当读“味”如字，“言作明器，不求实用，但具其形而已”。参萧旭《〈家语〉“瓦不成縢”校正》，http://www.gwz.fudan.edu.cn/Web/Show/2169。 **9** 簨虡（sǔn jù）：古代悬挂钟、磬、鼓的架子上的横梁和支柱。 **10** 殉：人殉。王肃注：“杀人以从死谓之殉。”

子罕[1]问于孔子曰：“始死之设重[2]也，何为？”孔子曰：“重，主[3]道也。殷主缀重焉[4]，周人彻重焉[5]。”

“请问丧朝[6]？”子曰：“丧之朝也，顺死者之孝心，故至于祖考庙而后行。殷，朝而后殡于祖[7]；周，朝而后遂葬。”

子罕请教孔子道：“人刚死的时候设置重屋，这是为什么呢？”孔子回答说：“重，和神主的牌位意义相同，使灵魂有所依凭。殷代做了牌位后，要与重连在一起，周代则是做牌位后就将重撤掉。”

子罕又问道：“请问在即将下葬时，还要在祖庙祭拜，这是为什么呢？”孔子回答说：“在下葬前要祭拜祖庙，这是顺从死者的孝心，因此要到祖父、父亲的宗庙里告辞，然后才上路。殷代是祭拜宗庙后，还要将灵柩停放在祖庙里一段时间再下葬，而周代则是祭拜祖庙后就下葬。”

注释 1 子罕：春秋时期宋国的执政。 2 设重（chóng）：设置重屋，建宗庙。《礼记》郑玄注："始死未作主，以重主其神。" 3 主：神主，木主，死者的牌位。 4 殷主缀重焉：王肃注："缀，连也。殷人作主而连其重，悬诸庙也。" 5 周人彻重焉：王肃注："周人作主，彻重，就所倚处而治。" 6 丧朝：王肃注："丧，将葬，朝于庙而后行焉。" 7 殡于祖：将灵柩停放在祖庙。

孔子之守狗[1]死，谓子贡曰："路马[2]死，则藏之以帷[3]，狗则藏之以盖[4]。汝往埋之。吾闻弊帷不弃，为埋马也；弊盖不弃，为埋狗也。今吾贫，无盖，于其封[5]也，与之席，无使其首陷于土焉。"

孔子的看家狗死了，孔子对子贡说："国君的马死了，要用帷幔包裹了再埋葬，狗死了，要用车篷盖包裹了再埋葬。你去把狗埋了吧。我听说，破旧的帷幔不丢弃，为的是可以用来埋马；破旧的车篷盖不丢弃，为的是可以用来埋狗。现在我很贫穷，连车篷都没有，你在埋它的时候，要用张席子把它裹起来，别让它的头直接埋在土里。"

注释 1 守狗：看家狗。 2 路马：王肃注："路马，常所乘马。"《礼记·曲礼上》："大夫、士下公门，式路马。乘路马，必朝服。"郑玄注："路马，君之马。" 3 帷：帷幔。 4 盖：车盖，车篷。 5 封：坟堆，此指埋葬。

曲礼公西赤问第四十四

导读　本篇主要围绕丧葬礼的具体礼仪展开,因开篇为孔子弟子公西赤问士大夫的葬礼,故以“曲礼公西赤问”名篇。

本篇讨论的主要问题,比如有葬礼的级别,死后封嗣,合葬规制与坟墓修筑,真人殉葬与偶人殉葬,供品分赠与食用,尝祭的仪式,以及庙祭的细节,等等。

原文

公西赤问于孔子曰:“大夫以罪免[1],卒,其葬也,如之何?”孔子曰:“大夫废其事,终身不仕,死则葬之以士礼。老而致仕者,死则从其列。”

译文

公西赤问孔子说:“大夫因为获罪而被免职,死了以后,他的葬礼应该按什么标准来治办呢?”孔子回答说:“大夫被免职以后,终身未再任职,死后就用士礼来安葬。因年老而退休的,死后可以按原来的等级安葬。”

注释　1 免:免职。

公仪仲子[1]嫡子死,而立其弟。檀弓[2]谓子服伯子[3]曰:“何居[4]?我未之前闻也。”子服伯子曰:“仲子亦犹行古人之道。昔者,文王舍伯邑考而立武王[5],微子舍其孙腯,立其弟衍。”

公仪仲子的嫡子死了,仲子立了嫡子的弟弟。檀弓问子服伯子说:“这是为什么呢?我以前没有听说过这样的事啊。”子服伯子说:“公仪仲子也是照前人的旧规矩行事。从前,周文王舍弃他的长子伯邑考而立了武王,微子启不立他的嫡长孙腯而立他的弟弟衍。”

子游就此向孔子请教。孔子说:

子游以问诸孔子。子曰:“否!周制立孙。”

“不对!根据周代的制度,应该立他的嫡孙。”

注释 1 公仪仲子:春秋时期鲁国宗室,公仪氏,字仲子。 2 檀弓:鲁国善于礼仪的士人,公仪仲子的朋友。 3 子服伯子:公仪仲子的同宗兄弟。 4 何居(jī):为什么呢。居,语助词,同“乎”。《礼记·檀弓上》郑玄注:“居读为姬姓之‘姬’,齐鲁之间语助也。”《诗经·邶风·日月》:“日居月诸,照临下土。” 5 文王舍伯邑考而立武王:王肃注:“伯邑考,文王之长子也。言文王亦立子而不立孙也。”

孔子之母既丧,将合葬焉。曰:“古者不祔葬[1],为不忍先死者之复见也。《诗》[2]云:‘死则同穴。’自周公已来,祔葬矣[3]。故卫人之祔也,离之[4],有以闻焉。鲁人之祔也,合之[5],美夫!吾从鲁。”遂合葬于防。

孔子的母亲死后,准备与他的父亲合葬在一起。孔子说:“古代没有合葬的习俗,是因为不忍心再看到先去世的亲人。《诗经》上说:‘死则同穴。’自周公以来开始实行合葬。卫国人合葬的方式是夫妇棺椁分两个墓穴并排下葬,这样的事我听说过。鲁国人是夫妇棺椁葬在同一个墓穴,鲁国人的方式好,我要遵从鲁国人的合葬方式。”于是把父母合葬在防山。

注释 1 祔葬:合葬。 2《诗》:此处指《诗经·王风·大车》,其中有“穀则异室,死则同穴。谓予不信,有如皦日”句。 3 自周公已来,祔葬矣:《礼记·檀弓上》:“周公盖祔。”孔颖达疏:“周公以来,盖始祔葬,祔即合也,言将后丧合前丧。” 4 离之:分两个墓穴并排下葬。 5 合之:棺椁葬于同一墓穴。

曰："吾闻之，古者墓而不坟。今丘也，东西南北之人[1]，不可以弗识[2]也。吾见封之若堂[3]者矣，又见若坊[4]者矣，又见若覆夏屋[5]者矣，又见若斧形者矣。吾从斧者焉。"于是封之，崇[6]四尺。

孔子先反，虞[7]，门人后。雨甚，至墓崩，修之而归。孔子问焉，曰："尔来何迟？"对曰："防墓崩。"孔子不应。三云，孔子泫然而流涕，曰："吾闻之，古不修墓。"及二十五月而大祥，五日而弹琴不成声，十日过禫，而成笙歌。

下葬后，孔子又说："我听说，古时候的墓地是不起坟头的，而今我孔丘是个居无定所之人，不可以不在墓地上做些标记。我见过坟头筑成四方而高似厅堂的样子的，见过斜面平平而上又狭长如堤防的样子的，也见过如同上面盖了大殿的样子的，还见过像斧形的样子的。我就按斧形的样子去做。"于是在墓坑上面堆土成坟，坟高四尺。

孔子先返回家举行安魂的虞祭，门人留在墓地处理善后事宜。不想下起大雨，坟墓也被冲塌了，他们修好以后才回去。孔子问他们说："你们怎么回来得这么晚啊？"他们回答说："防地的坟墓被冲塌了。"孔子没有应声。门人又说了多遍，孔子的泪水哗哗地流了下来，说："我听说，古人是不在墓地上堆土成坟的啊！"二十五个月后，孔子服丧期满，举行了大祥祭，又过了五天开始弹琴，但却不成声调，接着举行了除服从吉的禫礼，又过了十天，开始吹笙，这才能吹成歌曲。

注释 1 东西南北之人：居无定所之人。 2 识：标志，记号。 3 封之若堂：王肃注："堂形，四方若高者。" 4 若坊：王肃注："坊形，旁杀，平上而长。" 5 夏屋：大屋。 6 崇：高。 7 虞：古时既葬而祭曰虞。

子游问于孔子曰："葬者涂车刍灵[1]，自古有之。然今人或有偶[2]，是无益于丧。"孔子曰："为刍灵者善矣。为偶者不仁，不殆于用人乎？"	子游问孔子说："丧葬的时候，用泥土做的车和草扎的人马来殉葬，自古以来就有。然而现在有的人用偶人来殉葬，这对丧事并没有好处。"孔子说："用草扎的人马来殉葬是善良的。用偶人来殉葬是不仁的，这不近于用真人来殉葬吗？"

注释 1 涂车刍灵：《礼记·檀弓下》："涂车刍灵，自古有之，明器之道也。"郑玄注："刍灵，束茅为人马，谓之灵者，神之类。"孙希旦集解："涂车刍灵，皆送葬之物也。涂车即遣车，以采色涂饰之，以象金玉。" 2 偶：木偶，土偶，或名"俑"。《说文解字》："偶，桐人也。"《淮南子·缪称》"鲁以偶人葬而孔子叹"高诱注："偶人，相人也。"《国策·齐策三》："今者臣来，过于淄上，有土偶人与桃梗相与语。"

颜渊之丧，既祥[1]，颜路馈祥肉[2]于孔子。孔子自出而受之，入，弹琴以散情，而后乃食之。	颜渊死后的丧事中，颜路于大祥过后，给孔子送来祥祭时所供的肉。孔子亲自到门口去接受馈赠，然后进屋，弹琴以排遣哀痛之情，然后才开始吃送来的肉。

注释 1 祥：大祥之祭礼。 2 祥肉：祥祭时上供的祭肉。

孔子尝[1]，奉荐[2]而进，其亲也悫[3]，其行也趋趋以数[4]。已祭，子贡问曰："夫子之言祭也，济济漆漆[5]焉。	孔子秋季祭祖时，手捧祭品献上去，他亲自做这些事情时显得神情诚恳朴实，走起路来也步伐急促，一步紧跟一步。祭祀结束后，子贡问："老师您以前谈到祭祀时，要求修整仪容，庄严恭谨。现在老师您

今夫子之祭，无济济漆漆，何也？”

孔子曰：“济济者，容也，远也；漆漆者，以自反。容以远，若容以自反，夫何神明之及交？必如此，则何济济漆漆之有？反馈[6]乐成，进则燕俎，序其礼乐，备其百官，于是君子致其济济漆漆焉！夫言岂一端而已哉？亦各有所当。”

祭祀时，为什么没有做到修整仪容，以显示庄严恭谨呢？”

孔子回答说：“所谓修整仪容，庄严恭谨，那是一种疏远关系才有的仪容；修整仪容，为的是督责自己显出恭敬。仪容庄严恭谨，又神情疏远，又如何能做到与神明交互感应呢？假若真是这样，庄严恭谨的仪容又有什么意义呢？天子宗庙大祭时，献酒之后返回庙室行馈食礼，乐音响起，献上熟牲，行礼奏乐，次序分明，备具助祭百官，在此隆重的场合，助祭的君子自然修整仪容，庄严恭谨。所以，怎么能一概而论呢？也是各有各自适宜的礼仪了。”

注释 1 尝：秋祭。 2 荐：祭品。 3 其亲也悫：亲自上供。王肃注：“悫，亲之奉荐也。悫，质也。” 4 趋（cù）趋以数：趋，同“促”，赶快。王肃注：“言少威仪。”《礼记·祭义》：“其行也趋趋以数。”郑玄注：“趋，读如促。数之言速也。”陆德明释文：“趋，音促。”孔颖达疏：“其行步促促，速疾少威仪，举足而数也。”《礼记·乐记》：“卫音趋数烦志。”郑玄注：“趋数，读为促速。” 5 济济漆漆：王肃注：“威仪容止。” 6 反馈：从庙堂之上返回庙室举行馈食礼。

子路为季氏宰。季氏祭，逮[1]昏而奠[2]，终日[3]不足，继以烛。虽有强力之容，肃敬

子路当了鲁国大夫季氏的家宰。季氏家里举行祭祀，天还没亮就开始陈献祭品，一整天时间还不够，晚上又点燃蜡烛，继续进行。即使有勉强保持祭祀的恭敬仪容，但

之心，皆倦怠矣。有司跛倚[4]以临事，其为不敬也大矣。他日，祭，子路与焉。室事[5]交于户，堂事[6]当于阶。质明[7]而始行事，晏朝[8]而彻[9]。

孔子闻之，曰："以此观之，孰为由也而不知礼！"

严肃恭敬之心却都疲倦懈怠了。执事人员也都斜靠着他物，不庄重地应付着各种仪式，那真是对神灵的大不敬啊。另一天，举行庙祭，子路参与了司礼工作。室内举行正祭，有充当祖先神像的尸，所需的各种祭品在内室门口交接，之后在厅堂招待尸，所需的食物在西阶之上进行交接。从天亮开始行事，到傍晚就结束了。

孔子听说这件事后，说："就这件事来看，谁说仲由不懂得礼呢？"

注释 1 逮：到。 2 奠：祭献，向鬼神献祭品。 3 终日：一整天。 4 跛倚（bì yǐ）：不庄重地斜靠着。《礼记·礼器》郑玄注："偏任为跛，依物为倚。" 5 室事：在室内举行的正祭。 6 堂事：正祭过后，于厅堂举行的款待在正祭中充当祖先神像的尸的礼仪。《礼记·礼器》孔颖达疏："正祭之后傧尸之时，事尸于堂。" 7 质明：平明，天刚亮。 8 晏朝：黄昏。 9 彻：去掉，撤除。

卫庄公[1]之反国，改旧制，变宗庙，易朝市。高子皋问于孔子曰："周礼绎祭于祊[2]；祊在庙门之西，前朝而后市。今卫君欲其事事一更之，如之何？"孔子曰："绎之于库门[3]内，祊

卫庄公返回本国，改革了旧有制度，变更了宗庙，改换了朝廷和集市的位置。高子皋就此请教孔子道："根据周代礼制，要在庙门旁边举行绎祭，庙门在王宫庙最外面大门的西边，庙门的前方是朝廷，后面是早市。现在卫国国君想要诸事都变，您怎么看？"孔子回答说："在王宫大门内举行绎祭，在庙门外东方祭

之于东市，朝于西方，失之矣。”

祀，设早市于城中西方，这都是错误的做法。”

注释 1 卫庄公：春秋时期卫国第三十任国君蒯聩，为灵公之子，出公之父，公元前480年至公元前478年在位。 2 祊(bēng)：宗庙之门，亦指庙门内设祭之处。正祭时，祭神于庙，然后在庙门内求神；次日绎祭时，设馔于庙门外西室。 3 库门：诸侯的外门。

季桓子将祭，齐[1]三日，而二日钟鼓之音不绝。冉有问于孔子。子曰："孝子之祭也，散斋[2]七日，慎思其事，三日致斋[3]而一用之，犹恐其不敬也，而二日伐鼓，何居焉？"

季桓子将要举行祭祀，斋戒三天，而有两天却不停地鸣钟敲鼓。冉有就此事向孔子请教。孔子说："孝子举行祭祀，要散斋七天，期间要谨言慎行，时刻思念被祭者；三天致斋，一心思念被祭者。即使这样做了，还恐怕不够恭敬，而季桓子还在斋戒期间有两天都在敲钟打鼓作乐，他到底是何居心呢？"

注释 1 阈：门柱。 2 俎：进献祭品的托盘，借指祭品。 3 彻：通“撤”。

公父文伯之母，季康子之从祖母。康子往焉，侧门而与之言，内皆不逾阈。文伯祭其祖悼子，康子与焉，进俎而不受，彻俎而不与燕。宗老

公父文伯的母亲，是季康子的从祖母。季康子到她家去，她则在门侧同康子说话，身体都不迈出门槛。文伯祭奠他的祖先悼子，康子也参加了祭奠，康子进呈祭品，文伯的母亲不亲自接受，撤下祭品大家欢宴时她也不参加。当主事的

不具则不绎;绎,不尽饫则退。孔子闻之,曰:"男女之别,礼之大经。公父氏之妇,动中德趣,度于礼矣。"

季康子朝服以缟,曾子问于孔子曰:"礼乎?"孔子曰:"诸侯皮弁[1]以告朔[2],然后服之以视朝[3]。若此,礼者也。"

宗老不在时,不举行第二天的绎祭;绎祭时,不等献神完毕就退下。孔子听说后,就说:"男女之别,是礼的大法则。公父氏家的妇人,她的行动可真是合乎道德、礼法的要求啊!"

季康子上朝时,穿着白色衣服。曾子就拿这事问孔子道:"这合乎礼吗?"孔子说:"诸侯戴着白色的皮弁参加告朔之礼,然后还穿着原装上朝听政。他今天穿白色衣服上朝,是合乎礼的。

注释 1 皮弁:为天子之朝服,亦通称朝服,用白鹿皮制成。 2 告朔:根据周代制度,诸侯于每月朔日(即阴历初一)行告庙听政之礼。 3 视朝:临朝听政。

图书在版编目(CIP)数据

孔子家语/黄敦兵导读注译．—长沙：岳麓书社，2021.7

ISBN 978-7-5538-1467-4

Ⅰ.①孔…　Ⅱ.①黄…　Ⅲ.①孔丘(前551—前479)—生平事迹②《孔子家语》—注释③《孔子家语》—译文　Ⅳ.①B222.2

中国版本图书馆CIP数据核字(2021)第084011号

KONGZI JIAYU

孔子家语

导读注译：黄敦兵

责任编辑：陈文韬　周家琛

责任校对：舒　舍

封面设计：邓　卉　罗志义

岳麓书社出版发行

地址：湖南省长沙市爱民路47号

直销电话：0731-88804152　0731-88885616

邮编：410006

版次：2021年7月第1版

印次：2021年7月第1次印刷

开本：890mm×1240mm　1/32

印张：13.75

字数：375千字

ISBN 978-7-5538-1467-4

定价：49.00元

承印：长沙鸿发印务实业有限公司

如有印装质量问题，请与本社印务部联系

电话：0731-88884129